21世纪的城市内容，应把更多的公园汇集在一起，创造新的公园化城市。

——1995年世界公园大会宣言

中国公园学

景长顺　著

中国建筑工业出版社

图书在版编目（CIP）数据

中国公园学 / 景长顺著. —北京：中国建筑工业出版社，
2018.10

ISBN 978-7-112-22817-1

Ⅰ.①中… Ⅱ.①景… Ⅲ.①公园—管理—研究—中国
Ⅳ.①G246

中国版本图书馆CIP数据核字（2018）第234510号

责任编辑：郑淮兵　王晓迪
责任校对：王　烨

中国公园学

景长顺　著

*

中国建筑工业出版社出版、发行（北京海淀三里河路9号）
各地新华书店、建筑书店经销
北京佳捷真科技发展有限公司制版
北京京华铭诚工贸有限公司印刷

*

开本：787×960毫米　1/16　印张：26½　字数：430千字
2019年1月第一版　2019年1月第一次印刷
定价：98.00元
ISBN 978-7-112-22817-1
（32624）

序

2017年岁末，长顺先生说他写了一本《中国公园学》，希望我看了提提意见。

对于一个长期从事公园管理实践，退休多年的老园林工作者，能够写出30多万字的《中国公园学》一书，容易让人惊讶，但是我一点也没有感到意外。

长顺先生曾经长期在公园管理一线工作，担任过天坛等大公园的园长。然后又在北京市园林局长期担任公园处长，从事全市的公园管理工作。无论是园长还是处长，他都非常善于积累资料，总结经验，分析研究，理论概括。退休以后，利用时间优势，更是经常带着问题考察公园，孜孜不倦地进行思考和研究，到各地讲学，把研究成果与广大园林工作者进行分享。是怎样的动力促使长顺先生笔耕不辍呢？热爱！当然是对于风景园林事业的热爱，是个人兴趣与从事职业高度结合而生成的一种必然境界。

认真拜读了全书，个人可能孤陋寡闻，但是自认为是填补了一项风景园林实践理论的空白。自从产生了公园这个人类聚居区域内的一种空间物质形态以来，从业者不断实践、不断摸索、不断总结，在规划建设管理各个方面都有很多成果，但是系统地进行归纳整理还是第一次看到。我感觉，本书一是体现了系统性。书中从历史、理念、规划、设计、管理等各个方面都进行了全面系统的阐述，使许多碎片化的东西得以上升到理论层面进行梳理，从而使读者能够全面认识公园。二是体现了实践性。公园实际上是一门综合性的应用学问，是在基础研究支撑上的实践科学，离不开在公园发展过程中不断积累的规划、建设和管理经验，在这方面长顺先生有着得天独厚的条件。三是体现了学术性。本书在实践经验总结的基础上，进行了多方面的理论分析、理论阐述和理论概括，章节之间无不洋溢着思想的结晶和探索的成果，能够引导读者深入思考，从而更加深刻地认识公园事业的深层次问题。四是体现了创新性。公园事业随着时代发展而前进，书中不仅研究了一些前沿性的新事物应用，还提出了一些创新思想，比如：境界文化——对于公园文化表现的高度理论概括，也是公园文化的最高形态，必将有益于广大从业者更好地规划建设和管理公园，发挥公园在增强文化自信方面的重要作用。

在新时代之初，能够见到这样的著作，对于广大风景园林工作者既是一种学术上的幸事，也是一种精神上的鼓舞。

相信此书能够在新时代有中国特色的公园事业发展上贡献力量！

中国风景园林学会副理事长

强　健

2018年1月1日

前　言

　　中国梦，是全中国人共同的梦：实现中国的伟大复兴。它包含着每个人不同的梦，构成千姿百态、绚丽多姿的中国梦的美丽图画。我从事公园工作40余年，在公园当过工人、干部，在天坛公园当过园长、书记，在北京市园林局任公园处处长、风景名胜区处处长、公园协会秘书长（法人代表）。我庆幸有让我展翅飞翔的平台，其中当公园协会秘书长时间达20年之久，这一条更使我自豪和珍惜。到纽约联合国大厦参观，大厅里的墙上悬挂着历任秘书长的大照片，我在安南和潘基文像前与他们合影，我非常高兴，因为我们都是秘书长，但是我比他们的任期长多了（开玩笑）。我还曾有幸参与过住房城乡建设部组织的园林城市、人居环境奖的检查、复查等工作，到许多城市去讲课，前前后后，走过全国大大小小的几十个城市，这是领导给我的学习机会。几十年来几乎每天都和公园打交道。逛公园、游风景名胜区是我的本职业务，公园成为我的生活和生命，于是就做起了我的公园梦——写一本书：《中国公园学》。但愿我的梦能成为中国梦中的一块小石子，为中华民族的伟大复兴的大厦增砖添瓦。

　　经过15年的酝酿，近2年的奋笔，终于如愿以偿了。《中国公园学》绪论从公园的母亲——园林说起，对园林的诠释，系统回答了"什么是园林的优秀传统？""什么是园林的本质和特点？""园林的当代使命是什么？"等这些带根本性的问题，算是抛砖引玉吧！

　　从园林——公园——公园城市。摩耶健在，但儿子已经长大了！我们迎来了新时代，迎来了公园城市的新时代。本书力图从理论和实践的结合上寻找一些线索，理出一些规律，为前人唱赞歌，为后人铺路石。书中运用辩证唯物主义和历史唯物主义的观点建立了公园的"三大体系"，提出了公园的"三大定律"、公园发展的"三个阶段"、管理的"三个层次""六优目标""七字真经"以及讲解的"三个效应"等理论框架。书中阐述了我的一些新观点，比如，"公园城市"的观点，"公园化生活"的观点，"境界文

7

化信息"的观点，"讲解三个效应、四项原则"的观点，"游客需求"的观点，以及"以公园为核心"的观点等，也许可以称得上这是我的发明吧。北京园林绿化局强健局长审阅了我的书稿后给了很高的评价，认为本书具有系统性、实践性、学术性、创新性的特点，这对我是极大地鼓励。特别对境界文化这一条倍加赞赏，他说："境界文化论，太棒了！对于公园文化表现的高度理论概括，也是公园文化的最高形态，必将有益于广大从业者更好地规划建设和管理公园，发挥公园在增强文化自信方面的重要作用。"世上朋友好找，知音难求，我为有强健这样的知音而高兴。同时，期望有更多的知音与我分享公园的未来！

如果说本书有什么特点的话，我是汲取了全国公园行业的营养。书中提到的公园近300座，公园人物180多位，参考文献100多本。我内化于心，试图通过这些活生生的人物和公园实例勾勒出一幅公园美妙的图画，塑造书中公园理论的源泉和价值。同时也说明本书的这些理论观点不是凭空想象的，而是实践的结果，是全行业共同奋斗的结晶。我只不过是一个厨师，把各种蔬菜、佐料混合在一起，添油加醋，烹炒炸炖一番奉献给大家而已。

如果说本书有什么主题的话，那就是"迎接公园城市时代的到来！"正如扉页上引用的1995年世界公园大会宣言的一句话："21世纪的城市内容，应把更多的公园汇集在一起，创造新的公园化城市。"公园城市是城市和公园发展的高级形态，以公园统领园林，统领城市，让城市坐落于公园之中，让百姓过上公园化的生活！那将是人们理想的生活境界，是美丽中国梦的具体体现，这是我们应当为之奋斗的目标！这就是我的梦！

如果说我有什么心里话要说的话，那就是我通过写书促使我看了很多书，这是一个不断学习、不断提高的过程，虽然辛苦但很享受快乐！我要衷心感谢帮助我、鼓励我完成本书的各位朋友：中国建筑工业出版社郑淮兵主任是我的伯乐，当我把前八章的初稿拿给他审查后，很快决定答应为我出版，鼓励我继续完成写作；责任编辑王晓迪认认真真、反反复复校改，与我多次沟通，一丝不苟；感谢北京市公园管理中心李炜民总工，本书初稿完成后我发给了十几位同志征求意见，李总不吝赐教给了我回复，提出了建议；感谢王明利、周子牛同志给我找寻资料；感谢许联瑛、王建炜等同志认认真真地给我校改文稿；感谢谷嫒同志悉心帮我核实资料；十分感谢崔雅芳同志给我整理了书中的公园和人物的检索；特别感谢我年轻的老朋友袁兆辉，他为我的书是下了大力气的，反复校对审阅、增补删改，感冒发烧了也不停手，有一次干到深夜两点多给我发过来修改稿，真是令我感动不已！更要感谢我的夫人张淑琴，在我写书的日日夜夜里支持我，承担家务，照顾家人，甚至为了给我创造幽静的环境，在公园锻炼完了躲在外面晚些回家；我去图书馆中午吃不上饭，她主动给我带几枚巧克力，处处体贴，给我温暖。

　　如果说本书还有什么遗憾的话，那就是由于本人高度有限、眼界有限、知识有限、水平有限，难免有错误、偏颇和疏漏之处，敬请方家、学者、同仁、朋友批评指正，不吝赐教。也许，不是也许，我的这个举动不会改变世界，但是也许正因为我的这个举动，会触动身边的人为之改变！但愿有更多的专家、学者和公园人共同探索，为公园事业美好的未来谱写新的篇章！

　　谨以此书献给我们伟大的有中国特色的社会主义新时代！

作者于2018年1月6日晨

目　　录

绪论　中国园林概说

第一节　历史简述

中国是一个有五千年文明历史的国家。在漫长的历史长河中，中国人用超凡的智慧和勤劳的双手，创造了数不胜数的人类文明成果。在这灿若群星的成果之中，园林当数最璀璨、最耀眼的一颗。它同汉字等文明成果一起，辉耀着中华大地，伴随着中华民族前进的步伐。

"园林"这个词不是自古就有的，最早见诸文字在东汉班彪（公元3—54年）《游居赋》："谋人神以动作，享鸟鱼之瑞命。瞻淇澳之园林，美绿竹之猗猗。望常山之峨峨，登北岳而高游。"西晋（265—316年）以后的诗文中，比如：西晋·张翰："暮春和气应，白日照园林。"西晋·左思："驰骛翔园林。"南朝宋·何承天："饮啄虽勤苦，不愿栖园林。"唐·岑参："南山当户牖，沣水映园林。"唐·白居易："天供闲日月，人借好园林。"等。北魏杨炫之《洛阳伽蓝记》中有："园林山池之美，诸王莫及。""园林"一词成为造园学中的专有名词，则是在明末造园学家计成《园冶》一书中出现的。用"园林"一词的表述共出现9次。提出"园林巧于因借，精在体宜"等许多著名的论断。"园林"一词使用至今，其内涵外延与古代相比已发生了很大的变化。现在的"园林"是指：以自然的精神为主旨，以山水、花木、建筑等为物质表现形式，用工程技术的手段，创造出深远无尽的具有生态效应的优美景观和境界文化环境。

中国园林历史可上溯至上古时代。据《史乘》考："以猗韦之圉、黄帝之圃为滥觞。帝尧之世，设虞人以掌山泽。舜时以伯益佐禹治水有功，命为虞官，以掌上下草木鸟兽之职。"商殷时代，仍称之为"圃"。《史记·殷本纪》："（纣王）好酒淫乐，……益收狗马奇物，充物官室，益广沙丘

1

（地名）苑台，多取蜚鸟置其中。"

至周朝，统治阶级出于游乐的需要，采取划定一定地域筑"囿"，作为游乐的场所。关于描述囿的文字记载见于《诗经·大雅》灵气篇，其中有："经始灵台，经之营之；庶民攻之，不日成之。经始勿亟，庶民子来；王在灵囿，麀鹿攸伏。麀鹿濯濯，白鸟翯翯；王在灵沼，于牣鱼跃。"据《孟子》记载："文王之囿，方七十里，刍荛者往焉，雉兔者往焉，与民同之。"据《周礼》载，周朝专设有管理"囿"的机构和人员。"囿人……掌囿游之兽禁，牧百兽。"周制囿人，中士四人，下士八人，府二人，胥八人，徒八十人，掌囿游之兽，禁牧百兽。

由于经济的发展，秦汉成大一统的形势。园林得到空前发展。秦代短短12年，兴造的离宫别苑百余处，高台榭，远驰道，大苑囿，气度恢宏。其阿房宫"覆压三百余里，隔离天日，骊山北构西折，直走咸阳。二川溶溶，流入宫墙。五步一楼，十步一阁。廊腰缦回，檐牙高啄。各抱地势，钩心斗角。盘盘焉，囷囷焉，蜂房水涡，矗不知其千万落。长桥卧波，未云何龙。复道行宫，不霁何虹。高低冥迷，不知西东。歌台暖响，春光融融。舞殿冷袖，风雨凄凄。一日之内，而气候不齐。"（唐·杜牧《阿房宫赋》），可谓中国园林史之大成。

秦亡汉兴，营未央宫，筑东苑，增上林苑、甘泉园等，聚土为山，凿水为池，始建昆明之水。茂林人袁广汉更筑私园，开私人园林之先河。汉武帝的建章宫在未央宫之西，周20里，千门万户，宏伟壮丽，并始筑太液池"一池三山"，造仙人承露盘，开创了中国园林新的构园模式。

魏晋南北朝时期，崇尚自然，庄园经济造就了一批门阀世族和世俗地主的私家园林，随着山水诗画的萌生和发展，自然山水园深入人们的生活领域，中国山水园林与诗画融糅发展，从此时肇端。最为著名的如华林园、金谷园、景阳山等。"高木巨树，足使日月蔽之；悬葛垂蔓，能令风烟出入"。兰亭雅集及王羲之的《兰亭序》，成为万古流芳的佳话。陶渊明的《桃花源记》及诗歌，"表现得那么自然，质朴"。山水草木在陶渊明诗中是情深意重，既平淡无华又生意盎然。他的这种艺术境界虽然没有直接影响当时的园林创作，但却成为后来的唐宋写意山水园的灵魂。魏晋南北朝在中国园林史上的突出贡献是寺观园林的兴起，为中国园林增添了一个新的类型。

隋唐时期，经济繁荣，文化发达，群星灿烂，盛极一时。此时的园林集中建置在两京——长安和洛阳。其数量之多，规模之大，远远超过魏晋南北朝时期。隋炀帝荒淫无度，所造西苑规模惊人，役用民力百万人，周长二百里，堆土石为山，其创建的五湖四海构园模式，蔚为壮观。至唐代，政治、经济、军事、文化等成为中国历史上空前强盛王朝，其园林也得到了空前发展。大内御园、行宫别苑、离宫宫苑形成皇家园林的三种形态，显示了盛唐的气概。这个时期出现的自然山水园林式的别业、山居，反映了人和自然融合的关系。如辋川别业、庐山草堂最为著名。白居易是一位文人造园家，其在洛阳建造的白莲庄，住宅和园林有机结合，富有佳境。成为后世城市园林较典型的模式。太湖石在园林中的应用，开创了中国园林写意式造山艺术的先河。白居易撰写的《太湖石记》对后世赏石、玩石、掇石产生了重要影响。唐朝的园林遗址全部保留下来的，目前所知的只有"绛守居园池"（今山西省新绛县）。此园以水池为主景，时为正平县令梁轨所建。历经千年沧桑兴衰，于中华民国十七年（1928年）辟为公园，现称新绛花园。

宋、辽、金、元朝是中国园林发展的重要时代。艺术家宋徽宗赵佶能书善画，其为了"云怀适情，游心玩思"所筑万岁山后称艮岳寿山为盖世奇观。艮岳周十多里，"岗连阜属，东西相望，前后相属，左山而右水，沿溪而傍陇，连绵而弥满，吞山怀谷"（赵佶《艮岳记》）。艮岳"作为游憩境域的山水创作是主题，从景出发来修建的""从艺术表现上可以体会到以诗情画意写入园林的特色。"（汪菊渊《中国园林史》）

这个时期南宋临安（杭州）、苏州、湖州、吴兴、绍兴、北京等城市，园林兴盛，出现了许多园林精品。北京北海即肇建于辽代。据元陶宗仪《南村辍耕录》卷一"万岁山"条载："闻故老言说，国家起朔漠日，塞上有一山，形势雄伟，金人望气者，谓此有王气，非我之利。金人谋欲厌胜之，……乃大发卒，凿挖辇运至幽州城北，积累成山，因开挑海子，栽植花木，营构宫殿，以为游幸之所。"

明清时代，中国园林的建造达到了顶峰。从南京到北京，从皇帝到士绅豪富，掀起造园高潮。以北京颐和园为代表的皇家园林和以拙政园等为代表的苏州私家园林，如同两支奇葩，盛开在中华大地，为后人留下了中国古典园林的精美典范。20世纪末均被列入世界文化遗产名录，成为中华文明的有力象征。伟大的造园实践造就了伟大的造园家。计成、倪瓒、倪云林、文震亨、米万钟、张涟、张然、朱舜水、李渔、袁枚、戈裕良，等等，都对中国园林的理论作出了贡献。计成的《园冶》一书，是中国园林历史上第一部理论巨著，为中国园林竖起一座丰碑，是中国园林走向顶峰的重要标志之一。

辛亥革命，帝制告终。中国园林逐步走向繁荣，园林的内涵和外延都发生了巨大的变化，迈开了园林向公园转化的步伐。公园的蓬勃发展标志着一个新时代的到来！

第二节　本质与特点

中国园林的本质，如果用一个字概括，那就是"美"字。美是什么，美就是和谐完美。是完整或完美，是适当的比例或和谐，是鲜明的颜色，是公认的美。中国园林泰斗、工程院院士汪菊渊先生在其《中国古代园林史》一书中，对园林的定义是："以一定的地块，用科学的和技术的原则进行创作，而形成的一个美的自然和美的生活境域。"伟大的科学家钱学森先生说："世界上其他国家的园林，大多以建筑物为主，树木为辅；或是限于平面布置，没有立体的安排。而中国的园林是以利用地形，改造地形，因而突破平面。并且我们的园林是以建筑物、山岩、树木等综合起来达到它的效果的。如果说别国的园林是建筑物的延伸，我们的园林设计比建筑设计更具综合性，我们的园林学也就不是建筑学的一个分支，而是与它占有同等地位的一门美术学科。"2011年3月8日，国家学位委员会、教育部公布《学位授予和人才培养学科目录》，"风景园林学"成为国家一级学科，形成与规划、建筑同等重要的三足鼎立的体系。钱学森的伟大之处在于他的预言实现了。当代园林界工程院院士孟兆祯先生在《园衍》中说："中国风景园林师是将社会美寓于自然美，创造科学、艺术融于一体的艺术美的职业。我由此产生以诗概括中国园林：综合效益化诗篇，诗情画意造空间；巧于因借彰地宜，景以境出美若仙。"陈植先生早在20世纪20年代著《造园学概论》中就开宗明义，指出："造园学云何？乃关于土地之美的处置，……在土地经营术中，以利用植物为原则，而所用之道有二，一曰享乐；二曰实用。其以享乐为目的者，'美'为唯一生命，例如：公园，庭园。以实用为目的者，例如农林、水产事业。其目的为享乐者，而兼实用者，谓之风致工事（Land scape engineering，landversshone kunts）。例如：海水浴场、温泉场、狩猎场、名胜、古迹、街道树、广场、田园都市、公园、庭园及一切装景，均以'美'为唯一生命。之数者，未有能离'美'而得幸存者也。"周维权先生在《中国古典园林史》中指出："山、水、植物、建筑这四个要素经过人们有意识地构筑而组合成为有机的整体，创造出丰富多彩的景观，给予人们以美的享受和情操的陶冶。就此意义而言，园林又是一种艺术创作，属于精神文明的范畴。"中国园林的"规划则完全自由灵活而不拘一格，着重在显示自然的天成之美。表现一种顺乎大自然风景构成规律的缩影和摹拟。"

一、中国园林之美的形成是自然之美与人工之美的融糅

刘勰在《文心雕龙》中所说："日月叠璧，以垂丽天之象；山川焕绮，以铺理地之形。此盖道之文也。……傍及万品，动植皆文：龙凤以藻绘呈瑞，虎豹以炳蔚凝姿；云霞雕色，有逾画工之妙；草木贲华，无待锦匠之奇。夫岂外饰，盖自然耳。"自然之美是大自然赐予人类的宝贵物质财富和精神财富。这种美包括山川河流的锦绣之美，动植物世界的生命之美，气象变化万千的季相之美，晨昏雨雪的气象之美，等等。利用自然，顺应自然，仿造自然，天工与人巧结合是中国园林的一个共同特点。即使人巧，也要力争达到天工的高度，以人工景观达到自然美表现的自然风景式风格，称之为"巧夺天工"。园林中的植物配置、山水营构，景境的塑造，均源自自然的形态之美的人化，经过艺术的提炼加工的结果。造园家李渔认为，山石花木在造园家看来，是转化为艺术的主观存在物，将其作为抒发逸气、表现灵性的材料和媒介，使之成为充满灵性富有生命的主体，创造出人类的美的理想生活境域。园林山石花木经过人化，主要价值在于它"媚人"，即愉人之目，怡人之情，给人以美的享受。这种崇尚和表现自然美的实践活动和古代中国人的自然观有密切联系。早在先秦时期的孔孟思想中就有山水比德的观念。以山川之美喻人格之美，从自然万象中体悟人生哲理，借物咏志，借

景抒情。至魏晋时期，这种精神进一步扩展，山水风景，自然之美成为讴歌的对象，诗词、歌赋、绘画成为那个时代的风尚，园林也在这种风潮中更多地融进了诗情画意，这种传统一直延续到后世，成为中国园林的一个重要特征。

二、中国园林美的内涵是和谐

中国园林追求的是人与自然的和谐，人与动植物的和谐，人与人的和谐，人与社会的和谐，人与景观的和谐。李炜民先生在论述园林的主题是和谐中指出："在中国的传统思想文化体系中尊重自然自古有之。《荀子·王制》中说：'草木荣华滋硕之时，则斧斤不入山林'，反映了和谐的理念。周代保护和管理山林川泽，专门设置了山虞、林衡、泽虞等官职。陕西出土的周代'逨'鼎，生动记载了周宣王奖励逨将军保护山林这一过程，堪称中国历史上第一尊园林绿化奖杯。"园林中和谐之美有壮美、崇高、优美三种形式。优美的自然景物，鲜明地体现着人类有目的性的实践活动与自然规律的和谐统一。这种主客体之间统一的和谐性与优美的自然对象的多样性统一的形式美，又是互相交融，相得益彰。园林艺术中的优美是现实中的优美经过艺术家选择和加工的产物，因而能够更为集中而鲜明地显示出优美的审美特性。园林中的美是通过"相辅相成"或"相反相成"的和谐统一规律构造的艺术之美。大自然中存在着虚与实、动与静、形与神、远与近、大与小、高与低、繁与简、俯与仰、浓与淡、明与暗、孤与群、寒与暑等十分复杂的变化和差异。园林艺术家就是要"外师造化"，从中提炼、取舍，结合实际创造出优美的人居环境。创造出园林的审美价值，变非审美的空间为审美的空间。山石花木以某种品格唤起人的特定情感、意趣。"不到园林，怎知春色如许！""凡物之美者，盈天地间皆是也。然必待人之神明才慧而见。"（叶燮）当我们进入园林中，美丽的景观"首先以可感的外在形式吸引、打动我们，产生强烈的'第一印象'。这种印象立即触发我们的情感，唤起我们的记忆，激起我们活跃的想象和理解活动，即所谓睹物兴情，见景顿萌思心。而这一饱含着情感的想象力和理解力的相对自由的活动达到和谐的程度，我们就不期然地到达一种精神亢奋的状态，不自觉地进入对象所指引的境界，似乎有所发现，有所领悟。在这种追寻和发现中，我们会体会到全身心的感动，或者舒畅怡悦，或者动魄惊心，有时甚至达到'销魂'的地步。"（刘叔成、夏之放、楼背勇《美学基本原理》）这种对于园林景观感知、想象、情感多种心理功能的综合活动而达到的领悟和理解的感受状态，不正是园林人所追求企望的效果吗！

三、中国园林美的追求是创造出神入化的境界

中国园林美的最高形态是境界的高远，这是中国园林的宗旨和归宿。"意境"是艺术的灵魂。中国园林对意境的追求，使它的品位有了极大提高，达到理想化的境界，这是中国园林区别于其他国家的园林在世界上独树一帜的根本原因。

中国园林高度的艺术成就和美的涵蕴，不是体现在那飞檐翘脊的亭台楼阁形式和林茂花繁的植物景观，也不在于山石水体的雄阔秀美，而在于它意境的创作和欣赏。美学家宗白华说："中国园林艺术在这方面有特殊的表现，它是理解中国民族的美感特点的一个重要领域。"叶朗说："明清园林美学的中心内容，是园林意境的创造和欣赏。中国古典美学的意境说，在园林艺术、园林美学中得到了独特的体现。"

所谓境界和意境，在一定意义上是一个意思。意即意象，境指的是景境，即园林艺术中的空间环境。意境实际是心与境的契合。王昌龄（约698—756年）在《诗格》中说："身处于境，视境于心。莹然掌中，然后用思，了然境象，故得形似。搜求于象，心入于境，神会于物，因心而得。"他并提出诗的三种境界：只写山水之形为"物境"，能借景生情的为"情境"，能托物言志的为"意境"。

中国园林的艺术创作，是以自然山水为模本，创造出具有自然山水精神和诗情画意韵味的作品。《陈从周园林随笔》中指出："诗有诗境，词有词境，曲有曲境。……园林之诗情画意即诗与画之境界在实际景物中出现之，统名之意境。"童寯在《江南园林志》中提出了古代造园的三种境界：第一，疏密得体，张弛开阖；第二，迂回曲折，忌排偶、贵活变；第三，借景对景，隐现无穷。孙筱祥在《艺术是中国文人园林的美学主

题》中提出："在文人园林艺术作品的创作过程中，必须经过三个递进的美学序列境界：第一为'生境'，即自然美和生活美的境界；第二为'画境'，即视觉美与听觉美的境界；第三为'意境'，即心灵美与理想美的境界。"

中国园林作为艺术品，其美的境界是有形遗产和无形遗产的综合体，是高度浓缩的精神物化和升华。其层次从审美的角度可分为：真境、妙境、仙境三种。这是园林文化的基本内核。它是衡量一座园林品位的基本标准。所谓"真境"，即虽由人作，宛自天开，有人工天巧之功，蕴自然天趣之胜；所谓"妙境"，即出于自然又高于自然，超越有限的物象，情景相生而契合无间；所谓"仙境"，即营造出超自然之自然的境域，是人们超尘脱俗的理想境界。正如英国著名建造大师钱伯斯所说："中国人设计的园林艺术确是无与伦比的""像这样的艺术境界，是英国长期追求而没有达到的。"也许我们从联合国教科文组织对苏州古典园林的评价中得到启迪："没有哪些园林比历史名城苏州园林更能体现出中国古典园林设计的理想品质，咫尺之内再造乾坤。苏州园林被认为是实现这一设计的典范。这些建造于11—19世纪的园林，以其精雕细刻的设计折射出中国文化中取法自然而又超越自然的深邃意境。"

四、美的风格个性是中国园林的生命

按照哲学的观点，个性即特殊性，一切普遍性的东西都寓于个性之中。就人类认识运动的秩序来说，总是由认识个别的和特殊的事物，逐步扩大到认识一般的事物。人们总是首先认识了许多不同事物的特殊本质，然后才有可能更进一步地进行概括工作，认识诸种事物的共同本质。我们说中国园林的本质是美，正是由于我们从历史的和广域空间的园林之研究得出的正确结论。园林形式美的法则概括起来为：主从、统一、对比、均衡、比例、尺度、韵律和序列。园林美在空间的处理上遵循联系、分隔、对比、层次、呼应、交换、渗透、借景等方法，创造如诗如画的作品。中国每一个朝代的园林都有其特殊性，都在体现自然美和人工美的领域进行了探索和实践。就中国广大地域来说，园林有南北之差异，皇家园林和私家园林代表不同的美，比如壮美和优美。即使在同一地域同一城市，也没有完全一样的园林。自然之美、山水林泉之美、建筑之美、千姿百态的植物之美、情趣之美、色彩形态之美、韵律结构之美、造境之美、整齐协调之美、装饰之美、题咏诗画之美、雄伟壮观之美、幽邃静谧之美；曲水流觞，琴台雅乐，濠濮鱼乐，一池三山，蓬岛瑶池，等等。在不同的园林中有不同的表现形式，千姿百态，变幻无穷。同样都是亭台楼阁、山石水景，在不同的园林中有不同的情趣，有不同的布局，亦有各自不同的地方风格。"旧时岭南园林，每周以楼，高楼深池，阴翳生凉，水殿风来，溽暑顿消，而竹影兰香，时盈客袖，此唯岭南园林得之，故能与他处园林分庭抗礼"。（陈从周《续说园》）在苏州，以静观为主的是网师园，以动观为主的是拙政园，论苍古数沧浪亭，较华瞻是留园，合称苏州四大名园。吴江同里镇，"任氏退思园于江南园林中独辟蹊径，具贴水园之特例。山、亭、馆、轩、榭均紧贴水面，园如水上出。其与苏州网师园诸景依水而建者，给人以不同的景观之美。前者贴水，后者依水。所谓依水者，因假山与建筑等皆环水而筑，唯与水之关系尚有高下远近之别，遂成贴水园与依水园两种格局。其设计运思独具匠心。"

艺术品作为人类文明中最高的形式象征，在美的表层隐含着一个时代共同的梦、共同的向往、共同的悲屈与兴奋的记忆。"美"并不是技术，"美"是历史中漫长的心灵的传递。因为美，我们便可以继续前行。没有美，就没有沉思，就成就不了文明。中国园林之所以经久不衰，其实是建立在美的基础上的。因为美，我们便可以继续前行。现代造园之要旨在于创新。所谓创新，就是要突破原有的思维定式，突破旧的陈规戒律。每个设计师在把握中国园林之美本质的基础上，根据不同的地域、不同的环境、不同的目的要求，创造出独具个性或个性鲜明的优秀作品。要反对照抄照搬和千篇一律的东西。使中国园林这座万紫千红的美丽的花园更加丰富多彩，更加绚烂夺目。

第三节　优秀传统

中国园林经过几千年的发展，形成了中华民族独特的理念和风格，铸就了中国园林以"美"为本质的优秀文化传统。

所谓"传统文化","是一种观念之流,是一种价值取向,是肇始于过去,融通于现在,直达未来的一种意识趋势和存在。"(王杰《传统文化的价值取向与主体价值问题》)。古希腊哲学家赫拉克利特(约公元前540—前480年)有句名言:"一切皆流。""传统"并非只是过去历史上存在的一切,也非固定不变的东西,而是在不断认识、不断发展中的理念和观念,传统,"是凝聚在物质型文化和精神型文化中的观念、意识、心理等。它既体现在相对稳定的文化结构的本质特征,这往往是指内藏在物质型文化中所凝聚的传统观念,又体现在实践主体心身文化结构的观念形式,这往往是指内藏在精神型文化中所凝聚的传统观念。"(张立文《传统学引论》)

传统就是文化,没有文化,也就无所谓传统。中国园林的传统文化,是中国传统文化的一个组成部分,也是传统文化的载体之一,它深刻体现着我们民族的智慧和精神。中国园林包含的物质形态和精神涵蕴是我们的宝贵财富。把握传统就是把握未来。

中国园林经过几千年的发展,形成了中国人引以为傲的优秀传统文化。概括起来是:天人合一的理念,变化无穷的哲思,山水相依的情怀,深远不尽的意趣,借景抒情的匠心等。

一、"天人合一"的理念

"天人合一"是认为自然有普遍的规律,人们要自觉遵循自然规律。北京天坛斋宫是皇帝祭天前斋戒的地方,无梁殿中悬有一块匾,上书"钦若昊天",意思就是要尊重上天,即自然的规律。当然,当年皇帝心目中的天和我们今天说的天是不同的。"天人合一"的理念,识人类是天地的产物,是自然界的一部分,人性即天道,人生的理即是天人协调。《易经》上提出:"范围天地之化而不过,曲成万物而不遗。"庄子说:"天地与我并生,而万物与我为一。"孟兆祯先生在《山水城市知行合一试论》中说:"中华民族视宇宙为二元,即自然与人。人为自然成员之一,受自然支配。自然为君,人为匠。但人不仅是具有自然性,还兼有社会性。二者合一就是人的宇宙观'天人合一'。这是客观的,也是科学的。此哲理见之于中国文学,所追求的境界是物象交融，学习方法是读万卷书，走万里路，主要创作方法是托物言志的比兴手法。天人合一见之于中国山水画，追求贵在似与不似之间的艺术境界，不似则欺世，太似则类俗。学习方法是搜尽奇峰打草稿，创作方法是外师造化，中得心源。由诗画而来的中国园林追求的境界必然是虽由人作宛自天开了。创作理法是由比兴而来的借景。"天人合一的理念孕育了中国园林高度自然的精神和物象交融的境界。在园林的造园实践中，自觉追求阴阳对立统一而回归和谐，表现一种哲理的境界，其创造的和谐之美、统一之美，是真正妙造自然的园林之美。

二、山水相依的情怀

先秦时代管仲最早提出以水比德。最著名的是孔子"智者乐水，仁者乐山"（《论语·雍也》）的思想，对后世园林产生了深远的影响。孔子说，有了山水"万物以成，百姓以餐食"。人离不开山水自然界，说明山水之美蕴含着人和自然的功利关系。秦汉时期，皇帝企望长生不老，在园林中创建了"一池三山"的模式，也反映了人类对美好生活的一种向往，被后世园林所采用。山川自然作为自觉的审美对象始于汉末，兴盛于魏晋南北朝时期，借山水以为生活之环境和精神上的慰藉，"爱有山水之好"（雷次宗《与侄子书》）。在中国造园史上，魏晋南北朝时期，以自然山水为造园艺术创作主题开始和兴起，伴以山水画的兴盛，人们步入自觉地享受美、创造美的过程。"虽然在房屋的周围种植一些树木花草，布置一池三山是人类共同的爱好，但是中国园林却有它特殊的风格"。总的说来，可以归纳为中国山水画式的园林。历代的诗人画家都以祖国的山水为题，尽情歌颂。宋朝以后，山水画就已成为主要题材。这些山水画中，一般都把自然界的一些现象概括、强调甚至夸大，将某些特征突出。中国的传统园林一般是这种风格的"三度空间的山水画"。因此，中国的园林和大自然的实际是有一定距离的，而又是"自然的"（梁思成《中国古代建筑史》）。从秦汉时期的"一池三山"到魏晋南北朝时期的自然山水园，到唐宋的写意山水园，明清的文人山水园，虽然它是随着社会生活的变化而演变，但山水的精神是不变的。中国园林中的自然，不是对自然山水简单的摹仿，而是融入了中国的儒道学说的理念，对自然山水加以概括、加工、提炼，创造性地展示了生命的和谐和宇宙的生生不息的运动变化的自然。从这个意义上说中国园林的重要特征就是"和谐"。正如当代园林大师孟兆祯先生所说，"虽由人作，宛自天开"，是为中国园林的艺术境界和评价标准。

三、深远不尽的造园法则

这种理念源于中国古代"无往不复，天地际也"的空间意识。宗白华先生指出："俯仰往还，远近取与，是中国哲人的观照法，也是诗人的观照法。而这种观照法表现在我们的诗画中，构成我们诗画中空间意识的特质。"（宗白华《美学散步》）这种空间意识和观察方法反映到建筑和造园中，则与秦汉时期的台苑和魏晋南北朝时期的山居生活有密切的联系。秦汉时代的园林以高台榭、大苑囿为特征，以为仰眺俯察，游目环瞩。"仰观宇宙之大，俯察品类之盛，所以游目骋怀，足以极视听之娱，信可乐也"。（王羲之《兰亭序》）这种俯仰间对宇宙的观察，使人们摆脱了人世间的局限，一览无余地将自身置于自然无限的空间里，这就是庄子所说的"乘物以游心"，从大自然中获得精神的自由和愉悦。

随着城市化的发展，城市中的造园逐步兴起，但是空间受到了极大的限制。在这有限的空间里要满足人们向往自然的精神欲望，就需要创造出境界无限的境域来。闹处寻幽，以微观的方式近观静赏，从有限的空间里体会无限，从水石的局部景象中生发出涉身岩壑之想，重在意趣的细化。因此，中国园林突破了狭隘的有限空间的局限，从模拟山水的形似，升华为写意式的神似，创造出视觉无尽的意象，往复无尽的空间景象，体现出具有高度自然精神境界的环境。

计成在《园冶》一书中提出了著名的造园理论。其中最重要的是"园林巧于因借，精在体宜"的论断，强调园林境界的营造，强调园林造景以"曲""幽"为妙，关于借景分为"远借和邻借"。"园虽别内外，得景则无拘远近，晴峦耸秀，绀宇凌空，极目所至，俗则屏之，嘉则收之，不分町疃，尽为烟景。""山楼凭远，纵目皆然；竹屋寻幽，醉心即是。轩楹高爽，窗户虚临，纳千顷之汪洋，收四时之烂漫。""萧寺可以十邻，梵音到耳；若对邻氏之花，才几分消息，可以招呼，收春无尽。"无论"远借"还是"邻借"都是将人们的视界扩大，在有限的空间里营造出来视觉无限的境界。颐和园的湖光山色天下绝伦，除了万寿山昆明湖这个园林主体的美轮美奂之外，充分利用借景，将连绵不断的西山风光和玉泉山的山形塔影收入画图中，为颐和园的秀美增添了无限的风景。这无疑是园林借景的典范。乾隆曾有《昆明湖泛舟》诗云："何处燕山最畅情，无双风月属昆明。侵肌水色夏无暑，快意天容雨正晴。倒影山当波底见，分流稻接坻边生。披襟清永饶真乐，不藉仙踪问石鲸。"因地制宜和借景是园林美创作的主要原则和基本规律。《园冶》把借景分为六种，"远借""邻借""俯借""仰借""镜借"和"时借"。所谓"镜借"，即园林中用镜的返照以扩大视界空间。水面清澈实如天然之镜，利用水面倒影扩大视界空间也不乏实例。北海的静心斋，原名镜清斋，入得门来，一鉴方塘，倒影碧空，令人遐思。乾隆在其《镜清斋》诗中曾予以申明："临池构屋如临镜，那籍旃摩亦谢模。不示物形妍与露，每因凭切奉三无。"明确地点出了造园意境上所追求的境界。清许周生筑园杭州，名"鉴止水斋"，命意在此，源出中国哲学思想，体现静以悟动之辩证关系。所谓"时借"，即借助景物的构造，让人的思绪展开腾飞的翅膀，进入时光的隧道，去追寻那古贤圣哲，扩大人的时空观。比如园林中常见的"濠濮间想""智水仁山""鱼鸟亲人""曲水流觞""蓬岛瑶台""瀛海仙山""琼岛玉宇""桃花源""画舫斋"等，运用"时借"的艺术手法，给人以神思妙想。

园林最忌一览无余。深远不尽的意趣是园林区别于绿化、区别于森林的标志。园林追求的是"山重水复""曲径通幽""柳暗花明又一村"的曲折、深邃、诗情画意的境界之美。日本造园家小堀远州尝谓："庭院以深远不尽为极品，切忌一览无余。此中国园林尤为一定不易之律。"

四、变化无穷是中国园林创作的章法

一部中国园林史，一座精美的园林，充满了辩证的哲学思想，这是理解中国园林的一把钥匙。公元前6世纪，春秋时期的楚灵王与大臣伍举有一段关于章华台美不美的谈话。伍举说："夫美也者，上下、内外、大小、远近皆无害焉，故曰美。"古希腊的毕达哥拉斯学派认为："美就是一定数量关系的体现，美就是和谐，一切事物凡具备和谐这一特点的就是美的。"中国园林是创作美的领域。它是通过园林匠师的哲学的思考和创造性劳动，将有限的空间或大地塑造成为一种能引起人们爱慕和喜悦感情的可赏、可游、可娱、可居的环境。正如深谙中国园林的英国建筑师钱伯斯（Willian Chanbers，1723—1796年）所说："中国造园家不是花儿匠，而是画家和哲学家。"

在园林空间具体的规划设计中，人们总结出了一套完整的园林创作规律，比如整体与局部的规律，形式与内容的规律，多样性统一的规律，协调对比的规律，对称与平衡的规律，比例与尺度的规律，韵律和节奏的规律，联系与分隔的规律，等等。人们在园林的创作实践中，运用这些规律创造出无数的园林精品，达到出神入化的境地，堪称园林的奇迹。以北京颐和园为代表的皇家园林和以苏州为代表的私家园林于20世纪被列为世界文化遗产，奠定了中国园林的世界地位。联合国教科文组织世界遗产委员会对颐和园的评价是："北京的颐和园，是对中国风景造园艺术的一种杰出展现，将人造景观与大自然和谐地融为一体；是中国造园思想和实践的集中体现，而这种思想和实践对整个东方园林艺术形成的发展起了关键性的作用；以颐和园为代表的中国皇家园林，是世界几大文明的有力象征。"但是，这些规律是灵活运用之规律，并不是一成不变的教条。变则通，不变则亡。正如诗有律而亡，词有谱而衰。中国园林长盛不衰之理在于"变"，千变万化，变化无穷。"庭院深深深几许"，"峰回路转"，"千姿百态"，一切在于变化之中。随时、随地、随人而变。中国园林建筑是在"正中求变"，廊、池、径以曲为变，径莫便于捷，而又莫于迂；即使模仿，也要创造变化，不能生搬硬套。颐和园的谐趣园是乾隆皇帝仿无锡寄畅园之意趣而建的，后得嘉庆改建，光绪、慈禧重建，定八景，"以物外之静趣，谐寸田之中和"，突出静的主题。既保留了寄畅园的构园要素，又创造出新的境界，成为园林之精品。瘦西湖五亭桥与白塔是模仿北京的北海大桥白塔和五龙亭建的。因地势狭小，将桥和亭合为一体，白塔亦相应缩小，与湖面相称，形成了瘦西湖的特征，其中的奥妙就在于变。

中国园林妙在含蓄，一山一石耐人寻味。立峰是一种抽象雕塑品，美人峰只有仔细端详才恍然大悟。园林的树木栽植，不仅为了绿化，而且要有画意诗情。窗外花树一角，即折枝尺幅；山间古树三五，幽篁一丛，乃模拟枯木竹石图。意蕴自出，品赏方可入境。自是变化所得。

五、借景抒情是中国园林独具的匠心

在中国园林领域，"景"字的运用非常广泛。园林的创作，首要在造景。所谓"景"，五代时期大画家荆浩在他的《笔法记》中解释为："景者，制度时因，搜妙创真。""制度时因"是说"景"要根据自然山水的客观变化；"搜妙创真"是说要追求时空的无限性与永恒性，创造出富有生命活力的审美对象。计成在《园冶》中提出："有真有假，做假成真"的命题，"有真"是指自然山水的真实，"成真"则是人创造的具有生命力的"景"。所谓"情"，即人的感情。人由物生情，然后寄情于物。孔子的"比德"思想就是由人心感于物生发出人的感情。儒家的这一理论，到宋代成为诗论中"景"与"情"的理论。如《林泉高致》中有："春山烟云连绵，人欣欣；夏山嘉木繁荫，人坦坦；秋山明净摇落，人肃肃；冬山昏霾翳塞，人寂寂。"亦有"春山淡冶而如笑，夏山苍翠而如滴，秋山明净而如妆，冬山惨淡而如睡"等。"情"与"景"是一个辩证统一的关系。"景中生情，情中含景，故曰：景在情之景，情在景之情也。"（岑参《唐诗评选》）"情景交融"是中国古代艺术创作中的一个基本思想，因此，园林作为艺术的创作离不开这一基本思想。造园家建造园林，胸中必有"情中之景"，也就是人们常说的"意在笔先"，将自己丰富的生活实践和审美情趣，心感物应，胸有丘壑，从而创作出新的意象和意境——借景抒情。然后通过游览者、观赏者的"饱游沃看"，从中体会"景"中之"情"，生发出新的感悟，愉悦身心，陶冶情操，净化心灵，这是游览者、观赏者的借景抒情。从而实现了园林应有的价值。前者是有情可抒，后者是有景可赏。

《园冶》关于景与情的论述，无不体现"景中之情"或"情中之景"。比如："看山上个蓝舆，问水拖条栉杖；斜飞堞雉，横跨长虹；不羡摩诘辋川，何数季伦金谷""五亩何拘，且效温公之独乐；四时不谢，宜偕小玉同游""欲藉陶舆，何缘谢屐""编篱种菊，因之陶令当年；锄岭栽梅，可并庚公故迹""夜雨芭蕉，似杂鲛人之泪；晓风杨柳，若翻蛮女之腰""恍来林月美人，却卧雪庐高士""探梅虚蹇，煮雪当姬""棹兴若过剡曲；扫烹果胜党家""幽人即韵松寮；逸士弹琴于篁里""竹里通幽，松寮隐僻；送涛声而郁郁，起鹤舞而翩翩""虚阁荫桐，清池涵月；洗出千家烟雨，移将四壁图书""片山有致，寸水生情；窗虚蕉影玲珑，岩曲松根盘礴""花落呼童，竹深留客。看竹溪湾，观鱼濠上""俯流玩月，望石品泉。红衣新浴，碧玉轻敲""书窗梦醒，孤影遥吟；锦幛偎红，占花呈瑞""风鸦几树夕阳，寒雁数声残月"。由此，我们不难看出，计成以他渊博的知识和深厚的艺术修养，总结了情景交融的园居生活和审美体验。

第四节　当代使命

中国园林历经几千年的发展，长盛不衰，一条根本的经验就是在继承的基础之上，不断地创新发展。正如中国的文字与书法艺术，从甲骨文到篆、隶、行、草、楷，从印刷术到汉语拼音、电脑五笔输入，无论内容和形式都随着时代的发展而不断发展。中国的园林在古代是在一个有限的空间里营造美的环境，是为帝王将相、文人、富豪所专有，为其提供享乐而服务的；而今日之园林已发展成为以广阔的祖国大地为画布，绘制为广大人民群众服务的宜居、宜游、宜乐、宜生、宜兴、宜养的图画的伟大工程。因此，中国园林人有着比历史上任何时期都更加伟大的历史使命。

一、践行园林生态文明

工业发展、环境污染、资源透支，似乎是每一个大的经济体在发展过程中都需要面临的问题。中国经过60多年的发展，经济总量已居世界第二位。但是所付出的代价也是巨大的。据报道，中国的大气污染、水污染、土地污染、环境恶化、生存危机，都达到了相当的程度，已经成为制约经济发展和影响人民生命财产安全、社会稳定的巨大隐患。因此，中共十八大以来，将生态文明建设列入五位一体布局之一，采取了一系列重要的政策、措施。

2016年12月22日，中共中央办公厅、国务院办公厅印发了《生态文明建设目标评价考核办法》，以贯彻十八大和三、四、五、六中全会精神，加快绿色发展，推动生态文明建设。主要评估各地区资源利用、环境治理、环境质量、生态保护、增长质量、绿色生活、公众满意程度等方面的变化趋势和动态进展。党和政府的这些举措必将产生深远的影响。

改善人类生存环境、保护自然的重任落在了园林人的身上，园林的生态功能，被提高到一个新的高度。生态园林的理念成为时代的强音。为认真贯彻落实中共中央关于生态文明的战略部署，住房城乡建设部在创建园林城市的基础上，提出了创建生态园林城市的活动，以推动全国园林的生态文明建设，是恰当其时的重要举措。生态园林城市的评价注重生态环境质量，将衡量一个地区生态保护、生态建设与恢复水平的综合物种指数，本地植物指数，建城区道路广场用地，透水铺装面积的比重，城市热岛效应程度，公众对城市生态环境的满意度作为评价指标。总共8大类，70多项考核项目。和创建园林城市的标准相比，不仅是内容的丰富，更是等级和层次的提高，是一个科学的系统工程。概括起来，一是从原来的城市园林绿化为主体，过渡到低碳交通、市政基础设施、住房保障、绿色出行、绿色建筑、循环经济、建筑节能等全方位的发展和提升；二是从追求外在的形象整洁美观等，转向生态功能提升、生物多样性保护、自然资源的保护、城市生态安全保障及城市可持续发展能力的提升等；三是从以园林绿色为必要的公共服务，转向为改善人居环境、解决民生问题、提升老百姓生活品质、提升地区吸引力和竞争力服务；四是从关注一般的城市节能减排，转向对减少城市温室气体排放、应对气候变化、缓解城市对周边环境的影响等综合效应的关注。

无论创建园林城市还是创建生态园林城市，都是一个漫长过程，这个过程是使中国城市走向绿色城市、海绵城市、智慧城市、宜居城市、生物多样性城市的必由之路。它不仅有深远的历史意义和重大的现实意义，更有国际影响。2016年12月17日，于墨西哥坎昆召开的《生物多样公约》第十三次缔约国大会上，中国举办了一个主题为"中国生态系统服务与生物多样性经济学（TEEB）行动及地方实践"的边会会议。联合国环境规划署TEEB办公室主管莎玛女士称赞"中国在TEEB行动上走在了世界的前面，这对全球特别是发展中国家的政策具有非常重要的影响"。

全国的城市和园林行业以"生态园林城市"的标准为标准，以"生态园林城市"的目标为目标，全面规划和设计好前进的路径和方向，进一步提高认识，增强生态环保意识和责任意识，把丰富城市生物多样性、提升城市可持续发展的能力、增强城市综合竞争力、提高人民生活品质作为己任，通过生态园林城市的创建，把城市打造成当之无愧的国家级生态园林城市。

二、建立完善的风景园林理论体系

中国园林经过3000多年的发展，为人类留下了宝贵的物质财富和精神财富，是中国人追求"天人合一"人生哲学的物质和精神载体，是中国人物质生活和精神生活不可或缺的一个重要组成部分。中国园林在发展过程中，逐步形成专业、行业和学科。但是，在世界范围内学科的发展是最为薄弱的环节，被认为是一个缺少自身理论的弱小学科。中国是目前唯一将风景园林列为一级学科的国家，然而相比于本行业、本专业的突飞猛进，学科理论建设相对滞后，人们已习惯于在缺少学科思想下的行业、专业思维和用专业行业思维思考学科发展。这种"学科理论缺乏症"必将制约行业、专业和学科的发展。因此，风景园林学科的时代使命，就是要在前人搭建的理论基础上不断探索，创建具有中国园林优秀传统、符合时代要求、代表发展方向的理论体系。

至少在今天，我们老祖宗留下的遗产中能够拿得出手而且未被当作历史博物馆珍品的，只有中国园林，而展望未来可以为人类作出更大贡献的，还是支撑在中国园林背后的理论体系。

关于园林学的理论，前人和今人都作了许多有益的探索。明末，伟大的园林学家计成在总结前人和自己实践经验的基础上铸成的《园冶》一书，"斯千古未闻见者。""今日之国能，即他日之规矩；安知不与《考工记》并不脍炙乎？"可以说是中国园林理论的里程碑。其中所蕴藏的美学思想、创作经验和规律，对后世造园实践具有普遍的意义。

风景园林学（Landscape Architecture）是综合运用科学和艺术手段，研究规划、设计、管理自然和建成环境的应用性科学，以协调人和自然的关系为宗旨，保护和恢复自然环境，营造健康优美的人居环境。伟大的科学家钱学森先生提出园林是艺术的重要论断和建设山水城市的伟大构想。汪菊渊先生对园林下了比较科学的定义，提出了"境域"的重要概念。指出了园林是一种创作，创作的结果是美的自然和美的生活境域。孟兆祯先生提出园林学是科学的艺术，指出园林学是一种文理交融的学科，这种交融在古代已经产生，在今后还要不断交融下去。归纳起来就是：文理相得，以艺驭术。

王绍增先生提出女娲学说，即包括关于有机地球的基础理论体系；关于人地和谐的大地规划体系；关于人景互动的宏观风景空间的规划理论与方法；关于人境合一的小尺度室外空间的营建理论与方法；关于未来人与自然和谐相处的聚落空间的探讨；关于中国的物质和非物质风景园林文化遗产体系等。他建议这样一套体系称为（室外）生境学，其英文用（Outdoor-）Living Environment，简称LE。

刘滨谊教授认为，风景园林是大自然的代言人、守护者、创造者；是生态理论的编织人、总导演、圆梦者；是理想人居环境保护发展的协调人、引领者、开拓者。多学科的交叉形成风景园林学科核心领域。风景园林是一门集自然、艺术、工程、社会、人类领域科学的基础性理论知识于一身的学科和专业，具有多学科交叉、跨界、协同的特征。风景园林学科发展形成背景、建设、活动三元一体的坐标体系，分别对应环境、社会、经济三大效益，生态、生活、生产三大人居主题。

俞孔坚先生提出景观学理论，指出景观的含义：①景观作为视觉审美的对象在空间上与人物我分离，景观所指表达了人与自然的关系，人对土地、人对城市的态度，也反映了人的理想和欲望；②景观作为生活其中的栖息地，是体验的空间，人在空间中的定位和对场所的认同，使景观与人物我一体；③景观作为系统，物我彻底分离，使景观成为科学客观的解读对象；④景观作为符号，是人类历史与理想，人与自然、人与人相互作用与关系在大地上的烙印。因而，景观是审美的、景观是体验的、景观是科学的、景观是有含义的。

杨锐先生提出"境其地"理论，指出：境其地是指为了保持和提高生存、生产、生活和生态品质，人类个体或群体营造特定土地的过程。"境其地"与"地境"一起构成风景园林学的核心范畴，演绎这一核心范畴的有八个基本范畴，即"境道""境德""境理""境术""境用""境制""境

19

象""境意"等。

从自然科学和社会科学的角度看，一个理论是否具有科学理论价值，一是要回答人类文明进步中所关心的重要课题；二是这一理论被实践证明是正确的；三是这一理论有一个内在的、相互贯通的逻辑系统；四是这一理论具有继承性、集成性和原创性。当前，我们既看到中国园林在理论领域的短板，同时也看到许多有识之士正在积极探索。百花齐放、百家争鸣的学术风气正在形成。因此，我们有理由相信，中国园林的理论和哲思必将有一天在世界上大放光芒。

三、继承与创新发展

中国园林经过几千年的发展，如同涓涓溪流，不断传承，不断发展，逐步汇成江河湖海。所谓传承就是继承优秀的文化传统，使之不断流传下去。2017年1月25日，中共中央办公厅、国务院办公厅印发了《关于实施中华优秀文化传承发展工程的意见》，深刻指出：文化是民族的血脉，是人民的精神家园，文化自信是更基本、更深层、更持久的力量。中华文化独一无二的理论、智慧、气度、神韵，增添了中国人民和中华民族内心深处的自信和自豪。在五千多年文明发展中孕育的中华优秀文化，积淀着中华民族最深沉的精神追求，代表着中华民族独特的精神标识，是中华民族生生不息、发展壮大的丰厚滋养，是中国特色社会主义植根的文化沃土，是当代中国发展的突出优势，对延续和发展中华文明，促进人类文明进步，发挥着重要作用。

中国园林优秀传统文化是中华文明的有机组成部分，是中华文化百花园中的一朵奇葩。然而在继承和发展中也存在着不容忽视的两种倾向，一是概念的模糊，对中国园林优秀文化传统说不清、道不明或只知其一不知其二。正如法国哲学家狄德罗指出的那样："人们谈论最多的东西，每每注定是人们知道最少的东西。"对中国园林的传统，大家谈论最多，然而什么是中国园林的优秀传统却都笼而统之。另一种倾向则是否定中国园林的优秀文化传统，认为传统的东西是一种堕力，意图想否定它、摆脱它，否定传统对现实存在有意义。这两种倾向都不利于中国园林的发展。因此，我们要提高认识，增强自觉和文化自信，激发中国园林优秀传统文化的生机和活力。正如《关于实施中华优秀文化传承发展工程的意见》中所指出的，"随着中国经济社会深刻变革，对外开放的日益扩大，互联网技术和新媒体快速发展，各种思想文化交流交融交锋更加频繁，迫切需要深化对中华优秀传统文化重要性的认识，进一步增强文化自觉和文化自信；迫切需要深入挖掘中华优秀传统文化价值内涵，进一步激发中华优秀传统文化的生机和活力；迫切需要加强政策支持，着力构建中华传统文化传承发展工程，是建设社会主义文化强国的重大战略任务，对于传承中华文脉，全面提升人民群众文化素养，维护国家文化安全，增强国家文化软实力，推进国家治理体系和治理能力现代化，具有重要意义。"

中国园林的继承与创新和发展，要以人民为中心的工作导向，坚持为了人民、依靠人民、共建共享，注重文化的熏陶和实践养成，把跨越时空的思想理念、价值标准、审美风范转化为人们的精神追求和行为习惯，不断增强人民群众的园林文化的参与感、获得感和认同感，形成向上向善的社会风尚、园林风格和特色。

中国园林要在继承的基础上创新发展。要坚持辩证唯物主义和历史唯物主义，继承而不泥古，创新而不离宗。任何传统如果不随时代修正，必定僵化；任何良法美意如果不能适应时潮必定被淘汰或倒转形成反动。中国园林应秉承客观、科学、礼敬的态度取其精华、去其糟粕，扬弃继承，转化创新。不断赋予中国园林新的时代内涵和现代表达形式。不断补充、拓展、完善，使中国园林最基本的文化基因与当代文化相适应，与现代社会相协调。创造出具有中国特色、中国风格、中国气派和当代精神的优秀中国现代园林。

当代园林大师檀馨说："继承与创新永无止境。不论古代抑或现代园林，无不因时代而产生。中外历史发展中曾经的时尚和实用所形成的经典，作为一种文化能够相传成统，必然有其合理成分。今天流行的时尚，有哪些可以积淀成为流派，形成时代风格，作为历史特征留给我们的后代，这是要有待时日的。"只有积淀成为文化，锤炼成为经典，才有可能成为明天的传统。"在园林规划设计的理论和实践中，我们一方面要从中国传统的园林沃土中吸收营养，对于外国的园林规划设计的理论和方法也必须学习，兼收并蓄、为我是用，才能创造出崭新的、具有中国特色的现代园林。"她认为应当向西方学习以下十个方面的经验：①学习西方的园林设计理论，例如现代主义、后现代主义、功能主义、立体主义、几何美、极简主义、文脉主义、解构主义、自然主义、环境与生态观点，还有许多新的艺术理论、美学思想。②向传统挑战，不断创新，标新立异，追求个性。③研究社会需求，适应市场需求，重视功能及为人服务。④关注整个社会，关注人类生存环境。⑤吸收世界园林之所长，发展本国的现代园林。⑥借鉴现代文化艺术、美学思想，创造新的现代园林。⑦运用现代科学技术、现代新材料，使园林现代化。⑧从大众文化期望出发，与经济生产力紧密联系，展望大众的审美观念，特别尊重经济规律。⑨面向世界，发展跨国设计集团公司。⑩简洁，追求自然、几何美、与建筑相结合的丰富的园林经验。

四、迎接公园城市时代的到来

园林这个名称从古代囿、苑、墅、别业等发展而来，它是随着园林的形态变化而变化的。周代为台榭称之为囿，秦汉时代是自然经济的山水宫苑，魏晋时期为楼观台苑，南北朝时期为山居园，唐代称禁园，宋代为宴集式园林，发展到明清时期成为写意式山水园林。无论哪个时代，园林都是为帝王将相、达官贵人所拥有和服务的。至近现代，园林的性质和服务对象都发生了根本的变化。公园的出现是园林历史的里程碑，园林一词也将逐步转化，发展成为公园一词，园林城市也终将发展成为公园城市。这是中国园林发展的趋势所决定的，是融入国际社会潮流所决定的。

公园城市是公园发展到一定程度的必然趋势。正如美国哲学家培根所说："文明的起点，开始于城堡的兴起，但高级的文明，必须伴随着优美的园林。"早在19世纪中叶，奥姆斯特德原则的提出和美国纽约中央公园的建造就孕育了"公园城市"的理念。在奥姆斯特德（Frederick Law Olmsted）看来，城市规模的发展必然导致高层建筑的扩张，最终，城市将会演变成一座大规模的人造墙体。为了在城市规模扩大以后，还能有足够的面积使市民在公园中欣赏自然式的风景，奥姆斯特德设计的纽约中央公园南北跨越第5大道到第8大道，东西跨越59街到106街。巨大的公园规模，保证了纽约把可能出现的城市水泥森林远隔在公园之外。

1920年，建筑大师勒·柯布西耶（Le Corbusier）认为，理想中的未来城市应该是："坐落于绿色之中的城市，有秩序疏松的楼座，辅以大量的高速道，建在公园之中。"

1933年，《雅典宪章》规定，城市的居住、工作、游憩、交通等四大功能应该协调和平衡。新建居住区要预留出空地建造公园、运动场和儿童游戏场；人口稠密区，清除旧建筑后的地段应作为游憩用地。

1977年，《马丘比丘宪章》规定："现代建筑不是着眼孤立的建筑，而是追求建成后环境的连续性，即建筑、城市、公园化的统一。"

1958年，毛泽东主席高瞻远瞩地提出了"大地园林化""到处是公园"的伟大预言。从某种角度上讲，这一口号是毛泽东对中国未来"公园时代"的一种梦想。

1995年，《世界公园大会宣言》指出："都市在大自然中。21世纪的城市内容，应把更多的公园汇集在一起，创造新的公园化城市……21世纪的公园必须动员社区参与，即动员公众和专业人员共同参与才能实现。"

今天的中国园林已经突破城市的范畴，以广阔的国土为蓝图，向城乡一体化发展。以国家公园为核心的公园体系，包括城市公园、国家风景名胜区、森林公园、湿地公园、地质公园、海洋公园、自然保护区等，将遍布祖国大地。未来的中国将成为一座美丽的大公园。

从全国来看，凡是园林城市，其公园的数量和质量都已经处于园林的核心地位，形成以公园为核心的体系，公园是占统治地位的，2016年末，全国城市建成区绿化覆盖面积220.4万公顷，绿化覆盖率40.3%，绿地面积199.3万公顷，公园绿地面积65.4万公顷，人均公园绿地面积13.7平方米。据科学家估计人类数量只是占动物世界中的2%，但是我们不能否认我们的地球是人类的世界；纵观世界各国大都市是以公园体系来衡量城市的质量和水平，并且都早有有关公园的法规条例。

公园化城市（以下简称公园城市），是公园形成网络和规模效应，将城市融入公园体系之中。这是城市的一种全新发展模式，是社会发展的必然趋势，它不仅是人类建设宜居城市的追求，更是衡量一个城市发展水平的标志。公园城市这个目标不仅考虑到园林的自然属性，而且也考虑到公园的人文意义和社会属性，是公园发展的最终目标。公园城市则是公园发展的更高级的形态。

公园城市是将城市融入公园的一种城市形态和发展理念，它不仅蕴含园林的自然属性，而且也富有公园的人文意义和社会属性，是公园发展的高级阶段和终极目标。

1. 公园精神成为社会的共同价值观

随着社会的进步，人民对美好生活的向往，人们的生活质量不断提高，对幸福和幸福指数的理解也相应地发生改变，人们的生活诉求从解决温饱向全面提高生活质量转变。政府决策机关和市民的理念基本成熟，文化建园的理念深入人心，公园的发展和建设得到全社会的普遍关注，这不仅是政府关注的重点，也成为社会团体和公众共同关注的焦点。人们逐渐清晰地认识到公园在提高人们生活质量中发挥的作用；在城市规划中首先确定水系、公园的地位，建设宜居城市；在选择居住环境时，更加重视周边是否有公园和绿化配套。不仅如此，越来越多的集体和个人也参与到公园的建设中，企业参与公园建设、明星认养公共绿地，反映了"公园城市时代"人们行为的显著特征。

2. 公园的规模和数量达到相当的水平

拥有一定规模和数量的公园，是城市进入公园城市时代的特点，也是衡量该城市是否进入公园时代的标志。在城市的发展规划中，首先要制定公园规划，确立公园的布局和数量，留足和拓展公园发展的空间，特别是注重城市中心区公园的规划和建设，通过旧城区的改造和产业结构的调整，凡是能够建设公园的地方，留白增绿建造适合城市发展的大、中、小规模不等的各类公园；对一些具有园林性质的寺庙、故居、王府等，逐步改造提升为公园；新建居住区和小区，建设一批有相当规模的社区公园；现有的绿地、林地、隔离带等，逐步实施提升工程，改造成为公园。在城市公园的规划与建设中要考虑大、中、小型公园的合理分布和公园路的连接，使其形成互相联系的公园网络，在充分发挥各自功能的基础上，形成整体效应。

3. 第三度生活空间

公园是创造力的结晶，是规划者、建造者、管理者共同创造的艺术品，是祖国大好河山的缩影，是爱国主义教育的良好场所，奉献给人们的健康系数和幸福指数是其他事物所无法比拟的。

公园化的生活从空间距离上讲，公园不仅是遥望和眺望的景观，更是可以亲近的、可以呼吸的绿色福利，成为人们生活的第三度的空间。从时间上讲，是人们每一天都不可或缺的生活必需品；从价值取向上讲，由于公园景观优美、空气新鲜、文化氛围浓厚，人们在公园中休憩娱乐、健体强身、参观游览成为生活的重要组成部分。人们花在公园中活动的时间越来越多，使公园形成人流、气流、景观流的汇聚。公园不仅是人们健身休闲的场所，更是社会交际的重要空间。人们在公园里交流信息，增进感情，增强了人们的社会归属感，拓展了精神生活的空间；从时代趋势上讲，公园化生活是城市人生活进步的标志和必然趋势，是未来不可阻挡的潮流。

4. 带动公园周边经济

一些城市的历史名园和重要公园发展成为地域中心，具有相当的辐射力和影响力，其良好的环境引来了商机，带动了周边房地产业的快速发展，拉动房地产增值，为招商引资、发展经济创造了环境条件，同时，也提供了更多的就业岗位，带动了就业率提升等一系列变化，对于促进城乡发展、加快城乡一体化、带动经济繁荣起到了积极作用。

以北京为例，北京东城区提出"天坛文化圈"的新理念，围绕天坛这个聚宝盆做发展经济和提升文化的文章，极大地聚集了人气，成为知名的文化活动品牌，创造了良好的经济效益和社会效益，带动了周边相关产业的发展，也促进了区域经济的发展。

5. 公园是城市尊严的象征

公园是城市形象的重要标志，代表了城市的历史和文化，是展示城市发展、城市性格的窗口，是国际交往的舞台。作为城市尊严的象征，北京公园拥有较高的知名度和美誉度，彰显着城市气质和文化底蕴，从而成为举办重大国际、国内活动的场所。天坛、颐和园等是北京的标志，尤其是天坛已经成为北京乃至中国文化的符号，成为北京市民精神世界的象征。第29届北京奥运会会徽从天坛祈年殿走向世界，残奥会火炬在祈年殿点燃以及奥运会马拉松赛跑穿越天坛，展现了北京作为文明古都的深厚底蕴；奥林匹克公园的建设，向世人展示了中国的新形象，为全球所瞩目，成为北京的一张新的靓丽名片。

随着改革开放的深入，中国经济进入快车道，经济规模不断扩大，为中国部分城市进入公园城市时代提供了坚实的物质基础。在这种形势下，一些城市先后提出了建设"公园城市"的目标，比如广东河源市、深圳市成为建设公园城市的先行者。2008年，深圳市人均GDP为12932美元，先后建成公园575座，全市公园绿地达到13870公顷，城市与公园完美地融合在一起。2009年，作为国际大都市的北京，人均GDP达10000美元。政府主导建公园，各行各业造公园，人居环境盼公园，建筑空间仿公园，历史名园在保护中得以发展，建立了以历史名园为核心的公园体系，目前已有1000多个公园，形成了城市坐落于公园体系之中的基本格局，为"公园城市"的建设和发展奠定了良好的基础。

公园城市建设，要整合整个社会力量，从抓规划入手，建立公园体系，提高公园质量，制定完善的公园法律法规体系等，将美丽中国、生态文明建设和实现中华民族伟大复兴与公园城市建设有机结合起来。一个公园城市时代，就要到来了。

第一章 公园的产生与发展

第一节 公园精神的萌发

"公园"一词在中国古来有之，但是词义与今天迥然不同。《辞源》中释为"古代官家之地。"《魏书》景穆十二王中任城王传："（任城王澄）表减公园之地，以给无业贫口。"今天公园一词专指供公众游览休憩之公共园林。公园是具有良好的园林环境，较完善的设施，具有改善生态、美化城市、游览观赏、休憩娱乐和防灾避险等功能，对公众开放的场所。它是社会公益事业，是城市的基础设施，是现代社会中人类自己创造的最佳生活境域，是社会发展到一定程度的产物，是伴随着全球城市化的进程诞生的，同时也是从古代的园林中脱胎出来的，无论在西方还是在中国，最早的公园大多都是由古代园林改造而成的。

园林有悠久的历史，但是在历史上，它是供王公贵族等少数人享用的。虽然也有向公众开放的时候，但那是权贵或富人的一种施舍和玩趣，以显示其慷慨和雅量。据《孟子》载："文王之囿，方七十里，刍荛者往焉，雉兔者往焉，与民同之。"孟子对梁惠王说："文王以民力为台沼，而民欢乐之，谓其台曰灵台，谓其沼曰灵沼，乐其有麋鹿鱼鳖。"这就是说，文王驱使庶民筑灵囿、灵台、灵沼，并在一定时期允许樵夫、猎人进入其内打柴、狩猎、捕鱼之活动。虽然这种奴隶为了生存的活动不能与奴隶主的享乐同日而语，但是奴隶在这其中的活动势必有了些许享乐的成分。

汉代的苑囿，进一步展现公园精神。汉武帝的上林苑："元封六年，夏，京师民观角抵于上林苑平乐馆。""元封三年，春，作角抵戏，三百里内皆观。"（《汉书》卷六武帝纪）《西京杂记》："梁孝王好营宫室苑囿之乐，作曜华之宫，筑兔园……王日与宫人宾客弋钓其中。"枚乘《梁王菟园赋》描述:"于是晚春早夏,邯郸、裴国、易阳之容丽人及其燕饰子,相予杂遝而往款焉。车马接轸相属,方轮错毂。接服何骖,披衔迹踬。"

佛教传入中国约在东汉初年。南朝梁武帝时定为国教,北朝于文帝营造云冈石窟而复兴。北魏时仅洛阳"京城里表,凡有一千余寺"(《洛阳伽蓝记》)。寺庙的修建趋近于佛经所述,多为园林形态。时人信奉佛教以修筑园林作为修行得善之象征。《分别善恶报应经》卷下载:修十善业所获得的果报便是"远离硬涩,因无杂秽;林木园苑,远离业刺,皆悉滋润。"南北朝时期寺庙园林的兴起,对广大信众香客开放,标志着中国公园精神的萌生。《洛阳伽蓝记》记载的寺庙园林甚多。比如:永宁寺"栝柏松椿,扶疏扶檐;翠竹香草,布护街墀";景乐寺"轻条扶户,花蕊被庭";景明寺"前望嵩山、少室,却负帝城,青林垂影,绿水为文,形胜之地,爽垲独美。房檐之外,皆是山池,松竹兰芷,垂列阶墀,含风团露,流香吐馥。"

唐代是中国公园史上令人惊叹的初唱。隋唐时期长安的芙蓉园,每当中和(二月初一)、上巳(三月三日)等节日,自帝王将相至商贾庶民莫不云集于此。最著名的公共园林当属长安城内的曲江乐游园。杜甫曾作《乐游园歌》:"乐游古园崒森爽,烟绵碧草萋萋长。公子华筵势最高,秦川对酒平如掌。长生木瓢示真率,更调鞍马狂欢赏。青春波浪芙蓉园,白日雷霆夹城仗。阊阖晴开昳荡荡,曲江翠幕排银牓。拂水低徊舞袖翻,缘云清切歌声上。却忆年年人醉时,只今未醉已先悲。数茎白发那抛得?百罚深杯亦不辞。圣朝亦知贱士丑,一物自荷皇天慈。此身饮罢无归处,独立苍茫自咏诗。"更有《丽人行》:"三月三日天气新,长安水边多丽人。态浓意远淑且真,肌理细腻骨肉匀。绣罗衣裳照暮春,蹙金孔雀银麒麟。箫鼓哀吟感鬼神,宾从杂遝实要津。后来鞍马何逡巡,当轩下马入锦茵。杨花雪落覆白苹,青鸟飞去衔红巾。"北宋李格非在1095年所著《洛阳名园记》中记载的园林对平民开放:"花(牡丹花)开时倾城仕女绝烟游之。"曾任宰相的司马光的"独乐园",也有供人参观游览的记载。北京的天坛明清时代,西外坛域也曾几度繁盛。据《万历野获编》记载:端午盛会,"京师惟天坛游人最胜,连钱障泥,联镳飞鞚,豪门大贾之外,则中官辈竟以骑射为娱,……。"明末《帝京景物略》载:"五月……五日正午前,群入天坛,曰避毒也。"至清时,天坛内端午盛会依旧。清朝沈榜在《宛署杂记》中说："端阳，士人相约携酒果游赏天坛松林，……名踏青。"酒肆、茶舍、药坊也落户坛内。据许联瑛考证，北京龙潭湖公园的万柳堂景区，在清初已具有公园的性质。清代毛奇龄《西河诗话》载："康熙壬戌上巳，益都大夫率门下士二十二人修葺万柳堂。"清代朱彝尊《万柳堂记》载：文华殿大学士冯溥"度地三百亩，聚土以为山，捎沟以为池"，"园无杂树，迤逦上下皆柳，故其名为万柳堂"。"自辟荒园成乐土，藩篱不设门无扃。自云此地非吾掌，俸钱出自皇家帑。"从这首诗中，我们看到清代早期虽然没有公园的称谓，但是，万柳堂的建设已经具有了公园的性质：开辟荒地建设，有山有水，有建筑，有了园林环境，不设围挡，免费开放。

欧洲中古时代，僧寺为一线光明之地，经堂四合，中留方庭满种花木菜蔬，即寺园也。欧洲园林乃由此脱胎焉（童寯《江南园林志》）。18世纪，在欧洲随着资产阶级革命的成功和君主政权的灭亡，城市规模不断膨胀，民主思想逐步形成，人们对城市环境的需求不断增长。到1851年，英国城市人口超过了农村人口，于是不少属于皇家的园林逐步向平民开放。如英国伦敦有著名的皇家公园8处，平均每个公园面积为253公顷。如：肯辛顿公园（Ken Sington Garden）、海德公园（Hyde Park）、绿园（Green Park）、圣·詹姆斯园（St·James's Park）及摄政公园（Regents Park）等，它们几乎连成一片，位于伦敦市中心区。肯辛顿公园原是肯辛顿宫的花园，维多利亚女王于1819年在此宫出生，18世纪前是英王狩鹿场。1843年，由帕克斯顿（Joseph·Paxton）负责设计公园。1847年完工，面积138公顷。园的东北部有一条带状水域。在海德公园的东北角大理石拱门入口处有一片草地，自19世纪以来，每星期天下午，有人站在肥皂箱上发表自由演说，有"肥皂箱上的民主"之称，现在的演说者多数站在铝制梯架上高谈阔论，成为海德公园内独特的一景。摄政公园原是米德尔塞克斯（Middlesex）大森林的一部分，亨利八世建成猎场。1811年，著名王室建筑师约翰·纳什受摄政王委托设计建成了公园，是八大公园中面积最大的，有300多公顷。在法国首先整片开放的是布劳林苑（Boin De Boulogne）和樊尚林苑（Boin De Vincennes）。在德国将皇家狩猎园梯尔园改造成公园。

类似的情境在日本也大致相同。我们可以通过明治35年（1902年）东京市政府建造委员长田宏藏在日比谷公园开工典礼上的祝词可以看出，他说：

"想我帝都各处之公园，其数甚多，但大抵位于古神社佛寺境内，并无真正合乎条件之公园，也不便解除疲劳，抑或颐养浩然正气。当局者虑及此事已久。日比谷公园正为满足此种要求所设计。若将此公园作为我国真正公园开拓之先鞭，则无疑使旧貌变新颜。"由皇家园林、寺庙园林改造成的公园，其功能、作用都发生了很大变化，主要是具备了公园的必要条件。但是其固有的形式和内容仍然沿袭着历史的轨迹。从整体上说，在那个时候，世界上还缺乏真正意义上的"公园"，但是，这种改建公园的热潮却为真正意义上公园的诞生创造了条件。

在19世纪西方国家的公园兴起且蓬勃发展的时候，旧中国由于受帝国主义、封建主义和官僚资本主义的统治，几乎谈不上公园的发展。在中国公园的发展初期，许多公园也都是由皇家园林演化而来的。比如北京在中华人民共和国成立之前开放的公园仅有9个（表1-1），有天坛公园、地坛公园（曾称京兆公园）、中山公园（曾称中央公园）、颐和园、北海公园、动物园（西郊公园）、劳动人民文化宫（曾称和平公园）、中南海公园、先农坛公园等。天坛公园、地坛公园、中山公园、北京市劳动人民文化宫前身都是皇家的祭坛，分别是祭祀天、地、社稷和祖先的地方。颐和园、北海、中南海公园等原是皇家园林，是供皇亲国戚少数人享乐的地方。封建王朝覆灭之后，这些不同形式的园林逐步向公众开放成为公园。颐和园原是清朝皇帝的行宫（原名清漪园），建于1750年，后遭英法、八国联军侵略破坏，清末慈禧挪用海军军费整修恢复，更名颐和园。颐和园利用自然的山形水系，加以人工疏理营造，无论平面布局还是造园艺术都达到登峰造极的地步，出神入化的境界，1928年，作为公园开放，受到广大游客的欢迎，是享誉中外的天下第一名园。

北京市 1949 年前公园开放一览表　　　　表 1-1

名称	原名	建立开放时间	备注
北京动物园	农事试验场	1907 年 6 月	曾称为万牲园、西郊公园
城南公园	先农坛	1912 年	现为体育场和古代建筑博物馆
天坛公园	大坛	1913 年 1 月 1 日	1918 年 1 月 1 日起售票开放
中山公园	社稷坛	1914 年 10 月 10 日	曾称中央公园

名称	原名	建立开放时间	备注
劳动人民文化宫	太庙	1924 年 11 月	曾称和平公园，1928 年停办，1950 年辟为劳动人民文化宫
北海公园	北海	1925 年 6 月 13 日	团城 1938 年 10 月 1 日售票开放
地坛公园	地坛	1925 年	曾称京兆公园，1928 年改称市民公园
颐和园	清漪园	1928 年 7 月 1 日	1751 年改万寿西宫为清漪园，1888 年更名为颐和园
中南海公园	中南海	1928 年	1949 年后为中央所在地

注：资料来源《北京园林绿化志》《北京传统文化便览》。

北京的皇家坛庙和园林作为公园向社会开放，使普通百姓有了可供休憩、游赏之地，是迈向新生活的重要事件，具有划时代的历史意义和社会意义。它不仅改变了城市的空间结构，而且改变了市民的生活环境，改变了百姓的精神状态。

第二节　中国公园的诞生

《汉语大词典》将公园定义为"供群众游乐、休息以及进行文娱体育活动的公共园林"，这个定义似乎不够全面，而过于具体，缺乏抽象，不足以说明近代公园与古代官家园囿或私家花园的本质区别。但是，它将公园列为公共园林是恰当的。《园林基本术语标准》将公园定义为"供公众游览、观赏、休憩，开展户外科普、文体及健身等活动，向社会开放，有较完善的设施及良好生态环境的城市绿地。"这种表述并不科学，其一，功能不全面，正如陈植在《都市与公园论》和其他学者在论文中所指出的那样，近代公园的功能远远超出单纯的游乐和休闲的范围，它同时也具有教育、经济、政治和文化等多种功能，而这些正是近代公园不同于古代园林的本质所在。其二，将公园列为城市绿地欠准确。2002 年出台的《北京市公园条例》在总结各家理论和实践的基础上提出"本条例所称公园，是指具有良好的园林环境、较完善的设施，具备改善生态、美化城市、游览观赏、休憩娱乐和防灾避险等功能，并向公众开放的场所。"此《条例》的关键是提出了公园的三个必要条件和五大功能。

三个必要条件或称三大定律是：

（1）具有良好的园林环境；

（2）具有较完善的设施；

（3）向公众开放。

将城市绿地、生态环境等提法上升为园林环境是质的飞跃。公园是园林，但园林不一定是公园。

世界上第一个真正意义上的公园，是美国纽约的中央公园。中央公园位于纽约市中心区域，1858年修建，面积340公顷，相当于北京颐和园的面积。考虑到成人和儿童的不同兴趣和需要，园内安排了各种活动设施，并有各种独立的交通路线，有车行道、骑马道、步行道及穿越公园的城市公共交通线路。周边有低矮的围墙或栅栏，虽融入城市，又成为独立的空间。著名的设计师奥姆斯特德提出的建园原则，即"奥姆斯特德原则"，成为之后各国公园设计建设效仿的准则：①保护自然景观，在某些条件下，自然景观需要加以恢复或进一步强调；②除了在非常有限的范围内，尽量避免使用规则式；③保持公园中心的草地和草坪；④选用乡土树种，特别用于公园周边稠密的种植带中；⑤道路应是流畅的曲线，成环状布设；⑥全园以主要道路划分区域。这些原则对于现代公园的规划设计仍具有十分重要的指导意义。其建设理念是"将都市抛在脑后，享受令人愉快的自然景色"。奥姆斯特德同时提出"应将公园加以联系，形成一个复合网络，这就是公园系统的概念。"美国纽约中央公园的建立，成为曼哈顿一片钢筋混凝土森林中的绿洲，是纽约的骄傲，与自由女神像、帝国大厦等同为纽约乃至美国的象征。引起欧美各国纷纷仿效，也引起世界各地的关注，揭开了公园发展的新篇章。

1929年，在莫斯科建立了高尔基文化休息公园，这是一种把政治教育工作和劳动人民的文化休息结合起来的新型综合性公园。1946年，发布了《文化休息公园条例》，规定了文化休息公园的任务为三项：建立各种文化娱乐设施，适应游人的要求；组织广泛的政治报告；宣传科学教育知识，开展体育运动。文化休息公园的做法，在20世纪50年代曾经对我国的公园产生过较大的影响。

1840年鸦片战争后，帝国主义国家在中国设租界，并在租界建公园以满足殖民者的需要。主要有：上海的外滩公园（1868年建，现黄浦公园）、虹口公园（1900年）、法国公园（1908年，现复兴公园）、兆丰花园（1914年，现中山公园）；天津的维多利亚公园（1887年，现解放公园）、法国公园（1917年，现中心公园）、俄国花园（1901年）、大和公园（1906年）等。这些公园带入了国外的园林形式，主要是英国自然风景园和法国规则式，个别也有德、日、俄等园林风格。

清末受资产阶级民主思潮的影响，各地方政府、士绅等开始兴建公园。著名的有齐齐哈尔的龙沙公园（1897年）、天津劝业会花园（1905年，现中山公园）、无锡城中公园（1906年）、哈尔滨董事会花园（1906年，现兆麟公园）、北京农业试验场附属公园（1906年，现北京动物园一部分）、成都少城公园（1910年，现人民公园）、南京玄武湖公园（1911年）等。齐齐哈尔市的龙沙（仓西）公园，建于1907年（清光绪三十三年）。因当时利用城西南部旧仓基址，故称仓西公园，俗称西花园。1917年改称龙沙公园，"龙沙"泛指塞外之地，两字最早见于《后汉书·班固传》的"坦步葱雪、咫尺龙沙"，唐代诗人李白"将军分虎竹，战士卧龙沙"，之后始以龙沙为一地，龙沙公园即由此得名。1907年园内建起了"望江楼"，1916年正式冠以"龙沙公园"之称。龙沙公园坐落于市区中心，占地64公顷，是一座综合性的公园。劳动湖与嫩江水系相通，湖中有游船、游艇，岸上绿树成荫。1905年，无锡几个进步绅士集资建的"锡金公花园"，俗称"花公园"。1912年改名"无锡公园"，现名城中公园。北京动物园前身是清朝末年的农事实验场，建于1906年，后改为西郊公园，是北京第一座向社会开放的公园。据北京动物园园史记载，"1906年商部上书，兴办农事试验场，选址乐善园、继园及其附近官地854亩。同日光绪皇帝批准。""1907年动物园竣工。其园内所养各种野兽，雇德国两名工人饲养，每月每人薪金40元；其飞禽各类则由学生饲养，每人月薪5元，按月发给。""六月初十，农事试验场附设的万生园开放。"

经考证，在1878—1908年中国人自建的第一批公园有11座；1840—1910年外国人在中国建造的公园（或花园）有33座。中国的第一个公园是甘肃省的酒泉公园。清乾隆元年（1736年），肃州分巡道台黄文炜带头捐出俸银整修酒泉明朝胜迹，修建32座建筑，疏浚泉池，修栏筑堤，分泉湖为二，栽桃种柳，营造了一个优美的园林环境，"士大夫时宴集其间可也，郡百姓以时休息其地可也。"（黄文炜《酒泉记》）初步具备了公园的条件。但在清同治年间被毁。清末，陕甘总督左宗棠坐镇肃州时，对酒泉明清胜迹进行了大规模整修，挖湖建岛，栽柳植杨，建亭修阁，形成清泉竞涌，碧波荡漾，湖光山色，鸥鸟群集的塞外江南景色，"边陲万里，得此别开生面"，于1880年开放，引来文人骚客、士子百姓游赏，开中国公园历史之先河。1942年定名为泉湖公园，1956年更名为酒泉公园至今。现在公园内仍存活着"左公杨柳"。酒泉公园的建成开放标志着中国公园的开端，左宗棠成为中国公园的第一位拓荒者，是值得人们纪念的。

辛亥革命后，北京的皇家园林和坛庙园林先后开放为公园，如先农坛（1912年开放）、天坛（1913年）、社稷坛（1914年开放，现中山公园）、颐和园（1924年开放）、北海（1925年开放）等。孙中山先生曾下令将广州越秀山辟为公园，各地也兴起了建公园的浪潮，如广州中央公园（1918年，现人民公园）、黄花岗公园（1918年）、武昌首义公园（1916年）、汉口西园（1923年，现中山公园）等。在闽浙赣革命根据地葛源镇，曾由方志敏同志发起修建列宁公园（1930年），1941年延安王家坪修建了桃林公园。

天坛是明清皇帝祭天的地方，建于1420年，面积273万平方米，是中国几千年祭天活动仅存的、保存最完整的建筑组群，具有极高的历史价值、文化价值和科学价值。1998年，联合国教科文组织世界遗产委员会将其列入《世界遗产名录》。雄伟的祈年殿不仅是北京的象征，更是中国的重要标志之一。1913年1月1日至10日，这座皇家禁地试开放，开创了皇家禁园向公众开放、任人游览的先河。1918年1月1日，正式售票向社会开放。至1937年抗战爆发，国内公园共有400余座。但是在1949年以前，由于社会动荡，战乱不断，灾难深重，经济发展缓慢，人民处在水深火热之中，根本谈不上公园的发展。仅有的一些公园也是草木凋零、残破不堪（表1-2）。

中山公园现象是这个时期公园发展的一个重要特征。1925年，孙中山先生逝世后，各地又建了一批纪念孙中山的公园，如南京中山陵园（1926—

1880—1901 年间中国大陆早期建设的主要城市公园　　表 1-2

城市	公园名称	建成年代	说明
酒泉	酒泉公园	1880	中国第一个公园，左宗棠创建
上海	新公园（后称华人公园）	1890	在苏州河南四川路桥东
济南	商埠公园	1904	1925 年改名中山公园，现人民公园
昆山	马鞍山公园（今亭林公园）	1906	为纪念明清爱国学者顾炎武先生建
无锡	锡金公园（又名公花园）现城中花园	1905	当地乡绅筹资捐建
天津	河北公园	1907	直隶总督袁世凯所建，名为劝业会场，后三易其名为天津公园、天津中山公园、天津第二公园
哈尔滨	董事会公园（道里公园，今兆麟公园）	1906	俄中东铁路管理局
齐齐哈尔	仓西公园（今龙沙公园）	1907	清朝黑龙江将军府主持修建
北京	万牲园（今动物园）	1907	原名农事试验场
大连	星海公园	1909	大连市政府
柳州	柳候公园	1909	当地乡绅在柳候祠周边扩建
成都	少成公园（今人民公园）	1911	劝业道道台周善培拨款修建
安庆	皖江公园	1901	巡抚王之春主持修建

1929 年），杭州、汕头、厦门等地的中山公园。在国民党政府时期形成一种运动，是推行孙中山崇拜空间化的产物，是国家通过空间重组对民众进行控制和影响的产物。全国各地中山公园的兴建大致由改名、改建和新建三种形式组成。这三种不同形式的中山公园通过地理位置的选择以及公园空间布局的建构，诸如在园内建筑具有民族特色的园林门楼、牌楼，修建中山纪念堂、纪念碑、纪念亭，树立孙中山塑像，题写匾额等，向民众传输孙中山崇拜和"三民主义"理论，同时作为民众活动空间与国家权力空间化和传输意识形态的载体。中山公园是纪念性的公园，属于历史名园。它是历史、是文化，它具有独特的历史价值和文化价值。孙中山先生是一位伟大的革命先行者，他给中华民族留下了宝贵的精神遗产。他的"天下为公""平等""博爱""三民主义"等思想闪耀着灿烂的光芒。他的人格魅力是中华儿女的楷

模，他为中华民族的伟大复兴所进行的实践是中国人百年梦想的开端，是20世纪中国最伟大的人物之一，是值得中国人民永远纪念的。北京的中山公园是全国众多中山公园中的一个。北京中山公园毗邻天安门，是由明清时期的社稷坛改造而成的，面积24.1万平方米，建于明永乐十八年（1420年），1914年在北洋政府内务部总长朱启钤倡议和主持下辟为公园，称中央公园，对公众开放。1925年3月19日，孙中山灵柩移至该公园拜殿内举行公祭活动，至4月2日将孙中山遗体移往碧云寺。1928年9月5日，中央公园改名为中山公园。民国时期的中山公园建设运动一方面塑造了民众崇拜孙中山的社会记忆，另一方面中山公园建设运动作为一场社会运动，人们以自己的方式对中山公园这一空间的政治意义进行解构，在塑造民众社会记忆方面发挥了重要的作用，这是公园作为政治功能在宣传形式上的尝试，也是中国公园初始状态的一种重要形式。据统计，全国25个省、市、特区和台湾省建有111座中山公园。

第三节　新中国公园的发展

关于中国公园发展历程阶段的划分有很多版本，大多数的划分是以政治形势为界限，没有突出公园的特质。作为公园发展阶段的划分，当以公园在发展历程中的重要标志性事件为依据较为科学。

中国公园自诞生至今有100多年，其发展可划分为三个阶段，即1880年至1948年的初创期（68年），1949年至1986年的成长期（37年），1987年至今为成熟期。第一阶段的标志是1880年酒泉公园的建立；第二阶段的标志是1949年毛泽东主席在颐和园的讲话；第三阶段的标志是1986年召开的第一次全国城市公园工作会议。

初创阶段如前节所述。

新中国成立后，公园进入了一个新的发展时期（1949—1985年）。这个时期，公园的发展由于受到政治、经济的影响，呈现出"U"字形的态势。中华人民共和国成立初期，国家十分重视公园的保护和发展。1949年3月24日，毛泽东主席在颐和园听取了公园管理者的汇报后说："过去我们打游击有经验，进了大城市搞公园就不行了，没有经验，要向老工人学习，从没有经验到有经验。先把原有的公园管好，我们还要建设许多新公园。过去的公园是地主资产阶级、有闲阶级逛的；我们要让劳动人民都能逛公园。让他们在劳动后，能到公园来休息、娱乐、清除疲劳。回到工作岗位上，为国家作更多贡献。"毛泽东主席的这段话具有划时代意义，奠定了公园发展为人民的正确方向，也标志着公园发展新阶段的开始。中华人民共和国成立初期，党和政府十分重视城市园林绿化和公园工作。1952年8月7日中央人民政府建筑工程部成立，下设城市建设局主管全国城市建设工作。同年召开了中华人民共和国成立以来第一次城市工作会议。会议划定了城市建设的范围，包括11个项目，其中第五项就是城市的公园绿地建设。1956年5月12日，中华人民共和国城市建设部成立。1956年11月2日—12日，城市建设部召开了全国城市建设工作会议，提出了城市绿化工作的方针与任务；在城市普遍绿化的基础上，在需要和投资可能的条件下，逐步考虑公园的建设。1958年2月25日—27日和1959年12月24日，城市建设部先后两次召开全国城市园林绿化会议。1962年10月6日，由中共中央、国务院召开第一次全国城市工作会议，发出《关于当前城市工作若干问题的指示》，决定大中城市的工商业附加税、公用事业附加税和城市房地产税，统一划给财政，保证用于城市公用事业、公共设施以及房屋的维修和保养。为了保证这笔费用使用得当，财政部与建工部对"城市公用事业、公共设施"所包含的内容作了规定。公共设施所包含的项目中，第二项即"园林绿化设施：系指城市公共绿地、公园、动物园、植物园、苗圃、风景区绿地等设施。"从此，城市园林绿化建设与养护，建立了所需的资金渠道。

　　这个时期不仅恢复整修了新中国成立前留存下来的近代公园和历史园林，而且还新建了一批新公园，取得了巨大成绩。比如北京市于20世纪50年代和60年代，先后成立了公园管理委员会和市园林局，结合治理城市环境，建成40多处公园绿地。上海市10年间建设大中小公园42处，总面积比新中国成立前增长3.8倍。南昌市公园绿地面积比新中国成立前增长了15倍。从来没有公园绿地的阳泉市，也修建了烈士纪念公园和南山公园。这个时期建设文化公园和人民公园是一个显著特色。各个公园开展了丰富多彩的文化活动和展览。天津人民公园位于河西区徽州道与广东路交口，距小白楼商业区1公里，交通便利，是一个以游艺娱乐为主的综合性公园。该园前身是津门大盐商李春城的私家花园名为"荣园"，始建于清同治二年（1863年），李氏后裔把荣园献给国家，1951年对外开放后更名为"人民公园"。1954年，毛泽东主席亲笔题写了园名，这是毛主席为中国公园的唯一题字。该园将山水园林文化内涵与现代人文景观密切结合，景区有以全新的声、光、电、影等艺术手段展现的水面大型音乐喷泉。"孔雀园"内傣族风格的建筑灵秀别致。园内展出世界珍稀动物白虎。保留的荣园古建筑"藏经阁"古朴壮观，被誉为镶嵌在繁华闹市中的"绿宝石"。

1958年8月，毛泽东主席在中共中央政治局北戴河扩大会议上提出了绿化、园林化和公园化的号召："要使我们祖国的山河全部绿化起来，要达到园林化，到处都很美丽，自然面貌得到改变。种树要种好，要有一定的规格，不是种了就算了，株行距、各种树种搭配要合适，到处像公园，做到这样，就达到共产主义的要求。"1958年12月10日，中国共产党八届六中全会的决议提出"实行大地园林化"。

1959年12月24日，建筑工程部城市建设局局长丁秀在第二次全国城市园林绿化工作会议上的报告《为城市园林绿化工作继续跃进而奋斗》中，对全国十年来的园林绿化工作进行了总结，提出公园绿化与一般绿化相结合的方针，积极提高公园绿地的园艺水平，加强公园绿地的管理，开展多种多样的文化活动，努力办好动物园等。

1963年3月26日，建筑工程部发布了《关于城市园林绿化工作的若干规定》，提出："每个城市的园林部门，应当在管理好现有公园的基础上，适当地进行基本建设。凡内容不够丰富、艺术水平较低的公园，都应当注意调整艺术布局，充实花木品种，增设各种必要的服务设施，逐步更新公园面貌。凡大型公园，应当有大面积的安静休息区，有文化娱乐活动区，也要有儿童游戏区，尽可能地使不同爱好的游人各得其所。"强调了加强公园、风景区、动物园、植物园的管理。

1966年至1976年的"文化大革命"对公园造成了很大的负面影响，全国各地公园的建设发展几近停滞，甚至出现倒退现象。期间，北京市先后有67处400多公顷的公园绿地被蚕食鲸吞。北海、景山、碧云寺、卧佛寺等被关闭达六七年之久。紫竹院、玉渊潭公园一度改作他用。神圣的天坛堆起来高达32米、占地6公顷的人防工程弃土土山。1972年以后，情况有所转变，但进展缓慢。

1978年4月4日，中共中央批转了《关于加强城市建设工作的意见》，提出：要逐步实现城市园林化，城市园林要结合生产。对现有园林、绿地、名胜、古迹和风景区，要加强管理。被非法侵占的，要一律限期退出。破坏文物、古迹的，要追究责任，严肃处理。1978年12月5日，由国家计委、国家建委、财政部颁发的《关于工业比较集中的县镇开征公用事业附加的几项规定》中，将园林绿化列入城镇公共设施，保证维护资金不被挪作他用。

1979年6月28日，国家建设总局转发了《关于加强城市园林绿化工作的意见》，提出：要把公园办成群众喜爱的游憩场所，把动物园、植物园办成科普展览和游览的场地，认真把自然风景区保护好。

据1980年年底的统计，全国220个城市园林绿地总面积85543公顷，其中城市公园679个，面积16192公顷。

1982年12月3日，城乡建设环境保护部颁发了《城市园林绿化管理暂行条例》，对园林绿化的规划、建设、管理都作了明确的规定。提出"要努力创造适应现代生活的新型园林风格。要从实际出发，按照园林的性质、要求和当地条件，精心设计，精心施工。要提倡主要以植物材料造园，园林建筑和其他设施应安排适度，不要过多。园林建设既要讲求艺术，又要经济合理。"在这里讲的园林主要是指公园。

1984年11月，国务院批准颁发了《国家十二个领域技术政策》，其中"城市建设技术政策要点"提出大力发展城市绿化，建设城市公园。提出：对城市绿地进行系统规划，合理布局；规划的城市绿化覆盖率和人均绿地面积要力争在规划期内实现；新建、扩建、改造都要按照指标规定建设足够的绿地；要继承、发扬中国园林艺术的优良传统，认真研究并吸取外国先进的园林艺术成就；积极发展以自然景观和植物造景为主体的适应现代生活需要的、具有中国特色的城市公园。

1986年11月20日，城乡建设环境保护部在湖南省衡阳市召开了第一次全国城市公园工作会议。专门以公园工作召开全国性的会议是历史上的第一次，是公园从园林蜕变的标志，是公园发展历程第三阶段的开始。会后印发了《全国城市公园工作会议纪要》，总结了新中国成立以来全国城市公园发展的经验和教训，提出了进一步加强城市公园工作的意见。指出：新中国成立以来，全国城市有了很大的发展。据1985年年底的统计，全国324个省市城市有公园（含动物园）1017个，面积2.2万公顷，其中80%以上都是新中国成立后兴建的。另外，全国2048个县有公园855个，面积6000公顷。在开展全民义务植树运动的"六五"期间，各地的公园建设进入了蓬勃发展的新时期。在建设新公园的同时，不少城市还积极维修古典园林，使它重放异彩。随着公园建设的发展，各城市普遍加强了公园的管理，使园容更加美观，活动内容更加丰富，服务设施不断完善，为广大群众提供优美、清新的游览、休息场所，在两个文明的建设中起了积极的作用。1985年，全国城市公园的中外游人达8亿人次。

但是，在城市公园工作中，也存在不少需要解决的问题。一是公园数量少、面积小、人均指标低。据1985年年底统计，全国城市人均公共绿地面积仅为2.8平方米。二是侵占公园绿地的现象仍然不断发生。据全国28个城市统计，在"六五"期间就有540公顷园林绿地被侵占，其中不少就是公园。三是由于各种因素的影响，有的公园忽视自身的基本功能，片面追求经济收入，举办各种与公园性质无关或影响公园环境质量的活动，使优美安静的环境受到了破坏。四是造园艺术水平有待进一步提高。

为了适应四化建设发展，也为了人民生活水平提高的需要，达到1990年城市人均公共绿地面积3~5平方米，每个县城都有一个公园。2000年城市人均绿地面积7~11平方米的指标，为人民群众提供更加优美、舒适的游憩场所，美化市容，改善生态环境，该会议提出了进一步加强城市公园工作的意见，具体内容如下。

一、进一步明确公园的性质和任务。公园是城市园林绿化系统中的重要组成部分，它既是供群众进行游览、休息的场所，也是向群众进行精神文明教育、科学知识教育的园地，对于改善城市的生态条件，美化市容面貌，加强两个文明的建设，以及对外开放，发展旅游等方面，都起着重要作用。因此，公园是社会公益事业单位。它不以直接生产商品、赚取利润为宗旨。它的基本任务是，通过科学的配置树木花草，改善城市生态条件；提高艺术水平和环境质量，为人们提供优美、清新的游览、休息场所，向游人提供优质服务；通过不同方式，向游人进行精神文明及科学知识教育，寓教育于游览、娱乐之中。

二、处理好三个效益的关系。公园具有环境效益、社会效益和经济效益。在这三者的关系中，要以提高环境效益和社会效益为主，在发挥公园功能的前提下，努力提高经济效益，把三者统一起来。对于公园的经济效益，也不能仅仅归结为增加收入这一个方面。应当认识到，改善了城市的生态条件，提高了环境质量，同样也可以转换为经济效益。此外，公园在进行各项建设和维修时，用好每一笔资金，杜绝浪费，也是提高经济效益的一个方面。对三个效益有正确的理解，并处理好三者之间的关系，使其有机地统一起来，才能更好地完成公园的基本任务。

三、不应把"以园养园""园林结合生产"作为指导方针。在三年困难时期，曾提出过"以园养园""园林结合生产"的口号，之后曾长期作为园林工作的一个指导方针。可是，作为社会公益事业单位，是不可能自己养自己的。据去年（1985年）年底的统计，全国城市园林绿化共收入24656万元，而支出85831万元，收入只占支出的29%，而且这个支出数字还不包括社会集资和义务劳动。在"以园养园""园林结合生产"口号的影响下，一些公园只注重多抓收入，不注重园林绿地功能的发挥，甚至主次颠倒。因此，今后不应再强调"以园养园""园林结合生产"这些口号，不能把它当作园林绿化工作的指导方针。当然，这并不是不主张提高经济效益。在保证公园功能发挥的前提下，公园仍然要努力增加收益。

四、逐步增加公园的建设、养护资金。公园建设，应列入城市的国民经济与社会发展计划，在资金上保证建设的顺利进行。要继续贯彻"人民城市人民建"的方针，在受益范围内集资进行公园建设。由于园林部门的工作是以提高环境效益、社会效益为主，因此，在经济政策上应予以一些特殊照顾，减免一些税、费，以减轻经济负担。应改变园林部门目前实行的增收节支留用的办法，以加强公园及其他园林绿化的养护、维修。现行的公园门票价格偏低，不少公园的游人数严重超过环境容量，破坏了环境。为了控制一些公园，特别是古典园林的游人量，并增加公园自身的维修能力，各地可根据不同的情况，对公园的门票价格进行调整。

五、公园用地要加以保证。为了逐步达到城市公园的发展指标，城市规划部门应在城市总体规划、详细规划中，根据指标确定好公园的位置及面积。规划中的公园绿地，不得改作他用。现有的公园绿地，严禁任何单位进行侵占。要建立健全园林绿化及公园管理方面的法规，依法治园，保障园林绿地不被侵占，巩固和发展公园建设及整个园林绿化建设的成果。

六、坚持以植物造景为主进行园林建设。公园的重要功能是改善城市生态条件，在公园建设中必须坚持以植物造景为主。目前，有些新建公园绿化面积不到公园陆地总面积的50%，亭台楼阁过多，树木花草寥寥。这种状况应当加以改变。根据中国的情况，在规划公园中的用地，绿化面积应不少于公园陆地总面积的70%，建筑物的占地面积，根据不同情况，应分别为公园陆地总面积的1%～3%。这对于发挥公园的环境效益是非常必要的，同时还可以大大降低造价。

七、在继承的基础上加以创新。中国优秀的园林艺术为我们提供了丰富的遗产，值得我们认真学习、借鉴。但是，在新公园的建设上，一味照抄照搬某些古典名园，也是没有出路的。要建设有时代感和民族特色、地方特色的新园林，就必须在继承的基础上努力创新，同时应吸收国外的先进经验。

八、不能把公园变成游乐场。在古典园林中，设置各种游乐设施，特别是大型游艺机，破坏了原有的风貌，是不符合保护文物精神的。在新公园中，设置各项游乐设施也应该有规划，按照公园的功能分区合理设置，不要到处都搞。因为公园是向社会开放的，要满足不同爱好的人们的需要，一个公园的大部分地区应该是安静休息区。

九、加强公园的精神文明建设。最近，中共中央作出了关于社会主义精神文明指导方针的决议，明确指出：加强精神文明建设，不但是思想文教部门的任务，而且是各条战线和一切部门的任务，是全党全军和全国各族工人、农民、知识分子和其他劳动者、爱国者共同的长期的任务。公园是精神文明的一个窗口，应该在这方面发挥更积极的作用。首先，要有一个优美、整洁、清新的园容面貌，给人以美的享受和陶冶。其次，要向游人提供优质服务，以园林职工的文明语言、文明行为，展示新的精神面貌。再次，要通过开展各种形式的科学知识教育及健康的文化娱乐活动，加强精神文明建设工作。

十、加强公园管理。要提高公园的效益，充分发挥其功能就必须加强公园的管理工作。公园管理部门，在搞好行政、技术、经济等方面管理的同时，应充分注意抓好以下几项具体管理工作：一是园容园貌的管理。公园内的小卖部、餐厅、照相、游船、游艺等服务点，要按照规划来设置，由公园统一经营管理。二是安全管理。要制定各项安全工作规章制度，对于容易发生危险的火、电、游船、古建筑、假山石等部分，要重点检查，消除隐患。各种设施要严格按照规程操作，严禁超载超员。举办大型活动时，要合理控制游人数量，并事先与公安、交通等部门取得联系，游览道路和出入口应确保畅通。

十一、继续搞好改革。园林经济体制改革的目的，是为了更好地发挥园林的功能和作用，最大限度发挥环境效益、社会效益和经济效益，园林部门要根据公园的特点和实际情况，按照中央的精神和当地的部署，积极研究提出改革方案，进行试点。要打破平均主义的分配制度，继续完善不同形式的经济承包责任制、岗位责任制，提高广大职工的积极性、主动性和创造性。应建立健全各项经济、技术考核指标，使考核有科学的依据。园林局（处）对公园应该简政放权。要进一步搞好经营管理，充分发挥公园的功能作用，增加经济收入，努力改善职工的生活和工作条件。同时要加强思想政治工作，不断提高职工绿化环境、美化城市的责任心和光荣感，为两个文明建设作出更大的贡献。

这个《纪要》是中国公园历史上的第一次，具有深远的历史影响。从以上引述的文件可以看出，在《纪要》诞生之前，公园一直包含在园林绿化的衣胞中，《纪要》将公园从园林中脱胎出来，在城市中的地位提到了一个新的高度，它标志着一个公园时代的到来，在中国公园发展历史上具有里程碑的意义，是公园发展历程中的第三座里程碑。

第四节　公园发展高潮期

从1986年开始，中国公园进入了一个蓬勃发展的新时期，可以说是直线上升的时期。到2016年整整30年，公园的建设和发展取得了巨大的进步和成就。概括起来有五个方面：①公园形象和影响力提高；②确立公园核心地位，建立公园体系；③公园的法规建设取得重要进步；④公园数量和质量的飞跃；⑤大事兴园。

第一，公园形象和地位提高。公园是社会公用事业，是城市中唯一有生命的基础设施，是城市品质和形象的标志，在生存、生态、生产和生活中发挥着越来越重要的作用。因此，受到政府和公众的高度关注。许多城市视公园为城市的名片。以北京为例，在北京这片沃土之上，如明珠翡翠般撒落着天坛、颐和园、香山、北海、景山、陶然亭、中山、紫竹院、玉渊潭、北京植物园、北京动物园、圆明园、八大处、地坛、日坛、月坛、宋庆龄故居、恭王府花园、什刹海、莲花池和劳动人民文化宫等历史名园，堪称经典之作。她们带着古老的信息，诠释着历史，演绎着文化，成为北京独特的城市标识和不可或缺的文化遗产。

20世纪80年代的公园建设管理带有明显的"修复创伤"和"抢救文化"的色彩：天坛搬掉了本不应在圣坛出现的"土山"，神乐署的涅槃重生；颐和园苏州街、耕织图复建、昆明湖清理了240年没有挖掘过的湖淤；为了修补历史空白，适应改革开放带来的旅游发展需要，颐和园复建了苏州街，北京植物园建设了专类园，玉渊潭建设了樱花园，陶然亭建设了华夏名亭园，中山公园建设了蕙芳园等一批新项目，推出了香山的红叶节，植物园的桃花节，玉渊潭的樱花节等一批文化精品，为改革开放中的北京增添了令人目不暇接的亮点。

20世纪90年代是公园建设的大发展期。这个时期，颐和园建设了园林文物精华展陈的殿堂——文昌院；北京动物园建设了亚洲最大的海洋馆、熊猫馆、动物科普馆等新的园林景观，熊猫、朱鹮等珍稀动物的科学繁育成功；北京植物园建设了现代化的世界最大的单体大温室，建立了植物科普馆等；古树名木的科学保护以及节水节能项目的实施等，反映了公园规划建设乃至管理上理性的回归和园林艺术性的提升。与此同时，天坛、颐和园成功申报世界文化遗产，成为全人类共同保护的财富。特别是"金碧辉煌迎奥运"工程，颐和园耕织图的复建，天坛的神乐署涅槃重生，地坛、月坛的维修整治，植物园的水系建设，天坛内花木公司搬迁再造等重大工程；"一园一品"的文化展示，地坛、莲花池公园庙会以及为奥运开展重要活动和奥运优质服务的实现，彰显了园林的风采和奥运的辉煌。北京公园成为展示中华文明的窗口，展示首都形象的精品，展示北京变化的舞台。

第二，确立公园在园林绿地的核心地位。是这一阶段公园发展的一个重要特征。2013年，住房城乡建设部出台的《关于进一步加强公园建设管理的意见》，第一次提出了"公园绿地是城市绿地系统最核心的组成部分"的理论观点。从全国实际情况来看，全国大多城市的绿地率已达到30%以上，其中的公园不仅质量高，而且占到绿地的比例达到50%。因此把公园称之为"核心"是恰如其分的科学论断。

把城市公园逐步建成公园体系，是城市的需求，百姓的梦想，也是公园发展的趋势。1880年，在城市急速扩张时期，美国设计师奥姆斯特德和埃利奥特等人设计的波士顿公园体系，突破了美国城市方格网格局的限制。该公园体系以河流、泥滩、荒草地所限定的自然空间为定界依据，利用200～1500英尺宽的带状绿化，将数个公园连成一体，在波士顿中心地区形成了景观优美、环境宜人的城市公园体系（Park system）——"翡翠项链"。

中国各个城市的公园体系的建设正在逐步形成。2008年11月26日，河源市委书记陈建华撰写了《公园城市构想》一文，提出"在中心城区建设公园城市的构想"。《公园城市构想》系统论述了"公园城市建设应遵循'理念先行、合理规划、组合资源、健康功能、持之以恒'二十字方针"，提出：公园城市是生态名城建设的基础，理念是公园城市建设的灵魂，规划是公园城市建设的纲领，资源是公园城市建设的内涵，功能是公园城市建设的根本，恒心是公园城市建设的关键。

深圳提出以"深圳速度"营造"公园之城"。有关资料显示，2001年，深圳公园数为130多个，面积为13240.4万平方米。深圳在寸土寸金的情况下，全方位、多层次营造"公园之城市"，体现"深圳速度"。至2006年，全市已建公园442个，总面积达37194.8万平方米。这些大小不一的公园，连成网络，形成体系，如一幅幅丰富多彩的"城市插图"，成为深圳这座动感绿都一张绚丽的"名片"，深圳"公园之城"已初具轮廓。

北京基本上形成了以历史名园为核心的公园体系，包括狭义公园和广义公园。狭义公园包括：历史名园、遗址保护公园、现代城市公园、文化主题公园、区域公园、社区公园、绿道公园及滨河公园、小游园和风景名胜区等九类；广义公园包括：除狭义公园外，具有某些公园特征的各类公园，主要包括自然保护区、森林公园、郊野公园、湿地公园、农业观光园、地质公园等。至2016年，北京注册公园360个，历史名园25个，风景名胜区27个，自然保护区20个，湿地公园9个，森林公园31个，地质公园6个，郊野公园30个，农业观光园31个。

第三，公园法规建设取得重要进步。在1992年5月27日，建设部关于印发《城市园林绿化当前政策实施办法》中提出：重点发展和支持公园、动物园、植物园；积极搞好城市《城市绿化条例》和《城市公园管理条例》的起草、协调工作，争取早日颁布实施。尽管由于各种原因《城市绿化条例》于1992年6月22日率先出台，而作为国家层面的公园条例却迟迟未能落实。但是北京、上海、重庆、广州、成都、杭州、南昌等省市的公园条例先后出台，为国家公园条例的出台作了重要的铺垫和准备。

2005年2月3日，建设部发布了《关于加强公园管理工作的意见》，这是继1986年发布的《全国城市公园工作会议纪要》后的又一个重要文件。对进一步加强公园管理工作，促进城市园林绿化事业的发展有重要的指导意义。《意见》指出：要本着对人民高度负责的精神，充分认识加强公园管理工作的重要意义，树立和落实科学发展观，认真履行职责，采取有力措施，加强公园管理，保护古典园林，提高公园管理水平。要认真实施城市绿地系统规划，合理布局各类公园，加强公园的建设管理，要严格保护历史名园，保证政府的资金投入，鼓励吸收社会资金建设公园，将社会公益性公园的建设和管理费用列入政府公共财政预算，对于免费开放的公园绿地，要落实专项资金，保证公园绿地的维护管理经费，确保公园绿地维护和管理的正常运行。鼓励企业、公民及其他社会团体通过资助捐赠等方式参与公园的建设。

2012年11月18日，住房城乡建设部发布《关于促进城市园林绿化事业健康发展的指导意见》，提出要"加快公园绿地建设。要按照居民出行300米见绿，500米见园的要求，加快各类公园的建设，不断提高公园服务半径覆盖率。大力倡导文化建园，加大对地域、历史、文化元素的挖掘，提高文化品位和内涵，打造精品公园。"

2013年3月5日，住房城乡建设部发布《关于进一步加强公园建设管理的意见》。这是新时期公园建设发展的又一个重要文件。《意见》在分析了公园建设管理面临的形势后，提出了一系列带有前瞻性、政策性、准法规性和可操作性的意见和新的观点，为未来公园条例的出台打下了良好的基础（详见前文）。

2014年，《国家公园条例》正式列入国家立法计划，中国第一部公园法即将出台。

第四，公园数量大幅度的增长和质量显著提高。2001—2004年全国新建公园达1972个，新增公共绿地11万公顷，是"九五"期间的2倍。到2005年全国公园达5832个，面积11.3万公顷。十余年中，公园的发展呈现快速增长的势头，一批批新公园建立起来，改善了环境，提高了人民的幸福指数。截至2015年年底，全国公园总数达到13834座；总面积383805公顷。2006年，建设部评选出第一批国家重点公园，包括：北京的颐和园、天坛、北海公园、北京动物园、北京植物园，苏州的拙政园、留园、网师园、环秀山庄、狮子林、艺圃、藕园、退思园、沧浪亭，沈阳的东陵公园、北陵公园，济南的趵突泉公园，扬州的个园、何园，长春的世界雕塑园等。天坛、颐和园、苏州园林被联合国教科文组织列为世界文化遗产。

第五，大事兴园，开时代新风。古有名言"园之兴衰，国之候也"，在改革开放的形势和建设美丽中国的春风中，中国的公园如雨后春笋般的蓬勃发展。特别是国家有大事的时候，以兴建公园作为重要选项。如2008年北京为召开第29届奥林匹克运动会兴建了奥林匹克公园，不仅为北京公园的画卷增添了绚烂的篇章，而且开创了国家大事兴建公园的先河，诠释了国兴则园兴的真理。该公园地处城市中轴线北端，位于北四环的北辰桥。总占地面积1135公顷，分3个区域，北端是680公顷的森林公园；中心区（B区）291公顷，是主要场馆和配套设施建设区；南端114公顷是已建成场馆区和预留地，中华民族园也纳入奥林匹克公园范围内。奥林匹克公园的规划着眼于城市的长远发展和市民物质文化生活的需要，使之成为一个集体育竞赛、会议展览、文化娱乐和休闲购物于一体，空间开敞、绿地环绕、环境优美，能够提供多功能服务的市民公共活动中心。奥林匹克公园的建设，谱写了一曲时代的乐章，成为古都北京中轴向北延长线上新的地标，也成为北京乃至中国新的标志，赢得国内外的交口称赞。

第二章　公园的概念体系

第一节　基本条件

现代公园在城市中存在的目的，是为居民提供公园化的生活。因此它的规划、设计、服务和管理必须树立以人为本的观念。其基本条件是具有良好的园林环境，较完善的设施，向公众免费或适当收取费用开放。

公园需要一个什么样的环境，是公园的一个基本问题。我们把它定义为：公园要有一个良好的园林环境。园林是什么？前文已经讲得很清楚，园林是运用自然因素（特别是生态因素）、社会因素创建的优美的、生态平衡的人类生活境域。园林是区别于林业和绿化的概念。林业是培育和保护森林以取得木材和其他林产品、利用林木的自然特性以发挥防护作用的社会生产部门；绿化是栽种绿色植物（树木、花卉、草皮等），以改善自然环境和人民生活条件的措施；绿地是经过绿化的土地。绿地不一定是园林，园林不一定是公园，但公园必定是园林。这些概念都不能说明公园的本质特点，因为公园不仅讲园林环境，而且讲要有良好的园林环境。就是要突出园林本质的特点，那就是美，就是和谐，就是境界文化。

造园亦名构园，重在构字，含义至深。深在思致，妙在情趣。园林靠动植物元素构成，但绝非仅土木绿化工程之事，更不是种几棵树，即称之为园林。有的园林研究者宣扬：凡是靠植物改善环境的地方，一律可以称为园林。这显然是错误的。良好的园林环境一定是富有情趣的境界文化的美妙环境。一花一树，一题一咏，风花雪月，招之即来，呼之欲出。独到之笔，神来之意。以有限空间，造无限境界。无景处求景，无声处得声。静中求动，景中有景，园林之大境。这就是公园应有的环境，无它怎能称其为公园？

　　作为公园，必须有较完善的设施。一座公园不仅要填满自然，而且要可利用，有吸引人的风景，有园路、园椅、果皮箱，有饮水，有厕所，夜间有良好的照明，有安全监控和巡逻机制，保证游人安全，要定期整理，保持环境卫生清新整洁。公园是为人设计的，群众是公园开发的主体，要研究游客的需求和行为规律，注重游客心智的活动需求，自尊心是某种认同之情感。因此设计师必须要赋予公园某种个性，让使用者产生自明性。最舒适的环境是与外界有所屏障，公园应当处理好融入城市和与外界有所屏障的关系，使场所有领域感，使气不外泄。陈植先生在《造园学概论》中强调："公园与其周围，应有适当境界，俾免园外恶气之侵入，兼资都市杂沓之间隔。其设备或植绿篱或筑围墙，均视其环境而异。"在公园免费潮中，一些城市"拆墙透绿"，使原本静谧的公园一览无余，失去了应有的韵味和气场。杭州西湖的平湖秋月、西泠印社都有这样的后果。纽约的中央公园，身处闹市仍建有矮墙围合。北京市公园免票时，保留了围墙或栅栏，是明智之举。当然，广义的公园谈不上围墙问题，包括绿道、绿廊、绿地、广场、森林公园、风景名胜区、自然保护区等。文化、生态、景观、特色，四者之间相辅相成，能为一座公园披上美丽的外衣，赋予它丰富的内涵，并满足人们生活所需。公园地点的选择设置，设施功能的人性化和维护机制，是一座公园生命力是否旺盛的关键。公园的设施当以2017年新的《公园设计规范》为依据，根据公园的实际情况加以设置，要注重实用性和审美功能，突出本公园的特色。

　　公园向公众开放是公园的应有之义。一个不向公众开放的地方，尽管园林环境优美，设施完备，美若天堂，也不能称其为公园。公园开放可分为免费开放和适度收费开放。免费开放是社会发展的趋势；但是根据实际情况，一些公园适度收费，有利于控制游客量，有利于安全，有利于资源的保护和管理。1919年陈独秀在他的《北京十大特色》一文中就抨击公园收费："分明说是公园，却要买门票才能进去。"将近百年就要过去了，有许多公园还在收费，说明"存在就是合理的"。我们主张扩大公园数量，把城市公园这块蛋糕做大，逐步降低收费公园的比重；增加更多具有特色的公园，让人们有更多的选择。北京市现有40多座公园收费，但是由于公园数量大大增加，所以收费公园所占全市公园总数的比例由原来的30%左右，下降为8%左右。

构成公园的三个必要条件或称之为三大定律，是公园的基本概念。需要指出的是，昔日的皇家园林再大，因为只为皇亲国戚服务，不能称其为公园。在半封建半殖民地的中国，许多城市有外国人建的所谓公园，比如，1868年在上海由外国人建造的外滩公园，曾被人们认为是中国第一个公园。但是因为它禁止中国公众进入，曾立有歧视、侮辱中国人的牌示，其中一、五、六条规定："一、脚踏车及犬不得入内。……五、除西人之佣仆外，华人一概不准入内。六、儿童无西人同伴不准入内花园。"这是中华民族的耻辱。那时所谓的"外滩公园"不向"公众开放"，因此按照公园的标准，不能称其为公园，只能是"西人"的私人花园。及至1927年，在北伐战争的威慑下，向中国公众开放了，才可称得上是真正的公园。公园姓"公"，共享是它的一条定律，是公园的基本属性，是确定是否是公园的基本原则。

第二节 公园类型

随着公园事业的发展，各个城市建起了许多公园，公园的分类就提到了重要的层面。为了统一全国城市绿地分类，科学地编制、审批、实施城市绿地系统规划，规范绿地的保护、建设和管理，改善城市的生态环境，促进城市的可持续发展，2002年发布了《中华人民共和国城市绿地分类行业标准》，明确了公园绿地的概念和公园的分类。

"公园绿地"是作为一个新概念出现在标准中，代替以往使用的"公共绿地"。《城市绿地分类行业标准》条文说明指出："公共绿地"引自苏联，新中国成立以来在中国城市规划与绿地规划、建设、管理、统计工作中曾广泛使用。但是，从长期的绿地建设和发展趋势来看，继续使用"公共绿地"不能如实反映中国绿地建设的现状和发展趋势。

"公园绿地"是城市中向公众开放的，以游憩为主要功能，有一定的游憩设施和服务设施，同时兼有健全生态、美化景观、防灾减灾等综合作用的绿化用地。它是城市建设用地、城市绿地系统和城市市政公用设施的重要组成部分，是表示城市整体环境水平和居民生活质量的一项重要指标。将"公共绿地"改称"公园绿地"，突出绿地的主要功能。

　　相对于其他绿地来说，为居民提供绿化环境和良好的户外游憩场所是"公共绿地"的主要功能，但"公共绿地"从字面上看强调的是公共性，而"公园绿地"则直接体现的是这类绿地的功能性。"公园绿地"并非"公园"和"绿地"的叠加，不是公园和其他类别绿地的并列，而是对具有公园作用的所有绿地的统称，即公园性质的绿地，具备一定的延续性和协调性。以"公园绿地"替代"公共绿地"，基本保持原有的内涵，既能保证命名的科学、准确，又使绿地统计数据具有一定的延续性。

　　按各种公园绿地的主要功能和内容，将公园绿地分为综合公园、社区公园、专类公园、带状公园和街旁绿地5个中类及11个小类（表2-1）。

公园绿地分类　　　　　　　　　　　表 2-1

类别代码			类别名称	内容与范围	备注
大类	中类	小类			
G1	G11		公园绿地	向公众开放，以游憩为主要功能，兼具生态、美化、防灾等作用的绿地	
			综合公园	内容丰富，有相应设施，适合于公众开展各类户外活动的规模较大的绿地	
		G111	全市性公园	为全市居民服务，活动内容丰富、设施完善的绿地	
		G112	区域性公园	为市区内一定区域的居民服务，具有较丰富的活动内容和设施完善的绿地	
	G12		社区公园	为一定居住用地范围内的居民服务，具有一定活动内容和设施的集中绿地	不包括居住组团绿地
		G121	居住区公园	服务于一个居住区的居民，具有一定活动内容和设施，为居住区配套建设的集中绿地	服务半径：0.5～1.0km
		G122	小区游园	为一个居住小区的居民服务、配套建设的集中绿地	服务半径 0.3～0.5km
	G13		专类公园	具有特定内容或形式，有一定游憩设施的绿地	
		G131	儿童公园	单独设置，为少年儿童提供游戏及开展科普、文体活动，有安全、完善设施的绿地	

类别代码			类别名称	内容与范围	备注
大类	中类	小类			
G1	G13	G132	动物园	在人工饲养条件下，移地保护野生动物，供观赏、普及科学知识，进行科学研究和动物繁育，并具有良好设施的绿地	
		G133	植物园	进行植物科学研究和引种驯化，并供观赏、游憩及开展科普活动的绿地	
		G134	历史名园	历史悠久，知名度高，体现传统造园艺术并被审定为文物保护单位的园林	
		G135	风景名胜公园	位于城市建设用地范围内，以文物古迹、风景名胜点（区）为主形成的具有城市公园功能的绿地	
		G136	游乐公园	具有大型游乐设施，单独设置，生态环境较好的绿地	绿化占地比例应大于等于65%
		G137	其他专类公园	除以上各种专类公园外具有特定主题内容的绿地，包括雕塑园、盆景园、体育公园、纪念性公园等	绿化占地比例应大于等于65%
	G14		带状公园	沿城市道路、城墙、水滨等，有一定游憩设施的狭长形绿地	
	G15		街旁绿地	位于城市道路用地之外，相对独立成片的绿地，包括街道广场绿地、小型沿街绿化用地等	绿化占地比例应大于等于65%

综合公园包括全市性公园和区域性公园，因各城市的性质、规模、用地条件、历史沿革等具体情况不同，综合公园的规模和分布差异较大，故标准对综合公园的最小规模和服务半径不作具体规定。

在城市化发展过程中，一方面是城市生活水平的提高使居民的生活范围发生变化，另一方面是城市开发建设的多元化使开发项目的单位规模多样化，因此，使用"社区"的概念，既可以从用其所长规模上保证覆盖面，同时强调社区体系的建立和社区文化的创造。"社区"的基本要素为"①有一定的地域；②有一定的人群；③有一定的组织形式、共同的价值观念、行为规范及相应的管理机构；④有满足成员的物质和精神需求的各种生活服务设施"（摘自《辞海》）。因此，"社区"与"居住用地"基本上是吻合的。标准在公园绿地的分类中设"社区公园"中类，结合国家现行标准《城市居住区规范设计规范》（GB 50180-93），下设"居住区公园"和"小区游园"两个小类，并对其服务半径做出规定，旨在着重强调这类公园绿地都属于公园性质，与居民生活关系密切，必须和住宅开发配套建设，合理分布。

1997年，国务院下发《关于游艺机、游乐园有关情况的报告》（国经贸质〔1997〕661号），明确规定将游乐园的管理权归属建设部。标准增设"游乐公园"，是考虑到：①大型游乐场作为城市旅游景点和居民户外活动场所之一应当纳入城市公园绿地的范畴；②将游乐场所定位为"游乐公园"，明确其绿化占地比例应大于等于65%的规定，有利于提高游乐场所的环境质量和整体水平；③将游乐场所从偏重于经济效益向注重环境、经济和社会综合效益的方向引导。

标准提出"游乐公园"中的绿化占地比例应大于等于65%的规定，对于已建成的游乐场所，如达不到该项要求，不能按"公园绿地"计算。

"带状公园"常常结合城市道路、水系、城墙而建设，是绿地系统中颇具特色的构成要素，承担着城市生态廊道的职能。"带状公园"的宽度受用地条件的影响，一般呈狭长形，以绿化为主，辅以简单的设施。标准虽未对"带状公园"提出宽度的规定，但在带状公园的最窄处必须满足游人通行、绿化种植带延续以及小型休息设施布置的要求。

"街旁绿地"是散布于城市中的中小型开放式绿地，虽然有的街旁绿地面积较小，但具备游憩和美化城市景观的功能，是城市中量大面广的一种公园绿地类型。标准提出"街旁绿地"的绿化占地比例的规定，其主要依据是《公园设计规范》规定"街旁绿地"的绿化占地比例应大于等于65%。

在"街旁绿地"的"内容与范围"一栏中提到了"街道广场绿地"的概念。"街道广场绿地"是中国绿地建设中一种新的类型，是美化城市景观，降低城市建筑密度，提供市民活动、交流和避难所的开放型空间。"街道广场绿地"在空间位置和尺度上，在设计方法和景观效果上不同于小型的沿街绿化用地，也不同于一般的城市游憩集会广场、交通广场和社会停车场库用地。"街道广场绿地"与"道路绿地"中的"广场绿地"不同，"街道广场

绿地"位于道路红线之外，而"广场绿地"在城市规划的道路广场用地（即
道路红线范围）以内。标准提出"街道广场绿地"中绿化占地比例大于等于
65%这一量化规定。

日本是公园发展比较早的国家，公园数量也比较多，仅东京就有公园
1000多个。日本公园分为骨干公园、城市森林、广场公园、特殊公园、大规
模公园、国营公园、缓冲绿地、城市绿地和绿地9类。其中骨干公园包括住
宅区骨干公园和城市骨干公园。住宅区骨干公园包括街区公园、近邻公园、
地区公园。城市骨干公园包括综合公园和运动公园。大规模公园包括广域公
园、娱乐城市（表2-2）。

北京市的公园在实践中按着性质、文化和在城市中的定位分类，分为历
史名园、遗址保护公园、文化主题公园、现代城市公园和社区公园等。

日本公园分类　　　　　　　　　　　表 2-2

种类		类别	设置目的及建设标准等
骨干公园	住宅区骨干公园	街区公园	为居住在专门街区的人提供的公园；以吸引游人范围 250 米、面积 0.25 公顷为设置标准
		近临公园	主要为住宅区附近居民提供的公园；1 个住宅区 1 所，以吸引游人范围 500 米、面积 2 公顷为设置标准
		地区公园	主要为可步行范围内居民提供的公园；以吸引游人范围 1 公里、1 个地区 1 所、面积 4 公顷为设置标准
	城市骨干公园	综合公园	为全市居民提供休闲、观赏、散步、游戏、运动等全面服务的公园；根据城市规模以面积 15～50 公顷为设置标准
		运动公园	主要为全市居民提供运动设施的公园；根据城市规模以面积 15～75 公顷为设置标准
城市森林			主要是作为动植物生息场所或生育场所的树林地带城市公园；以保护自然和创造良好的城市自然环境为目的
广场公园			主要是在为商用的土地上，以进一步美化城市景观和为使用周围设施的人们提供更好的休憩环境为目的
特殊公园			风景公园、动植物公园、历史公园、陵园等特殊公园；根据各自不同的目的进行设置
大规模公园	广域公园		主要以充实超出某一市镇村范围的娱乐设施为目的的公园；以地方生活单位为基础，每一生活圈一所，以面积 50 公顷以上为设置标准

种类	类别	设置目的及建设标准等
大规模公园	娱乐城市	为充实大城市及其他城市圈区域对多样化及具有丰富选择性娱乐设施的广泛需要，根据综合性城市规划，以良好的自然环境为主体，以大规模公园为核心设置的拥有一系列娱乐设施的地域，并且，从大城市圈及其他城市圈都很容易到达，整体规模以1000公顷为标准
	国营公园	①主要为超越某一都道府县区域提供广泛的公园服务，是由国家设置的大规模公园，设置标准面积在300公顷以上； ②作为国家纪念事业由国家设置的公园；为配备与其设置目的相符的内容进行建设
	缓冲绿地	以防治大气污染、噪声、震动、恶臭公害及缓和和防止联合企业地带灾害为目的的绿地；针对有公害、灾害发生的居住区及商业区等建立的隔绝地域，要根据公害、灾害情况进行具体设置
	城市绿地	主要为保护城市自然环境及改善和美化城市景观面设置的绿地；以面积0.1公顷为设置标准，但是，如果设置绿地的市区已经有良好的树林，或者是用植树的办法让城市再增加一点绿色以达到改善城市环境的目的，其设置规模必须在0.05公顷以上（包括尚未决定进行城市规划，并用租借地进行建设的城市公园。）
	绿地	以确保灾害时期避难场所和安全舒适的市区城市生活为目的，在住宅区附近或住宅区连接地带设置的绿地。主体为植树带及人行道或自行车道，按幅员10～20米的设置标准，尽量起到连接公园、学校、商业中心、站前广场的作用

注：住宅区附近为主干道路所包围的约1平方公里（面积100公顷）的居住单位。

历史名园是古都北京的象征。有着3000多年历史的古都北京，拥有着祖先为我们留下的众多古典园林与人文胜迹，其中故宫、长城、十三陵、颐和园、天坛、周口店猿人遗址等，已列入世界遗产名录。这些文化遗存以其深厚的哲学理念、完美的整体设计、高超的造园艺术，让那些已经流逝的岁月与新世纪的阳光相映生辉。北京的25座历史名园是古都北京的象征，它们是：有园林艺术博物馆之称的颐和园，有历史上"万园之园"之称的圆明园遗址公园，有独特北京城标志祈年殿的天坛，有地处城市东西北三面的日、月、地三坛，有白塔辉映的北海公园和记述着朝代更迭的景山公园，有典雅高致的宋庆龄故居和恭王府花园，有百年辉煌历史的北京第一个公园北京动物园，有以卧佛寺和曹雪芹著书地闻名的北京植物园，有丛林浸染的香山、八大处，有银锭观山奇景的什刹海，有翠竹万竿的紫竹院，有百亭之胜的陶然亭公园，还有樱花烂漫的玉渊潭公园等。这些历史名园气度恢宏、艺术精湛、山水相依、花树如烟，像颗颗宝石镶嵌在城市的版图上，构成古都独特的韵味和风范。生活在北京这个城市的人们，不仅可以亲手触摸历史，而且能够将身心融于其间，其乐也无限，其情也绵绵。

遗址保护公园续写了北京的历史辉煌。进入21世纪，首都城市公园建设始终注重文化的传承，向着新的目标登攀，建设了一批以古迹保护为内涵的公园，丰富了公园的种类，延伸了古都的历史文化，从一个侧面展示了城市的形象。在北京这块土地上，古与今，历史与现代溶融交会，像一条涓涓流淌的长河荡涤着人们的心灵。金中都公园纪念阙，可以带你见证金中都的宫殿；元大都遗址公园的战马雕塑，让你追忆联镳飞鞚的昔年；明城墙遗址公园、顺城公园，让你体味古城城垣的沧桑；皇城根遗址公园的墙基，让你寻觅明清王朝紫禁城的胜颜；菖蒲河公园会让你在绿树鲜花中流连；会城门公园的改造，海淀公园的新建，处处彰显着古都的神韵和历史的悠远。特别是圆明园，残垣断壁，荒草野坡，记录着中国一段屈辱的历史，是活生生的爱国教育基地。遗址保护公园如同北京这座历史文化名城衣襟上的一枚枚文化勋章，让北京有了区别于世界上其他城市的文化标识。遗址保护公园等一大批新公园的建设，座座都续写着历史的辉煌和时代的诗篇。在这里，你会听到历史的脚步！你会望见古都悠悠的云烟！你会感受到北京向现代化大都市迈进的脉搏！

现代城市公园是现代城市的标志。多年来政府高度重视公园的建设，先后建设了一批极具规模的现代城市公园。这些公园是城市的重要基础设施，具有良好的园林环境、较完善的设施，具备改善生态、美化城市、游览观赏、休憩娱乐、开展科学教育文化活动和防灾避险等功能，具有较高的园林艺术水平。不仅在改善环境、滋润城市、美化城市、防灾避险等方面发挥了重要作用，而且在为城市涂抹生命的底色，让绿色充满人们的视野，让快乐包围人们的生活，发挥了调剂群众生活、润滑社会机器的积极作用，成为构建和谐社会的重要场所。"城中烟树绿波漫，几万楼台树影间。""万家掩映翠微间，处处水潺潺"。从高空鸟瞰北京这座具有悠久历史的文化名城，映入我们眼帘的是一片蕴藏着无限生机的绿色。青年湖公园、柳荫公园、团结湖公园、朝阳公园、龙潭公园、人定湖公园、万寿公园、玲珑公园、丰台花园、北京国际雕塑公园等40多座现代城市公园，与历史名园、遗址保护公园等，构成一个完整的公园体系。清新的空气，优美的景色，让居住在城市高楼中的人们融入大自然。

文化主题公园是北京公园的奇葩。它是知识的宝库，学习的课堂，游憩的天地，欢乐的海洋。大观园里可以让你体味宝黛绝世姻缘情长，世界公园一天可以让你走过全世界的每一个地方，中华民族园可以让你同56个民族兄弟欢聚一堂；到中华文化园读一部中国五千年历史，到法制公园听一堂中外法典课；去北京国际雕塑公园看一看世界级的雕塑，去世妇公园与各国的姊妹们叙叙家常；抗战雕塑公园的雄浑，老人爱去健康园散步，孩子愿去红领巾公园徜徉；到体育公园练练身手，到世界花卉大观园闻一闻花香。改革开放以来，已经有26朵文化主题公园花朵在古都北京开放。文化主题公园，是万紫千红公园大家庭中的奇葩，是时代造就的文化城墙。

北京的社区公园布满整个城市。这些年来，北京市开展了"500米见公园绿地"和"绿地提升""口袋公园"等工程。经过数年的努力，一批社区公园如雨后春笋般建立起来，像"大珠小珠落玉盘"一样撒落在北京800多个社区之中。

随着公园事业的发展，公园的种类在不断地丰富，比如湿地公园、地质公园、农业观光公园、花卉公园、听香公园、墓园公园、园博园等，是时代的新气象。因此，公园的分类也会不断发展变化。

第三节　性质和特点

公园的性质和特点是由它的建造者和使用者决定的。政府建造公园的目的是为了改善城市面貌，提升城市品质，建设生态文明，满足人民群众对美好生活的追求。而使用者是无分国内国外、境内境外、不论男女老少，都有享用的权利。因此，决定了公园具有公益性、公共性、基础性、生命性和综合性的性质和特点。

一、公益性

2013年，住房城乡建设部发布的《关于进一步加强公园建设管理的意见》中指出：公园是与群众日常生活息息相关的公共服务产品，是供民众公平享受的绿色福利，是公众游览、休憩、娱乐、健身、交友、学习以及举办相关文化教育活动的公共场所，要始终坚持公园的公益性发展方向，确保公园公共服务属性。

"公益"一词意指"公共利益"，有如下特点：①外在性。属于公益事业的部门和企业及其活动一般处在直接生产过程、个别经营活动和居民的日常生活之外，独立存在、并行运转，并构成相对独立的系统。②社会性。大部分公益事业主要依靠社会投资和建设，资金依靠国家财政解决，投资主要表现为社会效益和环境效益。③共享性。公益事业的服务是为许多单位和居民共享的。④无形性。公益事业所提供的产品大多是无形的服务，而不是有形的物质产品。⑤福利性。公益事业所提供的产品带有很大成分的社会服务和社会福利性质。公园是社会公益事业，公园所提供的产品既有有形的也有无形的。公园作为一种物质形态存在，向公众开放，任何人都可以享用。而作为一种物质的衍生品，如净化空气、制造氧气、减少热岛效应等，是整个城市的居民都能享受的无形的公共福利。公众对于公园给生活带来的获得感普遍认可。据天津市红桥区对283户居民的抽样调查，对公园良好的园林绿化环境，100%的住户给予了肯定和赞扬；89.4%的住户认为园林绿化有利于消除疲劳；84.1%的住户认为公园对健身活动增强体质有益；79.2%的住户认为能减轻疾病，延年益寿；66.8%的住户认为有利于儿童健康快乐和成长发育等。

二、公共性

在现代社会中，公园成为人类的生活必需品，公园普遍化、平民化、公共化、社会化是社会文明进步的标志。公园为大多数人服务，满足多数游人符合公园文化定位的优势需求是公园的天职。所谓优势需求是指游客根据公园景区的文化定位，特定的占突出地位的那种物质需求和精神需求。公园要坚持自己的文化特色，坚持文化定位。公园是公众游览、休憩、娱乐、健身、交友、学习以及举办相关文化教育活动的公共场所，公园不能成为商品市场，也不能成为演艺场、体育场；不能成为会所，也不能成为某个部门的工具。所谓多数人，是指公园要成为广大群众共同享用的公共产品，公园不能为自身的利益或者少数人的利益改变公园的公共性。原卫生部部长崔月犁曾给北京市政府领导写信，痛斥公园里汽车横行、会所出现，呼吁莫让公园成为少数人的私人场所。公园的每一寸土地都姓"公"，任何人不能改变。公园是公共资源，要确保公园姓"公"，严禁任何与公园公益性及服务游人宗旨相违背的经营行为。一是严禁在公园内设立为少数人服务的会所、高档餐馆、茶楼等；严禁利用"园中园"等变相经营。二是禁止将政府投资建设的公园资产转由企业经营，将公园作为旅游景点进行经营开发。三是严禁违规增添游乐康体设施设备以及将公园内亭、台、楼、阁等园林建筑以租赁、承包、买断等形式转交营利性组织或个人经营。公园不仅在于满足人们的物质生活的需求，主要是满足人们精神生活的需求。宋代著名画家郭熙在《林泉高致》中说："世之笃论，谓山水有可行者，有可望者，有可游者，有可居者，画凡至此，皆入妙品。但可行、可望，不如可居、可游之为得。"深刻反映了古人寄情丘壑，借山水的自然精神而得以超越的生活理想。

三、基础性

公园是城市中有生命的绿色基础设施。城市设施包括能源设施，供、排水设施，交通设施，教育设施，邮电通信设施，环保设施，防灾设施等。绿色基础设施是指"城市有机系统中覆盖绿色的区域，是一个真正的生物系统'流'"，是城市的"绿色基础设施"（green infrastructure）由城市中可以发挥调节空气质量、水质、微气候以及管理能量资源等功能的自然及人工系统和元素组成，这些系统和元素发挥着类似于自然过程与功能的作用，公园及公园系统发挥着核心作用。随着对城市中野生动物保护的日益关注，人们逐渐认识到将公园绿地连接起来，建立公园体系，以保护昆虫、鸟类和哺乳动物迁徙通道的重要性。中国艺术的真谛讲求"空""无""虚""意境"，公园作为基础设施，是城市这张蓝图上的"留白"，创造出"此处无声胜有声"的意境，使城市更加空灵、宁静、祥和、美丽，拓展了人们的心灵空间。作为公园中的水景，既是观赏、游憩的对象，又是城市水系的重要组成部分，起到防洪、排涝、保障城市安全的作用。"水态含青近若空"（苏颋），"风送荷香逐酒来"（武平一）。遇到自然灾害，公园是群众最安全的避险场所，公园成为安全的家。现在，公园按照规划建设防灾避险应急避难场所，成为公园设施的一项重要内容。

四、生命性

自然生命性是公园的显著特点。公园中有着丰富的动植物资源，这是公园构成的基本要素。公园离开了自然，离开了动植物，就不能称其为公园了。植物是能量的转化器，人类呼吸着由植物进行光合作用释放出的氧气，依赖以植物为主的食物链，利用植物的固持土壤、涵养水源，依赖植物散布的水汽来调节温度，使公园里的游客或城市获得舒适的环境。植物应用在空间设计上，可以提供私密空间，遮蔽阳光，调节气温，控制噪声，防止土壤冲刷流失，引导游览路线。亦可防止公害，保全环境，一旦发生灾害，可维护民众生命安全。植物造景是公园设计的主要手段和方法。公园的前身或者说公园的本质是园林，公园的环境是良好的园林环境，园林是第二自然，园林是人类追求向往的"桃花源""伊甸园"，是中国人理想中的人间天堂。古代人所描述的天堂就是古树参天，花草茂盛，一片祥和。公园的生命性还表现在它不断更新发展的生命力。一座公园如果没有外因的破坏，其生命会永久延续。北京北海公园，原为皇家御园，1925年8月1日作为公园向社会开放，历经金、元、明、清、民国到新中国成立等，延续800余年，长盛不衰，至今仍然英姿勃发，充满青春活力。

第四节　基本功能

公园是社会文明的标志，是园林绿化的核心组成部分，其主要功能是改善生态、美化城市、休憩娱乐、游览观赏和防灾避险等，为居民创造良好的居住环境，提高人民的生活质量，使城市保持生机活力和持续发展。

在高度发达的城市，公园改善生态的功能显得极为重要。科学研究证明，园林绿化特别是面积较大的公园，植物不仅可制造氧气，还可在夏季起到为城市降温的作用。绿化覆盖率在50%以上，气温可下降14.079%。按照这样的相关系数计算，当北京市夏季白天的气温为38℃时，绿化覆盖率在50%以上的地段，气温可下降4.94℃。乔木树冠的遮阴，可阻隔10%的太阳辐射，气温也可比无遮阴处低3~4℃，而且绿地面积越大效果越明显。园林绿化特别是面积较大的公园，可起到净化空气的作用。如北京在采暖期，当绿化覆盖率达到60%时，颗粒物浓度下降94.3%。当绿化覆盖率达到50%时，苯并（a）芘的浓度下降97%。当绿化覆盖率达到40%时，一氧化硫浓度下降80%。同时，园林绿化特别是面积较大的公园，能涵养水分，为鸟类和昆虫提供栖息和生存的环境，实现生物多样性的保护。

公园是城市的一条亮丽的风景线，由于公园的存在，城市变得更加美丽多姿。就一个公园而言，有山有水，有树有花，亭台楼阁，轩榭廊桥，朝钟暮鼓，曲径通幽，早霞晚云，鸟语花香，如诗如画，不仅为城市增添了斑斓的色彩，而且带来了清气、灵气和朝气，城市靠她变得生气勃勃。就整个公园体系而言，一个城市中包括综合性公园、社区公园、专类公园、带状公园和街旁绿地等，有历史名园的厚重积淀，有现代公园的丰富多彩，有主题公园的文化底蕴，有社区公园的灵动，也有节日公园的烂漫。每年北京天安门广场的花山花海构成的"节日公园"，是公园人的杰作。自1986年起，这里年年"花样"翻新：从"南湖灯光、延安宝塔"到"巍巍长城、姊妹情深"（1987年），从"有凤来仪、巨龙腾飞"到"走向世界、永放光芒"（1994年），从"光辉历程、走向未来"到"锦绣中华、共创明天"（2002年），从"天坛祈年殿"到"奥运之光"（2007年）。2017年正值中国共产党第十九次全国代表大会召开，国庆花坛的主题是"祝福祖国"，自2011年至2017年的"花篮式"，广场中心布置"祝福祖国"巨型花篮，两侧绿地布置花柱、花球。每一年都和当时的政治和社会形势相结合，以山水为画卷，以花卉造境界，成为独特的花卉海洋式的公园景观，吸引千百万的中外游人赏花观景，呈现花海人潮之盛况。

休憩娱乐是公园的重要功能之一。随着社会的发展和人民生活水平的提高，人们的闲暇时间越来越多，人们以自由的方式自愿到公园去休息、放松、运动、健身、体验、静思、娱乐等，以求精神和身体的愉悦和健康。公园不仅有丰富的动植物资源，而且有深厚的历史文化积淀，有国家重点文物保护单位，有世界文化和自然遗产，这都是重要的游憩和旅游资源。随着中国改革开放的深入，旅游事业迅速发展，公园游览观赏的功能日益突出。中国即将成为世界第三旅游目的地大国，预计到2020年，中国旅游人数将达到2000万人/年。可以想见，到那时公园的游览功能将显得更加突出。

防灾避险是公园的重要功能。中国地域辽阔，地理条件和气候条件十分复杂，自古便是一个多灾的国家。1976年唐山大地震，是迄今为止400多年来地震史上最悲惨的一次。地震波及北京，许多公园成了避难所，260万市民到公园绿地中避灾。从7月28日至8月中旬，仅天坛就接待避灾人员6万余人。2004年9月，国务院下发的《关于加强防震减灾工作的通知》（国发〔2004〕25号）明确指出"要结合城市广场、绿地、公园等建设，规划设置必需的应急疏散通道和避险场所，配置必要的避险救生设施"。中国地震局印发了《关于推进地震应急避难场所的意见》（中震发〔2004〕188号），积极推动省会城市和百万人口以上城市灾害应急避难场所的规划设计，对应急避难场所的规划原则、建设思路、管理要求提出了建议。2001年10月16日，颁布了《北京市实施〈中华人民共和国防震减灾法〉方法》，其中第二十条规定："本市在城市规划和建设中，应当考虑地震发生时人员紧急疏散和避险的需要，预留通道和必要的绿地、广场和空地。地震行政主管部门应当会同规划、市政、园林、文物等部门划定地震避难场所。"2002年10月17日通过的《北京市公园条例》第二条规定："公园具备改善生态环境、美化城市、游览观赏、休息娱乐和防灾避险等功能。"第四十九条规定："对发生地震等重大灾害需要进入公园避灾避险的，公园管理机构应当及时开放已经划定的避难场所。"北京、西安、泉州、天津、上海、重庆、南京等城市对防灾公园的建设也予以了高度关注，并着手开展准备、规划和建设工作。

2003年10月，北京建成了国内第一所防灾公园——北京元大都城垣遗址公园。元大都城垣遗址公园位于北京中轴路东西两侧及奥林匹克公园、中华民族园南侧，西起健德桥，东至太阳宫惠忠庵村，全长4.8公里，总规划面积67公顷，被6条道路分为7段，交通便利，地势平坦。公园周边有4个街道办事处，共28个社区，人口23万人。地震应急避难场所共划分为7处，实际用于地震应急避难场所面积约为38万平方米，按人均疏散面积1.5平方米计算，最多可容纳25.3万人，可以满足周边居民的应急避难疏散。

公园借鉴了日本等有关国家的经验，在场内设立了相关标志和指示牌，并制定相应的标准。目前，在公园内已安装了150多块相应的应急避难标志，各地段出入口和公园周边主要道路上安装了应急避难场所道路指示牌，是防震减灾标准化建设的一个突破。

元大都城垣遗址公园地震应急避难场所具备了11种应急避险功能，分别为：

应急避难指挥中心：公园管理处有专门的办公用房和会议室，平时负责公园的管理工作并兼作有关业务的培训基地。如发生破坏性地震后，即为应急避难指挥中心。

应急避难疏散区：公园北侧有充足的广场及活动场所，作为周边居民应急避难主要疏散区，适于快速、简捷地搭建应急避难帐篷。南边局部地区有相对较平坦的场地，可在紧急情况下作为临时避难疏散区。全线共有39处避难疏散区。

应急供水装置：公园全线为暗埋式喷滴灌设施，20个自来水井和机井。为解决应急避难场所内灾民的饮用水问题，在应急避难疏散区附近，预留灾民应急供水装置的接口。紧急情况下用于场所内排水、排污工作。

应急供电网：公园全线安装路灯及配套设施用电，在应急避难疏散区预留有13处应急照明地下供电电缆接口，并在7号地区公园管理处备有应急发电设施，保证紧急情况下避难场所内的正常供电。

应急简易厕所：公园改造后新建了7座仿古式厕所。在正式厕所和应急避难疏散区附近，按照防疫、卫生及景观要求，建立了4处暗坑盖板式应急简易厕所。根据现状条件，2、3、4、6号地区，每处建立了10至20个不等坑位的临时厕所，平时为绿化的草地。

应急物资储备用房：为了保障避难场所内抢险物资及灾民生活必需品的供应，各段地区均有1处管理用房及配套设施，可作为食品、救灾物品储备和发放管理的办公用房。

应急卫生防疫用房：1、5、7号地区设有3个卫生防疫处，紧急情况下即为应急医疗救护与卫生防疫站，可进行临时救护处理。必要时转入辖区内各医院及社区各医疗机构进一步治疗。

应急直升机坪：在道路交通出现问题或不能满足形势需要时，为保障抢险救援人员、救灾物资的运输及灾民、伤员的疏散，马上启用空中运输通道。公园建有平台两座，作为直升机紧急起降平台。

应急消防设施：为减少因破坏性地震引发的次生灾害造成的火灾损失，公园各段地区均设有消防设备，平时进行定期检修，灾情发生时可立即使用。

应急监控：在公园主要景区、每地段的广场及巡河路均安装了电视监控设备，随时掌握各方面情况。全线共有16处监控点。

应急广播：公园全线安装了广播系统，灾情发生时按照国家有关规定，及时向灾民发布震情、灾情等有关信息，对灾民开展防震减灾、地震应急、自救互救的宣传教育，稳定避难场所内的社会秩序。

地震应急避难场所由于具备了以上各种应急避险功能，在灾情发生时，场所内灾民的生活、医疗救护等各方面可得到基本保障，使灾害造成的损失降到最低程度。

在北京市地震局的指导下，元大都城垣遗址公园制定了《地震应急避难场所人员疏散应急预案》：

区地震应急疏散指挥部：区地震应急疏散指挥部在市地震应急疏散总指挥部的领导下开展工作。主要负责组织、指挥、协调各地震应急疏散分指挥部的应急疏散工作，随时掌握疏散进展情况，解决疏散过程中出现的问题。

地震应急疏散分指挥部：地震应急疏散分指挥部在区地震应急疏散指挥部的领导下开展工作。主要负责组织本辖区内的灾民地震应急疏散工作，本着安全、快捷、方便的原则，做到定领导、定引导员，以社区为单位，组织灾民有秩序地按照疏散路线进入指定的避难场所。

地震应急疏散指挥组：地震应急疏散指挥组主要负责组织本社区内的灾民地震应急疏散工作，由引导员有秩序地组织社区灾民按照疏散路线进入指定的避难场所，随时解决社区内灾民疏散过程中出现的问题。

地震应急疏散工作组：地震应急疏散分指挥部下设疏散与安置工作组、

医疗救护与卫生防疫工作组、治安保卫工作组、基础设施抢险与应急恢复工作组、生活必需品供应工作组、救灾物资供应工作组及宣传教育工作组。

社区地震应急疏散志愿者队伍建设：为了提高社区市民的自救互救能力，减少地震灾害造成的损失，每个社区成立由约150人组成的地震应急疏散志愿者队伍，在社区地震应急疏散指挥组的领导下开展工作，配合应急疏散指挥组做好本社区地震应急疏散工作。

划定社区疏散路线：为四个街道办事处所辖28个社区的居民划定了疏散具体路线及地区，一旦发生破坏性地震，居民能够根据各地块出入口的应急避难场所道路指示牌及公园内的应急避难标志，有组织、有秩序地按照疏散路线进入指定的避难场所，目标是保证居民在10分钟内即可到达一个避难所。

第五节 三大效益

园林的经济效益分为宏观经济效益和微观经济效益。其宏观的经济效益是通过园林绿化改善环境带来的。据一位印度学者计算，一株正常生长7年的树，它各方面发挥的作用所产生的价值，折算后约为20万美元。其中包括：产生的氧气约值3.1万美元；防止空气污染约值6.2万美元；防止土壤被侵蚀约值3.1万美元；涵养水源约值3.7万美元；为鸟类及昆虫提供栖息环境约值3.1万美元。上述所举还不包括树木的木材价值，以及供人遮阴、乘凉的价值。上海园林局原局长、高级工程师程绪珂同志，在1986年全国园林经济与管理学术讨论会上发言，列举了如下的计算数字：上海如果把园林绿化供氧气和净化大气的效益一并来计算经济效益，把氧气看作是具有商品价值的工业材料，以氧气的市价进行估算，约值8157.6万元。1985年，上海园林系统所有经营部门、生产部门总收入不过1619.5万元，两者相比，足以证明间接效益要比直接效益大得多。

《园林生态经济发展战略研究》一书中，关于天津市园林绿化经济效益计量摘录如下：1988年天津市绿地总面积1615.43公顷，其中公共绿地824.93公顷；公园103处，计502.01公顷；动物园1处，计50.5公顷；苗圃545.11公顷；花圃25.56公顷。经过对以上园林绿地的5个主要环境效益评估计量，年经济价值为131236209.13元。

吸收二氧化碳放出氧气的经济效益计量。市区园林绿地总面积1615.43公顷，每公顷通过光合作用，年吸收二氧化碳48吨，放出氧气36吨；通过呼吸作用放出二氧化碳32吨，吸收氧气24吨，两相抵消，净吸收二氧化碳16吨，放出氧气12吨。（注：参照日本林业厅计算方式）产氧量为：1615.43公顷×12吨=19385160公斤。价值量为：19385160公斤×2元=38770320元。

吸收二氧化硫的经济效益计量。据瑞典专家研究，向环境中排放二氧化硫1吨，就会造成500克朗（瑞士货币单位）的损失。由此反证，绿色植物从空气中吸收1吨二氧化硫，即少损失500克朗，折合人民币545元；1公顷草皮可吸收二氧化硫21.7公斤，可减少二氧化硫污染损失11.8元；每500株树木可吸收二氧化硫30.2公斤，可减少二氧化硫污染损失16.5元，即每株树木可减少污染损失0.033元。全市树木、草坪共可吸收二氧化硫507081.66公斤，因减少污染损失而取得的价值量为：市区树木83377100株×0.033元=276444.3元。市区草坪205.33公顷×11.8元=2422.89元。因减少污染而取得的经济价值278867.19元。

滞尘效益计量。每公顷树木滞尘量平均为10.9吨，全市树木837.71万株，每公顷按500株计算，折合为16754公顷，滞尘量为16754公顷×10.9吨=182618.6吨。据天津市环保局提供的资料，每吨尘土除尘费用（包括运输、设备大修、折旧等费用）为80.69元，则绿地滞尘经济价值为：182618.6吨×80.69元=14735494元。

蓄水效益计量。据北京市测定，1公顷树木可蓄水30万公升，相当于1500立方米的蓄水池，1公顷树木增湿和调湿效率比相同面积的水体高10倍。全市树木837.71万株，折合16754公顷，每公顷相当于1500立方米的蓄水池。蓄水量为：16754公顷×1500立方米=25131000立方米。价值量为：25131000立方米×0.088元/立方米=2211528元。

调节温度效益的计量。据苏联测定，1公顷森林全年蒸发水分4500~7500吨，一株大树蒸发一昼夜的调温效果等于25万卡（1卡=4.186焦耳），相当于10台室内空调器工作20小时。室内空调器0.86度/台·小时，按每度0.18元计算，即0.15元/台·小时，20小时为0.15元×20小时=3元。一株大树相当于10台室内空调器，起到节约用电30元的效果。全市树木837.71万株，按0.5%折算为大树4.18万株，每昼夜可节省电费41800株×30元=1254000元，按两个月计算其经济价值为：1254000元×60天=75240000元。（注：因物价和汇率的变化较大，以上数值只能作为演示资料，供研究参考）

园林的宏观经济效益还表现在对当地经济的积极作用。公园是一个场，不仅具有吸引游客的作用，而且能发挥潜在的能量辐射，①凡是临近公园和绿地的地方，房地产都涨价。②对经济起到拉动作用。凡是有公园或风景区的地方，当地的商业就会发展起来，当地居民的收入明显增长。北京东城区就把天坛作为文化和经济的"核心"，实施"天坛文化圈"战略，即以天坛作为东城区的区域品牌，大力提升区域形象，发挥场的辐射效应，促进地区经济社会全面协调可持续发展，产生了良好的经济和社会效益。

园林的微观经济效益表现在园林的生产、经营、管理、服务所带来的直接经济收入，这是现阶段园林及其发展的重要环节。要建设节约型园林。目前国家财政还不富裕，拿不出更多的资金用于园林建设，特别是养护管理经费不足，园林必须凭借自身的优势和资源条件，充分利用资源，包括文化资源、植物资源、旅游资源、人力资源，以服务为核心，多种经营，向全方位、多渠道、多层次的方向发展。园林绿化的社会效益渗透在社会生产和人们的生活中，在一定程度上可以改善人们的生活质量，提高文化素质和健康水平，促进社会物质文明和精神文明的发展。城市园林被称为城市的肺。绿化地带空气中的阴离子积累较多，能改善人的神经功能，调整人的代谢过程，提高人的免疫力。人经常处在优美、安静的绿色环境中，皮肤温度可降低1~2℃，脉搏每分钟减少4~8次，呼吸慢而均匀，血流减慢，心脏负担减轻，有利于高血压、神经衰弱、心脏病等患者恢复健康。植物绚丽的颜色及释放的芳香物，对大脑皮层有一种良好的刺激作用，可以解除焦虑，稳定情绪，消除疲劳，有益健康。国内外专家提出了绿化计量指标——"绿视率"，如果绿色在人的视野中占25%时，人的精神和心理较舒适，产生良好的生理和心理效应。

园林是自然景观的提炼和再现，是人工艺术环境和生态环境的创造。园林美包括姿态美、色彩美、嗅觉美、意境美，使人感到亲切、自在、舒适，而不像硬建筑那样有约束力。人们从园林优美景象的直觉开始，通过联想而深化认识、展开想象，脑子里产生优美的意境，仿佛看到了景外之景，听到

67

了弦外之音。这种园林意境融会了人的思想情趣与理想的精神内容，满足人们对感情生活、道德情操的追求，激发人们爱家乡、爱祖国的感情和向上的奋进精神。对城市居民来说，回到大自然中去，是人类历史发展中长期形成的一种生态需求。国际现代建筑学会制定的《雅典宪章》指出，"居住、工作、游憩、交通"是城市的基本职能。游憩是现代文明的产物，是一种现代生活中的补偿现象。游憩是劳动生产力再生产所必需的一个环节。

园林的社会效益表现在满足人民日益增长的文化生活的需要，清洁优美的环境给人们以启示：珍惜和爱护环境，使人们随着环境的改变培养良好的道德风尚。优美的绿色环境可以陶冶情操、消除疲劳、健康身心，激发人们对自然、对社会、对人际关系的情感。园林绿化通过改善生产环境和生活环境，增进劳动者的身心健康，进而提高劳动生产率和职工的出勤率，减少医疗费，提高平均寿命。相关资料显示，在绿色优美的环境中劳动，效率可提高15%~35%，工伤事故可减少40%~50%。

"三个效益"的理论来源于实践，服务于实践。以环境效益为前提、社会效益为目的、经济效益为基础，三者互为条件，缺一不可，无主次之分，形成环形模式（图2-1）和良性循环，促进园林事业的发展。特别应当加强研究和宣传园林绿化所带来的宏观的或间接的经济效益，让更多人了解园林绿化事业所产生价值的重要性和不可替代性，从宏观和政策上加大对园林的投入，使园林走上健康发展的轨道，以满足人们日益增长的物质和文化生活的需要。

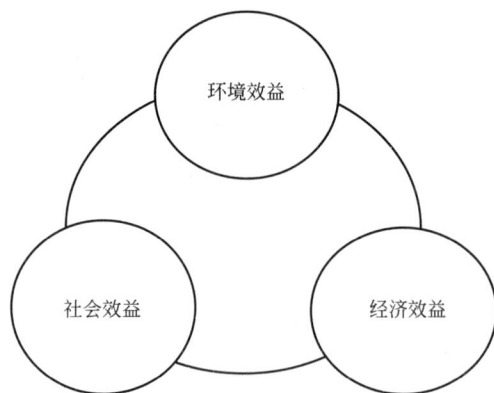

图 2-1　三个效益关系示意

第三章 公园的理论体系

第一节 需求动力理论

不断满足人们日益增长的物质和文化生活的需要，满足人们对美好生活的向往，是我们国家经济社会发展的目标。作为广大群众休憩娱乐和参观游览场所的公园，是满足这种需要必不可少的组成部分。现代城市公园的奠基人奥姆斯特德先生早在1854年设计世界上第一个城市公园——纽约中央公园时，提出的首要原则就是："满足人们的需要：为人们提供周末、节假日休息所需要的优美环境，满足全社会各阶级人们的娱乐要求。"事实证明，游客的需要是随着时代的进步、社会的发展以及生活的提高不断变化的。同时，游人的需求也反作用于公园，是推动公园建设、管理和服务水平提高发展的动力。游客需求产生的力量促（驱）使公园不断前进和发展。随着游客需求的不断变化，公园的各项工作也随之提高，需求长一分，工作进一步，正所谓水涨船高。

了解游客的需要，首先要了解人的需要。美国心理学家亚伯拉罕·马斯洛（A. H. Maslow 1908—1970年）在1943年出版的《调动人的积极性的理论》一书中，提出了人类需要层次理论，认为人类的需要由5个层次构成：生理需要，人的基本需要，包括食物、氧气、水、睡眠、活动力；安全需要，包括安全感、稳定性、秩序、在社会环境中的人身安全；归属需要，包括与别人交际的社会需要，如情感、交接欲和自居作用等；尊重的需要，包括自尊、自重、受人尊重、威信和成功；自我实现的需要，自我实现是最高级的需要，包括实现自己的潜能，充分发挥自己的能力。

人的需要具有三方面的特点：①对象性，需要总是对一定事物的需求或追求。如，人长期处于紧张中就会产生轻松的需要，其需要的对象是室外活动或外出旅游。渴了会产生喝水的需要，需要的对象是水或饮料，它表现出人们对于某一事物或某一活动的指向或定势。②紧张性，一种需要的出现会使人感到某种欠缺，有求满足之感。当力求满足而未达到目的时，人们常会体验到一种特有的紧张感、不适感。繁重的劳动，紧张的工作，渴望轻松而产生的烦躁、苦闷等，都是这种紧张感的表现。③驱动性，按照心理学揭示的规律，当人们产生某种需要时，心理上就会产生不安或紧张，这种不安与紧张情绪就构成一种内在的驱动力量，推动人们从事某种活动以求获得心理平衡。

随着社会的发展和人民生活水平的提高，到公园去游览参观、休息娱乐、放松身心已经成为一种时尚，成为人们生活中不可缺少的一部分。那么游客的需求是什么？大量的事实和调查显示，游客的需要可分为多种类型：显性需要和隐性需要、优势需要和普通需要、群体需要和个体需要、一般需要和特殊需要、合理需要和非合理需要等。

显性需要和隐性需要。显性需要是指游客共同一致的基本需要。公园要有清新整洁的环境是游客对公园最基本的要求。一个有良好的园林环境，卫生搞得好的公园，会给游客带来好心情。颐和园是举国闻名的公园，从20世纪50年代起就是行业中卫生的先进，受到游客的高度赞扬。特别是随着人们生活水平和文化素质的提高，颐和园对卫生和环境特别关注。北京某公园曾出现投诉"逐客土"（指使用大扫把扫地扬尘现象）、厕所脏的问题。因此从20世纪80年代起，北京市公园行业加大卫生管理的力度，制定了一套卫生考核标准，如责任制、"三不外露"、"六不见、八不乱"、"厕所十无"等标准，以提高公园的管理和服务水平，适应游客的需求，以至相继出现了星级厕所、卫生达标单位、文明公园等。

公园是放松身心的地方，游客需要一个非常安全安静的环境，以达到休养身心的愿望。许多游客希望在公园里能听到风声、水声、鸟声；反对公园内车辆乱行、高音喇叭、喊山叫园等现象，认为公园不应当像城市中的马路，应当使游人有安全感、安静感。在公园的设计和管理中，希望营造一些相对封闭的空间，留下一些安静的区域，满足游人修身养性的需要。

游客在公园中活动，要求提供方便周到的服务，特别是公园的各项服务设施，如牌示、园椅、厕所、园路、广场等，要更人性化，使用方便。近几年，游客反映最多的是公园的园椅少、厕所少，在这方面，公园管理者采取了一系列改进措施，推广了文明牌示，增添了园椅、果皮箱等设施，修建了残疾人通道，改建了厕所，增加了广场，以更适合游客活动。公园在一些活动场地增设了挂衣架，在厕所为老年人安装了急救铃，为抖空竹的游客整修了一片沙地，将地面铺装的抛光大理石烧毛防滑，这些都体现了人本管理的理念，受到游人的欢迎。

尊重体谅并礼貌对待游客，是公园服务的基本方针。据调查，在公园的服务投诉中，有很大比例是游客认为公园的服务不好，伤害了他们的自尊心。一年冬季，某公园门口收票员看游人少，便在岗位上走圈活动身体，当一游客进门，她要验票，游客不但不掏票，反而吵了起来，说："你在这儿扭呀扭的，还收我的票！"据香山公园一位服务员介绍，在门口收票过程中，主动说声"您好"，特别是过新年时对游客说声"新年好"，游客表示特别满意，90%以上的游客配合检票，并流露出满意的微笑。陶然亭公园湖上的一艘工作快艇因在桥边行驶时，不慎将湖水溅到了一家六口人在水上过生日的两条船，发生了矛盾，对方不依不饶，还说老太太有心脏病。这时公园管理人员主动赔礼道歉，给换了两条好船，送上了鲜花，临走送到公园门口，结果化干戈为玉帛。事后，这家游客送来了感谢信。这些事例充分说明游客需要尊重。公园提倡文明用语、文明服务，正是从游客心理的需求出发的，往往一点小事就能折射服务水平的高低。据北海船队负责人介绍，他们在工作中总结出"多说一句话"的服务方法，比如游客上船时，说一句"小心您的东西别掉进水里"；游客购完票后，说一句"请您点好钱票"，并用眼神送过去，减少了许多不必要的口角，特别是他们改用毛巾、抹布代替过去用墩布擦船的办法，体现了对游客的尊重，得到游客的赞许。

游客的隐性需求，归纳起来大致有五个方面。

求知：公园说到底是属于文化艺术的范畴，是意识形态在城市空间实现的一种物化形态。人们到公园参观游览，无论是团体还是个体，在很大程度上是为了文化方面的原因，被称为教育性游览。他们到公园是要享受一种文化熏陶，增长见识。他们渴望了解悠久的历史文化，欣赏名山大川的壮丽奇观，观看四时景色和园林风光，从而陶冶情操、增长知识。特别是中国发布《爱国主义教育纲要》之后，一些学校把公园当作教育基地，大批青少年和中小学生到公园参观学习，他们渴望在这里受到教育。随着社会的进步和经济文化水平的提高，这部分人的数量有日益增长的趋势，是公园服务应该特别给予重视的部分。

求乐：随着现代社会生活节奏的加快，人们倍感城市的喧闹，工作的紧张机械和家务的繁重、单调与压力，力求解脱。正如一些心理学家所说："是躲避现实，避开压力，解除紧张，追求适应气候，消除疲劳的需要。"中国古代思想家柳宗元曾说："邑之有观游，或者以为非政，是大不然。夫气烦则虑乱，视壅则志滞。君子必有游息之物，高明之具，使之清宁平夷，恒若有余，然后理达而事成。"人们到风景优美的森林、公园，去享受大自然的新鲜空气，通过改变一成不变的生活方式求得身心的愉悦，追求马斯洛所称的"高峰体验"。求乐的人群大多集中于青少年游客，他们喜欢追求好玩和刺激，参与心理强烈。

求美：以追求公园欣赏价值为主要目的。他们选择公园时，特别注重选择知名度高，具有自然美、造型美、色彩美、形式美等较高观赏价值的景点，这反映了人们文化生活水平的提高。他们把欣赏美的事物当成一种享受，以求得精神生活的陶冶和心理上的满足。此类人大多数文化层次较高，如艺术家、知识阶层和社会上层人士等。

求奇：没有去过的地方和没有见过的东西，特别是经过传媒渲染的东西，都可能成为游客猎奇的对象。黄山的奇松、奇云、奇泉，峨眉山的猴子，九寨沟的山水，三峡的风光，北京香山的红叶，植物园的桃花节，八大处的富斯特滑道，都因其"奇"而吸引众多游客。一些新兴的景点之所以也能创造良好的经济效益，也与人们的猎奇心理有关。据对美国一个旅游团进行的调查，这个团68人中，50%的人对中国感兴趣，想了解中国人的生活方式、爱好和兴趣。在他们看来，到中国旅游就是猎奇，因为他们眼中，中国蒙着一层神秘的面纱。

求健：为了身体健康方面的原因去游园。根据联合国的规定，65岁以上老年人占人口总数7%以上或60岁以上老年人占总人口的10%以上的国家和地区，称为老年型国家和地区。中国已成为老年型国家，老年人成为公园主要的服务对象之一，这就给公园带来新的课题。他们到公园的主要动机是交往和健身。据观察，公园中老年游客的行为方式有跑步、快走、遛弯、聊天、跳舞、打拳、练功、做操、唱歌、踏石、蹭腿、吊臂、磨背、打羽毛球、打健身球、静坐、踢毽子、跳绳、滑冰、划船、喂动物、读书、看报、画画、娱乐、垂钓，等等，不一而足。

不同的年龄、不同的阶层有不同的游览需求，其中，不同地域的群体差别是显著的。外籍华人、华侨、港澳台胞回归旅游，多是以交际为主要动机的。他们都是利用旅行之机寻觅祖先的足迹，寻找自己的"根"。这些人到公园参观游览，特别钟爱祖国悠久的历史文化，特别看重中国人对他们的尊重和理解，如果遭到冷遇，则视为莫大的耻辱。

外国旅游者则很想亲眼看看社会主义的东方大国——中国的情景，包括人民的生活、工作情况以及风土人情，了解中国悠久的历史文化，因此，外国游客的主导动机是文化方面的动机，属于求知、求美、求奇的方面。这些人对中国的一切都感到新奇和陌生，在他们的头脑中，每时每刻都用比较的心理看待中国的一切事物，用来判断是非曲直。据介绍，一个法国旅游者到中国旅游，准备了解中国政治、宗教、人民生活等方面的36个问题。

外埠游客出游的动机主要也是求知、求乐、求奇，他们要开拓自己的视野，享受旅游的乐趣，增长见识，扩大社会交往。目前，国内游客的主要特点是团体性。除节假日学生与家长或学生与同学结伴等形式的个别旅游散客外，绝大多数为单位组织的度假、疗养、参观、会议团体。社会的广泛性决定了各个团体的层次差别较大，对文化的需求度也相差很大。

本地游客是公园的主要对象之一。据北京市统计，公园的本地游客约占游客量的 2/3。本地游客在主要节假日去公园休息、放松一下，以排解工作的紧张和疲劳，多是偕妻携子，或情侣相伴，或约友同游。但是更多的游客是老年人，他们晨练晚游，属于求健的那一部分人。他们对文化设施的要求不高，只要有合适的锻炼场地就可以了。

游客的需要是一种动力。可分为前驱动力和后驱动力。前驱动力促使人们产生游园的动机，而后驱动力成为公园建设管理和服务工作的动力。满足游客的需求是公园建设和管理的目的。公园管理者应当不断研究游客需要的变化，不断关注游客的各种合理的需求，满足游客的优势需要。

优势需求是指游客根据景区的文化定位，特定的占突出地位的物质需求和精神需求。游客的优势需求是和公园的性质和文化定位相联系的。创造良好的园林环境是满足游客需求的最基本条件。优质服务是公园管理的基本功，也是满足游客需求的重要介质。良好的园林环境和优质的服务，恰如一个车之两轮，公园好比一辆车，在游客需求为动力的推动下，不断改进，不断发展，从而达到理想的彼岸。这个彼岸，就是游客的满意率和满足度，就是老百姓的幸福指数和获得感。

第二节　文化建园理论

文化建园，就是深刻理解园林的文化属性，掌握各种园林的文化内涵，从弘扬祖国优秀传统文化和展现时代文明风范的结合上，赋予公园城市建设和管理以浓厚的精神文化色彩，创造新时代中国特色的园林文化，建设一流的公园城市，为社会主义精神文明建设作出贡献。这条方针的提出，是园林事业指导思想的一个飞跃，且具有客观性和实践性，是符合园林事业发展规律的，它对园林事业，特别是公园行业的发展将产生重要的作用。

一、文化建园方针的客观性

文化建园方针的提出具有客观必然性。它不仅是由园林的性质决定的，也是中国社会经济发展规律在园林事业中的反映，同时已经被实践证明是正确的。

（1）园林是一种文化现象。"文化"一词的定义，据有些专家考证，有几百种说法，概括起来，从广义来说，指人类社会历史实践过程中所创造的物质财富和精神财富的总和；从狭义来说，指社会的意识形态，以及与之相适应的制度和组织机构。文化也可以理解为创造力的凝聚。

中国园林发于商周成于汉，跃于唐宋而峰于明清。早期初级形成的园林，实际上是农耕稼穑和渔猎畜牧生产发展的产物，形成培育果蔬粮秫的"圃"和"园"，以及豢养珍禽异兽的"囿"和"苑"。它们既是生产的基地，又是巡幸狩猎、游赏娱乐的场所。作为后者，它能予人观赏"物有天然之趣"，获得赏心悦目的娱乐享受，在这个层次上，园林作为艺术创造，是属于文化的范畴。后来汉时的宫苑，以建筑结合自然山水，或结合人工山水建造，具有规模宏大、空间辽阔、风格雄浑的特点，注入了更多的精神文化因素，比如效法秦始皇的做法，堆瀛洲、蓬莱、方丈三山，摹拟海上仙山神屿的境界。至宋代，园林艺术在隋唐基础上更有飞跃发展，更加自觉地将诗词、绘画中诗情画意的境界再现于园林之中。到明清时代，无论在造园艺术还是在技术方面都达到了炉火纯青、出神入化的境界。

由此可以看出，这种园林文化是人类在一定的物质生活条件得到满足之后，对精神生活的高层次追求。这种追求（或需求）不仅推动了园林的发展，不断创造出"虽由人作，宛自天开"的一座座具有丰富文化内涵的灿若星空的园林精品，而且人们在营造园林、欣赏园林、感悟园林的过程中提高了自身素质。园林在于造，园林是物化了的精神，或精神的物化，园林文化是一种"境界文化信息"，它是通过生境的营造、环境的改造、意境的创造和幻境的构造架起物质转化为精神的桥梁。人们到公园去，不是为了获取某种物质，而是为了获取一种精神的信息、物质的文化。无论是欣赏、参与、求知、休憩、社交，甚至朝圣、祈祷，都是为了信息的传递。这种信息有的是人类文明历史发展的信息，有的是生物的信息，有的是山水秀美的信息。"公园可以使你回到自然，使你能体验原始环境，而精神一振。"联合国教科文组织《关于在国家一级保护文化和自然遗产的建议》（*Recommendation Concerning the Protection, at National Level, of the Cultural and Natural Heritage*，1972年巴黎）中明确阐述："文化和自然遗产是人类遗产的精华，也是当前和将来文化丰富与和谐发展的源泉。""文化和自然遗产是一种财富""保护、保存文化和自然遗产的最终目的在于人的发展"。因此可以说，文化建园方针是由园林的属性所决定的。

（2）文化建园的方针是与中国社会发展水平相适应的。历史证明，盛世兴文、兴园林，园林的兴衰与社会的进步发展程度是分不开的。改革开放以来，中国的各项事业取得了巨大的成就，也为园林的发展带来了机遇，这些年园林的发展充分证明了这一点。这种发展不仅是量的扩大，而且是质的提高，其中包括文化建园方针的理论和实践，如果说"以园养园"和"绿化结合生产"等园林方针是和当时的政治经济形势分不开的，那么"文化建园"方针也是改革开放和社会发展的必然结果。特别是在人民生活方面，已经从温饱型迈向小康水平。"不断满足人们日益增长的物质生活和文化生活的需要"不仅写进了国家纲领，而且已成为全国人民美好生活的目标和追求。文明的人类总是"食必常饱，然后求美；衣必常暖，然后求丽；居必常安，然后求乐"，人们在基本衣食住行需求得到满足之后，文化的、精神的、享受的需求日益成为"优势需求"，人们的需求层次在逐步提高（马斯洛的需要层次理论）。"综观我国公园发展的历史，可以看出，凡是公园建设水平高的城市，当地的文化水平一般都比较高，如北京、上海、广州、南京、杭州、武汉、成都、大连、哈尔滨等，因为公园主要是为丰富市民的文化游憩生活服务的，社会的平均文化水平愈高，对游憩生活的要求也愈高，从而对公园绿地的价值认识更深，对于公园建设更支持"。（《中国现代公园发展与评价》，李敏）。园林文化的出发点是"人民需要文化，人民需要公园"，"文化建园"的方针正是在这样的社会背景下产生的。

（3）实践证明文化建园的方针是正确的。新中国成立以来，特别是改革开放以来，园林特别是公园的发展和实践，充分证明"文化建园"方针是完全符合园林发展实际的。北京天坛、颐和园等许多历史名园，因重视文化发掘和利用而促进了公园的发展和变化就充分说明了这一点。历史名园充分利用其资源优势，创造性地开展适合当代人审美情趣和高雅品位需要的活动和项目，实现古为今用，让传统发挥出时代的光芒，是时代赋予公园人的担当和责任。新型的公园应当从创建特色到提高管理水平，遵循文化为魂的理念，不断将文化的基因植入生态文明建设，这是时代赋予的历史使命。

二、文化建园的基本要素

从理论的角度分析，作为一个方针，其构成应具备三个方面的要素，即目标、动力和实现目标的途径。

（1）文化建园的目标或落脚点、归宿，就是"园"。在新的历史时期，要建一个什么样的"园"，是这条方针所关注的重点。园林是一种艺术，是人化的自然或自然的人化，是科学的艺术或艺术的科学。就其规模和范围而论，可分为园林盆景（景物）、景点（线）、景区（庭院、园中园）、公园（风景区）、公园城市和大地园林化六个层次（图3-1）。文化建园的"园"在这里是一种特指，即现代化的公园城市。现代化的公园城市是城市重要的基础设施，是城市现代化的重要内容，是改善生态、塑造城市形象和提高广大人民群众生活质量的公益事业，是城市可持续发展的重要保证。空间上它涵盖整个市域，类型上它包括古典园林、城乡公园、绿道、风景名胜区和城市园林绿化。现代化的公园城市是城市的主体，是有机地融入城市骨架中的绿色生命，它不仅起到改善环境、美化城市的作用，而且制约着城市的发展、关乎着城市的生死存亡。历史上许多著名的都市如楼兰古城等都灰飞烟灭了，大多因维持其生存的绿色生命枯竭而消亡。当今世界上许多大城市特别是首都城市都把公园当作城市生存的基础来对待。莫斯科城在规划中，其公园绿化带面积即占了1/3。国外许多大城市规划的人均公园绿化面积大大超过人均居住面积。联合国生物圈生态与环境组织提出首都城市人均公园面积为60平方米为最佳环境，美国、德国提出城市要为居民规划人均40平方米以上的公园面积，以保持城市居民有一个良好的生存空间。文化建园方针的提出就是要努力建设一流的国家园林城市，使公园形成网络系统，进而建成公园城市。使整个城市坐落在公园之中，无处不园林，举目皆绿色；使园林艺术与城市建设完美结合，逐步达到世界先进水平。

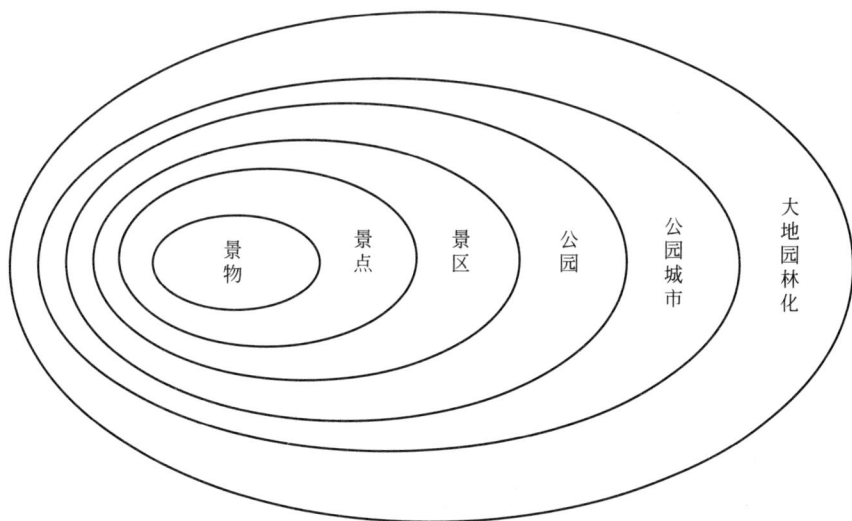

图 3-1　园林的层次结构图

从某种意义上说，文化建园特别强调公园在城市园林中的地位。公园是园林的集中体现，是城市大园林的核心和大地园林化的模板，是由政府、公共团体或者市民建设，由公园管理人负责管理，有一定的规模和设施，对公众开放的园林场所。公园包括综合公园、专类公园、带状公园、街旁游园、绿道、绿廊、风景名胜公园等。公园的建设和发展要按照不同的类型和特色注入更多的文化色彩，建设高水平、高品位的公园。

（2）"文化"一词是文化建园方针的核心，是实现文化建园的重要途径或方向，这是园林的根本属性所决定的，这是园林的优秀传统所决定的，这是精神文明建设的要求所决定的，这是生态文明建设重要思想在园林事业发展中的重要地位所决定的。文化是园林的灵魂，没有文化内涵的"园林"是没有生命力的，实际就称不上是园林。文化建园所说的文化，不是指一般的教育、科学和理论研究，而是凝结在"园林之树"各个层面上的理念、理论、文学、艺术精华和具有文化意义的实践活动。

它包括六个层次（图3-2）：

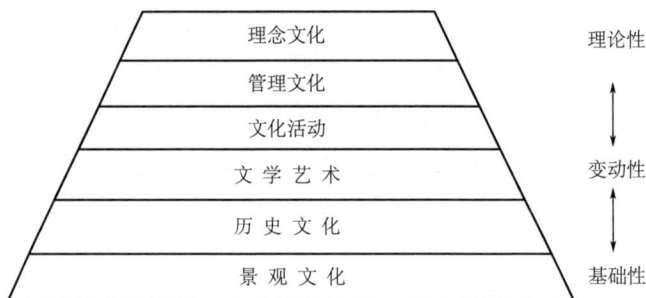

图 3-2　园林文化的层次结构图

①景观文化。是以山水、植物、构筑物、文物古迹、景观设施等构成的各种境界文化信息，提供给人们感知和审美的科学化、艺术化对象，是"文化"的物质基础，是其他文化赖以存在和发展的基础。

②文学艺术。是附着在景观文化之上的富有文学艺术色彩的题名、对联、诗歌、绘画、石刻、碑文、雕塑以及赏析、杂文等，是提升景观文化不可缺少的，体现中国园林传统的重要方面。

③历史文化。是蕴藏在景观文化、文学艺术等深处的，反映历史的道德观、价值观、哲学思想和理念的文化。比如天坛的历史文化，反映的是古代人们对天的认识，祭天过程中礼仪、音乐的历史价值、科学价值，还有著名的声学现象，都是天坛十分宝贵的遗产。

④管理文化。是适应社会发展，满足人们各种需求而延续景观文化和文学艺术的综合性手段。管理文化特别强调以人为本宗旨和生态环境营造的突出地位。其中，"企业文化"是在新的历史时期形成的具有鲜明群体意识的精神文化，包括规划的目标、方向、任务和内在运转机制，它是凝聚员工的重要形式，是管理文化的重要组成部分。

⑤文化活动。是时代发展的背景下，为满足人们文化生活需要而产生的各种文化活动形式，如科普展览、文物展览、节庆游园、文艺演出、赏花观景等，充分体现了人们丰富的精神生活和园林的有机结合。

⑥理念文化。主要是指人们对园林文化的认知和园林理论的建立。园林文化的核心是境界文化，这是最高境界的文化，是一切文化不断提升的条件。园林事业的发展有没有后劲，在某种意义上说，一是人才的积蓄，二是理论的发展。如果没有理论的支持，园林事业很难在城市现代化的进程中立于不败之地。

园林文化具有三个特点，即基础性、变动性和理论性。基础是必要条件，一切风景师、规划设计师要赋予园林丰富的文化内涵，要力求高品位、高标准，要创造既有历史传统又有时代风范的精品。对于一个管理者来说，就要把握、保护、延展其文化内涵。变动性就是发展性，园林文化要适应不断变化的新形势，要有新的目标，要善于创新，营造时代气息，不断满足人们求知、求乐、求美、求奇、求健的需求。理论性带有方向性和前瞻性，要有一批园林专家、学者致力于研究园林的理论，促进园林事业的发展。

（3）文化建园的关键在于建。"建"强调了四个方面的意义。园林绿化事业的发展要靠人的积极性的发挥，没有广大群众的积极参与，任何美好的愿望、正确的方针都是一句空话。从这个意义上说，"建"是园林行业乃至整个社会智慧和力量的凝聚和释放，是文化建园的动力；文化建园是一个过程，不单指建造的过程，还包括从营造到管理的全过程，在这个过程中要赋予它文化的内涵；"建"的过程就是不断探索、不断创新的过程，既不能墨守成规，也不能吃祖宗饭；要继承前人的成果，也要给后人留下自己的东西。强调规划建园，是"文化建园"的应有之义。如果没有规划，或者不严格按规划去办，就会产生主观随意性，公园发展的空间就可能受到挤压，园林绿化的成果就可能受到损失，前进的道路就可能出现挫折，给园林带来极大的危害。天坛公园在20世纪50～60年代绿化结合生产，种了上千亩的果园，从1985年起，不得已用了近16年的时间将上万株果树改植为松柏常青树，为了恢复历史风貌，付出了很大代价，这种深刻的教训实在值得吸取。

"文化建园"，虽然只有四个字，但有丰富的内涵，是一条完整的方针。只有全面理解和掌握其内涵和外延，坚持理论联系实际，才能不断前进和发展，这是21世纪城市园林发展的必然要求。

三、文化建园应坚持的原则

（1）文化定位是文化建园的基石。在市场经济条件下，许多人跳不出传统的思维圈子，扮演着追随者的角色，千篇一律，随波逐流，这方面有极为深刻的教训。而许多历史名园，却因其内涵鲜明的文化系统而具有持久的魅力，环境效益、社会效益和经济效益得到全面提高。这说明在市场经济条件下往往通过分配财富的方式证明文化系统的重要性。

一座公园的诞生是规划师、设计师、风景园林师等智慧的结晶，它包含着历史的传统、时代的气息、民族的风格和地域的特点，决定了它有自己恰当的文化定位。这是它存在和发展的物质基础，是其生命力的源泉。公园管理者的任务，就是要始终把握其文化定位和特色。创造要符合文化定位，发展要保持风格和特色。

文化定位是与其服务对象的优势需要相联系的。所谓"优势需要"，是指游客主体和主流游览动机的综合指数。满足这种优势需要的文化定位是正确的，就会取得成功；而忽视文化定位，乱上一些有损风格和特色的项目，不仅不会带来预期的效益，还会给公园的发展带来不利的影响。

文化定位就是要把握继承和创新的辩证关系。继承而不泥古，创新而不离宗，让传统的躯体里流动着时代的血液。园林的优秀传统在不同地域有不同的风格和特点表现，苏州园林的特点是"糯"，杭州园林的特点是"秀"，扬州园林的特点是"小"，而北京园林的特点是"宏"，我们必须认真地继承和发展。比如宏伟壮观、皇家气派、典雅精湛、气度非凡等，不仅是一种风格也是一种标准，这是与北京历史上几百年来一直是首都的这种地位分不开的。皇家气派不仅是气势恢宏，而且包容性很强，形成了古今相袭、中西合璧、南北兼蓄的多样性风格，传统的东西，我们应该很好地了解、熟悉和掌握。但同时又要认识到，任何传统都带有历史的局限性，要不断赋予其新的精神，使其永葆活力，这就需要创新，以适应时代的需要。任何停滞不前的"传统"，都会被历史所淘汰。

一个公园的文化定位，应该贯穿于设计、施工、建设、管理的全过程之中，要千变万化不离其宗。北京市朝阳区红领巾公园的发展就是一个很好的典型，它在依靠社会力量，利用外脑进行公园雕塑的过程中，始终坚持红领巾这个主题，以儿童为服务对象进行文化定位，创造了当代少年儿童喜闻乐见的艺术形式，创造了一个别有特色的公园精品，受到了社会的充分肯定。北京的历史名园曾一度大上游艺项目，破坏了历史名园应有的静谧、典雅的环境氛围，在社会上产生了很大的负面影响，而后不得不逐步拆除，造成了许多不应有的损失，这从另外一个侧面说明把握好文化定位的重要性。

（2）把握特色是文化建园的生命。马克思主义哲学告诉我们，共性寓于个性之中，没有个性就没有共性，就没有世界万物。所谓特色就是指事物的个性及其发展规律。要取得工作的成功、事业的发展、革命的胜利，都必须研究、把握事物的个性及其规律，也就是说要有自己的特色。千篇一律的东西或照抄照搬的东西是没有生命力的，终究要被淘汰，只有个性的东西、有特色的东西才有生命力。

北京市的公园在注重特色方面作了许多有益的探索。历史名园注意保持古典园林的风貌和神韵。多年来，斥资数亿元，按照修旧如旧的原则，整修了大批文物古建，从而保持了历史名园的风貌和神韵，新建改建了一批各具特色的新公园和景区。如以竹子为特色的紫竹院公园，以"百亭"为特色的陶然亭公园，以民俗、名著、世界博览为特色的中华民族园、大观园、世界公园和一批游乐园、老人公园、儿童公园等，各具特色。北京市的公园形成了多样的和谐统一，树立了首都的良好形象。创造了一批各具特色的文化活动。如以植物景观为特色的香山"红叶节"、北京植物园"桃花节"、玉渊潭的"樱花游园会"、中山公园的"郁金香游园会"和"兰花展览"以及紫竹院的"竹荷文化节"，龙潭湖公园和地坛公园的"庙会"、天坛公园的"祭天乐舞展演"、北京植物园的"曹雪芹故居陈列"，都充分体现了本公园的特色，成为有品位、有内涵的精品项目，展示了公园的特色和生命力。

坚持创新是文化建园不断发展的动力。要用文化之眼去观察，要用文化之脑去思考，要用文化之心去感悟，要用文化之手去创造，要求人们以文化为前提，更新观念，解放思想，认真钻研，勇于实践，大胆创新，创造一个崭新的园林天地。从这个意义上，它的基点是"创新"。离开了"创新"，一切文化都将是暗淡无光的。比如在古典园林中，我们要批判地继承历史文化，导演历史剧的新版本，这本身就需要创造。比如在城市公园绿地系统中有意保留一定数量的自然林地和野生草面积，减少人工干预，将鸟类和昆虫引入城市。这些创造无论其项目大小、价值高低，都体现了一种精神。它不仅是园林事业兴旺发达的标志，也是文化建园的宗旨所在。创新应该贯穿于园林事业的各个层面和全部过程，使园林的发展保持旺盛的生命力。

厦门白鹭洲公园是厦门的新名片。它位于市中心，优越的地理位置、良好的园林绿化环境、完善的休闲设施，使其成为厦门的"磁芯"和"绿肺"，特别是笕笪书院是点睛之笔。笕笪书院在公园的东部，其建筑"远看很传统，近看很现代，内看很地道"。它按照中国书院的理念，为青少年举办国学启蒙，举办名儒会讲，进行文化交流，开展国学研讨，出版文化刊物，把书院办得红红火火，成为一方净土，一个文化的圣地。这种创新不仅成为新公园文化建园的探索，而且是公园本质属性的一种体现。

（3）追求完美是文化建园的最高境界。文化建园是人们依据园林的属性和社会的进步所提出的要求，不断探索、不断前进的过程。在这个过程中，文化建园有高下之分、优劣之别。这种分别不仅取决于外部因素，比如经济的发展等，更有赖于人们的认识水平、文化素养和敬业精神。正如大学问家王国维所说："古今之成大事业、大学问者，必经过三种之境界：'昨夜西风凋碧树，独上高楼，望尽天涯路'，此第一境界也。'衣带渐宽终不悔，为伊消得人憔悴'此第二境界也。'众里寻他千百度，蓦然回首，那人却在灯火阑珊处'此第三境界也。"文化建园是一个伟大的事业，是不断追求完美的过程，只有那些勇于探索、不甘寂寞、具有坚韧的态度和牺牲精神的人，才有可能达到完美的境界。

一座园林的构建要追求完美，就应"相地合宜，构图得体"，要规划设计好，要"景以境出，取势为主，巧于因借，精在体宜"，实现"起结开合，多样统一"。比如颐和园，乾隆皇帝吸取江南园林之精华，然后煞费苦心选择万寿山、昆明湖这方风水宝地，精心规划设计，不仅赋予其深厚的文化内涵，将佛、道、儒家的哲学思考和理念融进中国的优秀造园传统，成就了一个山水相依、楼阁相济、园中有园、景外有景、优美和谐、出神入化的神话般的园林，堪称世界一绝，是中国园林之最高典范，也是古人追求完美的最好范例。完美是以事物的自然属性作为物质基础的客观现象，不同的时代，不同的人，会有不同的标准和尺度，它要不断地完善和发展。追求完美是文化建园的最高境界，也是园林工作者应有的品格。

（4）文化建园要贯彻公园管理的全领域、全过程。公园管理是公园规划设计和建设的延续，一个公园的景观特色能否贯彻始终，公园文化能否得到提升，管理有着十分重要的作用。要赋予管理强烈的文化色彩，不仅要从大处着眼，而且要从小处着手，"莫因善小而不为"，小是大的组成部分，不可因小失大、以小毁大，要画龙点睛，把许多小事情办好，把每一项事业都办出完美的结局。

"文化建园"是个理论问题，也是个实践问题，同时也是彰显文化自信的原则问题。坚持理论联系实践，不断总结，不断实践，中国园林的发展才能不断升华。

第三节　生态园林理论

进入21世纪，随着全球化和城市化进程的不断加快，环境污染、生态破坏正在威胁着人类的生存和发展，温室效应、空气污染、沙尘暴和自然灾害接连不断地发生，向人们敲响了警钟。因此，改善生态环境、提高人们的居住质量日益成为人们关注的重点和谈论的焦点问题。生态理论、生态环境、生态建设、生态平衡、生态系统、生态城市、生态园林、生态设计、生态文明……"生态"一词已成为21世纪的主导词语。"生态城市"是在联合国教科文组织发起的"人与生物圈"计划研究过程中提出的一个概念。生态城市化，就是要实现城市社会、经济、自然复合生态系统的整体协调，从而达到一种稳定有序状态的演进过程。生态城市是城市生态化发展的结果，是社会和谐、经济高效、生态良好循环的人类居住形式，是人类居住区发展的高级阶段。在国际上，现代文明城市的重要标志是保持城市的生物多样性和维护其自然风貌。2002年，第五届国际生态城市会议在深圳召开，通过了生态城市建设的《深圳宣言》，提出建设适宜人类生活的生态城市的标准和内容，包括生态安全、生态卫生、生态产业代谢、生态景观整合、生态意识培养等。

生态园林的理论是适应社会的进步和需要产生的。生态园林的建设也正在逐步推进，这是一个认识和实践不断深化的过程。"生态园林"概念是在1986年中国园林学会召开的"城市绿地系统植物造景与生态学术讨论会"上提出的。会后，上海园林局程绪珂先生积极倡导并连续发表专文论述生态园林，提出了生态园林的定义，论述了生态园林的任务、目标、标准、原则和规划设计的指导思想等，逐步形成理论体系。

生态园林是继承和发展传统园林的经验，遵循生态学原理，建设多层次、多结构、多功能、科学的植物群落，建立人类、动物、植物相联系的新秩序，达到生态美、科学美、文化美和艺术美。以经济学为指导，强调直接经济效益、间接经济效益并重，应用系统工程发展园林，使生态、社会和经济效益同步发展，实现良性循环，为人类创造清洁、优美、文明的生态环境。

生态园林的基本任务是：生态园林的建设必须把环境保护事业和园林绿化事业同执行中国共产党所确定的建设目标联系起来；生态园林的建设不是自然的复制，而是要结合社会经济条件，使之在保护环境方面发挥更大的物质作用；以美学特征与植物联系起来，使之在环境中满足人民在心理、生理和精神方面的需要。生态园林是根据生态学原理，不仅仅是模拟自然、再现自然，而是把自然生态系统改造、转化为人工的、超自然水平并高于自然的新系统，运用丰富的植物建立人工植物种群落。通过太阳辐射的能量由绿色植物进行光合作用，消耗二氧化碳，制造氧气，从而进入生态系统，使植物与环境之间能量、物质与信息的交换、转换，形成有一定结构、功能和自我调节能力的生态系统，生态园林将为城市提供一个更加接近自然的风景景观，并为提高环境质量、发挥生态效益起作用。

建设生态园林是为了全世界各国人民的健康和幸福，使人类与赖以生存的环境和谐相处，保护未来文明所依靠的生态平衡。建设各类生态园林的核心是为了提高人类健康水平和文化素质。据上海市园林局和上海师范大学地理系对两个街道的调查，一个街道有污染的工业，绿化很差，绿化覆盖率只有3%；另一个街道绿化好，绿化覆盖率为25%~30%，两街道相比，前者绿化制造氧气量少10倍，耗氧量要多20倍，后者居民的平均寿命要长10年以上，万人死亡率低1倍以上。由此可见，人们在绿化环境中活动，呼吸新鲜空气，可保持心理的宁静和情绪的稳定；在绿化环境中坚持锻炼，促进自身新陈代谢，可以健康长寿。

生态园林的类型包括生产型、观赏型、保健型、知识型和文化型。建设生态园林的原则是，用尽可能少的投入生产更多的生物产品和为社会公益服务。

建设生态园林的原理如下：

（1）竞争原理。竞争是生物的相互关系的表现形式之一。

（2）共生原理。共生是自然生态系统中不同种的有机体或系统的合作共存、互惠互利。共生的结果使所有共生者都大大节约物质、能量，使系统获得多种效益。

（3）循环原理。如生态园林，可通过充分发挥生物固氮能力、养分富集回归能力、养分转化活化能力等提高土壤肥力。

（4）生态位原理。生态位是指自然生态系统中一种生物群所要求的生活条件。一个生态位只能容纳一个特定规模的生物种群。

（5）植物他感作用原理。他感现象在生物界普遍存在。他感作用对自然的、人工生态系统的结构、功能和发展均有重大影响，是一个不可忽视的重要因子。植物通过向外分泌某些化学物质，从而对邻近植物产生有害或有益的影响。这种化学作用就是"他感作用"。他感作用在高等植物界、微生物界及其相互之间均有发生，影响着植物群落的形成、发展和演变。

（6）植物种群生态学原理。

植物生态学是20世纪80年代新兴起的一门学科。它主要研究特定空间里植物种群生活史的数量动态，以及植物种群世代延续中的遗传变化；探索植物种群本身量和质的动态发展过程规律，了解植物种群和自然地理环境以及其他植物种群动态变化的影响方式和效应。

建设生态园林的标准：

（1）提高绿地率和绿视率。1985年，国家科学技术委员会发布了《中国技术政策》蓝皮书，规定1990年，全国城市的绿化覆盖率达到30%；每人平均公共绿地面积达到3～5平方米。2000年，城市凡是可以绿化的地方都要绿化，力争市区没有裸露的地面，每人平均公共绿地面积达到7～10平方米。因此，要大力提高各类绿地的绿化水平，尽量在绿地中少建小品、堆假山，少造喷水池、雕塑像、铺硬地坪，土地用植物材料覆盖，要求绿化能够覆盖所有可覆盖的黄土面以提高绿地率。绿色植物能够吸收太阳光中对眼睛有害的紫外线，反射适合于视网膜的绿光，所以绿色对人类的眼睛有益。日本专家研究指出，当人的视野里绿色占25%时感到最舒服。日本要求工厂或机关环境保持20%～25%的绿地。据苏联报道，绿化好的城市，眼病的发病率约为1.08%，而绿化差的城市发病率达22.9%。

（2）提高单位面积的叶面积系数。对绿色植物来说，太阳产生的辐射能是生命的重要源泉。植物吸收太阳能，把无机物合成有机物。因此，必须加大叶面积系数以提高光合作用率。叶片密度用叶面积系数来表示，它表明一棵树的叶片面积比它占地面积要大多少倍。几十年生或上百年的生长繁茂的高大乔木，其叶面总和可比其占地面积大20～75倍。而大灌木和高的草本植物，其叶面积总和可比其占地面积大5～10倍。植物的叶面积总和比其占地面积的倍数称为叶面积系数。高大乔木的叶面积系数比灌木、草本大得多。尽量扩大叶面积系数，从而得出绿地内树木增加1倍，它的利用率按几何级数增加3～4倍的结论。按照生态学的原理规划设计多层结构，物种丰富的乔木下加栽耐阴的灌木和地被植物，构成复层次混交的人工植物群落，以得到最大的叶面积总和。绿地的光能利用率高，生物产量大，一般亚热带阔叶林和热带雨林的生物产量每公顷可达400～650吨。植物的环境保护作用是与其叶面积成正比的。例如植物生产氧气的多少，吸收有毒气体的多少，吸附灰尘、杀菌、降低气温、促进气流交换等作用的大小，都是与叶面多少成正比的。因次，选育和选择植物时，除重视叶面宽阔、叶面积大、摄取太阳能的能力高的植物外，还应注意选择叶形多样、形态各异的植物。叶子还有吸收、传递和反射等性能，通过光合作用提高保护和改善环境的水平。

（3）提高景观质量。建设生态园林，以万紫千红的植物为主体，用"大手法"创造多功能的人工植物群落。组成群落的材料是具有美丽的形态、灿烂的色彩、浓郁的香气、神妙的风韵的植物，创造不同的意境，使园林意境的自然美和文学艺术有机地统一，并反映现实社会生活，令游人产生更多的联想、启迪、回味和探求。在空间处理技巧和手法上，仍然要强调形与神、景与情、意与境、虚与实、动与静、因与借、真与假、有限与无限的辩证关系，创造景色各异的幽美景观，让人们感受和领略生于自然又高于自然的景观。人在情景之中，景融于生活之中，人与自然的关系更富于自然情趣，提高了景观价值。

（4）利用植物的分解与合成作用提高循环能力。植物的生命过程具有自我调节、自我控制的性质，其能量输入和输出保持动态平衡状态，只要正常运转，所有输入系统的物质都在循环中运动转化，在有机利用之后，转变为另一种有机体可以再利用的形式，几乎所有的物质都在循环中被利用。这是一个无废料生产过程，或者说是废物还原、废物利用的过程。实际上，地球上的生命过程，植物是生产者，动物是消费者，微生物是分解者，其循环链正是通过废物还原维持的。有的植物根系分布在土壤中，无机化细菌即好气性细菌比没有根系分布的土壤多几百倍乃至几千倍。土壤中的好气性细菌能使土壤中残留的有机物迅速无机化，使土壤净化和增加肥力。

地球上全部生命的源泉主要是碳循环和氧循环，其次是氮、硫、磷、钙、铁等元素循环。在生态系统的物质循环中，碳循环有如下过程：一是二氧化碳经过植物光合作用同化为各种各样的有机化合物，这是有机物的生产过程。地球上的植物一年生产总量约等于1.5×10^{11}吨碳的有机物。二是消费过程，动物把一部分植物吃掉，变植物有机体为动物有机体，同时吸收氧（氧是植物呼出的废气），呼出二氧化碳，回到大气中。三是动植物尸体，包括枯枝落叶和动物排泄物，经微生物分解转化为二氧化碳等简单化合物回到环境中去。所有生命元素都不断地在大气、土壤、水及生物之间循环。生态系统中，物质循环和能量转化是不断地进行的。物质循环和能量转化是无限发展的过程。表层土壤中，由于枯枝落叶的分解和蚯蚓等动物的活动以及大量微生物的存在，促进了土壤团粒结构的形成，给植物生长创造了有利条件。这层枯枝落叶层还能调节水分状况、温度状况以及植物的营养，是土壤和植物间营养物质交换的主要途径之一。冬季在绿地里的枯枝落叶，是很好的有机肥料。施肥可以提高土壤质量，把枯枝落叶层除去则会降低土壤的质量，实质上就是降低土壤肥沃性，因为枯枝落叶中所包含的养分从此退出了养分循环。德国学者的研究表明，由于移走枯枝落叶而产生的土壤缺氮现象是土壤贫瘠化的重要原因。经常把落叶层扫得干干净净，不但扫除了肥料而且造成了土壤裸露，这种做法是极不科学的。氮素在生物元素中也占重要地位。正如物质生产取决于氮的供应量一样，氮素效益同碳素效益及其能量的分配有密切关系。尽管氮素的主要来源是空气中的气态氮，但植物主要从自存的和共生的细菌固态氮素的土地中吸收粒子态氮素。多数学者认为菌根可以促进树木在贫瘠土地中生存。真菌可额外提供一些无机盐类，特别是增加可给氧的氮素来改善营养，并提高某些促进生长的物质来增强树木的代谢作用。在规划设计人工植物群落的过程中，应尽可能将固氮植物组装。尤其在选择地被植物时，最好种植能固氮的草本植物，以提高土壤肥力。

生态园林理论的提出，丰富和发展了园林的理论，对园林的发展产生了积极而主要的影响，并逐步扩大，为人们所接受。

第四节　境界文化理论

文化是一个国家、一个民族的灵魂，一个文化缺失的民族是没有希望的。伟大的时代，进行伟大的民族复兴，需要文化自信、自觉和自省。园林文化是园林的灵魂，一个连园林文化是什么都搞不清楚的园林，也是没有希望的。

一、问题的提出

在园林界存在三种不太好的倾向。其一，文化淡化倾向。有人认为园林的灵魂是生态。特别是在全球气候变暖、环境变坏的情况下，这种论调更是甚嚣尘上，以生态概括了园林的全部。把园林混同于绿化、绿地，只认绿地率和绿化覆盖率，不提文化。历史上曾出现过"绿化结合生产"的方针，公园内种麦子、栽果树、生产蔬菜，这与当时的社会经济有关，同时也与当时人们对园林的认识有关。而现在仍然有人提出"森林进城"，把公园内的土地分给社区种蔬菜等谬论。如果认为园林就是生态，那么这种提法和做法无疑是正确的。建森林、种蔬菜甚至种庄稼，都有生态效应，甚至生态效应高于一般园林。如果任这种理论发展，园林就可以变成林业、变成种树，甚至变成种庄稼了，因此这种倾向必须予以纠正。园林有重要的生态价值，应把园林生态摆到一个合理的地位，而不是以生态统帅园林，更不能以生态代替园林。

其二，文化泛化倾向。许多人认为园林文化具有综合性。只要在园林里存在的，都是园林文化。他们认为园林文化包罗万象，包括历史、哲学、宗教、艺术、建筑、园林、诗画楹联，等等，甚至连餐饮、会所、厕所都是园林文化。似乎园林文化是"万宝囊"，是个"大筐"，什么都可以往里装。这种认识不仅理论上偏颇，在实践上也会带来很大危害，如体育文化要进公园，演艺文化要进公园，廉政文化要进公园、生育文化进公园，宗教文化要进公园等，特别是体育和餐饮大有侵吞公园之势，公园好像唐僧肉，各个部门都打着文化的旗号，想在公园中分一杯羹。体育文化应在体育场所体现，不能体育馆办展销而到公园来搞体育，这同公园中游人健身娱乐完全是两码事。

其三，文化俗化倾向。把园林文化庸俗化，和泛化论有关，同时又有其突出的特点。泛化论还是个认识问题，俗化则往往是公园管理者为了获取经济利益而牺牲公园自身价值的一种倾向。比如有的地方公园，游乐设施泛滥、经营项目泛滥、所谓的文化活动泛滥，其背后的原因都是为了钱。有的地方政府不仅不能保证公园运营发展的资金，而且还要公园自己"以园养园"，甚至有的还有经济指标，有上交任务。在这种情况下，公园管理者不得不千方百计地去想挣钱的门路。有的不大的一个公园有五个对外经营的饭店，并称之为"餐饮文化"，有的盖房出租，有的乱上所谓的文化项目。这是园林发展的一大悲剧，极大地损害了公众的利益，应当引起各级政府部门的高度重视。

二、园林文化探究

什么是园林文化呢？这需要从历史的、辩证的、本质的、发展的观点去探讨。

中国的古典园林发于商周，成于秦汉，跃于唐宋，峰于明清。在远古时代，森林遍地，人们并不缺少氧气，出于享乐的需要，建"囿"于都，或筑宫于山。园林从一诞生就是精神享受的物质载体。山西闻喜出土的周代"刖人守囿车"，充分证实了当时的社会生活情景和"囿"的历史。"文王囿，广百里。纣鹿台，千尺高"。囿中有灵沼、灵台，其功能是"观天象，猎虎豹""莳花木，看鱼跃"。

秦汉时期园林的规模宏大，"上林广，阿房高""昆明池，鲸鱼噱""神仙界，人间造"。园林中"一池三山"的造园艺术和雕刻艺术已有了大的发展，达到了相当高的水平，营造了一种"仙境"的境界。魏晋南北朝时期，文人雅士、门阀世族、地主豪绅大建私家园林，山水园林与诗画融通，深入人们的文化生活。唐朝盛世，出现了大量的帝王园苑和众多的私家园林以及自然山水园，以兴庆宫、九成宫、华清池、辋川别业为主要代表作。宋朝是园林的高潮期，仅汴梁都城中就有名园数十个，不以名著的百十个，著名的《洛阳名园记》和《枫窗小牍》均有记载。著名的华阳宫（艮岳）、独乐园、沧浪亭、杭州西湖等园林风景，以太湖石叠山，其造山艺术达到了一个高峰。明清时代以北京"三山五园"的营造和《园冶》的出世为标志，中国园林达到登峰造极的高度，其艺术达到了出神入化的境界。

中国近代的公园，继承和发展了中国古典园林的优良传统，有相当一部分是从皇家园林、私家园林中转化来的历史名园，其传统自不必提（今天"皇家"早已驾鹤西去了，昔日的皇家园林成了公园，只可叫历史名园），创造了一批堪称优秀的作品。主要标志是一批主题文化公园、现代城市公园、区域性公园和社区（乡镇）公园以及小游园、风景名胜公园（风景区）的兴起。这些新时代的公园，适应广大市民和游客的需求，讲求文化的品位，注重群众的广泛参与性，营造了各具特色的文化景观，创造了美的、适宜于现代人生活享乐的境域。

无论是中国的古典园林，还是近现代的公园，均是以模拟自然造景营境为主旨，以山水植物为素材，用艺术和科学的方法融入人文因素，创造适宜人们生活的自然和美的境域。人们营造园林，无论古代还是今天，都不同于植树造林，不同于绿化，说到底是为了创造美，创造境界文化信息。在古代，这种美的环境是供帝王将相、达官贵人、门阀世族、文人雅士所独享。只有到了公园时代，园林才成为社会的公共资源，供广大人民群众共同享受。

美的环境称境域或境界，人们享受美的环境、美的境界，用现代语言表述，就是获取境界文化信息。

在《园冶》一书中，没有用"美"的词汇，但文中用"妙"字21处，"境"字12处，"胜"字6处，"佳"字5处，且特别提出了"境界"的概念。"廊房基"一节中写道："廊基未立，地局先留，或余屋之前后，渐通林许。蹑山腰，落水面，任高低曲折，自然断续蜿蜒，园林中不可少斯一断境界。""傍宅地"一节中写道："宅傍与后有隙地可葺园，不第便于乐闲，斯谓护宅之佳境也。""厅堂基"一节中写道："深奥曲折，通前达后，全在斯半间中，生出幻境也。""门窗"一节中写道："伟石迎人，别有一壶天地；修篁弄影，疑来隔水笙簧。佳境宜收，俗尘安到。""墙垣"一节中写道："从雅遵时，令人欣赏，园林之佳境也。""掇山"一节中写道："岩、峦、洞、穴之莫穷，涧、壑、坡、矶之俨是；信足疑无别境，举头自有深情。""蟠堪窥管中之豹，路类张孩戏之猫；小藉金鱼之缸，大若丰都之境。""园山"一节中写道："缘世无合志，不尽欣赏，而就厅前三峰，楼面一壁而已。是以散漫理之，可得佳境也。""厅山"一节中写道："或有嘉树，稍点玲珑石块；不然，墙中嵌理壁岩，或顶植卉木垂萝，似有深境也。""池山"一节中写道："池上理水，园中第一胜也。若大若小，更有妙境。""借景"一章中写道："林阴初出莺歌，山曲忽闻樵唱，风生林樾，境入羲皇。"

三、"境界"是中国园林的美学主题

境界，在辞书中解释为：①疆界：《荀子·强国》："入境观其风俗。"②地域：陶潜《饮酒》诗："结庐在人境，而无车马喧。"③境地；景象：耶律楚材《再和呈景贤》诗："我爱北天真境界，乾坤一色雪花霏。"④佛教名词：一指公识所辨别的各自对象，如眼识色尘为其境界；二指犹言造诣，《无量寿经》："斯义弘深，非我境界。"⑤指诗文、图画的意境，如境界高超。

国学大师王国维在《人间问话》中将诗词分为有我之境和无我之境，认为"有我之境以我观物，故物皆着我之色彩；无我之境，以物观物，故不知何者为我，何者为物……，无我之境，人唯于静中得之；有我之境，于由动之静时得之，故一优美，一宏壮也"。

园林是艺术，艺术是中国园林的美学主题。钱学森在《文艺工作的内涵》中列举了文艺工作的11个方面，其中，"园林"（包括盆景、庭园、小园林、风景区等）被列为第4项，与小说杂文、诗词歌赋、建筑、美术、音乐、技术美术、烹饪、服饰、书法、综合艺术（戏剧、电影等）艺术门类并列。

汪菊渊先生在《中国古代园林史》中有这样一段话："探园起亭，揽胜筑台，茂林蔽天，繁花覆地，小桥流水，曲径通幽，往往给人与自然处于亲切愉悦悠静的关系之中为意境。……在表现自然美的技巧上，无论是叠石掇山理水，还是植物造景，亭堂廊榭造景的运用，以及整个布局手法上，能够根据造园者对山水的艺术认识和生活需求，因地制宜地表现山水真情和诗情画意的境界。"

周维权先生认为，中国园林的特点是"本于自然，高于自然；建筑美与自然美的融糅；诗画的兴趣和意境的涵蕴。"

余树勋先生解释意境，即：内在的含蓄与外在的表现之间的桥梁。

孙筱祥先生著有《艺术是中国文人园林的美学主题》，指出：意境即心灵美与理想美的境界。在文人园林艺术作品的创作过程中，必须经过三个递进的美学序列境界：第一为"生境"，即自然美和生活美的境界；第二为"画境"，即视觉与听觉美的意境；第三为"意境"，即心灵美与理想美的境界。还指出："中国古典文人园林，是一种艺术作品，她是一个通过光信息、声信息、符号信息，储存了艺术家对人生对自然的"爱心"与"情感"的宝库。"

杨鸿勋先生在《中国古典园林结构原理》中对园林下的定义是，"在一个地段范围内，按照富有诗意的主题思想精雕细刻地塑造地表（包括堆土山、叠石、理水的竖向设计），配置花木，经营建筑，点缀驯兽、鱼、鸟、昆虫之类，从而创造一个理想的自然趣味的境界。"

四、境界文化的层次

园林是一种文化现象，是人们追求精神生活的高层次需求，是造景营景的艺术，是一种创造力的凝聚。它所提供给人们的是"境界文化信息"的享受。艺术塑造了园林的境界之美，这是园林无限生命力的基本要素，境界文化是园林文化的内核和基础，是园林的灵魂。境界文化之境界，是理想和现实的统一，是现象和本质的统一，是通过生境的建造、画境的营造和意境的创造，创造出真境、妙境（佳境）、仙境（幻境）。这种"境界文化信息"是园林文化的基本内核，是通过鉴赏者、游览者的"视觉""听觉""嗅觉""感觉"来接受和感受的。

所谓"真境"，即《园冶》中所描述的，"虽由人作，宛自天开"，是一种天然图画。人们进入这种境界如同融入无限美好的自然环境中，步移景异，山水清音。正如颐和园澄爽斋联曰："芝砌春光，尘池夏气；菊含秋馥，桂映冬荣。"人们在自然的美景中赏"梨花院落溶溶月"，沐"柳絮池塘淡淡风"，听"蝉噪林逾静，鸟鸣山更幽"。承德避暑山庄以自然山水为骨架的园林称得上天然图画，康熙大帝认为，造园的最高境界应该是："度高平远近之差，开自然峰岚之势。依松为斋则窍崖润色，引水在亭则榛烟出谷。皆非人力之所能，借芳甸为之助。"

所谓"妙境"，指以美为核心的比真境更高一层的境界。正如计成所云："能妙于得体合宜""先乎取景，妙在朝南""长廊一带回旋，在竖柱之初，妙于变幻""观之不知其所。或嵌楼于上，斯巧妙处不能尽式""相间得宜，错综为妙""池上现山，园中第一胜也，若大若小，更有妙境""假山依水为妙"，有最大巧妙透漏如太湖峰，等等。"妙"体现"道"的无限性特点，"妙"出于自然，又归于自然，故"妙"必然要超越有限的物象，是"像外之妙"。像外像，景外景。"情景相生而且相契合无间，情恰能称景，景也恰能传情，这便是诗的境界。"（《美学文集》，朱光潜）恰如中国人常说的"妙不可言"。"妙"体现"道"的无限性特点，妙出于自然，又归于自然，故妙必然要超越有限的物象，是像外之像、景外之景，情景交融。泰山岱庙中有一座小亭子，名曰"筛月"，意境深远。只有明月当空时，人们方能领略那月光从一棵棵古柏的枝叶间洒落在地上的斑驳图画，天工人巧，境界自出，美妙至极！

第三种境界为仙境或幻境。从秦始皇造"一池三山"，中国园林营造仙境便成为一种传统，契合人们理想的天堂仙界，将许多神话故事具象化，形成独特优美的园林环境。清华园工字厅后面的匾额为"水木清华"，其联曰："槛外山光历春夏秋冬万千变幻都非凡境，窗中云影任东西南北去来澹荡洵是仙居。""水木清华"典出自晋代谢叔源的《游西池》诗："景昃鸣禽集，水木湛清华。"摹拟仙山琼阁、梵天乐土，在有限的空间中产生无限的幻觉，给人们以精神上"畅"的享受。颐和园是一池三山造园模式的典型代表，是人力营造的人间天堂。英国前首相希思站在颐和园的治镜阁上赏万寿山佛香阁及波光粼粼的昆明湖水时，不禁感慨万分，他说："颐和园是真正的人间天堂。"美国亚特兰大市市长梅纳德·杰克逊（Maynard Jackson）参观颐和园后也发出类似的感慨："难道这就是我理想的世界吗？"

境界文化信息是中国园林和中国园林艺术的本质。从某种意义上说，中国园林和中国园林艺术是一个词，不存在没有艺术的园林，那些将园林文化淡化、泛化、俗化的提法是不恰当的。

第五节　价值评价理论

公园的价值是根据公园对人类生存与发展实用性的程度确定的，而这种实用性又是根据人类对公园的认识深浅而确定的。公园的价值，应根据其在特定时代所起的作用和在特定时代所发挥的影响来判断。公园本身的价值在一定时段内是一种绝对价值，而其市场价值则是相对价值。公园门票的价格是在特定时段对公园价值的一种反映。判断公园的价值是一个比较复杂的问题，应当在动态中做出判断，既要充分尊重公园对自身价值的客观肯定，又要充分尊重旅游市场对公园价值的客观肯定。

首先应该弄清一个理论问题——价值是指用途和重要性。物的有用性就是物的使用价值。物的多方面效用的发现，是人类的生产经验和科学技术发展的结果。使用价值构成社会财富的物质内容。而用来交换的劳动产品是商品，商品的价值是由社会必要劳动时间决定的，一切商品都是劳动产品，都

有商品生产者的劳动凝结在里面。公园是供人们游览参观的场所，它的价值
在于它的"效用"，在于"使用"价值，在于它提供给人们"求知、求乐、
求美、求奇、求健"的物质的或精神的介质。人们"游览参观"，获得的不
是商品，而是精神的、愉悦性质的"境界文化信息"。因此，对公园的价值
不能用劳动价值理论评价，而只能用"效用价值"理论来评价。

　　保罗·萨谬尔森在《经济学》（1998年）中说："可将效用理解
为一个人从消费一种物品或服务中得到的主观上的享受或有用性。"
（Samuelson，1998）亚当·斯密在《国富论》（1776年）中说："'价
值'一词具有两个不同的意义，有时是指某些特殊物品的效用，有时是指购
买其他货物并取得所有权的权利。前者可以称为'使用价值'，后者可以称
为'交换价值'。"可见，斯密所谓的"使用价值"或"效用"，显然是指
事物客观意义上的"有用性"。新古典经济学创始人阿尔弗里德·马歇在
《经济学原理》（1890年）中说："效用被当作与愿望或欲望有关的名词，
能够通过它们所引起的外部现象加以间接的衡量，这种衡量是以一个人为了
实现或满足他的愿望而愿付出的价格来表现的。""可以计算数量和比较大
小的效用是马歇尔需求理论的基石。因为大多数经济理论最终都是以一个使
其偏好或效用最大化的消费者为基础的，所以，对于发展和检验理论，显然
这个问题是至关重要的。"

　　公园的价值是一个很难确定的变量。多年来，许多专家学者做了大量的
探索，企图找出一个比较恰当的方法衡量其价值的高低。以北京为例，一是
对公园市场需求分级评价，以游人量作为分级的依据，见表3-1。

公园市场需求分级表　　　　表 3-1

一级	二级	三级	四级	五级
600万人以上	400万人～600万人	200万人～400万人	100万人～200万人	100万人以下
故宫博物院	颐和园 八达岭 天坛公园	北京动物园 北海公园 景山公园 香山公园 定陵博物馆 天安门城楼	北京植物园 雍和宫 陶然亭公园 玉渊潭公园 中山公园 紫竹院公园	长陵 昭陵 神路 劳动人民文化宫 双秀公园

二是对公园的价值运用专家评判的方法给予赋值量化评价，见表3-2。

公园的价值评价分类表　　　表 3-2

评价名称	历史文化价值	审美价值	科研价值	生态价值	舒适满意度价值	市场价值	总体印象	合计
颐和园	14.8	14.8	13.8	14.8	14.8	14.7	9.8	97.5
故宫	15	15	15	11.8	14.6	15	9.9	96.3
天坛	14.8	14.6	14	14.6	14.2	13.7	9.6	95.5
北海	12.6	14.4	14	14.6	14.5	12.6	9.5	92.2
八达岭	14.8	13.8	13	13.4	13.5	14	9.0	91.5
香山	11.8	14.6	13.6	15	14.3	11.6	9.4	90.3
北京植物园	10	15	14.9	15	14	11	8.8	88.7
十三陵	13.8	12.8	13.4	13.8	12.6	12.2	9.7	88.3
天安门	14.7	13.9	13.8	11.6	13	12	9.4	88.0
动物园	10	12.7	15	14	13	12.9	8.6	86.2
中山公园	12.2	13.7	11.6	13.8	12.5	12.1	9.8	84.7
雍和宫	13.6	13.4	14.2	9.8	12.2	11.8	9.5	84.5
景山	12.2	13.2	11.2	14.9	13.9	9.8	8.6	83.8
陶然亭	10.2	12.7	10	14.7	13.7	9.2	8.7	79.2
劳动人民文化宫	12.4	11.8	12.4	11.6	12.4	8.6	8.6	77.8
紫竹院	8.6	12.4	11	14.4	13.2	8.4	7.8	75.8
玉渊潭	9	11	10	14	13.4	8.4	7.6	73.3
双秀	6.8	9.4	8.6	11.7	12	7.1	7.1	62.7

三是依据国际、国家及地方权威机构认证确定其价值，见表3-3。

四是将公园分为文物遗产类、风景名胜类、现代公园类、动物园类、植物园类、主题公园与人造景观类及博物馆、纪念馆等。运用价格比较的方法，分析价值和价格的关系，见表3-4～表3-9。

公园权威机构认定等级表　　　　　　　　表3-3

世界级	国家级		市级	区（县）级
A	B、C、E、H、I、J、K		D、F、G	—
故宫博物院 八达岭长城 颐和园 天坛公园	天安门城楼 劳动人民文化宫 北京植物园 北京动物园 景山公园 北海公园 香山公园	中山公园 雍和宫 陶然亭公园 定陵博物馆 十三陵（神 路、长陵、 昭陵、定陵）	玉渊潭公园 紫竹院公园	双秀公园

注：以上字母代表意义如下：A：世界自然和文化遗产单位；B：国家重点风景名胜区；C：国家重点文物保护单位；D：市级文物保护单位；E：国家AAAA级景区；F：国家AAA级景区；G：市级精品公园；H：全国文明风景名胜区示范单位；I：ISO9000质量管理认证；J：ISO14000环境管理认证；K：ISO18000安全管理认证。

文物遗产类价格比较　　　　　　　　表3-4

公园名称	旺季（元）	淡季（元）	公园名称	旺季（元）	淡季（元）
甘肃敦煌莫高窟	100		苏州拙政园	30	
重庆大足石刻	120		苏州怡园	15	
陕西秦始皇兵马俑	90		苏州耦园	25	
四川乐山大佛	70		北京八达岭长城	45	40
四川都江堰	60		颐和园	30	20
江苏周庄	100		天坛	15	10
江苏苏州虎丘	60	40	北海	10	
山东曲阜孔村、孔庙、孔府	105		香山	10	
山西大同云冈石窟	60		中山	3	
沈阳故宫	50		景山	2	
山西恒山悬空寺	60		北京劳动人民文化宫（太庙）	2	

风景名胜类价格比较　　　　　　　　　　表 3-5

公园名称	旺季（元）	淡季（元）	公园名称	旺季（元）	淡季（元）
四川九寨沟	145		山东蓬莱阁	70	
陕西华山	70		湖北武当山	71	
广西漓江	210		湖南黄龙洞	65	
安徽黄山	130	100	山东崂山	50	
云南石林（路南）	80		三潭印月	45	
浙江普陀山	130	110	灵隐飞来峰	35	
四川黄龙（松蟠）	110		黄龙洞	15	
湖南天子山（黄石寨）	248		虎珀	15	
辽宁本溪水洞	87		玉皇山	10	
四川峨眉山	120		九溪瀑布	2	
山西五台山	90	75	六和塔	15	
重庆巫山小三峡（大宁河）	150		花港		
山东泰山	80	60、45	曲院风荷		
新疆天山天池	60		郭庄	10	
福建月光岩（厦门）	60		孤山		
北京东灵山（门头沟）	60		柳浪闻莺		
			云松书舍	5	

现代公园类价格比较　　　　　　　　　　表 3-6

国内公园名称	人民币（元）	北京公园名称	人民币（元）
武汉黄鹤楼公园	50（年票60）	陶然亭公园	2
杭州太子湾公园	10	紫竹院公园	2
哈尔滨太阳岛公园	10	玉渊潭公园	2
杭州少儿公园	3	双秀公园	0.2

动物园类价格比较　　　　　　　　　　表 3-7

国内浏览参观点名称	人民币（元）	国外公园名称	外汇	人民币（元）
广州香江野生动物园	110	英国 KRUSIVAS 动物园	8.49 英镑	129.04
深圳野生动物园	100	英国本海姆动物园	7.5 英镑	118.56
北京野生动物园	80	英国伦敦动物园	12.0 英镑	182.4
上海野生动物园	80	德国法兰克福动物园	7 欧元	73.29

续表

国内浏览参观点名称	人民币（元）	国外公园名称	外汇	人民币（元）
济南野生动物园	80	德国柏林动物园	5.5 欧元	57.58
大连森林野生动物园	80	法国巴黎动物园	11 欧元	115.17
北京八达岭野生动物园	50	法国非洲野生动物园	30 欧元	314.1
沈阳森林野生动物园	50	西班牙马德里动物园	12.75 欧元	133.49
南京江山森林动物园	25	美国圣地亚哥动物园	19.5 美元	204.16
上海动物园	20	美国孟菲斯动物园	10 美元	82.77
合肥动物园	20	美国纽约布朗克斯动物园	11 美元	90.97
广州动物园	20			
济南动物园	15			
杭州动物园	15			
北京动物园	15			

注：人民币：英镑＝ 15.20 ：1

人民币：欧元＝ 10.47 ：1

人民币：美元＝ 8.2765 ：1

植物园类价格比较　　　　表 3-8

国内公园名称	人民币（元）	国外公园名称	外汇	人民币（元）
西双版纳植物园	60	美国长木植物园	15 美元	124.2
中科院广州华南植物园	20	美国密苏里植物园	7 美元	57.96
沈阳植物园	10	美国纽约植物园	13 美元	107.64
福建厦门万石植物园	20	美国亚特兰大植物园	10 美元	82.77
上海植物园	20	英国丘园	6.5 英镑	98.8
杭州植物园	10	加拿大蒙特利尔植物园	8.75 美元	72.45
中科院南京中同植物园	10	澳大利亚墨尔本植物园	免费	
中科院庐山植物园	10			
中科院昆明植物园	10			
北京植物园	5			
中科院北京植物园	5			

注：美元：人民币 =1 ：8.2765

英镑：人民币 =1 ：15.20

澳元：人民币 =1 ：6.28

主题公园与人造景观类及博物馆、纪念馆类价格比较 [①]　　表 3-9

国内公园名称	人民币（元）	国外公园名称	外汇	人民币（元）
深圳世界之窗	120	法国埃菲尔铁塔	80 法郎	542.4
深圳锦绣中华	120	美国迪士尼乐园	60 美元	372.15
大连极地馆	100			
明斯克航母世界	120			
辽宁鞍山玉佛苑	50			
上海东方明珠塔	50			
沈阳夏宫	48			
辽宁电视塔	35			
沈阳科学宫	20			
沈阳"九一八"历史博物馆	20			
沈阳张学良纪念馆	28			
杭州茶博物馆	10			
杭州章太炎馆	13			
杭州碑林	2			
苏东坡馆	2			
北京中华民族园	90			
北京世界公园	65			
北京大观园	15			

注：法郎：人民币 =1 ：6.78

　　美元：人民币 =1 ：8.2765

　　以上这些方法从不同侧面阐述了公园的价值，都是有益的尝试，对于进一步研究公园的价值是非常重要的资料。但是，由于各个公园的性质、功能、类型、规模及内涵各不相同，极为复杂，用以上这些理论和方法，很难准确地反映每个公园的价值，即使使用量化体系给公园赋值，由于参与人的

① 表 3-1 ~ 表 3-9 引自 2003—2008 年北京市公园价格定位论证资料。

局限性和主观性，难免产生片面性，难以显示公平。比如规模和丰度，公园和风景名胜区就无法比较，一般来说，公园以公顷为计算单位，而风景名胜区则以平方公里为计算单位；颐和园和天安门城楼均为公园，由于不在一个层面，也难以作比较。在这些问题面前，上述办法和标准显得无能为力。

那么，究竟能否找到一个恰当的方式，对公园的价值作出一个较为公正的判断呢？答案是肯定的。

判断公园的价值是一个比较复杂的问题。应当在动态中做出判断，既要充分尊重公园自身价值的客观肯定，又要充分尊重旅游市场对公园价值的客观肯定。参照以上方法，建立以"游人量"为中心的三维评价体系，可较全面反映公园的价值。

在市场经济条件下，随着公园的数量不断扩大，质量不断提高，竞争日益激烈，而游人选择公园的机会越来越多，因此，公园的市场占有率或游人量是判断公园景气与否的重要标准，是公园自身价值的客观肯定，是衡量公园价值的重要参数。

公园的价值是通过社会承认表现出来的。一个公园价值的高低，主要看其是否被社会承认、认可。一般来说，被社会广泛认可的程度越高，其实际价值越高。公园的价值被社会认可的一个重要依据，是权威机构的认可和认证，它是公园自身价值的客观肯定。

业内专家是公园直接或间接的参与者，具有独特的社会角色优势，有资格从理论和实践、宏观和微观层面把握和评判公园的价值。

以上三项内容——市场占有率或游人量、权威机构的认可和认证、业内专家的评判，构成评价公园价值的有机整体，形成三维评价体系。

对以上三项内容分别赋值，并确定一个恰当的加权系数，建立数学模型，经过计算，得出的数值即可代表公园的价值指数。

将公园的价值指数（价值value），用V表示；

将权威机构认证作为认可度（认可approve），用A表示，$A=a_1+a_2+a_3+a_4+a_5$；

将游人量（以前三年游人平均值）作为景气度（景气prosperity），用P表示；

将业内专家的评判作为评判度（评判decided），用D表示。

三项比重：A—0.3；P—0.5；D—0.2

权威机构认可认证（A）赋值：

世界自然和文化遗产单位（a_1）—40分；

国家（指国务院）级认可（a_2）—30分，如国家重点风景名胜区、国家重点文物保护单位；

省（市）、部级认可（a_3）—20分，如全国文明风景名胜区示范单位、市级文物保护单位、市级风景名胜区、国家AAAAA级景区；

次省（市）级（a_4）—7分，如市精品公园、ＡＡＡ景区；

ISO9000质量管理认证、ISO14000环境认证、ISO18000安全管理认证（a_5）—3分。

（以上A项每项a只可取一个值）

游人量赋值：60000人—1分。

（100分以上按100分计算）

公园价值三维评价公式为：

$V=(a_1+a_2+a_3+a_4+a_5)\times0.3+P\times0.5+D\times0.2$

例：设某公园

权威机构认可：A，具有a_1—40、a_2—30、a_3—20、a_4—7、a_5—3

游人量：P，600万人/年

专家评判：D，专家评判值96

$V=(a_1+a_2+a_3+a_4+a_5)\times0.3+P\times0.5+D\times0.2$

　$=(40+30+20+7+3)\times0.3+6000000/60000\times0.5+96\times0.2$

　$=100\times0.3+100\times0.5+96\times0.2$

　$=30+50+19.2$

　$=99.2$

公园价值按评定的分数划分等级，原则上分为4个级次：

一级：100—80分；

二级：79—60分；

三级：59—50分；

四级：49分以下。

北京市故宫等20个公园模拟评价如图3-3。

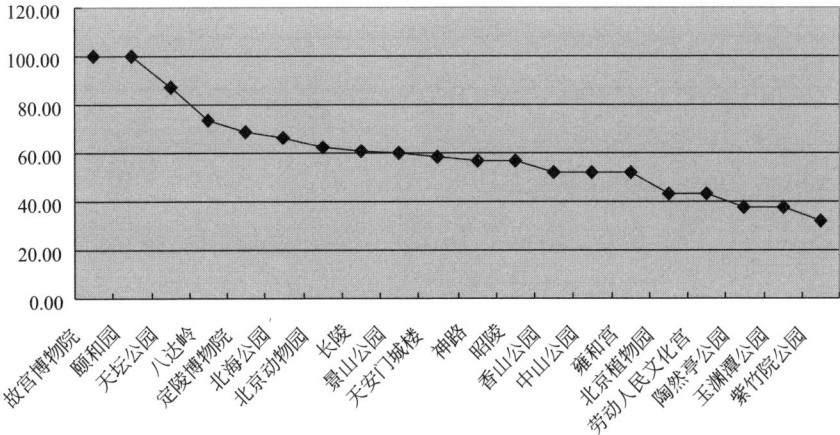

图 3-3　北京市故宫等 20 个公园模拟评价

注：1. 各公园游人数均为 2002—2004 年的平均数，昭陵只是 2002 年和 2004 年的平均数。
　　2. 业内专家评判度借用表 3-2 数据。

北京市20个公园模拟价值度及分级，如表3-10。

北京市 20 个公园价值模拟价值度及分级　　　　表 3-10

公园名称	价值度	分级
故宫博物院	100.00	
颐和园	100.00	一级
天坛公园	87.14	
八达岭	73.82	
定陵博物院	69.01	
北海公园	66.03	二级
北京动物园	62.35	
长陵	61.09	
景山公园	59.96	
天安门城楼	58.08	
神路	56.99	三级
昭陵	56.51	

公园名称	价值度	分级
香山公园	52.40	三级
中山公园	52.21	
雍和宫	51.87	
北京植物园	43.19	四级
劳动人民文化宫	42.97	
陶然亭公园	37.35	
玉渊潭公园	37.26	
紫竹院公园	32.21	

公园"三维评价法"的特点如下。

公平性："三维评价法"由游人数、权威机构、专家等多个因子构成，由多项权重所决定，每一方都有参与权，而每一方都无最后决定权，体现了客观公平的原则。

动态性：突出了游人量的比重。因为游人量是可变的因素，因此由游人量所赋的值是个变数。此公式以600万游人量为基准，是取故宫游人量的水平。

一致性：由于"三维评价法"模糊了公园的显像区别，用一个尺度去衡量其价值，就使本来性质、规模、内涵等不相同的参观游览点有了共同的价值评价标准。

导向性：如果"三维评价法"给公园所赋的价值和价格挂钩，价值和价格应成正比。对公园有导向作用，价格过高、游人量就会下降，从而影响价值评定，可以起到价格调节的作用。当价格和价值背离时，"三维评价法"会起到调节作用。从而鼓励公园注重保护资源和价值，把关注焦点放在使其保值增值上，放在服务游客和游客满意上，继而形成良性循环机制。

附：

公园价值评价表（专家用）

评价因子 分值 参观点名称	历史价值（15）	艺术价值（15）	环境价值（15）	科学价值（15）	文化价值（10）	游览价值（10）	社会价值（10）	推广价值（10）	合计

注：

历史价值：历史悠久，代表一定时代的优秀作品，具有较高的历史价值；

艺术价值：利用自然条件和人文条件，因地制宜建造，展现中国的设计建造艺术，具有较高的艺术价值；

环境价值：注重生态环境和生物多样性保护，具有较高的环境价值；

科学价值：与一学科或多学科相联系，具有科研或科普价值；

文化价值：人文景观与中国的历史文化、重大历史事件、重要历史人物相联系，具有重要的文化价值；

游览价值：对广大游客具有较强的吸引力；

社会价值：具有一定的典型意义或地域特色，成为社会所公认的艺术精品，具有较高的社会价值；

推广价值：在设计建造理念和实践的结合上，有创新和发展，具有典范性的推广价值。

第四章 公园的法规体系

第一节 公园的法规体系

2002年5月31日，国务院发布《关于加强城市绿化建设的通知》指出：加快城市绿化法制建设。要认真贯彻执行《中华人民共和国城市规划法》《中华人民共和国森林法》和《城市绿化条例》，并抓紧组织修改《城市绿化条例》，增加对违法行为的处罚条款，加大处罚力度；制定和完善城市绿化技术标准和规范，逐步建立和完善城市绿化法规体系。各地要结合本地实际，制定和完善地方城市绿化法规。城市绿化行政主管部门要依法行政，加强城市绿化行业管理与执法工作，坚决查处侵占绿地、乱伐树木和破坏绿化成果的行为，对违法砍伐树木、侵占绿地的要严厉处罚。建设部和省级城市绿化行政主管部门要加大城市绿化管理工作力度，加强执法检查和监督管理。

中国是发展中国家，公园产生于19世纪中叶，但在旧中国，政府不可能给予高度重视。新中国成立后，公园事业有了长足的发展，但没有与公园相关的法规，只有关于园林绿化的法规相继出台。《城市绿化条例》经1992年5月20日国务院第104次常务会议通过，自1992年8月1日起施行。包括总则、规划和建设、保护和管理、罚则及附则分五章33条。规定：城市人民政府应当把城市绿化建设纳入国民经济和社会发展计划。国家鼓励和加强城市绿化的科学研究，推广先进技术，提高城市绿化的科学技术和艺术水平。城市中的单位和有劳动能力的公民，应当依照国家有关规定履行植树或者其他绿化义务。对在城市绿化工作中成绩显著的单位和个人，由人民政府给予表彰和奖励。国务院设立全国绿化委员会，统一组织领导全国城乡绿化工作，其办公室设在国务院林业行政主管部门。国务院城市建设行政主管部门和国务院林业行政主管部门等，按照国务院规定的职权划分，负责全国城市绿化工作。地方绿化管理体制，由省、自治区、直辖市人民政府根据本地实际情况规定。城市人民政府城市绿化行政主管部门主管本行政区域内城市规划区的城市绿化工作。在城市规划区内，有关法律、法规规定由林业行政主管部门等管理的绿化工作，依照有关法律、法规执行。城市人民政府应当组织城市规划行政主管部门和城市绿化行政主管部门等共同编制城市绿化规划，并纳入城市总体规划。城市绿化规划应当从实际出发，根据城市发展需要，合理安排同城市人口和城市面积相适应的城市绿化用地面积。任何单位和个人都不得擅自改变城市绿化规划用地性质或者破坏绿化规划用地的地形、地貌、水体和植被。任何单位和个人都不得擅自占用城市绿化用地；占用的城市绿化用地，应当限期归还。因建设或者其他特殊需要临时占用城市绿化用地，须经城市人民政府城市绿化行政主管部门同意，并按照有关规定办理临时用地手续。任何单位和个人都不得损坏城市树木花草和绿化设施。城市的绿地管理单位，应当建立、健全管理制度，保持树木花草繁茂及绿化设施完好。

《城市绿化条例》是中国城市绿化的第一个法律文件。文件以绿化代替了园林和公园，是一部不完善的法规。但是在中国尚未建立公园法的时期，它成为公园工作的基本依据。在这个时期，国务院和住房城乡建设部发布了一系列法规和规章（表4-1、图4-1），为园林和公园的发展发挥了重要支撑作用。

中国有关园林建设和管理的部分法规　　　　表4-1

年份	制定部门	法规名称
1963	建筑工程部	关于城市园林绿化的若干规定
1979	国家城建总局	转发《关于加强城市园林绿化工作的意见》的通知
1981	国家文物局、国家城建总局、公安部	关于认真做好文物古迹、风景园林游览安全的通知
1982	国家城建总局	关于印发《关于加强城市园林苗圃建设的意见》的通知
1982	国家城建总局	关于印发《关于加强城市和风景区古树名木保护管理的意见》的通知
1982	国务院办公厅	转发国家城建总局《关于全国城市绿化工作会议报告》的通知

年份	制定部门	法规名称
1982	城乡建设环境保护部	关于颁发《城市园林绿化管理暂行条例》的通知
1984	城乡建设环境保护部	关于印发《全国草坪及地被植物工作座谈会纪要》的通知
1985	城乡建设环境保护部	关于转发《动物园工作座谈会纪要》的通知
1985	城乡建设环境保护部	关于印发《全国城市公园工作会议纪要》的通知
1986	城乡建设环境保护部	关于批准颁发《动物园动物管理技术规程》的通知
1991	建设部	关于加强古树名木保护和管理的通知
1992	建设部	关于印发《城市园林绿化当前产业政策实施办法》的通知
1992	国务院	国务院第100号令《城市绿化条例》
1992	建设部	关于命名"园林城市"的通知
1993	建设部	关于加强动物园野生动物移地保护工作的通知
1993	公安部、建设部	关于加强公园、风景区游览安全管理工作的通知
1993	建设部	关于印发《城市绿化规划建设指标的规定》的通知
1994	建设部	建设部令第37号《城市动物园管理规定》
1995	建设部	关于印发《城市园林绿化企业资质管理办法》和《城市园林绿化企业资质标准》的通知
1997	建设部	关于编制城市绿地系统生物多样性保护计划的通知
2001	建设部	建设部令第85号《游乐园管理规定》
2008	住房城乡建设部	关于加强城市绿地系统建设，提高城市防灾避险能力的意见
2008	住房城乡建设部	关于印发《中国人居环境奖评价指标体系（试行）》和《中国人居环境范例奖评选主题及内容》的通知
2010	住房城乡建设部	关于印发《国家园林城市申报与评审办法》《国家园林城市标准》的通知
2010	住房城乡建设部	关于修订《国家园林城市遥感调查与测试要求》的通知
2012	国家林业局、住房城乡建设部、中国科学院	关于加强植物园植物物种资源迁地保护工作的指导意见
2012	住房城乡建设部	关于印发国家园林县城城镇标准和申报评审办法的通知
2012	住房城乡建设部	关于公布国家城市湿地公园的通知
2012	住房城乡建设部	关于促进城市园林绿化事业健康发展的指导意见

年份	制定部门	法规名称
2012	住房城乡建设部	关于印发生态园林城市申报与定级评审办法和分级考核标准的通知
2013	住房城乡建设部	印发关于进一步加强公园建设管理的通知
2013	住房城乡建设部	关于印发全国动物园发展纲要的通知

资料来源：建设部城市建设司《城市园林绿化行业重要文件汇编》，住房城乡建设网站。

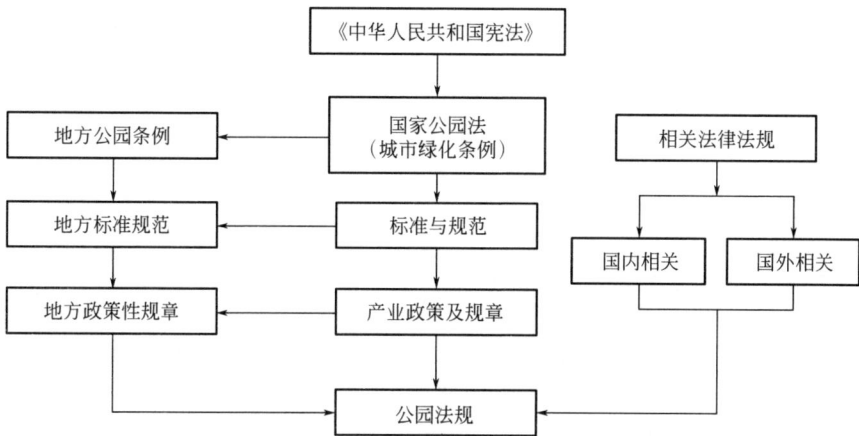

图 4-1　公园法律法规体系示意

　　中国园林界长期期盼《城市园林条例》出台，几经波折，以失败告终。1990年，国务院讨论《城市园林绿化条例（送审稿）》时，认为园林和绿化在概念和管理内容上容易混淆和交叉，因此1992年发布《城市绿化条例》。《城市园林条例》1993年重新起草，1994年经过征求意见、专家论证，形成了《城市园林条例（送审稿）》，但从此没了下文，对全国园林绿化产生了很大影响。

　　许多专家呼吁中国公园法尽早出台。《城市公园条例》的起草始于2014年，在借鉴国内外公园法规的基础上，主要解决如下几个问题：一是明确公园的性质和公园在城市中的地位问题。公园是社会公益事业，是城市中唯一有生命的基础设施，公园是园林绿化的核心地位，是居民生存、生活、生态不可或缺的优质资源；二是为公园下一个准确的定义，应包含以下内容：公园必须具有良好的园林环境，较完善的设施，具有改善生态、美化城市、休憩娱乐、防灾避险等功能，向公众开放等；三是确定政府、社会、游客、公园管理者四者各自的权利和义务；四是解决法律责任和执法主体问题，主要公园的执法应当由园林主管部门行使；五是明确公园生存发展、保护建设、运营管理的资金保证和任务等。

国家层面的公园条例出台，必将对公园的发展带来极大的促进。

第二节　发展方针政策

政策和策略是公园事业发展的保障和生命，是各级政府和公园行政管理部门的一项重要任务，要不断研究新情况，解决新问题，制定新政策，以适应形势的发展。在法律法规的指导下，国家和各地方政府还制定了许多行业的政策，是指导公园建设管理的重要依据。

一、公园是社会公益事业

国务院《关于加强城市绿化的通知》指出："城市绿化是城市重要基础设施，是城市现代化建设的重要内容，是改善生态环境和提高广大人民群众的生活质量的公益事业。"1985年的《全国城市公园工作会议纪要》明确指出："公园是城市园林绿化系统中的重要组成部分，它既是供群众进行游览、休息的场所，也是向群众进行精神文明教育、科学知识教育的园地，对于改善城市的生态条件、美化市容面貌、加强两个文明建设，以及对外开放、发展旅游等方面，都起着重要作用。因此，公园是社会公益事业单位。"《北京市公园条例》第十三条规定："公益性公园应当以政府组织建设为主导。"《上海市公园管理条例》《重庆市公园管理条例》《广州公园条例》第二条规定："公园是公益性的城市基础设施。"目前，全国公园的数量、基础都发生了很大的改变，出现了多渠道建公园的大好局面，但是从整体上说，公园的公益性质是不能改变的。

二、公园的服务性质

公园是园林绿化的一部分。园林绿化业的性质属于第三产业，是为其他产业和人民生活服务的，因此，公园是属于服务性质的行业。国家建设部于1992年5月27日颁布的《城市园林绿化当前产业政策实施办法》指出，城市园林绿化在国民经济中形成了独立的产业体系，同时又与城市规划和市政公用设施建设以及园艺、育种、植保、林业、气象、水利、环境、环卫、文化、文物、旅游、服务等项事业密切相关或相包容，又具有一定的综合性，要同城市各项建设密切结合，协调发展，从总体上看，城市园林绿化具有为其他产业和人民生活服务的性质，是城市社会保障和社会服务系统中的组成部分，属于第三产业。

三、纳入国民经济和社会发展计划，保障公园建设和管理所需的资金

《城市绿化条例》规定"城市人民政府应当把城市绿化建设纳入国民经济和社会发展计划"。《全国城市公园工作会议纪要》指出："公园建设，应列入城市的国民经济与社会发展计划，在资金上保证建设的顺利进行。"《北京市公园条例》第四条规定："本市各级人民政府应当将公园事业纳入国民经济和社会发展计划，保证公益性公园建设和管理所必需的经费，保障公园事业发展的需要。"《上海市公园管理条例》第七条规定："市或者区、县人民政府应当将公园建设纳入国民经济和社会发展计划，并单列专项经费保证公园的养护和管理。"《重庆市公园管理条例》规定："市、区、县人民政府应当将公园建设纳入国民经济和社会发展计划，加大对公园建设的投入，并逐步增加一些不收费的公园。"《广州公园条例》第四条规定："市、区、镇人民政府应当将公园建设纳入国民经济和社会发展计划，并在经费上保障公园的建设、维护和管理。"

四、编制绿化和公园发展规划

《国务院关于加强城市绿化建设的通知》指出："加强和改进城市绿化规划编制工作。各级人民政府在组织编制城市总体规划和详细规划时，要高度重视城市绿化工作。城市规划行政主管部门和城市绿化行政主管部门等要

密切合作，共同编制好《城市绿地系统规划》。规划中要按规定标准划定绿化用地面积，力求公共绿地分层次合理布局。"《北京市公园条例》第二章第五条规定："市园林行政管理部门应当同市人民政府有关行政管理部门依据北京城市总体规划和绿地系统规划编制公园事业发展规划及实施计划，报市人民批准后实施。"《上海市公园管理条例》第五条："市园林管理部门主要职责之（一）编制本市公园发展规划、建设计划，审批新建公园的总体规划和建成公园的调整规划。"

五、土地政策

《城市绿化条例》第九条规定："城市绿化规划应当从实际出发，根据城市发展需要，合理安排同城市人口和城市面积相适应的城市绿化用地面积。城市人均公共绿地面积和绿化覆盖率等规划指标，由国务院城市建设行政主管部门根据不同城市的性质、规模和自然条件等实际情况规定。"《国务院关于加强城市绿化建设的通知》指出："规划中要按规定标准划定绿化用地面积，力求公共绿地分层次合理布局；要根据当地情况，分别采取点、线、面、环等多种形式，切实提高城市绿化水平。要建立并严格实行城市绿化'绿线'管制制度，明确划定各类绿地范围控制线。""保证城市绿化用地。要在继续从严控制城市建设用地的同时，采取多种方式增加绿化用地。在城市国有土地上建设公共绿地，土地由当地城市人民政府采取划拨方式提供。国家征用农用地建设公共绿地的，按《中华人民共和国土地管理法》规定的补偿标准给予补偿。各类工程建设项目的配套绿化用地，要一次提供，统一征用，同步建设。对城市规划建成区周围按比例城市总体规划设有绿化隔离带的，其用地涉及的耕地，可以视作农业生产结构调整用地，不作为耕地减少进行考核。为加快城郊绿化，应鼓励和支持农民调整农业结构，也可采取地方政府补助的办法建设苗圃、公园、运动绿地、经济林和生态林等。"《北京市公园条例》第十一条规定："任何单位和个人不得擅自改变公园的功能，不得侵占公园用地，不得擅自改变公园用地性质。规划确定的公园用地不得擅自改作他用，确需调整时，应当制定调整方案，调整方案需经规划、园林等部门论证提出意见，报市人民政府审批。已经占用公园土地、房屋的单位和个人,应当迁出。"第十二条:"新建公园应当尽可能选择历史、文化等遗址、遗迹及其他具有纪念意义的区域地点。鼓励利用荒滩、荒地、废弃地、垃圾填埋场等建造公园。"

六、经济政策

作为国家重点扶植的产业,在税收、财政、物价等方面给予优惠政策。对城市园林公共使用的土地和园林绿地,免征土地使用税和投资方向调节税。有条件的公园实行售票管理是国家对公园事业的一项优惠政策,同时也是控制游人量,保证游人安全,保护重要文化和自然资源的需要,是保证社会持续发展的需要。门票收入不足以补偿公园的建设和管理的成本,国家免征营业税。国家鼓励社会上的企事业单位积极赞助和投资公园绿地建设。

七、环境优先的政策

《建设部关于创建生态园林城市》的文件中提出,要坚持环境优先的原则:"要按照环境保护的要求,深化城市总体规划的内涵,做好城市绿地系统规划,使城市市区与郊区甚至更大区域形成统一的市域生态体系。确定以环境建设为重点的城市发展战略,优化城市市域发展布局,形成与生态环境协调发展的综合考核指标体系。在城市工程建设、环境综合整治中,从规划、设计、建设到管理,从技术方案选择到材料使用等都要贯彻"生态"的理念,要开发新技术,大力倡导节约能源、提高资源利用效率。城市是一个区域中的一部分,城市生态系统也是一个开放的系统,与城市外部其他生态系统必然进行物质、能量、信息的交换。必须用系统的观点从区域环境和区域生态系统的角度考虑城市生态环境问题,制定完整的城市生态发展战略、措施和行动计划。在以城市绿地系统建设为基础的情况下,坚持保护和治理城市水环境、城市市容卫生、城市污染物控制等方面的协调统一。"公园的建设不仅有绿地率的限制,而且有树草种植比例的要求。北京市规定在绿地建设中,把树木种植面积不低于70%作为指导性指标。

八、保护文化和自然遗产的政策

中国1985年加入《保护世界文化和自然遗产公约》，建立了保护文化和自然遗产的机制，出台了多部有关保护文化和自然遗产的法规。建设部《关于加强公园管理工作的意见》指出："严格保护历史名园。要加强历史名园保护管理工作，加大对古典园林的保护管理力度。对列入《世界遗产名录》的历史名园，要遵照《保护世界文化自然遗产公约》的要求，严格保护。要加强对古典园林的保护管理和造园艺术的研究，制定保护规划和实施计划，切实落实管理措施。历史名园应保持原有风貌和布局，凡对原有风貌和布局产生影响的建设方案，必须经过专家论证，并按规定程序审批。历史名园要实行严格的景观控制，在其保护范围和建设控制地带内严格控制各类建筑物、构筑物的建设。对有较高价值、较大影响的公园，建设部将列为国家重点公园，严格保护管理。"古树名木是活的文物，承载着众多的历史、文化信息，具有生态、景观、文化、社会等多重价值，是不可多得的人类文化和自然遗产的重要组成部分。《城市绿化条例》中对古树名木保护有明确的界定和规定："百年以上树龄的树木，稀有、珍贵树木，具有历史价值或者重要纪念意义的树木，均属古树名木。对城市古树名木实行统一管理，分别养护。城市人民政府城市绿化行政主管部门，应当建立古树名木的档案和标志，划定保护范围，加强养护管理。在单位管界内或者私人庭院内的古树名木，由该单位或者居民负责养护，城市人民政府城市绿化行政主管部门负责监督和技术指导。严禁砍伐或者迁移古树名木。因特殊需要迁移古树名木，必须经城市人民政府城市绿化行政主管部门审查同意，并报同级或者上级人民政府批准。"各省市的园林或公园条例也都有类似的规定。《北京市古树名木保护管理条例》已颁布近10年，在古树名木保护管理中发挥了重要作用。2007年《北京市古树名木评价标准》颁布实施，首次提出了对古树名木生存环境的评价标准。

九、生物多样性保护政策

生物多样性是人类赖以生存和发展的基础，加强城市生物多样性保护工作，对于维护生态安全和生态平衡、改善人居环境具有重要意义。1993年，中国政府正式批准加入国际《生物多样性公约》，国务院批准了《中国生物多样性保护行动计划》《中国生物多样性保护国家报告》。2002年，国家建设部发出《关于加强城市生物多样性保护工作通知》。针对存在的问题，提出各级城乡建设（园林）部门急需加强生物多样保护工作作为一项重点和紧迫的任务，开展生物资源调查，制定和实施生物多样性保护计划，突出重点，加强领导，做好管理工作。提出："加快动物园、植物园等建设，充分发挥公园在生物多样性研究和保护中的重要作用。到2005年每个市辖区、县都要有公园。2010年争取在建成区的主要街区建有一座公园，注重发挥公园在生物多样性方面的科普教育阵地的作用，不断提高公众的生物多样性保护的意识"。

十、依靠科学技术的政策

在全国城市绿化工作会议文件中指出："依靠科学技术推进城市绿化建设。城市绿化涉及园艺、林业、建筑、规划以及文化艺术等多项学科内容。提高城市绿化水平，必须重视和依靠科学技术。无论是规划设计、工程施工，还是选种育苗、栽培保护，都要加强科学研究，提高城市绿化的科技含量。要加强城市绿化科学的基础研究和应用研究。重视城市绿地系统生物多样性的研究，特别要注重区域性物种保护与开发，强化园林植物育种及引进培育实验。同时，要加强植物病虫害防治研究，提高城市绿化科技服务推广体系建设，搞好技术培训和技术指导工作，促进科技成果的推广与应用。""要建立健全园林绿化科研机构，增加研究资金。要加强城市绿地系统生物多样的研究，特别要加强区域性物种保护与开发的研究，注重植物新品种的开发，开展园林植物育种及新品种引进培育的试验。要加强植物病虫害的防治研究和节水技术的研究。加大新成果、新技术的推广力度，大力促进科技成果的转化与应用。"公园是一个综合性的科学和艺术，在建设和管理中遇到的难点和重点问题，都应通过科学技术加以解决。

综观中国关于公园的法律法规和政策，是在实践的基础上不断发展和完善的，在指导实践方面发挥了重要作用，成为公园法律法规体系的重要组成部分。但是，由于公园具有综合的性质，公园的建设和管理涉及社会的方方面面，因此，公园的法律法规体系应当是立体的、全方位的。2001年，一位负责外事工作的同志向北京市园林局公园处咨询：一位多年来为动物园里的大熊猫捐款捐物的日本朋友，对中国有深厚的感情，提出死后能否将骨灰埋在动物园。当时公园处就回答说不行，那位负责外事工作的同志问为什么不行，有什么规定吗？公园处翻出国务院颁布的《殡葬管理条例》告诉她：国家规定禁止在"城市公园、风景名胜区和文物保护区"等地区建造坟墓。这件事给人们一个重要的启示，它告诉公园的建设管理者，不仅要有公园条例等专业法规，而且要建立一个公园的法规体系，融汇各种法律法规为一体，为公园的发展建设和管理服务。

第三节　建立公园核心体系

2013年5月3日，住房城乡建设部以建城〔2013〕73号文的形式，发布了《关于进一步加强公园建设管理工作的意见》（以下简称《意见》）。这是继1985年《全国城市公园工作会议纪要》（衡阳会议）和2005年《关于加强公园管理工作的意见》之后，发布的又一个重要文件。是"为适应城镇化快速发展的需要，切实满足人民群众休闲、娱乐、健身等生活需要，切实改善人居环境"而提出建立公园体系等一系列带有前瞻性、政策性、准法规性和可操作性的意见。

一、确保公园姓"公"

高度决定力度。只有站得高，才能看得远，高瞻远瞩。公园建设管理应当站在什么样的高度呢？《意见》指出："要站在建设生态文明、精神文明和安定和谐社会的高度，充分认识加强新时期公园建设管理的重要性和紧迫性，树立生态、低碳、人文、和谐的理念，始终坚持公园的公益性发展方向，切实抓好公园建设管理工作。"这个问题的提出，一是人们对公园需求的不断提高，二是公园建设管理的压力加大，三是城乡统筹发展提出新的要求，四是社会各方面对公园造成的威胁因素增加。

《意见》明确了公园的性质和定位："公园是与群众日常生活息息相关的公共服务产品，是供民众公平享受的绿色福利，是公众游览、休憩、娱乐、健身、交友、学习以及举办相关文化教育活动的公共场所，是城市绿地系统的核心组成部分""严禁在公园内设立为少数人服务的会所、高档餐馆、茶楼等""严禁利用'园中园'等变相经营""禁止将政府投资建设的公园资产转由企业经营、将公园作为旅游景点进行经营开发。""严禁违规增添游乐康体设施设备以及将公园内亭、台、楼、阁等园林建筑以租赁、承包、买断等形式转交营利性组织或个人经营。"

《意见》强调指出："牢固树立以人为本、尊重科学、顺应自然、低碳环保的公园设计理念""严禁任何与公园公益性及服务游人宗旨相违背的经营行为，公园是公共资源，要确保公园姓'公'"。

二、保持公园的公益性和完整性

《意见》从公益性和完整性两个方面提出了要求。公益性在《意见》中占有非常突出的位置。指出：本着"生态、便民、求实、发展"的原则，编制城市公园建设与保护专项规划；《意见》提出了一个多数人与少数人的概念。这很重要。公园一定要为多数人服务，要满足多数游人符合公园文化定位的优势需求。公园里的高档会所、高档餐厅等，只为少数人服务，是违背公园的性质的，必须予以纠正。

关于保持公园的完整性，可以从内涵和外延两方面理解。内涵部分主要是内部的约束。因此《意见》严重提出：严格运营管理，确保公园公共服务属性。严格控制公园内建筑物、构筑物等配套设施设备建设，保证绿地面积不得少于公园陆地总面积的65%；严格控制游乐设施的设置，防止将公园变成游乐场；严格控制大广场、大草坪、大水面等，杜绝盲目建造雕塑、小品、灯具造景、过度硬化等高价设计和不切实际的"洋"设计。要求各城市园林绿化主管部门每年至少组织一次全面清理检查，对存在违规行为的公园提出处理意见，责令限期整改，并将检查清理情况及时报送城市人民政府及省级住房城乡建设（园林绿化）主管部门。各省级住房城乡建设（园林绿

117

化）主管部门应及时将有关情况报送住房城乡建设部，并督促整改。

如果把内涵的完整性比作攻坚战，那么外延的完整性可称之为保卫战。《意见》指出：强化绿线管制，保障公园绿地性质。公园绿地是城市绿地系统最核心的组成部分，任何单位和个人不得侵占。禁止以开发、市政建设等名义侵占公园绿地；禁止出租公园用地，不得以合作、合资或者其他方式，将公园用地改作他用；严禁借改造、搬迁等名义将公园迁移到偏远位置。经过公示、论证并经审核同意搬迁的公园，其原址的公园绿地性质和服务功能不得改变；严格控制公园周边可能影响其景观和功能的建设项目及公园地下空间的商业性开发；市政工程建设涉及已建成公园的，必须采取合理避让措施；确需临时占用的，必须征得城市园林绿化主管部门同意，并按园林绿化主管部门的意见实施。

三、建立公园核心体系

《意见》的提出，不仅具有实践的意义，而且带有理论的色彩。比如关于公园体系的提法，关于公园是城市绿地系统最核心的组成部分的提法，公园设计要突出人文内涵和地域风貌的提法等，这些提法不仅符合中国公园事业发展的实际，而且具有理论先导和引领的作用。

从全国情况看，大多城市的绿地率已达到30%以上的水平，其中的公园不仅质量高，而且比例占到绿地率的50%左右，公园已经成为园林的代名词，把公园称之为园林绿化"核心"是恰如其分的科学评估。

把城市公园逐步建成公园体系是社会的需求，也是公园发展的趋势。公园城市时代既是新时代公园发展的新现象，也是城市公园发展的必然结果。陈植先生早在20世纪30年代《都市与公园论》中就指出：都市公园之单独存在者，不易发挥本能；故为市民利用及充实内容计，当于适当状况下，联络全体公园，而为一个系统，以设计布置之，是谓公园系统（park system）。公园系统萌芽于美国，如芝加哥、堪萨斯、明尼亚普洛斯、底特律等公园系统最为完美。

突出文化内涵和地域风貌是《意见》的重要观点。文化是园林的灵魂，文化是公园的灵魂。没有没有文化的园林，也没有没有文化的公园。一个没有文化的园林不是园林，一个没有文化的公园称不上是公园。2012年，住房城乡建设部《关于促进城市园林绿化事业健康发展的指导意见》第一次提出了大力倡导文化建园的理念。提出要加大对地域、历史、文化元素的挖掘，提高公园文化品位和内涵，打造精品公园。《意见》指出："要有机融合历史、文化、艺术、时代特征、民族特色、传统工艺等，突出公园文化艺术内涵和地域特色，避免'千园一面'"。所谓有机融合，实际上是创造的过程。公园是园林，园林的文化不是一般意义上的文化。园林文化是景观文化，是美的文化，是境界文化。境界文化信息是园林或公园文化的核心与精髓。公园文化既不能淡化，也不能泛化，更不能庸俗化。大力倡导文化建园是针对当前公园建设管理存在的问题提出来的，具有很强的时代意义。这种理念符合《世界公园大会宣言》指出的"一个公园必须继承该地域的地方景观和文化。公园在整体上作为一种文明财富存在，必须保持它所在地方的自然、文化和历史方面的特色"。

四、加强对公园规划设计建设管理的指导

规划是公园的龙头，必须有正确的理念和科学的精神。《意见》提出要强化公园体系规划的编制实施，提出要编制城市公园建设与保护专项规划，构建数量达标、分布均匀、功能完备、品质优良的公园体系。提出了合理规划、统筹发展、加大规划建设力度和将公园保护发展规划纳入城市绿线和蓝线管理等四项要求。

加强公园设计提出了"要牢固树立以人为本、尊重科学、顺应自然、低碳环保"的理念：严把设计方案审查关，防止过度设计；以人为本，不断完善综合功能；突出人文内涵和地域风貌；生态优先、保护优先；以植物造景为主。提出公园设计要严格遵照相关法规标准，严格控制公园内建筑物、构筑物等配套设施设备建设，保证绿地面积不得少于公园陆地总面积的65%等具体要求。

关于公园建设提出加强监管的问题。切实加强对新建、改建、扩建公园项目从招投标到竣工验收全过程的专业化监督管理，确保严格遵照规划设计方案和工艺要求，安全、规范施工建设；以栽植本地区苗圃培育的健康、全

冠、适龄的苗木为主，坚决制止移植古树名木，严格控制移植树龄超过50年的大树；严格控制未经试验大量引进外来植物；严禁违背自然规律和生物特性反季节种植施工、过度密植、过度修剪等；加强对新建、改建、扩建公园项目的竣工验收和审计；切实加强对公园建设项目竣工验收后养护管理的指导服务和监督检查。

公园管理是《意见》的重头戏。《意见》主体四个部分，其中规划部分用了479字，设计522字，建设504字，而管理部分用了1535字，可见其重要。管理部分共有4大条17小条：严格运营管理确保公园公共服务属性；强化绿线管制保障公园绿地性质；加强日常管理确保公园运营安全有序；加大管养投入保障健康永续发展。严禁在公园内设立为少数人服务的会所、高档餐馆、茶楼等；严禁利用"园中园"等变相经营。禁止将政府投资建设的公园资产转由企业经营、将公园作为旅游景点进行经营开发。严禁违规增添游乐康体设施设备以及将公园内亭、台、楼、阁等园林建筑以租赁、承包、买断等形式转交营利性组织或个人经营。禁止以开发、市政建设等名义侵占公园绿地。禁止出租公园用地，不得以合作、合资或者其他方式，将公园用地改作他用。严禁借改造、搬迁等名义将公园迁移到偏远位置。经过公示、论证并经审核同意搬迁的公园，其原址的公园绿地性质和服务功能不得改变。严格控制公园周边可能影响其景观和功能的建设项目及公园地下空间的商业性开发等规定，可以说切中时弊，有很强的针对性，在社会上引起强烈反响和震动，显示了《意见》的效力。

规划、设计、建设、管理四项内容如同四轮驱动的汽车，平衡、协调、全面发展，公园就会走向良性快速发展的轨道。

五、强化执行的力度

《意见》虽然不是法规条例，但是它采用了一些法规的法言法语，比如禁止、严禁等。这是之前住房城乡建设部关于公园的两个文件所没有的（2005年《关于加强公园管理工作的意见》仅有25个"要"）。这样就使此《意见》不仅具有很强的实践意义，而且可为未来中国出台公园法创造了条件。《意见》的约束性条款可分为五个力度量级：一要、二保、三强、四严、五禁，形成梯次结构。

《意见》中有31个"要"，有18个"确保（保障）"，有11+3+3个"加强"与"强化"，有12个"严格"，有10+3个"严禁"与"禁止"。从整体看《意见》条目清晰，规定明确，要求严格，可操作性强。

《意见》对于公园的建设和发展具有重要的现实意义和深远的历史意义。尽管《意见》并非十全十美，但它强调了公园绿地的重要性，将引起政府、社会的重视；强调了政府责任，呼吁政府加大土地、规划、资金、政策的支持；既强调管理者的责任，又强调政府责任，既有原则理念的要求，又有政策和规定的约束；强调公园的性质、地位和作用，对于堵住侵占危害公园绿地的行为等影响公园发展的问题具有较强的抑制力；《意见》具有一定的强制力，不仅会进一步促进公园的建设管理，同时将成为未来公园立法的基础。

第四节　国外公园法律法规述要

依法行政，依法管理，是公园和公园行业的基本要求。从发达国家的经验看，自公园产生以来，就相继建立了公园的法规。欧美日韩等国家和地区政府重视公园的发展和建设，在很大程度上是法规的建立健全。

英国，早在1860年制定的《公共改良法》中有关公园的条款有7条。该法律规定，公共团体可收买或接受捐赠用于散步、体操或游戏目的的土地，将土地的税收用来改造园路及步道（footpath）、设置长椅和亭子等。1872年就制定了《公园管理法》，其中最突出的是设立公园警察，给予公园管理官员与警察同样的权限。1926年对该法进行了修改，直到今天仍根据该法来管理皇家等公园。1877年制定《绿地法》（Open Space Act），1881年制定《首都绿地法》，1906年综合前法制定新的《绿地法》，规定了公园的建筑覆盖率应在5%以下，这一点具有划时代的意义。1930年以后建立了国家公园，1949年制定《国家公园及乡村利用法》，规定国家公园内严格限制建造新的建筑。英国从1928年至1976年，先后颁布了58项与国家公园、自然保护有关的法令。法律法令周全，内容广泛而具体是世界上少有的。1972年的

《公园管理法》规定公园设有公园警察、公园看守人和即决裁判法庭。"公园看守人"：是指在本法被批准以前就已经被任命或在此后被任命的、属于本法规定范围内的一个公园的看守人员。第5条规定，公园看守人可拘留不知姓名或住处的任何违法者。任何穿制服的公园看守人，以及他可能要求给予帮助的任何人，对于在该看守人管辖的公园内、被该看守人看见的违反本法规任何一条的任何违法者，如果该看守人不知道并且不能查明该违法者的姓名或住处，则无须批准即可予以拘留。当任一公园看守人或任一警察命令该违法者说出其姓名和住址时，如有任一违法者说的是假姓名或假住址，则根据即决裁判法庭的定罪，对该违法者应处以不超过5英镑的罚金。第6条规定，对殴打公园看守人的行为的惩罚，根据即决裁判法庭的判决，凡被宣判对正在履行职责的任何公园看守人犯有殴打罪的任何个人，该法庭有权就地对其判处不超过20英镑的罚金，如拖欠罚金则处以不超过6个月的期限、附加或不附加劳役的监禁。第7条规定，公园看守人的职权、职责和特惠权。每一名公园看守人除了具有由本法特别授予的职权和豁免权以外，凡在该公园所在的警察管辖区内任一警察所具有的一切职权、特惠权和豁免权以及承担的一切职责和义务，该公园看守人在其看守的该公园内也都同样有；并且，如前述被任命为公园看守人的任何人，应服从可能随时来自委员会的有关他应如何履行其职责的合法命令。第8条规定，具有与公园看守人同样职权等的警察。适用本法的……任一公园所在地区的警察人员中，每一名警察在该公园内都具有一名公园看守人所具有的职权、特惠权和豁免权……

美国，1864年加利福尼亚州成立第一个州立公园，国会承认公园是"作为改革娱乐场所"。关于美国国家公园的基本立法是1916年制定的《国家公园基本法》，该法律是美国国家公园立法体系中最为基本的法规，其主要规定美国国家公园的主要职能，设立国家公园局，1924年设首都公园及规划委员会，负责首都华盛顿的公园体系规划工作。到1928年有26个州设置了州立公园。纽约市到1979年公园面积达143117公顷，人均公园面积19平方米。华盛顿的城市公园3458公顷，人均公园面积45.7平方米。1936年颁布《公园、公园道及娱乐地调查法》，诞生了公园道（Parkways）。1966年的《联邦补助道路法》规定：道路使用公园或古迹时，要提供适当的代替土地给公园使用。根据联邦法律，一般公园一经成立就要建立相应的管理组织"公园委员会"，这种形式至今仍保留着。从公园管理到公园建设都由法律规定，同时规定每个州都在调查研究的基础上编制公园规划。《西雅图市公园法》有许多条款值得借鉴。"禁止任何人在公园内放野狗和其他私养动物"，"在公园内和不能放养这类动物的地方，执法人员应予以驱逐，或予以处理，并运出公园，埋在专门划定的动物的墓地，该动物的主人须承担一切责任"，"为保卫和平与安全的需要，不准在任何公园内使用公共警报系统、高音喇叭和其他音响设备"，"这里强调警察为了维护良好的社会秩序和风气，保障公民生命财产的安全与大众福利，在公园内拥有同样的权利"，"任何个人或集体以任何事件为借口占用或使用公园或娱乐设施，或借人种、肤色……等原因不让其他人或集体使用公园和游乐设施，不论是否经过允许或是否已支付费用都是不允许的"。

加拿大，1930年议会通过《国家公园法》，特别阐明"全部公园奉献给加拿大人民，为加拿大人民的福利、教育服务，并供他们享用，这种公园要加以保护和利用，以便完整无损地留给今后世世代代享用""这个责任通过加拿大议会交给加拿大公园局""加拿大公园局将加拿大议会拨给它的那部分联邦税收中为其各项活动提供资金，它可以从各项具体服务中收费，在某种情况下可以接受赠礼或捐赠以实现其目的""加拿大公园局可以向市政府和省政府以及私人非营利组织亦即地方历史协会提供资金和技术援助，以便获得和重建具有国家历史意义的建筑物"。

日本，日本的城市公园产生于19世纪，1873年就建立了城市公园行政管理机构，1933年制定了公园规划标准，1956年颁布了《城市公园法》（由国会通过）、《城市公园法施行令》（由内阁会议制定）和《城市公园实施细则》（由建设省制定颁发）。

韩国有关公园的法规，始见于日本殖民时期的1940年3月，政府制定的《朝鲜城镇规划令》增加了城市公园规划的内容。1962年的《城市规划法》开始将近代意义上的公园作为城市规划设施的一类。公园规划和城市规划并行，是城市公园自身发展成熟的标志。1967年《公园法》从《城市规划法》中分离出来成为一部独立的法律。《公园法》规定"所谓公园，是为了保护自然风景地，提高国民的保健、修养及情感生活""依据城市规划法，作为城市规划的设施所设置的公园和绿地称为城市公园。"1980年1月4日，为了适应社会需求的变化，将《公园法》分离制定了《城市公园法》和《自然公园法》。《城市公园法》的适用范围是城市规划区域，管理对象是公园、绿地、公共绿地、居住环境绿地等。《自然公园法》的适用范围包括全部国土，主要管理对象是自然公园、绿地、观光风景名胜地等。20多年来《城市公园法》经过7次修订，2005年3月出台法律第7476号《城市公园法改正法律》，专门成立了城市公园委员会，为了扩充公园，与基础条件良好的私有土地所有者签订合约，将私有地建设为公园绿地，并可以提供苗木支持等。

第五章 公园的规划设计

第一节 总体规划

什么是规划？《辞海》解释为："打算。陶潜《桃花源记》南阳刘子冀，高尚士也，闻之，欣然规往，未果，寻病终。"查德威克（George Chadwick）的定义："规划仅是一项人类最平凡的活动。规划本身也只是一项凭事实推论，为未来设想而作为行为准则的思考过程。"劳瑞（Michael Laurie）认为：公园规划"是土地未来的利用的方式，视土地为一种资源，考虑其价值与社会对它目前及未来的需求后，研究拟出一个最适宜的开发方案。"

《中国大百科全书》称：公园的规划通常是以造景与功能分区结合，将植物、水体、山石、建筑等按园林艺术的原理组织起来，并设置适当的活动内容，组成景区或景点，形成内容与形式协调，多样统一，主次分明的艺术构图。公园的规划和设计需要以一定的科学技术和艺术原则为指导，以满足游憩、观赏、环境保护等功能要求。规划是统筹研究解决公园建设中关系全局的问题，如确定公园的性质、功能、规模、在绿地系统中的地位、分工、与城市实施的关系、空间布局、环境容量、建设步骤等问题。设计是以规划为基础，用图纸、说明书将整体和局部的具体设想反映出来的一种手段。构成公园的主要素材如植物、地形、地貌是受气候、时间、空间等自然条件的影响而演变的。公园的规划设计必须考虑这些影响，因地、因时制宜，创造不同的地方特色和风格。

公园的规划分为三种：一种是公园系统规划，一种是公园建造规划，一种是公园发展规划。三者是相互联系的不同层次、不同阶段的规划。前者是城市的整体公园规划；次者是公园建造初始阶段，周期相对较短；后者是建设的延续，是运行中的规划，呈射线型时空规划，其间由若干小阶段组成。公园系统规划是城市总体规划的专项规划，是落实城市总体规划的具体计划和措施。

一、公园建造规划

公园的建造规划或称总体规划，其目的是要解决公园建造中各个部分的合理安排和布置，使它们之间有机联系起来；解决近期和远期、局部和全局的关系；解决建造阶段和未来管理阶段的衔接问题，保证它们协调发展，充分发挥公园的服务游人、改善生态环境、提升城市形象等功能。

公园规划首先要确定该公园在城市中的地位、作用和服务范围、服务对象等，与城市总体规划相衔接，融入城市的机体。其次，规划要解决公园的出入口、功能分区、自然地形地貌和水体的利用和改造、道路、广场、建筑布局，以及植物的配置等。公园区划，为公园命运所系，故设计时务必于审美及实用方面，善为考虑。

公园的规划设计是空间设计。空间影响人们的交流方式，把多样的空间整合到结构中，可以形成不同的环境，让人们可以活动于其中，借助交流在形式、规模等方面的多样性，为人民创造归属感和平和的心态。

生态环境是当今人类面临的极其严重的问题。人类对环境冲击的广度与深度、强度与密度，正与人类破坏能力成正比，与环境支撑能力成反比。不仅是自然环境，也包括人文环境，都受到人类的冲击。因此，公园的建造规划，应当遵循以下原则：

限制在具有特殊景观价值的环境区建设；

限制在具有自然性、人为性景观危害环境区内建设；

鼓励在适合开发之环境区内开发建设；

建设程度不超过环境区的生态承载量。

陈植先生指出："公园设计规划云者：乃于一定范围内之土地上计划公园，而为相当设备者也。然公园与庭院，异其趣致，故负设计之责者，无论技术如何熟练，对于土地情况之调查，及公众要求之审察，仍不可忽。盖公园设计，极应审慎从事，断不可仅凭图面，任意计划者也。"

二、公园发展规划

公园发展规划是公园为适应自身建设和发展的需要，实现宏观规划，控制公园发展规模和趋势，用长远规划指导当前建设的一项具有战略意义的管理措施。公园发展规划是公园在调查研究的基础上，经过认真分析做出的比较科学的判断，是公园建设和管理的基本遵循。

（1）制定公园发展规划，应进一步厘清公园在城市中的地位和作用，与城市总体规划对接，发挥公园在城市中的作用。比如，北京市的公园就要和首都的规划接轨。2017年9月13日，中共中央、国务院批复同意了《北京城市总体规划（2016—2035）》，批复高瞻远瞩地提出了北京城市规划建设和发展的方向，提出了明确的要求和落实规划的措施。指出："北京是中华人民共和国的首都，是全国政治中心、文化中心、国际交往中心、科技创新中心。北京城市的规划发展建设，要深刻把握好'都'与'城'、'舍'与'得'、疏解与提升、'一核'与'两翼'的关系，履行为中央党政军领导机关工作服务，为国家国际交往服务，为科技和教育发展服务，为改善人民群众生活服务的基本职责。要在《总体规划》的指导下，明确首都发展要义，坚持首善标准，着力优化提升首都功能，有序疏解非首都功能，做到服务保障能力与城市战略定位相适应，人口资源环境与城市战略定位相协调，城市布局与城市战略定位相一致，建设伟大社会主义的首都、迈向中华民族伟大复兴的大国首都、国际一流的和谐宜居之都。"提出要加强"四个中心"功能建设，优化城市功能布局，严格控制城市规模，科学配置资源要素，统筹生产、生活、生态空间，做好历史文化名城保护和城市特色风貌塑造，着力治理大城市病，增强人民群众获得感，高水平建设北京城市副中心，深入推进京津冀协同发展，加强首都安全保障，健全城市管理体制，解决维护规划的严肃性和权威性等。北京公园的规划要围绕《总体规划》，以总体规划的精神指导公园规划的制定。

（2）制定公园发展规划，应从现状调查和分析入手，通过调查分析，做到家底清、问题准、心中有数，有的放矢地谋划相应对策。调查分析的内容包括：

①现状土地使用情况，包括现状用地范围、边界，总用地面积，各类用

地比例等；

②现状建筑物、构筑物及使用情况；

③水、电、气、热、污物处理、污染源及存在问题；

④景观特点及存在问题；

⑤管理问题，包括植物、动物、古建筑、古树名木、设施等管理的经验和问题；

⑥游人情况：数量、分布、结构、需求等；

⑦经营：类型、规模、格局、社会效益、环境效益、经济效益等。

在调查研究的基础上，找准问题，从城市规划的高度、从发展的角度，明确公园近远期发展目标，明确需要改进、充实、完善、调整的问题，明确需要与城市规划衔接的问题及商榷途径等。

基本做法：

1. 处理好几个重要的关系

（1）处理好深度和广度的关系。通过规划要解决带方向性的问题，明确公园发展的方向。要将功能、结构、调整和具体建设项目统筹兼顾，合理安排。

（2）处理好近期和远期的关系。既要谋划未来，明确公园的发展方向，又要面对问题，提出近期解决的问题。近期以5年为限，远期以10年为准。特别要立足当前，解决急需解决的矛盾。

（3）处理好景观和游客容量的关系。以公园的服务半径为基准，以旅游接待量为参考，合理计算和控制公园容量，规划应将承载量控制在景观可承受的范围之内。游客过多可适度调整公园的功能结构，但是不可以以牺牲景观为代价。

2. 规划成果

（1）规划方案文本材料。一般包括历史沿革、现状分析、问题导向、规划设想几个部分。重点是规划设想部分，要做到目标明确、项目齐备、重点突出、措施有力、切实可行等。

（2）图纸。现状图：包括土地使用、建筑现状、绿化现状、道路广场、管线、游人，功能分区图。

（3）资料：土地、人员、游人、建筑、动植物资源统计。

（4）规划模型。

3. 规划的审定

公园的发展规划制定完成之后，要经过公园主管部门会同规划等有关部门审定。经批准后，即具有法定效力。

附：英国圣詹姆斯公园和格林公园管理规划

总体及管理背景

圣詹姆斯公园和格林公园位于这个国家的城市中心，英格兰受人喜爱的"历史公园"。它们的西部是白金汉宫和阿普斯利楼，东面是首相住所和办公室。格林公园坐落在白金汉宫和维多利亚女王花园的北部，形状为长方形，被宪法山、皮卡迪利大街和女王城围绕。圣詹姆斯公园最窄部分是在白金汉宫前维多利亚女王纪念碑花园里。它面朝西方，环绕骑兵游行路线，到白厅。公园外部的大街和阅兵场由Mall、骑兵路和鸟笼路组成。特拉法尔加广场与其东北角的金钟拱相连，东面的泰晤士河在威斯敏斯特宫后缓缓流淌。公园南部和西南部坐落着威斯敏斯特修道院，威斯敏斯特大教堂和维多利亚车站。圣詹姆斯宫和克拉伦斯宫位于北部，可经过约克公爵台阶到达摄政街和皮卡迪利广场。

公园管理结构

皇家公园为女王所有，同时它也是一个政府行政机构，属于文化媒体和体育部门（DCMS）管辖，DCMS公共服务协议（PSA）2005—2008的目标已经被财政部通过。为了协助PSA目标的顺利达成，在战略重点的背景下，DCMS为下属各机构制定了目标。

由财政部通过的DCMS公共服务协议目标主要有：

● 保证5至16岁孩子有接受锻炼的机会，使学生每周在课程外至少花两个小时进行优质体育教育和锻炼的比率从2002年的25%上升到2006年的75%，且到2008年达到85%（教育和技能部的共同目标）。

● 到2010年，阻止11岁以下儿童逐年增重的趋势，并把此作为从整体上解决人口肥胖问题这一广泛战略的一部分（教育和技能部及卫生署的共同目标）。

● 到2008年，增加16岁及其以上的优先群体接受文化和体育教育的机会。

- 提高旅游业，创意和休闲业的生产力。

效率指标：在我们部门开支限制和地方当局在康乐及文化服务的支出中实现至少2.5%的效率节省（2005—2008年）。

除此以外，DCMS还声明其战略重点是：

- 儿童和青年。进一步改善儿童获得文化和体育教育的途径，让他们有机会发展才能，充分参与并享受其中的好处。

- 社区。增加并扩大文化和体育的影响，丰富个体生活，加强社区力量，不断提高人们生活地区水平，为后代创造良好条件。

- 经济。使旅游、创意和休闲产业对经济的贡献最大化。

- 投递。使投递交付现代化，以确保我们的赞助机构富有效率；与他人合作，满足个人和社区对文化和体育的需求。

皇家公园的具体目标是：

保护和改善我们的世界级别自然公园的环境满足家庭、孩子和游客的享受。

- 理解并积极回应我们的观众的需要，反映了需求和使用的多样性；丰富生活，改善获得文化和体育的途径。

- 同其他组织和志愿者合作，为公众提供明确的教育、健康、体育和参与的机会。

- 保护并改善皇家公园自历史以来的环境。

- 通过增加收入和减少对投票资金的依赖使纳税人的资金实现更大价值。

- 展示组织的卓越性。

TRP管理结构

TRP对皇家公园有管理和治安行政责任。

圣詹姆斯公园和格林公园都有一个核心的TRP团队，包括一名公园经理，一名公园经理助理，一名技术人员，一名办事处经理及行政人员，和两名野生动物工作人员。首都警察负责维持公园治安（如下）。

公园管理：重要管理问题

- 圣詹姆斯公园的管理目标和行动是，参考纳什的设计，维持公园的宁静，在国家重大事件和典礼上为本地居民、全国乃至全世界游客提供欢庆和享受的场所。同样地，在格林公园，农村自然景观也会被保留下来，同时也能够承受大量的游客对公园结构造成的压力。

景观维护

公园维护包括园艺发展和小规模的维修和环境美化工作，具体承担工作如下：

● 除草、植树、树林管理和一般地产保养由景观维护承包商承担。

● 两家树木承包商，城市郊区树艺服务承担树木管理工作，包括：成熟树木的保养，树木砍伐，木材开采和树冠修剪。

由TRP直接雇佣的两名野生动物工作人员负责野生动物的管理（尤其是水禽）和野生动物的饲养。

● 景观保养承包期为四年，可延长至六年。

目前的五年合同由企业有限公司成功夺得，并于2006年4月开始。

TRP也有许多顾问协助管理（包括景观顾问，饮食及营销顾问，交通顾问），还吸取了许多其他团体专家的意见（比如英国文化遗产，中英皇家公园野生动物组织）。

景观维护和专家支持：重要管理问题

● 由于有大量不同且具有影响力的组织和个人与公园合作，TPR应该仔细考虑怎样确保管理规划中的目标和建议能够顺利传给每一个任务承担者。

治安和执法

圣詹姆斯公园和格林公园的治安由首都警察所属的警视厅（TRO OCU）负责。该警视厅设在了皇家公园内部。警视厅在招聘、培训、晋升、申诉、纪律、制服和设备等方面符合民政厅警察部队的标准。在圣詹姆斯公园设立了一个永久性的部门。

对于大型活动，首都警察均会采取控制并提供援助。

警视厅指定的一系列具体目标包括：

● 制止并减少抢劫盗窃情况；

● 作为地方事务重点，设法解决反社会行为；

● 根据本地需求，加强公园常规执法；

● 积极主动地促进与合作伙伴的有效的工作安排。

公园安全委员会

警视厅在2006年7月推出更安全（邻近区域）的公园方案，通过与权益人会谈引进了有效的社区治安政策。

拥有复杂建筑物的公园和地区围绕着圣詹姆斯公园和格林公园。

公园被一些重要建筑和景观包围，整个周围环境区域形成了一个保护区。值得注意的利益相关则是白金汉宫、白厅、唐宁街、马尔路、英国文化遗产、克拉伦斯宫、圣詹姆斯公园和惠灵顿军营。

第二节　设计理念

"理"是中国哲学概念。通常指条理，准则。"理念"亦称观念，指看法、思想，是思维活动的结果。是超越政治、经济与空间的形象思维，是人们从头脑中产生的理想、意愿、观点、方法与措施。

理念非常重要，理念决定成败。正确的理念决定正确的行动，正确的行动决定成功的事业。美国人吉姆·柯林斯研究百年企业的成功秘密是：时代在变、市场在变、产品在变、观念在变、营销手段在变，唯一不变的是核心价值理念。比如惠普，"让最优秀的科技服务于人的生活"；福特，"让美国人开上车"。北京同仁堂是医药行业有300多年历史的著名老店，创建于清康熙八年（1669年），创始人乐显扬精通医药，他曾提出"可以养生可以济世者，惟医药为最"，为同仁堂的创建奠定了良好基础。之后，其子乐凤鸣接续祖业，并在宫廷秘方、民间验方及祖传配方的基础上，总结前人的制药经验，编纂了《乐氏世代祖传丸散膏丹下料配方》，该书汇集了乐家祖传秘方、太医良方、宫廷秘方等共362种，对这些方剂的制药标准进行了严格的规范，同时提出了"遵肘后，辨地产，炮制虽繁必不敢省人工，品味虽贵必不敢减物力"的传统古训，后成为历代同仁堂人恪守的信条。同仁堂的企业价值观，蕴涵在其企业名称"同仁"中，有一副对联来解释其含义："同修仁德，亲和敬业；共献仁术，济世养生。"这也成了同仁堂基本堂训之一。

中国的造园艺术是世界公认的人类文化遗产，但并不是所有人都接受，东方人有东方人的哲学观念，西方人有西方人的哲学观念。大哲学家黑格尔曾指责中国造园，他在《美学》一书中说："审美趣味最坏的莫过于无意图之中又有明显的意图，无勉强的约束之中又有勉强的约束。因为一座园子的使命在于供人任意闲游，随意交谈，而这些地方却已不是本来的自然，而是人按自己对环境的需要所改造过的自然。这种引诱力是一旦使人满足以后立即消失的，看过一遍的人就不想看第二遍，因为这种杂烩不能令人看到无限，它本身上没有灵魂，而且在漫步闲谈中，每走一步，周围都有分散注意的东西，也使人感到厌倦。"黑格尔认为："一座单纯的园子应该只是一种爽朗愉快的环境，而且是一种本身并无意义，不致使人脱离人的生活和分散心思的单纯环境。"车尔尼雪夫在《生活与美》中说："花床、花园原来是为着散步和休息用的，而又必须成为美的享乐的对象"，而"美的享乐的对象，并不能成其为艺术。"因此，中国的造园必须坚信自己的理念，实现自己的梦想。

一、理想家园

建设公园的目的是什么？将公园建成什么样的公园？这是每一个设计者首先需要考虑的问题。

中国园林博物馆是世界上唯一一座园林专题并全面展示中国和世界园林的国家级博物馆。位于北京市永定河畔鹰山脚下。于2013年5月18日落成开放。园博馆占地6.5万平方米，由主体建筑、室内展园与室外展区三部分组成。中国园林博物馆以"中国园林——我们的理想家园"为建馆理念，被誉为"有生命"的博物馆。作为公益性永久的文化机构，是收藏园林历史文物、弘扬中国传统文化、展示园林艺术魅力、研究园林价值的国际园林文化中心，承担科普教育和学术研究的双重使命，全面展示中国园林悠久的历史、灿烂的文化、多元的功能以及辉煌的成就，展现园林对人类美好生活的深刻影响。北京市公园管理中心总工程师、中国园林博物馆馆长李炜民说："中国园林从产生到现在有3000多年的历史，尽管经历了不同的朝代，也经受了不同思潮和文化的洗礼，但园林每一步的变化都离不开追求心目中理想家园这个主题，这是一个不同朝代都趋同的核心理念。"

建立理想家园应当成为公园设计者的核心理念。今天，我们要弘扬传统造园的艺术精神，不只是说明过去，不只是简单的复旧，而是立足于现代，从现代人们的生活方式和生活需求出发，使现代的造园能给人以更高的精神享受和文化的熏陶，建立"我们的理想家园"。

二、崇尚自然

中国早在周代，就产生了"天人合一"的思想。到战国以至秦汉时期的哲学和美学中得到充分发展。《诗经》《庄子》《论语》《荀子》等都充满对自然的赞美。孔子说，有了山水"万物以成，百姓以飨"。山川自然自觉视为审美对象，始于汉代。借山水以为精神上的慰藉。在中国造园史上，魏晋南北朝时期是以自然山水为造园艺术创作主题的开始。

唐代是社会、经济、文化极为发达的朝代，山水诗歌、绘画与园林都达到了相当的水平。"君子所以爱夫山水者，其旨安在？丘园养素，所常处也；泉石啸傲，所常乐也；渔樵隐逸，所常适也；猿鹤飞鸣，所常观也。尘嚣缰锁，此人情所常厌也；烟霞仙圣，此人情所常愿而不得见也。直以太平盛日，君亲之心两隆，苟洁一身出处，节义斯系，岂仁人高蹈远引，为离世绝俗之行。而必与箕颍埒素黄绮同芳哉。白驹之诗，紫芝之咏，皆不得已常往者也。然则林泉之志，烟霞之侣，梦寐在焉。耳目断绝，今得妙手，郁然出之，不下堂筵，坐穷泉壑，猿声鸟啼依约在耳；山光水色，荡漾夺目，岂不快人意，实获我心哉！此世之所以贵夫画山水本意也。"（郭熙《林泉高致》）山水画和园林是他们一种心理上的补充和精神上的慰藉。

造园如作诗绘画，是用艺术的思维，以大地为纸，挥毫泼墨，写出最美的图画。以自然山水为创作主题思想的园林，肇始于魏晋，盛行于唐宋，成熟于明代，清代达到高峰。在烦嚣而狭隘的城市空间里，中国人借方丈之地，为人们创造出具有高度自然精神境界的公园，无论在物质、精神和文化上，无疑是对世界文化作出的杰出贡献。

三、以人为本

以人为本的理念是公园设计的根本。公园是为人而存在的，公园设计必须为人。人们行为的动力就是追求幸福，正如中国新时代人们对美好生活的向往是社会的主要矛盾的主要方面。公园设计就是要创造"有效环境"，所谓有效环境是指潜在环境的一种表现形式，即使用者对这个潜在环境的公开地或潜在地认可。比如公园设计应充分考虑使用者活动、交流、尊重和私密的各种需要。马斯洛创立的需求层次理论，其中有两个层次是社交需求和尊重需求。社交需求即是情感和归属需求，它包括人与人之间的友情、亲情和爱情等。尊重需求包括自我尊重、信心、成就、对他人尊重、被他人尊重等。人的需求除了基本需求之外，被人尊重和理解，也是人的最本能的需求。从某种意义上讲，人的情感需求比生理需求更为强烈和细致。现实生活说明，人以什么方式与他人相处，往往决定着他的幸福程度。公园的一个重要功能就是创造一个环境，使使用者获得尊重和尊严。进入公园不分三教九流，贫贱高低，都应受到尊重。公园要设计一些防御空间，缓解使用者的焦虑不安。私密性活动是人的精神活动的一个普遍现象。根据环境控制理论，位于隐蔽处的坐憩设施，远比道路两旁的、无依无靠的坐憩设施更受人欢迎。公园的设计既要关注使用者的生理需求，又要体察使用者的精神需求；既要考虑物理的环境构建，又要顾及文化的环境的营造；既要建立健全生态环境，又要建立健全人文环境。

四、因地制宜

因地制宜是公园设计的重要理念。公园的布局、内容、结构、艺术创作，无不受自然条件、物质技术条件和植物生物特性的制约。《园冶》中提出"园林巧于因借"的原则。从选址、布局、要素设计、造园艺术、意境表达等方面，阐述了造园的精髓，以"宜"概之。经检索《园冶》书中提及的造园和赏园的字及频率依次是：宜69字，幽32字，景25字，借22字，妙19字，境13字，因12字，曲11字，雅9字，精9字，体7字，美3字，静2字，艺2字等。"宜"字69处名列第一。正如郑元勋在《影园自记》中说："然皆自然幽折，不见人工，一花、一竹、一石，皆适其宜。"明确表达了计成以"宜"为法则造园的实践。"宜"字，作适合、适宜、应该、当然、无怪等解释。在造园实践中，"宜"是指协调性，即各种要素包括自然环境、文化背景等客观时空条件及园林内部结构之间产生的有机联系，适度关联，合理构成，从而形成恰到好处的内在结构和外在形象。《园冶》中的"宜"字运用，反映了计成的人生观、审美观、价值观以及设计理念。明确指明造园要"因地制宜""因借体宜""相地合宜，构园得体""妙于得体合宜""宜亭斯亭，宜榭斯榭，不妨偏径，顿置婉转，斯谓'精而合宜'者也""远峰偏宜借景""高阜可培，低方宜挖""新筑宜于开基，只可栽杨移竹；旧园妙于翻造，自然古木繁花"等。

五、内外兼修

"造园为美化土地之技术，故亦为艺术之分派，然其艺匠，与他种艺术异趣。盖造园云者，于大地上利用自然材料，以满足户外之居住、休养、享乐等生活上实际的要求者也。故设计至为复杂，对于各种要素须充分了解，始可从事，不然，未有不失败者。若仅由建筑家或土木家、园艺家、森林家，而无造园素养者以设计公园及其他一切装景，莫不弱点毕露者也。且综合云者，亦非集合各种专家共事设计之谓，造园设计，惟造园专家始足云斯。"（陈植《造园学概论》）造园家需要基本掌握植物学知识、园艺学知识、建筑学知识、土壤学知识、测量学知识、历史文化知识、美学知识等，在此基础上，在充分调查研究的基础上才能去创作、去完成设计。

自然山水是多姿多彩千变万化的，对山水形质特征的把握，必须有一个不断深入实践的过程。集艺术评论家、书法家、画家、导演于一身的周祥林先生说："草书之佳者，江海不足以喻其深，山谷不足以配其险，浮云不足以比其变。"然而"草书之难，难在真、行、隶、篆，非难在草书也；难在万卷书、万里路，非难在万池墨也。"设计师亦然。因此，一个好的设计师必须有刻苦的精神，孜孜不倦地去求索。如果没有这样的理念和信念，那是成不了气候的。

据记载，五代时的大画家荆浩，在太行山写生"数万本"，方达到"气质俱盛""方如其真"的境界。他的山水画被誉为唐末之冠。正是他在长期的大量的实践基础上，概括提炼而创造出用笔墨表现不同山水形质的特殊技巧"皴法"，并著有《山水诀》一书，成为后世之遵循。人生若觉无作为，愿君读读黄公望。黄公望50岁学画，用29年走遍山川，游历大江，极度专注。79岁孤零零在富春江沿江看山看水，一看就是4年。每天穿着芒鞋出门，沿江走数十里，风雨无阻，遇到好景就停下来画。80岁开始画《富春山居图》，84岁完成。可以说富春江读懂了黄公望，黄公望也读懂了富春江。《富春山居图》成为不朽之作，留传至今，价值连城。现前半卷《剩山图》藏于浙江博物馆，后半卷《无用师卷》藏于台北故宫博物院。《富春山居图》是黄公望用心血铸造的一座丰碑，有了这种精神，世界上还有什么不能成功？

心怀理想家园梦想，崇尚自然造化，抱定内外兼修的志向，因地制宜设计，勇于实践，勇于探索，一定能成为一名合格的设计师。

第三节　设计原则

"设计"一词，在《辞海》《词源》中均没有收入，只有字意。设者，筹划也。《书·禹贡》"禹敷土"孔颖达疏"禹必身行九州，规谋设法"；计者，计议、商量、计划、计谋是也。《汉书·高帝纪上》"汉王从其计。"顾名思义，设计是一个谋划、筹划、商议的过程。《四角号码新词典》中录有该词，含两意：为做某项工作而预先制定方案、图样等；设下计谋。

世界万物皆被设计。猿人制造简单的狩猎工具，比如他们在将树枝削尖、将石块磨出刃之前，头脑中就有了设计。英国前首相撒切尔夫人有一句名言：英国可以没有撒切尔，但是不能没有工业设计。这足以说明设计的重要性。

公园的设计，是由公园的性质、功能所决定的，设计是审美角度的策划，设计力是用户角度的提案。因此，公园的设计必须站在更高的角度来审视。

影响公园设计的因素很多，主要有自然环境因素、人文环境因素、业主因素、使用者因素等。自然环境因素包括气候、土壤、地形地势、动植物、地上地下物等；人文环境因素包括城市规划、环境状况、交通状况、原有建筑物、构筑物、市场材料供应状况、法律法规、地域文化、风俗人情等；业主或园主的期望、经济能力、设置目的、特殊要求等；使用者的需求、性质、数量、兴趣、禁忌事项等。这些都需要设计者深入调查，悉心研究，正确判断，得出正确的结论。

公园的设计原则，一般可概括为经济、适用、美观、生态、特色等。

一、经济原则是设计的首要原则

经济是指合理地利用土地、费用、空间和时间，达到以最小的成本获得最大的效益，即"省本多利"。费用上要精打细算，合理花费，使用当地现有材料，如植物采用适地适树，多种树，多种后期养护成本低的植物。提倡宿根花卉，提倡自然草地，提倡简约设计，设施宜精不宜多，设施多，花费就多；空间上达到合理利用，选择节省空间的材料，提倡立体绿化，屋顶、露台、墙顶、门边、水岸等空间充分利用，运用借景的手法，扩大视觉空间，"园虽别内外，得景则无拘远近，晴峦耸秀，绀宇凌空；极目所至，俗则屏之，嘉则收之，不分町疃，尽为烟景，斯所谓'巧而得体'者也"；在时间上，科学计划施工进度，尽量缩短工期，以减少工费和管理费用。

二、适用原则

"实用"，是指有使用价值的实际应用。"适用"，有适合、相宜、适合客观条件或需要的意涵。公园设计以适用为原则，是因为公园的设计是以游客的需求为考虑的。各种设施、设备、配置及动线，均须符合人性化的要求，并考虑各项影响因子，才可能有更适切、合宜的设计，发挥公园更大的效能。比如，北京的某公园使用抛光大理石铺装出入口广场，结果一到雨雪天，滑倒许多人。最后，不得不用焊枪拉毛。实用不一定适用。当年有的公园道路如同大马路，柏油铺设；有的公园的照明安置了水泥灯杆，与大街无异。公园设计的责任是建立一种合适的体验。顺应自然力，关注人性尺度和速度尺度，以游客的舒适、合宜为标准。

适用原则具有时代性、地域性特点。原来适用的东西，现在不一定适用；此地适用的东西，彼地不一定适用。中国北方是缺水的地域，公园设计就应当考虑集水、节水问题；而南方是多雨水的地域，设计就要考虑防洪排涝问题。因此，公园设计要因时因地而异，不可照搬照抄。当年，苏联推行文化休息公园，曾规定文化休息公园管理处应实现包括建立讲演厅、图书阅览室、展览会、放电影、组织剧团，举办游艺会、联欢会、舞会、体育竞技比赛等15项任务。新中国成立之初，学苏联，也搞了这些东西。现在看来，这些东西已经不适宜公园的发展。公园应当是一个寓教于景、于境的场所，用园林的境界文化信息去感染人、陶冶人、启迪人是公园设计的主要思路。因此，公园的设计应把景观的设计放在重要的地位，以适宜于人们游览休憩的需要。

三、美观原则

美是公园的核心价值，公园的设计，应当以创造美为基本原则。一个远离了审美自由的社会是难以生存的，更是难以成长的。公园的建造正如绘画，要有意念的表达、情趣的把握、境界的暗示和诗意的渲染，以达到美的境界。公园的山水是现象背后永恒的秩序，是困顿挫折的生命向往皈依的理想王国。唐宋以来，中国的山水借助绘画、园林，成为中国人精神上不朽的特征。宋人在审美上追求"韵"，"凡事几近其美，必有其韵；韵苟不胜，亦亡其美。"经由宋、元人的静观沉思，已经从绘画、园林艺术等艺术升高为一种哲学。

园林之美包括视觉、听觉、味觉、嗅觉、感觉的享受，但多倚重于视觉的美观。园林之美即指自然之美和人工模拟自然之美。刘熙载在《艺概》中写道"怪石以丑为美，丑到极处，便是美到极处。"公园美的表现方式可分为形象美、色彩美、艺术美、世情美、科学美和意境美。形象美如雕塑、整形树木、模纹草坪、花坛等；色彩美包括秋天的彩叶、鲜艳的花卉、公园建筑设施的颜色等，色彩是眼睛接受色光刺激而产生的感觉；艺术美是艺术家创造的美，公园中的建筑之美、艺术化了的生态环境、花木之美、景观集萃之美、人文文化之美等；世情之美包括教化之美、崇文之美、风土之美、历史文化之美等；科学之美包括山水之美、地形地貌之美、博物之美、植物配置之美、和谐之美等；意境美是一种内涵之美，需要依经验、情感、灵性、修养去感悟。暮鼓晨钟、雨打芭蕉、苍烟落照、梨花带雨、红肥绿瘦等等美好的意境，会因时、因地、因人而异。意境是靠"信息—转化—信息"实现的。同样的形象，在不同的人看来，也可能有相反的感受。凡尔赛宫是世界上著名的宫殿式公园，几何形的绿篱、草坪，修剪整齐的树木造型几乎迷倒许多人。但是，在希尔施菲尔德的著作《造园理论》一书中，对勒诺特造园思想集大成者——凡尔赛宫，却作了如下评述："先是惊讶、感叹，接着是感到无聊，然后是感到令人作呕——这就是举世闻名的凡尔赛宫给人带来的感觉。"他说："没有比在淳朴自然的田园中强行施以暴力的艺术性加工更加令人感到不堪了。人们忘记关注这一点了。尽情伸展着的树叶的美丽树木，能够迷倒没有被恶习沾染的眼睛。但是，那些美好的树木，却由于庭师傲慢的手而加工成球形、金字塔形，或者花瓶型，等等。在它们被加工成这些愚蠢的形状的瞬间，无疑，它们已经堕落了。"

美的设计是一种创造，是创造美的过程。一个优秀的设计，离不开孜孜不倦的追求和创造力的提升。追求产生灵感，创造力来源于勤奋。但创造要遵循景观造型的基本法则。比如：统一法则、调和法则、对比法则、对称法则、均衡法则、比例法则、韵律法则、反复法则、渐层法则、联系法则、分割法则，等等。简言之，美的设计=（法则＋勤奋）×灵感。

四、生态原则

生态环境是人类生存、生产、生活的基本条件。十九大报告指出：人与自然是生命共同体，人类必须尊重自然、顺应自然、保护自然。要像保护眼睛一样保护生态环境，像对待生命一样对待生态环境。公园的建设必须遵循生态文明、建设美丽中国的原则。公园的设计既要满足人民日益增长的优美生态环境的需求，又要保护好生态环境。作为生态设计，自然是最好的园林设计师；注重生态的恢复与促进，生态的补偿与适应，以及生态设计手法。

公园的生态设计，应在"改善环境"的传统理念的基础上，将生态学、生态美学和景观生态学等理论引入设计。比如景观生态学中关于"以有序人类活动为中心的景观生态建设理论"提出：景观生态建设是指景观尺度上的生态建设。即指定地域、跨生态系统、适用于特定景观类型的生态建设。其内容是景观尺度上的生态整合，防范生态风险与保障生态安全；通过有序人类活动导控景观演化；调整和重构景观结构；增加景观的异质性和稳定性；广泛应用生态技术，实现生物控制与共生。有序人类活动应遵循自然地域分异规律，即因地制宜的适宜原则，以及不超出当地生态承载力的适度原则，才能使经济与生态安全相结合，实现可持续发展。"以发挥景观多重价值为中心的景观规划理论"指出：景观具有经济、生态与美学等方面的价值。将生态景观与视觉景观予以整合。在景观规划设计中要特别重视对结构宜人性的分析，规划人民满意的景观；运用视觉景观的生态美学原则，进行仿生人工景观设计。城市公园的规划设计的重点是将自然引入城市。

北京奥林匹克森林公园的建设充分体现生态的理念。奥林匹克森林公园在贯穿北京中轴线北端，位于奥林匹克公园的北区，是目前北京市最大的城市公园，让北京城市轴线得以延续，并使它完美地融入自然山水之中。设计师力求从自然的角度，创造良好的生态环境，营造绿色空间；从布局和品种选择上，最大限度地使绿化与场馆相得益彰；再造自然，发挥模拟自然的设计；引进耐阴植物形成复层结构，增加绿量；在材料的选择上，采用环保和易降解的材料和节能设施；优选抗性、耐性强的植物花卉。特别是南北园之间建立的生物迁徙廊道，是大型公园跨越城市道路保护生态环境的典范。

五、特色原则

实验证明，变化与体验对人的健康有益的说法是正确的。因此，公园的设计具有独特性或特色，这是必然的要求。设计师的责任就是从空间中加以创造，将机能配置其中，在建立空间架构后，将形、色、线、质感等要素组合成适于体验的场所：令人振奋的、令人敬畏的、有力的、平和的、有意味的、沉思的、幽静的场所等，会给人带来不同的体验或感受。公园的设计，是为了能够激发游客的情感反馈。游客进入我们设计的公园，应该感受到轻微的冲击力或感官上的刺激，以便能提起他们注意的特色及空间与外部世界的联系。一个公园如果没有特色，人们的五官感觉的信息很薄弱，那么它就不会受到注意，人们就会走开。这就像是在空杯子中用吸管猛力吸吮一样的体验。

"开高轩以临山，列绮窗而瞰江""罗层崖于户里，列镜澜于窗前"。公园不同于住宅，要有景可望、可照，有境可游、可赏。可望、可照、可游、可赏，才有可居的意义。因此，公园设计无论创造何种特色，但是造景，特别是植物造景仍是基本的功夫。

特色源于对公园文化定位的把握。北京陶然亭，是由清康熙年间工部郎中江藻奉命监造黑窑厂时构筑的一座小亭而得名的。取白居易诗"更待菊黄家酿熟，与君一醉一陶然"句中的"陶然"二字为名。原来是古都北京的一片风景地，曾留有毛泽东、周恩来、李大钊、高君宇、石评梅等革命者的足迹。1950年年底，毛泽东主席视察陶然亭时说："陶然亭是燕京名胜，要好好修缮保留。"1952年建成，是新中国成立后北京最早兴建的一座公园。为了突出亭的特色，1985年，辟地10公顷，建起来"华夏名亭园"，将全国著名的10大名亭集于一园，铸就成全国著名的以亭为特色的公园。

北京城市副中心建设，是一座新型城市建设的典范。为贯彻中共中央的战略部署，落实《京津冀协同发展规划纲要》，推进北京城市副中心的建设，切实提高城市风貌和生态环境建设水平，确保城市园林绿化、生态环境治理取得实效，2016年北京市编制《北京城市副中心园林绿化设计导则》。其设计原则可作为设计者的重要参考：一是高端示范原则。规划设计要符合副中心国际一流、和谐宜居的新北京高端定位。同时考虑与地方特色相协调，将城市历史文脉融入园林绿地设计中。二是创新引领原则。鼓励创新，但对于新理念、新技术及产品、植物品种的使用，要在北京地区有过成功经验及研究报告的基础上，再在副中心实施。三是整体协调原则。遵循上位规划，与城市多种设施要素协调，园林绿地与周边环境及整个城市系统协调。综合考虑园林绿地设计中的各类要素，统筹设计、合理实施。四是师法自然原则。应参照植物自然生境，植物群落应做到疏密有致，并结合微地形，形成自然疏朗的景观效果。五是地方特色原则。园林绿地设计要从城市的自然环境、地域特点等出发，将城市历史文脉融入园林绿地设计中，突出地方园林的特色。六是因地制宜原则。依据绿地的地形、地貌和周边环境进行设计。七是以人为本原则。设计应以创造优美宜人的绿色环境为宗旨，并根据绿地类型确定其特有的功能。园林绿地设计要符合市民的功能需求和审美趋向。八是可持续发展原则。运用生态学的理论，在设计中尊重物种多样性，减少对资源的剥夺，保持营养和水循环，维持植物生境和动物栖息地的质量，以改善人居环境及生态系统的健康，达到人与自然和谐共存的目标。九是集约高效原则。园林绿地建设坚持"经济、适用、美观"，建设节约型园林绿地。

第四节 设计创新

创新是规划设计的灵魂。公园的规划设计在继承、借鉴的基础上，要结合当地实际情况有所创造、有所创新。

第一，明确创新的目的。

公园建造的根本目的是为了实现人的物质和精神方面的需求。在有中国特色社会主义新的时代，满足人民对美好生活的向往是党和国家的目标。任何创新都不能离开这个目的和目标。公园设计必须一切为了人民，反对那种以自我表现为目的的规划设计思想。大广场、大草坪，在欧洲因为纬度的关系，人们需要晒晒太阳，是可行的。但是在大半个中国，纬度低，夏天太阳火辣，人们需要遮阴，这是基本的需求，不少地方热衷于建设大广场、大草坪违背了客观规律，是不恰当的。

第二，按照实事求是的原则办事。

任何公园的规划、设计、建设，都要受当时、当地的政治、经济、文化的制约和影响，都要受用地条件等客观情况的制约和影响，都要受时代的制约和影响，都要受传统的制约和影响。规划设计绝不能凭空想象，更不能一厢情愿。这是规划设计的规律。任何违背规律的规划设计都不可能成功。2008年，曾经有一位外籍设计师设计的纪念汶川大地震的作品，在一个下沉广场上，用7000棵种植坑作为纪念的标志。试想一个种植坑按0.5m×0.5m计算（够小了吧！），坑间的小路宽度按0.5米计算（够窄了吧！），这样算下来也要七八个足球场那么大。在这个场地周围设计3米左右高的纪念墙形成的空间能形成纪念气氛吗？如果需要再下挖3米，又是20多万的土方。据说广场正面设计的是200米的瀑布，运行需要耗费多么大的水量。没有气象知识和数量概念的作者竟然想用雨水来"生态"一下。这种纯空想的作品，竟然获得了某竞赛的金奖。规划师、设计师一定要深入生活，获得书本上学不到的知识，并将理论和实际很好结合，再加上灵感的迸发，才能创造出优秀的作品。

第三，广泛汲取新的设计理念。

国内外现代园林，在信息化智能化的时代，出现各种流派、各种思潮竞相争雄的局面，为我们开阔了视野，活跃了设计思维。

后现代主义园林（Post-Modernism，简称PM）又称之为历史主义。是西方当代建筑思潮的一个新流派。主张注重地方传统，强调借鉴历史，从历史式样中寻求灵感，抱有怀旧的情调。

解构主义园林（Deconstructivism）是从结构主义演化而来。它的形式实质是对结构主义的否定。认为应当将一切既定的规律打破，提倡分解、片断、不完整、无中心、持续的变化。

高技派园林（High-tech Garden）即以高精度工程技术作为设计手法的园林设计。如高技派的地面铺砌，高技派的景观小品等。

极简主义园林。极简主义是把视觉经验的对象减少到最低程度，力求以简化的、符号的形式表现深刻而丰富的内容。通过精炼集中的形式和易于理解的秩序传达预想的意义。极简主义在空间造型上注重光线的处理，空间的渗透，讲求概括的线条，单纯的色块和简洁的形式。强调各相关元素间的相互关系和合理布局。强调以少胜多，追求抽象、简化、几何秩序等。

第四，勇于探索实践。

勇于探索是创新的动力和源泉，是公园设计的基本规律。世界上没有现成的公园设计公式。正如《园冶》中所云："园有异宜，无成法，不可得而传也。"需要设计者有绞尽脑汁，苦思冥想，勇于探索的精神。造园者应从品园、游园做功课。"春见山容，夏见山气，秋见山青，冬见山骨"。"夜山低，晴山近，晓山高"。前人之论，实寓情观景，以见四时之变，造景自难，观景不易。"泪眼问花花不语"，痴也。"解释春风无限恨"，怨也。故游必有情，然后有兴，知己泉石，其审美与感受之深浅、实寓文化修养有关。因此，陈从周说"故我重申不能品园，不能游园；不能游园，不能造园。"不操千曲不知音乐，不行万里不知天下，不品千园焉能造园？

上海辰山植物园是在一块废弃地上建起来的公园。是勇于实践、勇于探索的典范。辰山植物园位于上海市松江区辰花公路，总占地面积200公顷。于2007年开始建设，2011年1月23日正式对外开放，由上海市政府与中国科学院以及国家林业局、中国林业科学研究院合作共建，由德国克里斯朵夫·瓦伦丁（Christoph　Valentien）教授主持设计。是一座集科研、科普和观赏游览于一体的综合性植物园，为华东地区规模最大的植物园，同时也是上海市第二座植物园。辰山植物园园址原是一座废弃旧矿场，逐渐成为荒地，地域内只留下了大大小小的不少矿坑。环境恶劣，是一片废弃地。设计师独具慧眼，将它改造为生态良好，环境优美，集科研、游览、教育等功能于一体的现代化公园。在地区发展战略中发挥着重要作用，为废弃地改造提供了生态建设的有益借鉴。现在，已经成为上海一张亮丽的名片。

现在，我们处在建设中国特色社会主义的新时代，公园设计要以满足人民对美好生活的向往为出发点，做好公园"供给侧"的改革创新，用新的理念和优秀的作品，引领游客需求，即实现从"需求推动"到"供给引领"公园发展的转变。

第五，设计创新的形式。

公园设计既要遵循传承中国园林传统，又要适应时代的发展，不断注入新的血液，让中国园林的机体充满活力。新中国成立以来，园林人做了许多探索，取得了很大的成就。其形式多种多样，主要有以下几种：

（1）文化广场。适应现代人们的需求，公园建设文化广场成为一种潮流，以满足市民健身、娱乐的需要。广场的形式大体分为三种，一是门区广场，是游人集散的地方，是设计必须考虑的因素；二是林下广场，适合游客和市民健身和娱乐活动；三是与建筑结合的空间广场，兼有多种功能。广场的建设要按照公园设计规范的用地指标与游客的需求相平衡的要求，不可过大过多，本着适度的原则。

（2）疏林草地。疏林草地是欧美流行的一种公园设计方式，给人以开阔视野、拓展心胸的心理感受。疏林草地一般具有稀疏的上层乔木，其郁闭度在0.4～0.6之间，并以下层草本植物为主体，比单一的草地增加了景观层次。"疏林草地"模式遵循以大树为本、草坪为底色，将传统植物配置风格和现代草坪融为一体，形成一个完整的景观。

（3）带状（环）公园。沿道路或河流兴建的公园。如安徽合肥的环城公园，1980年，将古城墙一周建成以三国魏吴战场为历史背景的逍遥津公园，以包拯家乡为背景的包何公园等，全长8.7公里，面积137.6公顷，被誉为"一串镶嵌着数颗明珠白翡翠项链"。河南洛阳的洛浦公园北岸景区长14公里，宽90米，建有30个活动广场、14个历史文化广场、10个植物园；南岸景区宽70米，以植物造景为主，水面景区面积900万平方米，四级水面，碧水蓝天，蔚为壮观，是全国唯一一个有单列公园条例的公园，称《洛浦公园管理条例》。

（4）绿道。早在20世纪30年代，美国就已经实行，称为绿道公园。将若干个公园联系起来，形成一个体系，为游人创造漫步、骑行等活动的场所。比如北京的三山五园绿道。全长38.86公里，宽3米。三山五园是对香山、玉泉山、万寿山、圆明园、畅春园、静明园、清漪园（颐和园）、静宜园（香山公园）的总称。绿道北起北旱河，南至昆玉河沿线，东至清华西门，西至香山公园。这条线路连接万寿山、香山和玉泉山、颐和园、静宜园、静明园、畅春园和圆明园。沿途可以看到颐和园、香山、八大处、北坞公园、玉东公园、丹青圃公园、海淀公园、北京植物园、昆玉河、采摘园、垂钓园、西洼休闲俱乐部等多个景观。

第六，公园设施。公园设施是构成公园的三大要素之一。设施建造的目的是满足使用者的需求，在符合人性化尺度和公园景观的前提下，提供合宜的设施设备。公园的设计者要心存敬畏，其作品不仅要使游客感到赏心悦目，而且成为舒适、方便的"小确幸"。因此，设计者必须了解设施物的物理特征、美学特征以及机能特征，并预期不同设施设计与组合、造型配置后造成的品质和感觉，使其发挥最佳的潜能，更好地为游客服务，为公园增色。

2017年出台的中华人民共和国国家标准《公园设计规范》GB 51192—

2016，将公园设施分为游憩设施、服务实施、管理设施三大类。每一类又分为非建筑类和建筑类。这是公园设施分类的创新。即简单明了，又比较结合实际，便于操作。

游憩设施：非建筑类包括棚架、休息座椅、游戏健身器材、活动场、码头；建筑类包括亭廊厅榭、活动馆、展馆。

服务实施：非建筑类包括停车场、自行车存放处、标识、垃圾箱、饮水器、圆灯、公用电话、宣传栏；建筑类包括游客服务中心、厕所、售票房、餐厅、茶座、咖啡厅、小卖部、医疗救助站。

管理设施：非建筑类包括围墙、围栏、垃圾中转站、绿色垃圾处理站、变配电所、泵房、生产温室、阴棚；建筑类包括管理办公用房、广播室、安保监控室。另外，还有应急避险设施、雨水控制利用设施。

《公园设计规范》在设施分类的基础上，重点对桥梁、建筑、厕所、垃圾箱、停车场、标识系统做了详细的规定。突出了重点，有利于具体的设计和后续的管理。

公园设施的设计在遵循经济、适用、美观、生态原则下，应当突出安全这个重点。讲求科学性，任何创新发展都不能以牺牲人的生命为代价，这是设计不可逾越的一条红线，要把弘扬生命至上、安全第一的思想作为设计的基本要求。历史上一些公园开展活动因桥梁道路问题而发生挤死挤伤事件，应当成为公园设计的前车之鉴，认真吸取教训。

第六章 公园的建设

第一节 公园建设概说

公园建设是指公园建造的过程，即新建、续建、改建、扩建等从策划到实施的整个过程。公园的建设从规划设计开始，伴随着公园发展的全过程。只有起点，没有终点。建园古之称为"造园"，亦称"构园"。公园着重在于"构"，有了"构"以后，就有了思想，有了境界。"园以景胜，景以园异"。建造的公园能否达到预想的效果，能否让使用者满意，既要有好的构思，好的设计，也要有好的建设施工作保证。

一、政治经济文化因素是决定公园建设发展的根本因素

公园的建设发展要适应社会的发展。公园建设必须要有一条正确的方针。方针正确与否决定着公园建设的得失成败。新中国成立以来，公园建设曾经贯彻过"文化公园""普遍绿化，重点提高""绿化结合生产""绿化、美好、香化、彩化、果化""以阶级斗争为纲"等方针。每一种方针的提出，都是与当时的政治、经济形势相关联的。对公园建设都产生了很大的影响。"绿化结合生产"的方针，使许多公园种庄稼，栽果树，养鸡、养鸭、养鱼，公园几乎成了农场。"文化大革命"期间，公园建设停滞不前，甚至遭到破坏。改革开放以来，公园发展建设迎来了新的春天。随着政治的稳定和经济的飞速发展，公园发展进入了高潮期。"盛世兴园"得到新的历史验证。中共十九大开启了全面建设社会主义现代化国家的新征程，提出了中国特色社会主义新时代，社会的主要矛盾出现新的特点，我们要决胜全面建成小康社会，实现中华民族的伟大复兴，必须坚持习近平新时代中国特色

社会主义思想，这为中国公园建设提供了新的发展机遇期。

2018年2月，春节前夕，习近平总书记在视察成都天府新区时，首次提出了"公园城市"的概念。他说："天府新区一定要规划好，建设好。特别要突出公园城市特点，把生态价值考虑进去，努力打造新的增长极，建设内陆开放经济新高地。"2018年4月，习近平总书记参加首都义务植林活动时，再次指出："一个城市的预期就是整个城市就是一个大公园，老百姓走出来就像走进自己家的花园一样。"习近平总书记关于公园城市理念的提出，标志着公园新时代的到来，是公园发展史上的第四座里程碑，具有深远意义。

二、生态文明建设是公园建设的重要内容

生态文明建设关系人民福祉，关乎民族未来，事关"两个一百年"奋斗目标和中华民族伟大复兴中国梦的实现。中共中央、国务院高度重视生态文明建设，先后出台了一系列重大决策部署，推动生态文明建设取得了重大进展和积极成效。

2015年5月5日，《中共中央国务院关于加快推进生态文明建设的意见》发布，提出：加快推进生态文明建设是加快转变经济发展方式、提高发展质量和效益的内在要求，是坚持以人为本、促进社会和谐的必然选择，是全面建成小康社会、实现中华民族伟大复兴中国梦的时代抉择，是积极应对气候变化、维护全球生态安全的重大举措。要充分认识加快推进生态文明建设的极端重要性和紧迫性，切实增强责任感和使命感，牢固树立尊重自然、顺应自然、保护自然的理念，坚持绿水青山就是金山银山，动员全党、全社会积极行动，深入持久地推进生态文明建设，加快形成人与自然和谐发展的现代化建设新格局，开创社会主义生态文明新时代。并提出六个坚持的原则和方针：①坚持节约资源和保护环境的基本国策，把生态文明建设放在突出的战略位置。②坚持把节约优先、保护优先、自然恢复为主作为基本方针。在资源开发与节约中，把节约放在优先位置，以最少的资源消耗支撑经济社会持续发展；在环境保护与发展中，把保护放在优先位置，在发展中保护、在保护中发展；在生态建设与修复中，以自然恢复为主，与人工修复相结合。③坚持把绿色发展、循环发展、低碳发展作为基本途径。发展必须建立在资源

得到高效循环利用、生态环境受到严格保护的基础上，与生态文明建设相协调，形成节约资源和保护环境的空间格局、产业结构、生产方式。④坚持把深化改革和创新驱动作为基本动力。充分发挥市场配置资源的决定性作用和更好发挥政府作用，不断深化制度改革和科技创新，建立系统完整的生态文明制度体系，强化科技创新引领作用，为生态文明建设注入强大动力。⑤坚持把培育生态文化作为重要支撑。加强生态文化的宣传教育，倡导勤俭节约、绿色低碳、文明健康的生活方式和消费模式，提高全社会生态文明意识。⑥坚持把重点突破和整体推进作为工作方式。既立足当前，着力解决群众反映强烈的突出问题，打好生态文明建设攻坚战；又着眼长远，加强顶层设计与鼓励基层探索相结合，持之以恒全面推进生态文明建设。

中共十九大提出：加快生态文明体制改革，建设美丽中国。人与自然是生命共同体，人类必须尊重自然，顺应自然，保护自然。我们要建设的现代化是人与自然和谐共生的现代化，既要创造更多的物质财富和精神财富，以满足人民日益增长的美好生活的向往和需求，也要提供更多优质的生态产品，以满足人民日益增长的优美生态环境的需要。还自然以宁静、和谐、美丽。要推进绿色发展，着重解决突出环境问题，加大环境保护的力度，要牢固树立社会主义的生态观，推动形成人与自然和谐发展现代化新格局，为保护环境做出努力。

面对资源约束趋紧，环境污染严重、生态系统退化的严峻形势，公园建设必须树立尊重自然、顺应自然、保护自然的生态文明理念，走"坚持节约优先、保护优先、自然恢复为主"方针引领下的可持续发展道路。在新的历史时期，公园的建设发展方针就是以生态文明建设为指针，全面加强公园的生态文化建设。

三、以人为本营造文化

十九大提出了要一切为了人民，一切为了发展的重要思想，要不断满足人民对更加美好生活的向往等一系列重要理论。

公园建设的目的是服务人民，为人而"造"，群众是公园建设的主体。景观建造师奥姆斯特德认为：心智的活动是人们的另一项需求，追求幸福是人们行为的动力。"最佳唤醒"理论认为，公园是带给人视觉愉悦、心灵抚慰的地方，它舒缓人的心灵，解除人的无力感，是促进工作效率的催化剂。因此，公园的建设要从人出发，其设计施工都要考虑人的需求。

公园建设是贯穿于公园发展的全过程的，无论是新建、续建、改建、扩建、增建，抑或日常管理。不仅要重视有形的物质的建设，而且必须注重文化的构建和营造。找准文化定位，赋予文化内涵，增加文化底蕴，打造文化特色，提高公园的综合价值。武汉市沙湖公园的琴园，2013年建成开放。通过挖掘古琴园历史文化，注入有别于其他公园的"文化基因"，建设以古琴为主题的"琴园文化"，扩大了公园的影响力，实现了开门红，被人们称之为江城公园中的"新科状元"。琴园设计了Logo，恢复了古琴坊、琴桐馆等建筑，并邀请了楹联和书法大师撰写对联，谱写歌曲，提炼"琴园三绝"：谭延闿的字、康有为的联、黄侃的诗。建立了官方网站和微博，征集老琴园文物，营造了浓厚的琴文化氛围。武汉沙湖公园琴园建设是公园文化建设的优秀范例之一。

四、按照工程的运作规律进行建设

其程序可分为六个阶段：

（1）根据建设和发展需要，提出项目建议书。主要说明该项目立项的必要性和依据；条件的可行性、可获得效益的可能性。项目建议书是在调查研究的基础上提出来的，要对项目的规划、地点及自然资源、人文资源情况作出评估，明确投资估算及资金筹措来源。公园的建设项目建议书一般报行政主管部门或地方计委审批。

（2）可行性研究报告阶段。当项目建议书获批之后，即可着手进行研究，其基本内容是：项目建设的目的、性质、提出的背景和依据；项目的规模；地点、位置及现状分析；面积、总投资、工程质量标准、单项造价；项目的建设进度和工期；投资估算和资金筹措方式；经济效益及社会效益等。

（3）设计阶段。设计是对拟建工程实施技术上的和经济上的全面而详尽的安排，是建设工程的具体化。设计过程一般分为三个阶段，即初步设计、技术设计和施工图设计。

（4）建设准备阶段。项目在开工建设前，要切实做好准备工作。征地、拆迁、平整土地；完成施工所用的供电、水、道路设施工程；组织设备及材料的订货等；组织施工招投标，精心选定施工队伍。

（5）建设施工阶段。工程施工的方式，一般是委托承包单位负责完成。通过招投标决定承包单位，签订合同：明确工期；双方的义务和权利；工程款的数量和结算方式等。

施工管理是这个阶段的重点。包括：工程管理，质量管理，场地管理，安全管理，成本管理，劳务管理等。

（6）竣工验收阶段。竣工验收是建设工程的最后环节，包括五项工作：

①按照批准的设计所规定的内容和施工图纸的要求全部建成；

②技术资料、竣工图纸、竣工决算全部完成；

③由项目主管单位向负责验收的单位提出验收申请报告；

④负责验收的单位组织相关部门和人员进行审查，做出评估。对于不合格的工程不予验收；

⑤项目验收合格后，准予对外开放。

《北京市公园条例》第十八条第二款规定：新建、改建、扩建公园竣工后，应当由园林、规划、建设、公安等有关行政管理部门验收合格后方可投入使用。

第二节　建设节约型园林

节约有两层含义：一是杜绝浪费，即要求在经济运行中减少对资源消耗的浪费；二是在生活消费过程中，尽可能以最少的资源能源创造出相同的，甚至更多的财富。

2007年8月30日，建设部出台的《关于建设节约型城市园林绿化的意见》是一个具有战略意义的文件。文件提出：建设节约型城市园林绿化是要按照自然资源和社会资源循环与合理利用的原则，在城市园林绿化规划设计、建设施工、养护管理、健康持续发展等各个环节中最大限度地节约各种资源，提高资源使用率，减少资源消耗和浪费，获取最大的生态、社会和经济效益。

"节约"一词亦可称节俭、节省。此处之节约是指在公园建设管理过程中须遵循科学发展的理念，而不是为节约而节约。资源节约型社会以满足人民的生活需要为前提，离开这个前提，虽然资源节约了，却是"不发展的社会"，这是与科学发展观相违背的。建设节约型园林同样是以满足人民的需求为前提，在大力发展的基础上讲求节约，降低"物耗"。建设节约型园林绿化，不是缩小绿地面积、减少设施、降低苗木规格和质量，也不是追求园林绿化建设投资和成本的最小化，而是通过提高园林绿化决策、规划设计、施工建设和养护管理等环节的科学性，在同样面积的土地上以合理的资源、人力和资金投入，创造最大化的环境效益、生态效益和社会效益，实现园林绿化的可持续发展。即完善园林绿地的综合功能，通过土地利用效率，提高工作效率，提高投资的性价比，最大限度地减少不必要的资源消耗，避免各种浪费。

决策的科学化是建设节约型园林绿化的关键。在城市规划层面上，要以建设公园城市的目标，建设与学校系统、街道系统、排水系统、上水系统、交通系统等相并列的公园系统；以公园及水系等地理要素为基点，规划城市布局；要留足园林绿化的用地，按照市民出行500米见公园绿地的标准，规划建设城市各类公园。特别是在老城区的改造提升过程中，要弥补"历史欠账"，要"见缝插针，规划见绿，拆迁还绿，留白增绿"，逐步改变老城区少绿、少园的状况，提高人均公园绿地面积，实现公园的合理分布。

在设计层面上，要贯彻顺应自然、低碳环保、节约资源的理念，反对追求贪大求洋、华而不实、大树移植等做法；公园的设计，要坚持以植物造景为主的原则；要注重乡土植物的运用，把握"适地适树"的原则；注重雨水的收集和利用；注重新技术、新材料和节能设施的使用等。

植物是园林的基础要素，合理选择植物种类和种植方式是建设节约型园林绿化的重要环节。在种植结构方面，重视乔、灌、花、草复层结构，增加郁闭度，增加绿量。北京柳荫公园将21000平方米的冷季型草坪更换为对土壤、阳光、水分、肥料等要求不高的麦冬，每年节约水20400吨，节约经费4万多元。

节水、集水是北方园林绿化的重要课题。在这方面，我们的祖先给了我们极大的启示。北京北海公园的团城，面积4553平方米，高出地面4.6米，城上建有承光殿，供奉白玉佛，露置"渎山大玉海"，为元代玉瓮，是稀有的珍宝。特别神奇的是城上的数十株古树，历经沧桑，依然苍翠葱郁。其中两株油松和一株白皮松最为著名，分别被乾隆皇帝命名为"遮荫侯"和"白袍将军"，现在依然青翠欲滴。在这么高的砖砌的平台上，它们为什么长得那么好呢？经研究，原来当年修团城时，先人们就考虑了树木的养护问题，做了精心的设计：地面铺的青砖，磨成上宽下窄的倒梯形形状，使青砖之间形成一条条纵横交错的三角形空间"网络"，既透气又渗水，非常适合树木根系的生长，有效地起到了自然养护的作用。同时古青砖具有很高的吸水性，根据北京市水利科学研究所的测定，青砖所吸水的重量可达其自身重量的18.8%。现在，景山公园等效仿古人的做法，建了许多集水养护的设施，发挥了留住天水、节约水资源的作用。采用喷灌、滴灌的灌溉方式，也是节水行之有效的办法。

园以水而活，山以水而灵。水是公园构成的重要元素，有无水不成园的说法。在景观水使用方面，注重自然防渗处理，保护自然生态。公园水资源的循环利用是节约水资源的重要方式。河北省张家口水母宫景区，在水资源循环利用方面做了积极的尝试。该景区是清代当地一批毛皮商人因为利用此地的泉水洗毛皮获利而修建的水母娘娘庙，1949年收归园林部门管理。2015年，景区管理部门利用珍贵的水母娘娘庙下的大水泉的水，再造当年"清泉石上流"的景观，采用了循环水技术，建起了以亲水叠水为主的水景观，在庙下方建起了"莲花涌水"的景点。游客不仅可以在此观景游憩，而且可以自接自饮品尝当年曾获得（1951年11月2日）时任中央政府副主席宋庆龄称誉为"可与龙井媲美"的矿泉水。据国家地震局鉴定，此处的矿泉水是富含锶与偏硅酸的优质矿泉水。水母宫循环水技术的应用体现了环保和节约的理念。

在植物病虫害防治方面，采取生物防治技术；建设绿荫道绿荫停车场；在园林废弃物处理方面，采取循环利用的方式等，都是节约型园林有效的方法。特别应当重视科研在节约型园林方面的作用，让科研为节约型园林提供支撑。多年来，北京市园林科研院在支持节约型园林的建设中发挥了巨大作用。先后进行了"北京市城市绿化灌溉需水量的研究""再生水在园林绿化中的应用研究""再生水灌溉对游览植物及土壤的影响"及"再生水用于城市园林的安全性综合性研究"等项目的研究，先后编制了"北京城市园林绿地使用再生水灌溉指导书""草坪节水灌溉技术标准""屋顶绿化规范""北京地区地下设施复土绿化指导书"等，对指导节约型园林的建设发挥了重要作用。

第三节 公园的改造提升

一座公园建成后，随着时间的推移，会逐步走向老旧的状态。其主要表现为：公园设施陈旧落后，不能满足公园发展和游客的需求，损害城市的形象；公园的功能缺失，不能为游客提供充分的安全保障和优质的服务；公园的空间布局和使用结构发生了变化，不能更好地发挥公园的效应，不利于宜居城市的建设等等。公园出现这种状况，一般称之为老旧公园。老旧公园应当按照公园的标准进行评估和分析，适时地开展改造提升工作。

老旧公园改造不是轻而易举的事，从某种程度上说，改造提升工程也许比建一座新公园更难。清朝人钱泳在《覆园丛话》中有一段话很值得玩味："修改旧屋，如改学生课艺，要将自己之心思而贯入彼之词句，俾得完善成篇，略无痕迹，较造新屋者似易而实难。然亦要看学生之笔下何如，有改的出，有改不出。如仅茅屋三间，梁朽栋折，虽各有善手，吾未如之何也已矣。"汪春田观察有《重葺文园》诗，云："换却花篱补石阑，改园更比改诗难。果能字字吟来稳，小有亭台亦耐看。"老旧公园的改造亦应分"改的出"和"改不出"的两类，"改的出"的改，"改不出的"就应当重写，即推倒重来，一般这种情况较少。即使是改的出的，也应当分不同情况，分为小改、中改、大改三个等级，采取不同的规划、设计和管理的手段。"小改"应当是动态性的，在公园运营过程中发现问题须及时改，及时调整；"中改"应当是一个较长阶段，对于公园一个局部或重要设施的改造提升；"大改"应当是对老旧公园全面的改造提升过程。小改、中改做得好，不仅可以充分保障公园的生机和活力，而且能够延缓大改的周期，避免造成经济上的浪费和资源的损害以及给游客带来不必要麻烦。正如人的躯体一样，要早防早治，小病不治，大病难医。真正得了大病只好住院了。

老旧公园的改造提升工作，应当站在文化自信的高度。老旧公园改造提升的过程就是公园传承园林优秀文化传统的过程。中国园林中天人合一的理念，山水相依的情怀，深远不尽的布局，借景抒情的营造，以及"虽由人作，宛自天开"的境界等所构成的中国园林传统优秀文化是我们民族精神的凝聚，它赢得世界的赞誉。甚至可以说，以中国园林文化为魂的中国园林，同中国汉字一样，是融入中国人民血液中的基因，是传承中华文明的重要载体。因此，我们有能够自信的理由，来源于伟大的实践，来源于世人的认可，来源于真理，是中华文化自信的重要依据之一。老旧公园的改造提升要遵循"尊重原创、完善设施、传承文化、提高品质、引领需求"的原则，注重意境的提升，讲求艺术性和功能性的统一，寓情于景，塑造文化之魂。

老旧公园改造提升工作，应当把握生态文明这个角度。生态文明是人类进步的标志之一，是建设有中国特色的社会主义五位一体的战略布局，也是老旧公园改造的指导方针。公园中的园林生态是建设和改造提升公园的前提和归宿，是建立宜居城市的重要条件。因此要倍加关注和用心去营造。其规划、设计要充分考虑生物多样性的保护，充分考虑生态环境的保护，充分考虑乡土植物的运用，充分考虑资源的有效利用和节约。

上海市自2005年启动老旧公园改造提升工程，先后对全市111座公园进行改造提升。不仅提出了《上海市公园改造规划和设计指导意见》《上海市公园品质提升暂行规范》等五个文件，还提出了很多行之有效政策策略和方法，收到良好效果。他们认为：老公园，更多地记录了城市历史发展的烙印，承载了岁月时光的变迁，是城市不可多得的天然博物馆，更是市民找寻记忆和归属感的重要场所。所以在老公园的改造过程中，要保护这些公园的历史脉络和文化特色，形成鲜明的场所精神。老旧公园的改造提升工作，不仅应当跟上时代的发展，坚持高标准的规划设计，高水平的提升改造，同时应当实事求是，讲求科学性。理念决定改造提升工作的成败。在老旧公园的改造提升中要处理好尊重原创和创新发展的关系、景观提升与生态完善的关系、完善设施与完善功能的关系。要在调查了解原始设计的历史背景和时代特色的基础上，把握好记录、保留、维护、相同物替换、提升、重建等环节的度。

老旧公园的改造提升工作，在尊重原创传承文化的前提下，应当加大创新的力度。创新是公园生命力的源泉。老旧公园的改造提升，要充分理解和认识原创的意境和蕴涵，发扬其优势和特色，保持其原设计理念不变，风格不变，格局不变。在此基础上讲创新，即将新的理念融糅在改造提升的方案当中，比如绿色城市、海绵城市、智慧城市的理念，防灾避险的功能、社会老龄化的需求等。老旧公园的提升改造要树立科学严谨的态度，力求避免"前人栽树后人刨，前人盖屋后人扒"的做法。对老旧公园，不要轻易地妄下结论，不要轻易否定前人的设计及成果。也许有些公园确属豆腐渣式的烂项目，但相信大多数是有灵魂、有思想的作品，只是有些理念和做法人们一时未能读懂罢了。北京天坛，即圜丘，是过去明清皇帝祭天的重要场所。圜丘台面积约28.1万平方米，设壝两重，外方内圆，呈回字形，中为祭坛。域内地面全为城砖铺墁。20世纪50年代改造时，人们也许认为这里太空旷了，于是刨掉了坛域内部分海墁地面，在四边门内的甬道两侧统统栽上了白皮松，"蔚为壮观"。其实这正是破坏了祭坛庄严肃穆的氛围，实属画蛇添足。直到20世纪90年代，天坛人在重新审视它的文化神韵时，方发现这些树栽在这里纯属不伦不类，只好将它们移走，恢复了古坛神韵。大家都知道陶渊明是伟大的诗人，被称为"田园诗人"，"采菊东篱下，悠然见南山"，这样的名句是家喻户晓的。但在当时及以后的一段时间内，对他的诗的评价并不高，在《诗品》书中，仅被列为中品。但是时间越后，评价越高，最终成为中国伟大诗人之一。这样的事例中外都不乏其事其人。

公园的设施是公园的命脉，是公园生存和发展的物质基础，也是一个公园的形象，乃至是一个城市形象的缩影。是老旧公园的改造提升的重点工程。公园的设施包括：基础设施、景观设施、服务设施、管理设施等。2013年，北京市拟对100座公园分期分批进行改造。首批改造10座公园，估算投资1.868亿元。据北京市园林绿化局2013年对全市公园的调查分析，约65%的公园给排水系统出现老旧；约70%的公园电容量不足，20%的公园电容量严重不足，25%的公园电缆线老化严重；70%的公园景观设施破损严重；65%的公园缺乏公共厕所，70%的公园出有公厕设施老化严重；90%以上的公园缺乏座椅、垃圾箱、标识牌等服务设施；30%的公园缺乏游客服务中心；70%的公园存在园路破损严重或不实用的问题，74%的公园铺装道路及广场非透水性材质；23%的防灾公园设施有名无实。在对游人的调查中，65%的游客认为公园活动场地少，噪声干扰大；80%的游客认为公园缺乏避雨设施；55%的游客认为公园缺乏老年人活动设施；75%的游客认为公厕偏少；85%的游客认为公园停车场地不足等。99%以上的游客对老旧公园的改造提升项目表示支持。

老旧公园的改造提升工作，一定要依据有关的法律法规和有关标准进行，特别是新的《公园设计规范》是指导老旧公园改造提升的重要依据。在优化公园布局、结构、景观的过程中把握一个度。公园的功能应当是科学有限的，要在调查研究的基础上对功能作适度调整，以改造提升为契机，引领游客的需求，满足游客的基本需求和优势需求。公园不是万能的，不是百宝囊，不可能满足游人的所有需求。公园不可能把社会的需求都安排到公园中来，比如广场不可过分扩张，游乐体育设施和经营网点不可随意增加等。

老旧公园的改造提升工作是一项系统工程。应当遵循"以政府主导为前提，以提景观品质为核心，以优秀园林文化为灵魂，以建成宜居城市更好地为市民为游客服务为目的"的指导思想，从调查研究入手，抓住制定规范、评估分析、规划设计、资金落实、改造施工等重要环节，真正把公园改造提升工作做细做好，做到"人民满意"的程度，为把城市建成"公园化"的城市贡献力量。

附：上海市公园改造规划与设计指导意见

上海市公园改造规划与设计指导意见

（沪绿〔2005〕0085号）

公园是公益性的城市基础设施，是改善区域性生态环境的公共绿地，是供市民休闲、健身、娱乐和文化生活的重要场所。公园作为城市的一个窗口，一定程度上反映该城市的文明程度和社会进步程度。

一、背景与现状

截至2004年年底，全市有141座公园。其中，在1990年以前（含1990年）建造的公园达到80座，占全市公园总数的56.7%。

长期以来，公园人满为患，公园环境一直处于超负荷状态。游客活动、锻炼的场地不足，导致草坪、树坛随意践踏，植被被破坏；面对老年游客这一主要服务人群，符合他们需要的厕所、园椅、避雨亭、报廊、停车场等人性化服务设施还不够；公园"动和静"功能区域划分与周边环境不协调；早期设计没有考虑无障碍系统等，现有的基础设施和功能布局等与市民休闲、健身、娱乐等要求不相适应。

同时，由于历史欠账多，这些公园均不同程度呈现老化，园内设施陈旧。如：道路破损、厕所不达标、照明设施和指示牌破损、供电系统和排水系统不完善等。近年来，结合星级公园创建，部分公园得到了改造，但总体上老公园的基础设施陈旧等情况依然存在。

传统公园园墙封闭，与外界环境呼应不够，没有充分发挥公园的美化功能，融公园、街景于一体；园内植物受到长势和周边环境的影响，尤其是近几年公园旁边建造了大量高楼，阻挡了阳光，造成植物生长不利。

不少有一定历史价值的老公园，由于长期忽视公园特色的培养，不重视自身文化内涵的发现，对公园内的历史建筑物和大树缺乏精心保护，造成原有历史风貌、特色景点渐渐淡化和消失。

二、指导思想

从完善公园的规划布局、共享公园绿色空间、改造公园基础设施、丰富植物群落、提升公园文化内涵、恢复和营造公园特色等方面着手，结合公园免费开放，重点改造与市民生活、城市景观密切相关的影响较大的公园，将改造好的公园以崭新的形象呈现给广大市民游客。

三、遵循的原则

3.1 坚持遵循相关条例与规范的原则

改造规划与设计必须遵循现行《上海市植树造林绿化管理条例》《上海市公园管理条例》《上海市古树名木保护管理规定》和《公园设计规范》（CJJ-48-92）等相关条例与规范。规划设计中涉及的经济技术指标和经营服务性建筑设置等内容必须按条例和规范的要求严格执行。

3.2 坚持保持公园历史风貌的原则

改造规划与设计要尊重历史，保护和利用历史性景观，保持公园原有文化特色、风格和基本格局。对于历史名园、保护性公园、特色专类园及重要历史景点等要保护为主，做到尊重历史，慎重修复，恢复特色。一般性公园的改造要注重公园风格整体协调与统一，做到保留在先，适当调整，提升特色。

3.3 坚持遵循生态与景观并重的原则

以尊重原生态环境为前提，保护原有较好生态环境的基础上，营造丰富的生境，达到自然环境可持续发展。坚持以生态学原则为指导进行植物造景，保护现有的树木、植被资源，修复或塑造公园富有特色的生态和植物景观风貌，调整原有不合理的植物配置。

种植设计上，要选用地带性植物和自然化设计。

3.4　坚持遵循以人为本的原则

改造规划应根据区域规划和功能定位及公园免费开放的要求，进一步完善公园的功能布局。以市民需求为基准点，布局调整要尊重和满足游客休闲、健身、娱乐和文化生活等功能要求，公园设计要尊重人的使用习惯和行为特征，园路设计和设施设置等要注重公园免费开放后，由于游客、人流发生的变化出现功能性的变化和调整。

提倡公众参与设计、建设和管理。

3.5　坚持遵循实用、经济、美观的原则

改造是重点提高和完善与市民游客关系密切的基础设施，增加游客需求的健身休闲的活动场地、园椅、照明、厕所、无障碍设施等人性化设施。研究和完善老公园的排污、排水系统建设。研究和探索公园水体、水质的修复与维护措施和技术。

公园改造要遵循有利于今后的日常管理和低成本维护。

四、规划设计导则

《上海市绿化植树管理条例》《上海市公园管理条例》《上海市古树名木保护管理规定》和《公园设计规范》（CJJ-48-92）等是公园规划设计和改造的主要依据，本导则根据上海公园改造规划的具体要求，在条例和规范的指导下，对实际改造中碰到的主要问题、重申条例和规范的规定和要求，并根据公园改造的特点，设定控制性要求。

4.1　现状调查与评价

规划设计前要对公园范围内原有地形、水体、建筑物、植物、地上或地下管线等设施进行调查后，作出科学合理评价和分析，提出相应处理意见。

园内原有古树名木、健壮的乔木、灌木、藤本和多年生草本植物应充分保护、保留和利用，并在现状图上标明。

园内原有的文物和有纪念性价值的建筑物、构筑物，应予以保护并结合到园内景观之中。

设计前要对公园现有的游人状况进行调查分析，并作为改造方案计算各种设施容量、个数、用地面积以及进行公园管理的依据。

4.2　主要用地比例的控制

公园内绿化、建筑、园路及铺装场地等用地的比例应按《公园设计规范》中表2.3.1的规定进行控制。

公园内园路及铺装场地用地，可依据各公园实际游人活动特点和游人量状况，按表2.3.1的规定值适当增大，但增值控制在公园总面积的8%以内。

公园内改建和新建建筑物，要按表2.3.1的规定严格控制园内的建筑用地。管理建筑（Ⅱ）和游览、休息、服务、公用建筑（Ⅲ）按规定分类计算。

4.3　布局

优化公园的总体布局，保留公园原有良好的历史风貌和文化特色。公园功能或布局的调整，应根据公园性质、现状条件和游人特点，确定各分区的规模及特色。

合理增加市民休闲活动空间，满足人们对健身、娱乐、休憩等基本需求。

综合性公园要充分考虑为区域服务的功能，内容包括多种文化娱乐设施、健身活动、儿童游戏场和安静休憩区。

历史名园修复设计必须符合《中华人民共和国文物保护法》的规定。

居住区公园要结合区域特点，要照顾老人的游憩、健身需要和设置儿童游戏设施。

公园内景观最佳地段，不得设置餐厅及集中的服务设施。管理办公等建筑不得设置在公园游览区域内。

4.4　植被修复与种植设计

种植设计调整应尊重原有公园植物布局和组群类型。保留和复壮公园的大树，保护有重要历史价值和稀有树木资源，修复公园原有特色的生态景观和景点。

对保留的植物群落、树木等要制定保护措施和施工要求。在保留的植物群落、树木等范围内，不得损坏或改变原有土层和地表高程。

丰富公园植被，新增植物种类的选择，应符合下列规定：

一、适应栽植地段立地条件的当地适生种类；

二、选用能体现公园特色或主题树种。

4.5　园路与活动场地

公园主要园路应具有引导游览的作用、要做到明显、通畅、便于集散。主要园路、出入口要便于通过残疾人使用的轮椅，其宽度及坡度的设计应符合《方便残疾人使用的城市道路和建筑物设计规范》中的有关规定。

生产管理专用路不宜与主要游览路交叉。

铺装场地应根据集散、活动、演出、赏景、休憩等使用功能要求作出不同设计。安静休憩场地应利用地形或植物与喧闹区隔离。

场地铺装和结构层要采用透水、透气、防滑和无污染材料，减少铺装对原有树木、土壤和水体等产生的不利影响。

4.6　建筑物

建筑物的位置、朝向、高度、体量、空间组合、造型、材料、色彩及其使用功能，应符合公园总体设计的要求。公园内不得修建与其性质无关的、单纯以营利为目的的建筑。

游览、休憩、服务性建筑物以一层为宜。

亭、廊、花架、敞厅等供游人坐憩建筑，要满足游人使用或赏景的要求。

管理设施和服务建筑的附属设施，其体量高度应按不破坏景观和环境的原则严格控制。管理建筑层数不宜超过二层。

建筑设施应符合方便残疾人使用的城市道路和建筑物设计规范要求。

4.7　本导则中没有提到的项目和内容，按《公园设计规范》中规定要求执行。

第四节　智慧公园的建设

智慧公园是智慧城市的组成部分，是公园在数字化基础上新的管理模式。

一、智慧城市

智慧城市的概念源于数字城市的发展。2004年，西班牙工业部完成了全球第一个数字城市计划的制定工作。2008年11月，在纽约召开的国际关系理事会上，IBM提出了"智慧的地球"这一理念，进而引发了智慧城市建设的热潮。2009年，迪比克市与IBM合作，建立美国第一个智慧城市。利用物联网技术，在一个有6万居民的社区里，将各种城市公用资源（水、电、油、气、交通、公共服务，等等）连接起来，监测、分析和整合各种数据以做出智能化的响应，更好地服务市民。2010年，IBM正式提出了"智慧的城市"愿景，希望为世界城市发展贡献力量。

2013年1月29日，住房城乡建设部公布首批国家智慧城市试点名单。首批国家智慧城市试点共90个，其中地级市37个，区（县）50个，镇3个。根据《2015—2020年中国智慧城市建设行业发展趋势与投资决策支持报告前瞻》调查数据显示，中国已有311个地级市开展数字城市建设，其中158个数字城市已经建成，并在60多个领域得到广泛应用，同时最新启动了100多个数字县域建设和3个智慧城市建设试点。

各国在智慧城市方面的探索与实践，都注重通过新一代信息技术的应用，从市民需求出发，以各种基础网络为支撑建设感知设施，通过信息的融合分析提供智能服务。建立和推动政府部门、企业、科研机构及用户参与协作的用户体验、设计创新与示范推广，并推行了可持续能源、节能建筑、智能家居、电动汽车等计划。如通过运用智慧电表和能源反馈等技术，让耗能状况"可视化"，进行对能源使用进行评估和改善的实验与示范应用。

"智慧城市"有四大特征：全面透彻的感知，宽带泛在的互联，智能融合的应用以及以人为本的可持续创新。据统计，截至2012年2月底，中国提出智慧城市建设的总数量已经达到了154个，计划投资规模超过1.1万亿元。而在"十二五"规划或政府报告中提出建设智慧城市的地级以上城市共有41个，其中副省级城市10个，直辖市中北京、上海、天津均提出了智慧城市建设。

当今世界正在发生巨大变化：正从物理空间和人类空间组成的二元空间向增加了信息空间的三元空间迈进。人类可以人机交互、大数据、自主装备的自动化间接改造世界，人工智能2.0时代正向我们走来。智慧公园正伴随着智慧城市的到来展现在人们面前。

二、智慧公园

公园的智慧型建设是公园适应新时代、新技术、新需求、新发展的必然趋势。一方面为游客提供个性化服务，另一方面对数据进行实时采集和分析，加强对于人流、车流、景观流的动态管理，提高公园管理水平。实施智慧公园建设的项目有：

（1）电子门票：以RFID电子门票平台为基础，整合导览、讲解、定位、车流和客流数据采集之间的关系，将采集的所有数据整合一起，通过统一的管理平台来实现各系统之间的联动。

（2）园内消费：游客可以通过RFID电子钱包功能进行充值，在园区进行消费，其中主要存放持卡人的现金充值额等账目信息，与公园一卡通中心数据库保持同步，每笔消费均形成流水计入总账。

（3）游园导览：通过LED大屏或者触摸屏实时了解园区商家优惠活动，为游客带来购物便利，也为园区经营带来增值服务，同时能通过LED大屏幕或指路牌的触摸屏实现位置感知、在线导航、在线投诉等，使园区管理更加规范。

（4）位置感知：通过RFID人员定位、实时统计园区活动人数，可以避免人员高峰期带来的拥挤，为园区管理制定更好的应急预案，防患于未然；同时通过手机或信息触摸屏查询人员位置，防止小孩丢失。

（5）安保在线：游客如遇紧急事件，可通过公园内的紧急按钮向园区安保人员求助，公园安保人员通过电子地图便可知道具体报警地点，同时通过园区视频监控系统与求助系统联动，为安保人员提供应急方案。

（6）资产管理：通过定期对园区设备的巡检，了解园区资产情况，使园区设施能够得到更好的维护，产生统一的维护报表。

（7）Wi-Fi热点覆盖：实现整个公园无线覆盖，游客可通过移动终端与外界进行沟通。

（8）节能环保：通过环境监测，实时调节室内温湿度，为游客提供舒适的旅游环境；通过对整个园区用水用电进行数据采集，生成统计报表，为园区管理提供数据依据，制定更加完善的方案，减少水电的浪费。

（9）建立多元化的自媒体网络平台，面向公众分层次提供官方网站、微博、微信和手机导览客户端综合性网络服务，形成自媒体智慧服务新局面。

（10）AR和VR，即虚拟现实技术和增强现实技术的应用。AR虚拟现实是指借助计算机系统及传感系统技术生成一个三维环境，创造出一种崭新的人机交互状态，通过调动人的所有感官带来更加真实的、身临其境的体验；VR增强现实即将真实世界与虚拟世界无缝衔接，达到超现实的感官体验。

（11）大数据的开发与利用。大数据是信息化发展的新阶段，中国将形成"万物互联、人机互动、天地一体"网络空间，公园要和互联网、大数据、人工智能深度融合，发挥数据的基础资源作用和创新引领作用，解决公园在建设、发展中的难点和痛点，让公园管理插上腾飞的翅膀。

2015年1月，颐和园官方APP正式上线。随着APP的利用与服务，颐和园面向公众提供的自媒体网络平台智慧旅游服务也逐步趋于成熟和完善。只要手机里安装一款颐和园免费提供的APP导览软件，便可尽情畅游皇家园林，感受历史，体验文化，让游览尽在一掌指控。游客在颐和园门区用手机扫描二维码安装软件，手机上立即定位显示"您所在的景点是颐和园……（具体的位置）"，然后软件自动推送详细的图文及语音介绍，并推荐从这里游园的各条线路，游览途中还可以通过电子地图查看景点附近的商亭、厕所等服务设施。对游客来说，"颐和园面积广，景点多，有了这样的导览，游园不再是走马观花了。"导览里包含了全园112个景点近8万文字和主要景点语音介绍、160余张图片，全面深刻介绍了颐和园的景观文化，详细准确地解说颐和园的文化。它像一个经验丰富的讲解员，为游客提供生动的语音解说及详尽的图文介绍；当离开颐和园时，它是一本妙趣横生的颐和园百科全书，图文并茂地展示着颐和园深邃的文化内涵和丰富的历史积淀，让游客领略中国皇家园林文化的艺术魅力。

颐和园建立的APP除了包含传统导览APP的地图、解说等功能外，还推出"iBeacon"传感设备进行定位，会对10米至50米范围内的客户端进行调节式触发，自动推送当前景点。游园时，游客只需要打开蓝牙设备，便会随时接收信息服务。

全新的智能参观方式，智慧化的导览和系统正在悄然改变着人们的出游方式，让游客能便捷获取游园的各种信息，也成为人员讲解服务的重要力量和补充。目前，智慧公园服务辐射面广、针对性强、亲和度高、传播性好，在一定程度上提高了公园的社会影响力和对公众的服务力，取得了较好的社会效益。

三、圆明园的数字再现

圆明园有着特殊的历史地位和价值。这座中国园林的巅峰之作、清朝皇帝的人间天堂、被称为"万国之园"的皇家御园，因为帝国主义的一把野蛮之火化为了一片瓦砾和一园衰草。它是中国人民心头的恨，是中华民族肌肤上的痛。现在它是一座著名的遗址公园，是国耻纪念地。重建圆明园一直是许多国人的夙愿，但是困难重重很难实现。因此借助计算机三维技术，通过动画、虚拟现实等方式逼真地再现圆明园昔日辉煌，演绎圆明园的历史故事，成为解决遗址保护和满足公众需求的新选择。清华大学建筑学院教授、著名古建专家郭黛姮带领团队在充分掌握基础材料的基础上，将昔日圆明园的建筑和园林整合展示，人们可以了解圆明园150年的景观变迁和辉煌面貌；建立3DGIS工作平台，进行虚拟漫游，使文化遗产再现生机。圆明园毁于大火152年后，游客在圆明园遗址只要用平板电脑扫描所在位置的二维码，屏幕上就能立刻出现此地的数字还原景观。如果用更形象一些的描述——假设平板电脑能像眼镜一样戴在眼前，镜片是显示屏，游客走到哪，就能看到哪里几百年前的盛时图景，亭台水榭，宫殿辉煌，还配有阳光、云彩、植物、声音等效果。数字圆明园产品通过"5R"——虚拟现实（VR）、增强现实（AR）、混合现实（MR）、交互现实游戏（ARG）、感应现实（ER）技术，全方位调动感官，提供沉浸式体验。其中，虚拟游园系统通过虚拟现实技术，可以让使用者在任何地点进行虚拟游园、自由观景。其中包含了100个时空的2000张高清全景图像，可以模拟真人移动、旋转、行走。在此基础上开发的专业版，可供研究人员在数字场景中获得详尽的空间数据与真实体验，还可以在系统中标注、记录、发布、共享研究结果，并进行实时互动。除了基于遗址的导览应用，数字圆明园团队还与专业影视团队合作，拍摄《远逝的辉煌》圆明园数字纪录片。影片将实景拍摄与虚拟数字内容叠加，呈现出极富艺术性的效果。

"数字遗产，分享遗产"，即通过文化遗产的数字化，使更多人能够超越时空界限，走近文化遗产。用数字技术"再造"圆明园，既保护了文化遗产的现状，又使其更具可视化效果。圆明园数字化的应用和探索是成功的，成为能打动人的数字化作品的典范。

第七章　公园的发展

第一节　公园管理组织

　　组织是社会的群体，又称社会组织。它是人们为了合理地、有效地达到自己的目标，有计划、有组织地建立起来的社会结构。这种结构有明确分工和职责范围、有一套工作制度、有明确的目标。这种群体行为与环境交互作用，形成动力场或者叫社会场，对于这个群体的活动效率产生很大影响。这种交互作用包括形成条件：即人员条件和环境条件。人员条件是指成员多少、成员之间的相似性、配合性、个性特点、个体目标等。环境条件是指工作任务的性质、物理条件与其他群体的关系等。发展因素：即沟通的模式、角色结构、规范、领导、内聚力等。活动效果：即指成员的满足感和工作的成效。

　　一个正式的组织有如下特点：

　　经过了组织的规划过程，不是自然形成的，组织结构的特征反映设计者的管理理念；有明确的目标，或为追求利润，或为提供服务，或包括多种目标；讲究效率，工作协调，良好的个人与环境的关系，能以经济有效的方式达到目标；分担角色任务，形成良好的人群关系，分工专业化；建立权威，上级的正式权力是由组织赋予的。下级必须服从上级，以便贯彻执行命令；制定各项规章制度，约束个人的行动，要求组织的一致性；组织内的个人是可以互换的，不重视个人的独特性。个人只是听从组织的安排，力求适合组织与工作规范，以达成组织的最终目标。

　　一个公园的成功与发展，从本质上来说，源于一个优良的组织，而建立一个优良的组织是管理者的核心使命。健全完善的管理机构是公园管理的基本条件。在欧美国家，公园由专门设立的部门——公园局或公园管理委员会进行管理，自成系统。例如，英国伦敦的皇家公园由中央政府文化体育媒体部下属的皇家公园署（The Royol Parks）统一管理，公园署最高官员为执行总监，由国家文化部直接任命。下设公园主任，对8家公园进行监督。各个公园设公园经理总管全园，配备数名经理助理，公园的人员十分精简，一般不超过10人。通常是雇佣社会的专业承包商负责公园的景观、绿化、设施、卫生等维护工作。美国国家公园由国家公园局管理，州立公园由州立公园娱乐历史遗迹保护办公室进行管理。纽约市公园娱乐管理部的管辖范围很大，包括中央公园、海滩、社区花园、绿道及数量众多的各类运动场所。

公园的管理模式，是公园生存和发展的生命线。其模式是随着时代的发展在不断地变化，其目的是追求收益的最大化，即社会效益、环境效益、经济效益的最大化。

中国公园的管理模式有以下几种：

传统管理模式。公园传统的管理模式，是建立在事业单位的基础上设立的公园管理处。公园设园长（主任）、书记（二者可一人兼职，称为一肩挑）、副职若干人、主任工程师等。机构内部按业务分工设置部门科室，一般有两种形式：一种是设职能科室（股），直接领导下属班组，直接组织管理工作；一种是处机关设职能科室，处以下设队，队独立管理一方面的工作业务，队在经济上一般均不独立。传统管理模式，其优点是层次清晰，分工明确，系统性强；缺点是人员过多，机构臃肿，运营成本高等。

体制和机制是公园管理的两轮。社会化管理模式，即将公园的全部作业委托市场上的专业队伍承担，也可称为委托管理。新加坡早在20世纪80年代便开始采取承包商制度，把园林工作比如割草、树木修剪、移植、卫生管理，交由承包商负责，正式员工负责监督和检查工作进度和质量，然后确定一切工作在依照合约规定的条例进行。

公司化运作是公园管理的新模式，以经济合同的形式将新建公园的管理权以招投标的方式向社会有绿化施工资质的企业公开招标；企业自主投标；经过评标定标，确定年度养护管理人，以委托的"公园管理人"的管理模式，实施对公园的全面管理。公园内部不配备绿化工、清洁工、保安人员、后勤人员，等等，所有公园的各项工作由"公园管理人"通过市场化运作，采取招投标、签订合同等形式选择绿化队伍、清洁队伍及保安人员等来完成公园的各项工作，要求通过市场运作选择最优良的施工队伍、最先进的技术手段，以及较低的成本，高效优质地完成公园的各项管理工作。公园管理机构根据《园林绿化养护等级质量标准》对"公园管理人"的工作进行检查和督促。并根据评定的等级全额核定养护经费。

上海城市公园管理体制主要有以下五种类型：一是由绿化部门主管、绿化转制企业负责日常养护管理的公园。共有113座（包括6座市属公园），占全市公园的71.5%，公园由绿化部门主管，日常养护大多由前几年绿化行业管养分开改革后的绿化转制企业负责，养护经费主要由区或市财政拨付。二是由区属开发公司或土控公司等经营管理的公园。这类公园有15座，约占9.5%，公园主要由区属开发类公司管理，区属开发类公司下成立公园管理公司，负责公园日常养护管理和经营。三是由街镇管理的公园。这类公园有21座，约占13.3%，由街镇负责管理，公园日常养护由街镇委托的单位或公司负责，经费纳入街镇政府财政。四是相关政府管理部门管理的公园。这类公园有7座，分别由市政委、文管委、苏办等相关部门管理。五是民企经营管理的公园。这类公园有2座，即普陀的祥和公园、宝山的大华公园，由民营房产公司负责养护管理及经费投入。

公园作为社会新兴的事业，其群体构成和组织管理十分重要，中国进行了长期的探索。北京市早在新中国成立之初就成立了专门机构负责公园管理：1949年2月，北平市人民政府公用局设公园管理科；1950年5月，北京市人民政府公园管理委员会成立（北京市人民政府公园管理委员会直属人民政府，是北京市最早的独立公园管理机构），统一全市公园的管理工作；1953年6月，北京市人民政府将公园管理委员会与建设局园林事务所合并，成立北京市人民政府园林处；1955年2月，经北京市人民委员会第一次会议批准，北京市园林局正式成立；2006年，作为北京调整园林绿化管理体制改革的重要内容，北京市园林局、林业局被撤销，新成立北京市园林绿化局和北京市公园管理中心。北京市公园管理中心是市政府管辖的市属正局级事业单位，负责全市重要公园的建设和管理，在建设"国际一流的和谐宜居之都"首都的工作中发挥了重要作用。全国公园的建设管理归口于住房城乡建设部。各个城市大部分是在城建系统内设置园林处，少部分城市设园林绿化局直属市政府。比如北京、上海、天津、重庆等直辖市（有的与市容、市政合并）。其内部职能处室的设置，根据实际需要，从实际出发，达到统一、精简、效能、节约和反对官僚主义的目的。理想的模式应当与国际接轨，从上到下设立公园局，有效管理整个以公园为核心的园林绿化事业。

公园以成立公园管理处为基本形式，其职责是完善组织结构和管理机构，确定发展理念和目标，制定公园发展战略，明确风格特色，培养人才，提高组织能力。实践证明凡是搞得好的公园，其管理机构一定是观念先进、结构合理、运转良好的（图7-1）理念是核心。改革开放以来，公园社会化、公司化等形式的管理有很大发展，出现一些新的经验。比如，四川省成都市的浣花溪公园将酒店式管理引进公园，由四川锦江旅游饭店管理有限公司接手公园管理，安勇任总经理，设立了浣花溪公园管理委员会，下设安全质量管理部、环卫部、绿化部、工程部、财务部和办公室。制定了《管理章程》《质量综合评定办法》《物品采购程序》《物耗费用月控指标》《展览展出等活动管理协议》等规章制度，各个部门按照工作范围各司其职，严格遵循层级管理制、分工负责制、责权利连带制、命令服从制、奖优罚劣制、工作协作制等七项运行原则，取得良好效果，成为成都的一张亮丽的名片。北京的朝阳公园和奥林匹克森林公园是北京最大的两家公园，他们采取公司制，实行企业化管理，由董事长、总经理田锦和一人兼任，负责两个公园的管理，历时17年，创造了辉煌，取得了优异的成就。他本人获得北京市劳动模范、奥运会残奥会先进个人等荣誉称号，2016年被授予北京市优秀共产党员称号。

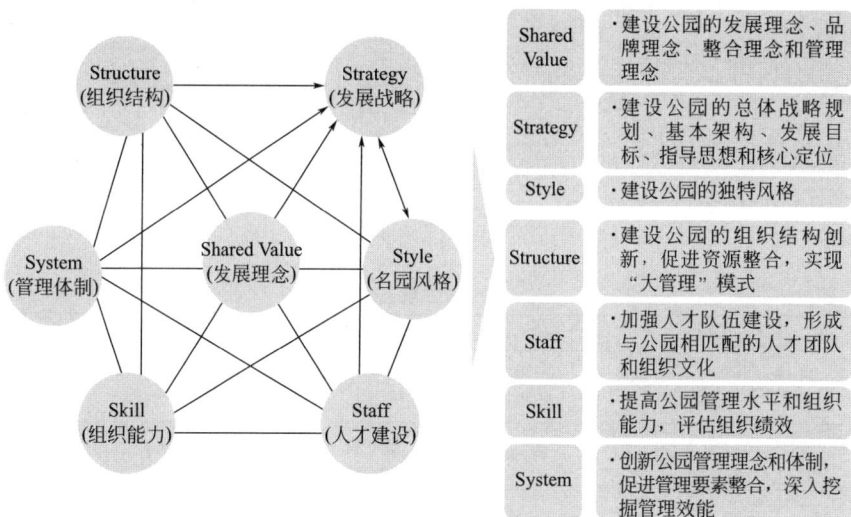

图7-1 公园发展组织构想图（7S）

171

第二节　公园的中介组织

公园是从园林中脱胎出来的，无论从性质、功能，还是从国家关于行业的划分，都属于园林，但是公园已经从附属的地位上升为核心，从某种意义上说园林就是公园。1992年国家建设部颁布的《城市园林绿化当前产业政策实施办法》指出：我国的城市园林绿化在国民经济中已经形成了独立的产业体系，是城市的基础设施，是城市社会保障和社会服务系统中的组成部分，属于第三产业。随着社会的进步和时代的发展，公园的发展日新月异，无论是公园的数量，还是公园的质量，都在发生着根本性的改变。公园业已成为园林的重点，在行业内部和社会上扮演着越来越重要的角色，形成了一个相对独立的行业，逐步被社会所承认。1995年，中国成立了中国公园协会，并加入了国际公园与康乐协会。之后，在北京、上海、广州等地都相继成立了地方的公园协会。这是行业形成的重要标志之一。

在改革开放的形势下，公园的发展迅猛，其数量和质量都有了显著的增长，为公园行业的形成创造了条件。同时，公园的发展也改变了过去计划经济时"一刀切"的体制，逐步发展成为以国有为主体，多种经济成分建设公园的百花齐放的局面，有集体的、个体的，还有股份合资兴建的等。据统计，园林专业部门以外的社会单位、团体兴建的公园面积占相当比例。全国1997年为25.07%，1998年为24.98%；上海1997年为3.7%，1998年为4.43%；所占个数比例1997年29.8%，1998年为30.5%（表7-1）。

城市公园社会结构表　　　　　　　　　　表 7-1

年份	地区	公园面积（公顷）	其中：社会公园面积（公顷）	比例 %	公园数（个）	其中：社会公园数（个）	比例 %
1997	全国	68933	17284	25.07	3818	1139	29.80
1998	全国	73198	18292	24.98	3990	1220	30.50

同时，公园的种类也呈现出多样化的特点，有历史名园，有古迹保护公园，有文化主题公园，有游乐园，有城镇广场、湿地公园、风景名胜区，也有社区公园、带状公园、环状公园、绿道公园，等等，大大丰富了公园的内涵和外延。

公园的行业管理是随着公园事业的大发展而逐步开展起来的。大致可以分为三个阶段：1992年之前，公园的行业管理主要以行政手段和建立自律机制对公园行业进行软性的干预。以北京为例，一是抓规划设计这个龙头工作，对每个公园的规划设计都认真组织论证，严格把关。二是抓公园的宏观控制，通过备案登记制度，对全市公园实行分级分类管理，对每一级的公园都制定了管理标准和规范。三是抓基础建设，运用国债近2亿元，拉动全市近10亿的资金，对全市近百个公园进行建设、改造，治理黄土裸露问题，建造精品公园，促进了全市公园上水平、上档次。北京市先后制定了《全市公园行业目标管理规定》《北京市公园行业目标管理标准》《北京市公园行业目标管理检查评比标准细则》等文件，《十四个岗位的服务规范》《公园管理人手册》等一系列行业内部的标准，规范公园的管理行为，提高管理水平。通过办班培训，典型引路，推广先进经验等方式，将ISO9000、ISO14000和ISO18000质量和环境认证体系引入公园管理，使公园管理逐步走上科学化，同国际接轨。组织公园行业的检查，建立激励机制。采用自上而下和横向的明察暗访，联查、互查、自查等方式，并形成一种制度，长期坚持，使各项规范和要求落到了实处。在行业管理初期阶段，为解决园容卫生和服务两大难点问题，人们总结了"反复查，查反复""用检查覆盖管理"等经验，不仅提高了公园管理的水平，同时也培养了一批队伍，提高了全行业职工队伍的素质。

1992年之后步入以法管理阶段。1992年，国务院颁布《城市绿化条例》以及各地先后出台的公园（管理）条例，是公园行业管理的依据。它有力地推动了公园管理的法治化和制度化。比如《北京市公园条例》，对政府、社会、公园、游客等各方面以及公园发展的规划、土地、资金、建设和管理都作了明确的规定。特别是为园林行政部门设定了审批（核）的权力。《城市绿化条例》以及各地先后出台的公园（管理）条例的实施，使公园行业的管理走上了依法管理的轨道。

第三阶段，随着中国改革开放的深化和发展，政府转变职能，注重充分发挥行业协会的作用。行业协会具有提供公共服务的基本功能。公共服务包括公益性服务和互益性服务，在市场经济中，交易者之间除了各自谋求自身利益最大化以外，存在谁也不会按照自私的原则去维护但又很重要的"公有地"。在行业范畴内，需要依靠行业协会来提供各种互益性的公共服务，包括维权、行业公约、信息共享，等等。公园协会是公园行业的群众性组织，是政府和公园之间的桥梁和纽带。1948年，一些国家的造园师在英国伦敦开会，成立了国际造园师联合会（IFLA）。1957年，成立了国际公园与康乐设施协会（IFPRA）。

中国公园协会成立于1995年，协会的宗旨是：遵守宪法、法律、法规和国家有关政策，遵守社会道德风尚，团结和组织全国公园行业工作者，继承并发扬中国园林的优秀传统，加强国际的交流与合作，吸收世界园林保护、建设、管理先进经验，协助业务主管部门加强公园管理，提高全行业科学管理水平，促进城市园林绿化建设和科学发展；加强调查研究，密切公园绿地间的联系，反映会员的诉求和建议；代表会员的利益，保护公园绿地，为改善生态、美化环境，为人民群众提供休憩和开展科学、文化活动的园地，促进人民身心健康；深入学习实践科学发展观，加强社会主义物质文明和精神文明建设，为全面建成小康社会，构建社会主义和谐社会作出贡献。中国公园协会的主要任务是：

（1）调查了解各类公园绿地的情况，反映会员的意见和诉求，向行政主管部门提出意见和建议，提供行业发展情况和资料。

（2）宣传贯彻党和国家有关方针、政策、法规、标准，组织开展公园绿地规划、建设和经营管理经验交流，互通信息，加强协作。举办全国性或地区性的研讨、讲座，以各种形式促进公园管理水平的提高。

（3）开展有关科学技术、历史文化知识宣传，促进公园绿地的德育、智育、爱国主义宣传教育。加强对公园绿地、园林动植物物种和城市生态环境的保护，维护城市生物多样性，制止侵占公园绿地和破坏绿化成果、自然或文化遗产的行为。

（4）开展与宗旨相关的咨询和技术服务。

（5）开展同国际有关组织机构和专家的交流，发展同有关国际组织和同行业工作者的友好联系，组织参加有关国际会议、展览、信息交流和合作等活动。

（6）组织拟定行规行约，维护会员合法权益。

（7）经政府有关部门批准，推荐、奖励对行业发展有重大贡献的单位和个人。

（8）依照有关规定编辑出版有关信息资料和书刊。

（9）承办业务主管部门及其他社会团体委托事项，开展促进本行业发展的其他活动。

中国公园协会自成立以来，认真贯彻党和国家的方针政策，实行行业自律，反映会员的诉求，维护会员的权益，为会员服务，为政府服务等，在众多方面发挥了重要作用：一是承接住房城乡建设部园林处等部门的一些政府职能，协助开展有关公园行业的工作；二是开展行业的培训；三是进行国内外行业的交流；四是加强与国际公园康乐协会的联系；五是开展行业有关方面的评选活动，树立典型，推动公园事业的发展；六是出版《中国公园》杂志等。

北京市公园绿地协会，多年来参与行业的检查评比工作，创建文明公园行业，接受政府委托，开展专题调研，进行精品公园复查等。为会员引入"解说"理论和"公园之友"的理念，开展"景观论坛"，出版《景观》杂志，评选"景观之星"，组织经验交流考察等各项活动，发挥了积极作用，被评为"先进社团组织"。上海市和贵州省的公园协会还担负起行业有关资质认定和公园管理经费的运作等行政职能。深圳市公园协会负责星级公园的评定工作。

充分发挥园林学会、公园协会的作用，许多政府职能由学会承担，这既分担了政府的责任，同时保证了工作的专业性，是国际通行的规则。比如：加拿大安大略省园林学会是加拿大国家园林学会之一，园林学会有250个会员，1500家公司，个人会员1000人，园林学会有六个部：贸易交流部，园林维护部，植保部，园林设计管理部，给、排水设计部和培训部。园林学会有很高的权威，如颁发的园林设计师执照美国也承认，园林学会帮助企业规范化经营，从经营道德到用工制度，为社会人员上岗就业培训，均得到政府的充分肯定，政府还提供办学经费。园林学会还组织技术交易、展览、出版活动。不列颠哥伦比亚省的园林学会也有40年历史，其中注册园林设计师有200人。

又如大巴黎奥维市是法国的鲜花城市，市政府设有鲜花城市管理委员会，其中，有市民代表，负责向市民解释每年的措施。政府还要向民间协会提供办公场所，不少相关工作都是通过协会进行协调。

再如伦敦皇家公园则设置了慈善机构，叫作皇家公园基金会，负责为皇家公园的管理和发展进行筹款。为了保证资金的使用，基金会管理与公园管理机构是分开的。公园内外放置的彩色大象，是一个动物保护组织放的，在圣·詹姆斯公园共放了35尊，仅这一项活动就能为公园筹得1200万镑发展基金。

总之，公园学会或协会的存在对保证城市公园发展、建设和管理都起到了积极的作用，与政府主管部门的工作起到了互相补充的作用。随着中国改革开放的发展，公园行业的管理面临着重大的机遇和挑战，一方面要逐步同国际接轨，用世界一流的眼光去审视我们的工作，不断满足游客的需求；另一方面要用改革创新的思想，从机制和体制等方面不断探索，不断把公园行业的建设和管理推向一个新的阶段。行业协会参与行业管理是时代的需要和市场经济的需求。十九大报告中对社会组织寄予很大希望，积极拓展行业协会的职能，充分发挥桥梁和纽带作用。各级人民政府及其部门要进一步转变职能，把适宜于行业协会行使的职能委托或转移给行业协会。在出台涉及行业发展的重大政策措施前，应主动听取和征求有关行业协会的意见和建议。行业协会要努力适应新形势的要求，改进工作方式，深入开展行业调查研究，积极向政府及其部门反映行业、会员诉求，提出行业发展和立法等方面的意见和建议，积极参与相关法律法规、宏观调控和产业政策的研究、制定，参与制定行业标准和行业发展规划、行业准入条件，完善行业管理，促进行业发展。同时指出：行业协会要加强自律，切实履行好服务企业的宗旨，积极帮助企业开拓国际市场等。中共中央的指示和决策，标志着行业管理的一个新的历史阶段即将到来。

第三节　公园志愿者

志愿者是社会文明的重要标志。志愿者是指志愿贡献个人的时间及精力，在不为任何物质报酬的情况下，为改善社会服务，促进社会进步而提供服务的人。志愿工作具有志愿性、无偿性、公益性、组织性四大特征。参与志愿工作既是"助人",亦是"自助",既是"乐人",同时也"乐己"。参与志愿工作,既是在帮助他人、服务社会,同时也是在传递爱心和传播文明。志愿服务个人化、人性化的特征,可以有效地拉近人与人之间的心灵距离,减少疏远感,对缓解社会矛盾,促进社会稳定有一定的积极作用。它提倡"互相帮助、助人自助、无私奉献、不求回报"的精神。志愿者凭借自己的双手、头脑、知识、爱心开展各种志愿服务活动,无偿帮助那些处于困难和危机中的人们。公园志愿者是指以公园为阵地,"倡导文明游园、参与公园管理、共筑理想家园",开展志愿服务活动的人及组织。

北京公园的志愿者称为"公园之友"。2006年,景山公园根据自身特点,借鉴国外成功经验,成立"公园之友"队伍,建立"公园之友办公室",不定期召开公园之友代表会议,宣传公园的形势、任务和要求,让公园之友了解公园的发展和变化,参与公园管理,使公园之友感到是公园的主人,共同管理是自己的责任,有社会认同感和归属感。景山公园位于北京中心地带,每年要接待中外游客800多万人次。这里也是市民自发歌咏活动、健身娱乐的场所。每天来景山公园健身娱乐的市民有数千人,周末更是达到上万人。公园之友最初解决的一个问题,就是公园噪声问题。活动团体热闹的"噪声",打破了中外游客静心赏园的愿望,让公园的管理陷入两难境地。当时,公园活动团体逐年增多,音箱声音过大,出现踩草坪、悬挂物品上树等现象。这与其他游客、游园市民的需求发生了矛盾。公园之友队伍成立后,情况很快有了改观,双方形成了互相理解的良好局面。他们积极遵守公园的"限时控流"规定,减少活动时间,将最好的游园时段留给中外游客。在玉树和舟曲的全国哀悼日中,公园之友还紧急通知54家团队,停止园内一切娱乐活动。哀悼日当天,许多公园之友都开展了宣传劝阻园内娱乐活动的志愿行动。文明游园成为新风尚。与此同时,公园之友还参与了更广泛的文明游园引导、优美环境营造活动。他们围着绿色"环境文明引导员"丝巾、戴着袖标上岗,一边向游客发放文明游园的倡议书、宣传册,一边对个别游客随地吐痰、乱丢垃圾的不文明行为进行劝阻。"公园之友"和工作人员组成的售验票、厕所服务、卫生保洁等五支文明引导员队伍,对数万名游客进行了文明引导。公园之友与公园主动联系、有序组织、发挥自管作用，形成了良性互动的良好局面。景山公园有公园之友百余人，全年志愿者活动时间达300多个小时，其中年龄最小的7岁，最长者93岁。公园建立了《公园之友个人登记表》《公园之友活动团体登记表》《景山公园之友公约》等制度，规范公园之友管理，了解游客文娱健身活动的基本情况并提供更好的服务。

2014年，武汉市公园首开先河，在全国同行业率先开展"市民园长"工作并建立长效机制。"市民园长"经过自愿报名、公开选聘、综合审定，27个公园选聘28位市民园长和54名特邀管理员，后来这两个数字增加为30和59名。2014年9月1日正式上岗。市民园长和特邀管理员组成志愿者团队，轮流值班巡察，帮助公园维护环境卫生、劝阻不文明行为。他们坚持耐心引导、爱心引导，形成了群众自治和共管的局面。为了使公园市民园长和特邀管理员的运行机制长效化，他们制定了《武汉市公园市民园长和特邀管理员管理办法》，规定了市民园长和特邀管理员的义务和权力。比如，凭市民园长证可带两名家属免费参观黄鹤楼公园、武汉动物园两次；比如，市民园长和特邀管理员出席、参加全市性工作会议或公益活动所产生的交通、误餐等费用进行补贴；为他们购买人身意外保险等。体现了对市民园长和特邀管理员的尊重和认可。这项创新项目被武汉市市文明委作为特色志愿服务品牌项目向全市推广。

山东省淄博市公园志愿者是数量最多、开展活动最丰富、社会影响最大的志愿者组织。该市植物园、齐盛湖公园、红莲湖公园等四个公园由"山东绿苑市政园林建设有限公司"承担管理，他们非常注重公园志愿者的建设，在公园管理和文明建设方面积极探索，取得重大效果。2012年，开始组建"淄博市绿色使者志愿者协会"，注册登记并成立党支部，山东绿苑市政园林建设有限公司总经理赵静任法人，以传播"绿色文明　共筑绿色家园"为宗旨，成员不仅有离退休老人，也有机关人员、学校学生等参加。他们提出并践行："奉献、友爱、互助、进步"志愿者精神。他们的行动充实了自己，影响了游客，提升了公园，惠及了社会。仅植物园在册活动团体就有43个，人员8000余人，年完成园区公益活动及文艺会演200余场；其中组织规模较大且主动承担园区共管共享的有31个团体。

　　志愿者是一个新生事物，是构建和谐社会，建设精神文明和美丽中国的重要力量，也是公园发展的重要力量，是公园组织有机体的组成部分。联合国前秘书长科菲·安南在"2001年国际志愿者"启动仪式上说："志愿者精神的核心是服务、团结的理想和共同使这个世界变得更加美好的信念。从这个意义上说，志愿者精神是联合国精神的最终体现。"

附：天津市公园志愿者管理办法（试行）

2011年4月天津市市容和园林管理委员会制定。

第一章　总则

　　第一条　为规范我市公园志愿服务工作，加强公园志愿者管理，特制定本办法。

　　第二条　公园志愿者是指不以物质报酬为目的，利用自己的时间、技能等资源，自愿为公园和广大游人提供服务和帮助的人。

　　第三条　开展公园志愿服务的宗旨是：发挥公园作为精神文明建设窗口和阵地作用，通过志愿服务活动，传播志愿服务理念，提升广大市民文明素质，促进公园管理服务上水平，为和谐社会建设作贡献。

　　第四条　在市文明办和市委公园处的指导下，由各大公园自行组织开展公园志愿者服务活动。

第二章　志愿者的加入

　　第五条　基本条件

　　（一）年满十八周岁，身体健康。

　　（二）热心公益，具有良好的思想品德和较强的奉献精神。

　　（三）具有一定的沟通协调和组织能力。

　　（四）遵守国家法律法规和公园的管理规定。

　　第六条　加入程序

　　（一）申请人（个人或团体）直接到所要服务的公园进行咨询，提出申请，填写《公园志愿者登记表》。

　　（二）公园管理机构对申请人进行审核，合格后向申请人颁发"公园志愿者证"及臂章等标志物。并进行统一编号，纳入动态管理。

第三章　权利和义务

第七条　权利

（一）参加公园内志愿服务活动。

（二）接受相关的志愿服务培训。

（三）要求获得从事志愿服务的必需条件和必要保障。

（四）优先获得志愿者组织和其他志愿者提供的服务。

（五）对志愿服务工作提出意见和建议。

（六）相关法律、法规、政策所赋予的权利。

（七）可申请取消志愿者身份。

第八条　义务

（一）遵守国家法律法规、志愿者组织及公园的相关规定。

（二）履行志愿服务承诺，传播志愿服务理念。

（三）自觉维护志愿者组织和志愿者的形象。

（四）自觉维护服务对象的合法权益。

（五）自觉抵制任何以志愿者身份从事的赢利活动或其他违背社会公德的活动或行为。

（六）履行相关法律法规及志愿者组织规定的其他义务。

第四章　服务内容和方式

第九条　志愿服务内容主要包括：

（一）宣传导游。向游客宣传市容环境综合整治和公园改造的意义和成果；宣传《市民文明公约》《市民行为守则》和《游园须知》等；宣传环保知识、动物保护知识和花卉养管知识等；对外地游客提供义务讲解和导游服务。

（二）捡脏护绿。协助卫生保洁人员捡拾游客丢弃物，协助绿化养管人员保护园内树木花草，用示范行为带动广大游客文明游园，爱护公园环境。

（三）文明督导。及时劝阻践踏绿地、乱扔垃圾、攀折花木、乱写乱画、破坏设施等不文明行为；为"老弱残幼"等需要照顾的游客提供帮扶服务。

（四）维护秩序。在节假日游客高峰时段，协助公园管理人员维护游园秩序，疏导客流，防止拥堵踩踏事故。

（五）其他服务。包括承担临时性、突击性志愿服务任务（如大型活动等），具有专业技术特长要求的志愿服务工作（如文艺表演等），以及其他需要提供志愿服务的项目。

第十条 志愿服务方式

志愿者可根据自己的情况和特长，与公园管理部门协商选择服务内容和方式。如经常到公园健身的志愿者或团队，可根据健身区域和时间，选择认领活动区域的卫生保洁和环境维护等；大专院校学生可选择节假日个人或团体到公园进行文明督导、义务宣传等。

第五章 组织管理

第十一条 公园管理机构要明确责任部门和责任人，负责志愿者的咨询接待、报名登记、组织管理，以及志愿服务活动的开展等。

第十二条 公园管理机构应定期向志愿者发布需求服务信息，进行相关服务培训，对不同的志愿者提出不同的服务要求，分类管理，统一调配。

第十三条 志愿者参加志愿服务后，如需要开具证明，由服务对象即公园管理机构为其提供服务时间、服务内容等证明。服务时间为实际服务时间（不含往返时间），以小时为单位计量。

第十四条 管理部门可在重大活动时或定期组织志愿者进行宣誓。志愿者誓词：我愿意成为一名光荣的志愿者。我承诺：尽己所能，不计报酬，帮助他人，服务社会，践行志愿精神，传播先进文化，为构建和谐社会贡献力量！

第十五条 对志愿服务中表现突出的志愿者，公园管理机构应向上级主管部门推荐，市、区园林主管部门应定期统一组织表彰。同时，也可推荐其参加天津市志愿者联合会组织的评选表彰活动。

第六章 附 则

第十六条 本办法的修改、解释权属于市市容园林委公园管理处。

第十七条 本办法自公布之日起实施。

第四节 资金保障

美国人亚历山大·加文（Alexander Garvin）在《公园——宜居社区的关键》中指出："有效公园管理的六大因素：充足而稳定的经费，跨年度的公园修复计划，可靠的公园管理人员，公正分配的资源，对公园利用者需求变化的积极响应，企业家精神的管理。"充足的资金支持是公园正常运转的基础。各国在公园建设和发展中都制定了相应的政策，采取积极的措施，保障公园的发展。

伦敦皇家公园由中央政府管理，由文化体育媒体部具体负责，经费主要来自政府财政拨款。2009年，8家皇家公园运转经费3300万英镑，其中，1900万英镑来自纳税人，也就是政府拨款，占全部经费的58%，其余资金则需要公园自己解决。因此，公园想办法举办更多的商业活动，包括公园内电影等活动商业收费，公园内饭店、咖啡馆、停车场经营获取的资金。海德公园的夏季音乐会、冬季狂欢节、溜冰，收入很可观。皇家公园还建立了皇家公园基金会，负责筹款。

私有资金支持公园建设和运营，世界上最早的公园就是利用地产开发获得公园建设和运营的资金。直到今天，这仍是世界城市公园资金的重要获得方式。颇负盛名的伦敦湿地公园建设就充分显示了英国公园建设、管理的这一特点。维多利亚水库原为沃特家族所有。水库作为全市供水蓄水池的功能废弃后，为了保护这一区域的原始生态，沃特家族决定与"野禽及湿地基金会"合作，将水库转换成湿地自然保护中心和环境教育中心。沃特家族以象征性的价格将整个地块租赁给"野禽及湿地基金会"，随后，柏克利家族也参与到公园建设中来。为了解决公园建设中遇到的资金问题，三方决定，拨出该区域北部9公顷的土地给柏克利家族，用以建造房产，然后，从售房收入中拨出1100万英镑作为建造湿地公园的启动资金。此外，"野禽及湿地基金会"提供500万英镑来一起完成这个项目。在私有资金的介入下，1995年，公园顺利开工建造，历时5年，至2000年5月，公园建成，向公众正式开放，成为世界上第一个建在大都市中心的湿地公园，也成为世界上保持区域自然生态的一个成功典范。

美国国家公园90%的资金来自联邦政府的财政收入，而纽约则通过发行"公园债券"募集公园建设资金。以纽约中央公园为例。公园建设之初，这片位于市区外围的土地价值很低。为了筹措公园建设资金，政府向公民发放"公园债券"。经过十几年的建设和发展，环境改善带动了周围地价上涨，地价与房产上涨的差价形成的利润使大部分投资者成为公园建设的经济受益者，并证明了公园这种市政基础设施的建设可以推动经济发展，即做到了环境效益与经济效益的统一。

中央公园每年预算为2200万美元，其中85%用于维护绿地、道路、运动场地、森林带、花卉、树木、150公顷的水湖、各种建筑和排污排水设施等。根据1998年该委员会与纽约市政府签订的合约，市政府提供少量的资金，提供1/4的公园员工，设立派出所，维护公园照明。其他资金则主要来自个人和公司的捐助。

公园的自主经营项目是公园获得运转资金的另外一种方式。中央公园在不同的季节举办不同的商品展、艺术展和文艺表演等，吸引大量的游客，拉动了公园及周边的餐饮、住宿及相关产品的消费，对纽约市第三产业的发展起到了积极的促进作用。公园也向社会组织和学校出租场地，经济效益十分可观。2005年，在中央公园举办了大型装饰艺术展"门"，时间虽然只有半个月，但却有400万游客，每天的游客人数比同期增长69%，中央公园附近有的餐馆营业收入增长200%。此次展览给纽约带来了2.54亿美元经济收入。

巴黎公园由公园绿地局管理，2005年度政府财政投入绿化资金共2.3946亿欧元，其中用于新建公园绿地资金为0.7087亿欧元，公园绿地日常养护费用为0.3746亿欧元，4253名职工工资为1.3113亿欧元。

多伦多的绿化投入和养护纳入到政府预算，由政府专门设置机构垂直管理，同时与体育娱乐项目合并，整个投资占到政府不同部门投入的第二位。多伦多对公园绿地建设管理的力度和决心可见一斑。

日本城市公园的建设和管理财源方式可作为借鉴。城市公园建设资金，国营公园由国家支出，但是对于提供广域服务的国营公园，有关都道府县及指定城市要分担一部分（1/3）建设费。地方政府机关设置的城市公园建设财源由国库补助金和来自于地方的资金（一般财源、地方债、城市规划税、其他）构成。设施建设费国库补助金为1/2，用地费为1/3，占比为11.7%；一般财源占35.4%；地方债占41.9%；城市规划税占8.8%；其他财源占2.1%。城市公园管理费，由国家和地方政府机关负担。国营公园的植物栽培、设施维修和公园的解说活动委托公园绿地管理财团等公益法人实施。地方政府机关的城市公园管理费有国家补助制度，但维修管理费没有补助制度，由地方政府用自己的财源解决。地方纳税可用于公园管理费。包括国营公园，门票收入与公园的体育馆、游泳池的收入纳入固定财源。另外，城市公园的管理捐献活动发挥了越来越重要的作用。

中国公园建设发展资金的保障机制尚未完善，"重建轻管""以园养园""盲目免费"等思想和政策影响着公园的健康发展。因此，需要理顺公园发展资金保障渠道，建立科学有效的资金保障机制。曾经提出的"以园养园"的方针是在中国经济落后的情况下提出来的，以维持公园的生存，只能是权宜之计。基于这个方针，相当时间内公园管理在集中精力去争取创收这个狭隘的圈子上，弱化了公园的功能，降低了公园的社会效益和环境效益，助长了公园盖房出租、办会所、大搞经营、大上游乐项目等短视行为，从根本上侵害了人民的利益。

公园资金保障应实行三项原则：

公园建设发展的投资主体应当是政府，公园建设及养护管理费用均应列入政府财政预算。保障公园生存和发展所需要的经费是政府的责任，是衡量政府效能的一项重要指标，应当把它提高到生态文明建设和为百姓谋幸福的高度来认识。公园的养护管理费用绝不能靠公园自身挣钱去解决，绝不能走"以园养园"的老路，切实汲取公园靠租房、建会所、过度经营等错误行为的教训。

应当实行公园受益负担及土地增价课税制度，对公园直接或间接受益者，课以相当税率。公园与道路性质略同，道路即实行受益者负担制，则公园亦当由市民负担。公园所发挥的生态平衡作用，它的效益是广泛的，不受公园地域边界的限制，这种普及整个社会的环境效益足以抵偿政府投资。因为每个人都生活中共有的环境中，这种造福于人民的宏观效益是公园对社会的贡献。公民是纳税人，政府是收税者，人民履行依法纳税义务而换取享受公园的权利，是社会公平、正义的体现。公园除了宏观的环境效益以外，还有直接的更具体的效益，那就是人们进入公园里，可以得到在公园外面所得不到的享受。但是去公园不是每个人的选择，这就出现享受机会不平等的情况。所以，有些公园收取门票，实质上是根据"谁受益，谁负担"原则，是间接受益者和直接受益者享受公园效益之间所采取的一种平衡政策。公园门票在建设部颁布的《城市园林绿化当前产业政策实施办法》中指出："有条

件的公园实行售票游览是现阶段国家给公园的一项优惠政策，同时也是控制
游人量的一项管理措施。门票体现了公益性质，不足以补偿公园建设和管理
的成本。"公园门票体现了公平原则，因为让那些没有到公园游览的纳税人
为游客支付行政的成本是不公平的。公园门票在一定程度上克服了任何公共
地的使用都必然存在"拥挤效应"。拥挤的结果一会破坏景观和环境，二会
降低每一个游客的享受程度。公园门票可作为保护和合理利用资源的手段之
一。资源的永续利用是实现可持续发展的核心内容。公园虽然作为公益事业
应纳入国民经济与社会发展计划，但在现阶段政府还不能全部承担公园规
划、建设、管理、运营费用的前提下，公园门票可在一定程度上弥补资金投
入不足的问题。

地价亦应当随之与公园的关系而升降，对地价提高的部分课以税率，反
哺公园的建设管理。据陈植先生《都市与公园论》介绍，当年"1878年美国
波士顿市对每千元课税为3.8元，至1890年为13.3元；税额由14677元，增至
307157.5元。"政府应当制定政策，强制相关的开发商为公园建设捐出土地
和资金，或支付一定的替代费用。开发商可以通过资金、开放空间或者土地
换取容积率，获得在同等空间里建造更多建筑的优惠。聪明的开发商通过投
资建设公园，获得土地和楼盘的升值，是明智的选择。北京海淀区阳光星期
八公园，就是开发商出资建设的。恒盛地产华北区域公司总裁刘艳霞介绍：
阳光星期八公园顺应人们对于自然的向往，倡导高品质公园生活内涵，这
也是房产未来升值的保障。阳光星期八公园是2003年投资2000多万元人民币
建成的，总面积5.6公顷，有竹溪园、鸟语林、健身广场、阳光乐园、月季
花台、环湖观景廊、喷泉广场、水之源、星光广场、阳光中心广场等十处景
点。公园免费对游人开放，成为玉泉路地区老百姓休闲娱乐的好去处。当初
我们怀有这样一个理想：在城市中创造一片美好的自然环境，让人们在享受
城市完善配套设施的同时，能够拥有一片只属于自己的天空、绿地、溪流。
所以，这座公园当时的名字是"阳光星期八"，希望在繁忙工作之余留一天
给自己，享受生活的诸多乐趣。

公园合理的经营活动增收节支，是公园资金渠道的有益补充，公园应当
在不影响社会效益和环境效益的前提下适度经营，这不仅是经济问题，也是
满足游客在游览活动中需求的正常业务。既要讲求经济效益，又不能什么挣

钱卖什么，不能什么地方赚钱就在什么地方摆摊设点；既要算经济账，又要算政治账。凡是三个效益都好的事要提倡去做；凡是社会和环境效益好的，即使经济效益差一些的事要坚持做；凡是经济效益好，而影响环境和社会效益的事坚决不去做，要守住将社会效益和环境效益放在首位这个底线。公园本身就具有多种优势，可以在服务中收费，可以收取特许经营费、特许费、准许费、停车场费、罚金、赔偿金和其他费用。活动收入、捐赠基金和赞助，也能为公园创造收入，关键是一个"度"字。如果太依赖或过多强调这些活动，仍会导致公园服务公众这一功能的忽视。故宫博物院的文化创意产品，从设计创意入手，贴近时代，新颖独特，深受广大游客欢迎，每年为故宫创造10亿多元的收入。他们的经验值得学习。

附：北京市公园维护管理费用指导标准

一、公园维护管理费计算方法

公园年维护管理费总额＝（年设施维护费+年水体保洁费+年绿地养护管理费）×调整系数

二、公园设施维护费标准为4.2元/m^2年

公园年设施维护费=4.2元/m^2年×公园陆地面积

此项标准包括园林建筑（厕所）、园林小品（园灯、导游牌、果皮箱、园桌椅、栏杆、健身器材、井盖）、园路及铺装场地、园艺设施（主要为喷灌、喷泉）、园林电气设备（主要为广播、电视监控系统、景观照明，以及电子屏、水泵、配电箱、变压器、电动门、派接柜等）的维护费用。公园设施维护是指设施的日常维修保养（含保洁），即为保持设施的完整和正常运行所进行的预防性保养和轻微损坏部分的修补，不包括设施更新和园林建筑主体结构的修复；为保证设施的正常运转及维护设施的原有功能而进行的清洁、紧固、调整、润滑及检修等，即不超过设施投资总额20%的维护项目，不包括设施大修。此设施维护费标准不含水电费。依据北京市建设工程人工市场价格信息（2010年10月）市政工程的市场信息价，人工费取定为51元/工日。

三、公园水体保洁费标准为2.4元/m^2年

公园年水体保洁费=2.4元/m^2年×水体面积

工作内容包含人工清除打捞漂浮物。该标准依据《北京市水利工程养护维修预算编制办法及定额》确定。保洁工作量依据《城镇市容环境卫生劳动定额》中的保洁作业标准，确定为15000m^2/班次。

四、公园中绿地养护管理费标准：特级绿地养护管理费为15元/m^2年；一级绿地养护管理费为9元/m^2年；二级绿地养护管理费为6元/m^2年；三级绿地养护管理费为4元/m^2年。

公园年绿地养护管理费=$\sum$某级绿地养护管理费标准×该级别绿地养护面积

本标准依据《北京市园林绿化局关于城市绿地养护管理投资标准的意见》（京绿地发〔2008〕11号）执行。

五、调整系数

根据公园维护等级的不同，划分为三个等级，即国家重点公园、市级重点公园或精品公园以及一般公园。在进行公园年维护管理费总额预算时，分别乘以相应的调整系数。

国家重点公园调整系数为1.2；

市级重点公园或精品公园调整系数为1.1；

一般公园调整系数为1。

六、补充说明

本标准包含以下费用：公园绿地、设施、水体维护中的直接人工费、机械费、材料费、运输费、综合管理费。

本标准不包含以下费用：应时花卉和植物造型等花卉摆放和绿地更新改造费用；园林绿化应急抢险及防治危险性有害生物、普查等应急处置费用；绿地内古树名木养护费；苗木因调整、维护而发生的土建材料费；新增苗木、花卉等材料费；疏植苗木处理费；服务巡查；安全管理（如：公园大门的全天服务、值班，园内巡查执法、维护游园秩序等）；文物保护维护；动物饲养以及音乐喷泉、攀岩场等专项设施的维护费等。

第八章　公园管理的特征

第一节　综合性

公园管理的综合性是由公园的性质和地位决定的。公园是社会公益性事业，是城市的基础设施，是园林构成的核心部分，是老百姓的第三度生活空间。建造公园的目的是运用科技的手段和艺术的手法，创造一个有山有水、树木葱茏、鸟语花香的自然环境和具有文化、科学交流和展示的丰富的人文环境相结合的美的场所。公园的管理是社会管理、城市管理和园林管理的综合体，具有与其他行业不同的特点。

一、与相关学科密切的关系

公园管理的综合性来源于园林的属性。中国园林学基本上是从农学中的园艺学、造林学、与建筑学中分离出来的。作为园林学，有其独立的科学体系，它的本质的第一要素是植物，主题要素是游憩，特色要素是文化。但是它与其他学科有密切的关系，包括：美学、城市规划学、建筑学、地理学、生态学、造林学、园艺学、文化艺术等。吴良镛院士在谈到北京三山五园时说：＂'三山五园'几乎包容了中国古代文化艺术、科学技术的各个门类，反映出极其广泛的社会生活，显示了古代人民非凡的创造力和杰出的想象力，是中国传统造园思想、观念和知识的物质载体，体现了古代中国人对理想的人居环境的认识和追求，蕴含了丰富的哲学、美学、文学、环境学、景观学、工程学、历史学等内涵。＂（《景观》杂志第35期）公园管理者不仅要掌握园林学的基本知识，还应了解相关学科的知识。

二、科学与艺术融糅

公园的园林环境决定了公园管理的综合性。所谓综合性，既有工程技术层面的理论和实践，又有文化艺术层面的理论和实践；既有生态环境层面的理论和实践，又有美学、行为科学层面的理论和实践。科学综合性的知识包括自然应用、人文应用、规划设计、工程技术、科学管理等。公园的艺术性是园林的本质所决定的。园林是艺术，园林的本质是美。园林美是以自然美为基础，园林的创造是按照美的规律进行艺术的创造，美的创造。在创造的过程中遵循着许多艺术创作的规律和原则。比如对立统一、协调和对比、对称和平衡、比例和尺度、韵律和节奏、联系和分割等原则和规律。《浮生六记》云："若夫园亭楼阁，套室回廊，叠石成山，栽花取势，又在大中见小，小中见大；虚中有实，实中有虚；或藏或露，或浅或深。不仅在'周回曲折'四字，又不在地广石多，徒费工费。"园林不仅讲究叠石理水，而且注重意境；不仅讲究花木配置，而且注重自然化种植；不仅讲究生态美，而且注重文化氛围的营造。比如古典园林中建筑、雕刻、陈设、装帧、题咏等，无不散发出艺术的气息，给人以文化和艺术的滋养。公园无题咏者绝少，题咏非特唤起逸兴，抑或点缀亭榭之要素。

公园是各种艺术形式的综合体现，园林是艺术，是科学的艺术，是科学与艺术的交融；科学技术是实现艺术目的的手段。在园林学的领域内，科学和艺术是相互促进的。孟兆祯先生说："归纳起来就是：文理相得，以艺驭术。大到'人与天调'、生态质量调控、大地景物与城市建设；小到造山理水、置石掇山、种树植草，科学技术的支撑和推动是不可或缺的。"（孟兆祯《园衍》）"中国园林的树木栽植，不仅为了绿化，且要具有画意。窗外花树一角，即折枝尺幅；山间古树三五，幽篁一丛，乃模拟枯木竹石图。重姿态，不重品种，和盆栽一样，能'入画'"。（陈从周《园林随笔》）北京林业大学校长李雄指出："风景园林学科是科学技术和艺术高度统一的综合性学科，是源自中国古典园林艺术并不断传承和发展起来的，具有浓厚的中国文化特色。"（《景观》杂志 第38期）。因此，公园管理要求其管理者具有较高的科学和文化艺术素养，在建设管理过程中实现科学和艺术的统一。

三、公园的社会性

公园是近现代园林的主流形式，它的根本特点是公有、公享、公治，一切围绕着公民在政治、经济、文化生活等领域的需求而设置相应的内容与设施。它既是一个独立的实体（指具有一定规模和管理机构的公园），又是社会的公共场所，除了售票公园外，一般任何人都可以随便出入，共同分享。所以，公园管理既有公园的内部管理，又有对游人、对社会管理；其效益不仅要讲求环境效益、经济效益，还要讲求社会效益。而且，要追求社会效益的最大化，既要满足公民对公园的需求欲望、实现人与环境的和谐、人与人的和谐、人与自然的和谐，又要担负起城市形象展示的窗口、精神文明建设阵地的作用。

公园是当地居民安全的家园，在节假日和危难时刻，公园是他们活动的主要场所。在北京"非典"时期，公园成了人们躲避危险、健身交往的最佳选择。长期在公园中活动的游客是因共同兴趣自愿组成的"和合群体"，不仅使他们乐在其中，而且成为互相依存的非正式群体，在构建和谐社会中发挥着稳压器的作用，解决了人们特别是离退休人员的失落感、孤独感。据统计，北京11座市属公园，这种非正式群体就有100多个登记在册，纳入管理的范畴。

四、有形的物质和无形的精神

公园管理对象既有有形的物质，又有无形的精神。有形的物质包括：山形水系、动物、植物、建筑、文物、设施、设备，等等，而无形的精神即文化。公园的文化是丰富多彩的，但是，其核心是境界文化。境界文化，是精神的，是"看不见、摸不着"的，是隐藏在物质外壳之内的那种"气"。中国园林之妙在于含蓄，一棵树、一丛花、一泓水、一尊石等，之所以耐人寻味，是因为它是设计师创造的艺术品，是文化，是美。文化是公园的灵魂，美学是公园价值的核心。文化和美学是最有说服力的软实力。能勾引无数中外游人，百看不厌的是它的境界之魂或曰气场之力。有形实体与无形意气相辅相成的时空环境，是中国气文化时空整体性在园林中的表现。因此，公园管理者不仅要管理物质的对象，还要管理无形的精神对象。让境界说话，让气场发力，用境界、用气力教育人、熏陶人、感染人、造化人，这是管理的最高境界。

公园的标志性建筑物或构筑物，既是有形的物质又含有无形的精神。广州越秀公园的五羊雕塑，不仅是公园的标志，也成为广州市的标志。相传古代有五位仙人，身着五色彩装，骑着口含谷穗的五只羊飞临广州，把谷穗赠给广州人民，祝愿广州永无饥荒，祝罢，仙人离去，羊化为石雕留在广州，因此广州有"穗城""羊城"之称。公园的品牌效应是公园的无形资产，通过品牌的创造可以为公园带来"三个效益"的良性发展。

第二节　阶段性

公园管理是指公园的管理机构在一定范围内协调人与人、人与自然、人与社会之间的关系，创造和谐的适宜人类活动的理想境域的过程。公园管理是随着社会的进步不断提高和发展的，每个阶段都和当时的经济文化水平相适应，同时呈现阶段性的特点。

新中国成立初期，中国的经济处在恢复时期，国家没有力量投资于公园的建设，靠公园自给自足和公园之间的以盈补亏的方式解决，于是从1950年开始出现了"以园养园"方针的提法。1963年1月4日，在第三次全国城市建设工作会议的总结中和2月27日中共北京市委建工部主持召开的园林工作会议上，又重申了"以园养园"的方针，指出"以园养园这是由人民公园的性质所决定的"。1978年，市园林局在工作计划中提出各公园风景区要力争在1980年前实现"以园养园"。1979年，国家建设总局在济南召开的全国城市园林绿化工作会议上提出："有条件的城市，要争取逐步实现以园养园。"

"以园养园"方针的提出，在当时的历史条件下是客观形势所迫，确实对于公园的重点恢复和建设管理都起了积极的作用，但是它带来的负面影响也很大，导致一些公园忽视社会效益和环境效益，办了许多不适合公园性质和功能的事情，如出租房屋"吃瓦片"、办商店、开旅馆、办交易会、展销会，搞"飞车走壁""马戏""蛇展""尸展"等，一句话，为了赚钱不择手段。1981年以后不再提"以园养园"的口号了。

1957年9月、10月召开的党的八届三中全会揭开了"农业大跃进"的序幕，10月25日发表了《农业发展纲要》，在全国范围内掀起了"农业大跃进"的运动，正是在这样的气候下，把园林绿化当成一项生产事业。1958年，提出"绿化结合生产"的方针，公园成了农庄、果园，给公园的发展带来了严重影响。1958年，在中山公园内坛种植了600多株苹果和桃树，形成了大片果园；天坛栽果树一万多株，建成封闭果园。1958年9月北京市园林局发《简报》表扬龙潭公园大搞丰产试验田，力争秋后白菜亩产15万公斤，翌年小麦亩产5万公斤，西红柿亩产2.5万公斤。1959年12月，建工部在无锡召开第二次全国园林绿化工作会议，表彰了南京等城市园林结合生产（种茶、竹、果、木、香料、药材、养鱼、鸭等）的经验。到1960年，北京已有45个公园栽果树45万株。当时各公园的花带花池种茄子、玉米，颐和园饲养了大量的鸡鸭，以致妨碍了正常的游览。

"文化大革命"中提出园林工作以阶级斗争为纲，"以党的基本路线为纲"的方针，文物古迹遭到大量破坏，公园绿地被大量侵占，树木花卉被大量砍伐，有的园林机构被撤销，绿化美化、种树养花被当作修正主义批判，给园林事业造成极大的损害。

党的十一届三中全会后，随着党的工作重点的转移，园林事业迎来了欣欣向荣的局面，不断满足群众的物质和文化生活的需要成为公园发展的方向。1978年12月，国家城建总局召开了第三次全国城市园林工作会议，会议指出："我们现在的公园、动物园、植物园、风景区要进行整顿，提高科学和艺术水平。要真正能够发挥它的功能。那些搞的不像公园，像茶地、瓜地的要改变，让他们到其他地方去大量种菜，为城市提供副食品，恢复公园、风景区的本来面目，在恢复的基础上要搞得更美丽。"《关于加强城市园林绿化工作的意见》明确指出："要努力把公园办成群众喜爱的游憩场所。公园必须保持花木繁茂、整洁美观、设施完好。内容过于简陋，园林艺术水平较低的公园，要适当调整布局，充实花木种类，增设必要的服务设施，逐步改善园容。"

公园管理按照管理水平的高低可分为三个阶段：

粗放型阶段：在一定时期内，公园的发展受社会经济和文化素质等条件的制约，重建轻管，以生存为目标，为了维持简单的生存活动，往往以牺性环境和社会功能为代价。粗放型管理实质上是小农经济的一种表现。环境脏、乱、差，杂草丛生，疏于管理是这个阶段的表现。

经验型阶段：公园管理人的管理意识增强，管理手段也相应产生，摸索了许多宝贵的经验，有了规章制度，管理水平得到很大提高。但是，公园管理的好坏，往往依长官的品质优劣、经验丰歉和个人的好恶决定。公园往往形成"一个将军一个令，一个和尚一部经""你栽了树我刨，我盖了房他拆"的弊端，给公园发展带来了很大的损害。

科学型阶段：有一条正确方针，正确的建园方针是公园建设和发展的方向。要实事求是地提出正确的方针，保证公园健康有序地发展，有科学的长远的发展规划，建设和管理依规划办事，而不依人事的更迭而更改，不以眼前利益驱动而损害公园的长远利益。以游人满意为关注焦点，提高公园的建设和管理水平，不断满足游人的需求，提高游客的幸福指数。有完善健全的规章制度和服务管理规范，规章制度和服务管理规范是公园建设管理的依据和行为准则，要根据社会的发展和公园的实际，不断充实和提高，同时注重付诸实践和落实。不断增强管理的科技含量，运用先进科学技术手段，更新管理观念，提高管理的效率，降低管理的成本，解决管理中的难点和重点问题。依法治园是公园科学管理的重要标志，公园管理必须做到有法可依。

总结和了解公园管理的阶段性的特点，是为了使公园尽快纳入科学管理的轨道，减少粗放管理和经验管理给公园带来的影响和损失，建设和谐美丽的公园。

第三节　艺术性

公园管理的艺术性，拟或说是艺术化的管理。是适应园林特征的一种以美为目标的管理模式。

首先，公园管理者要有艺术的思维。艺术思维是指在艺术创作活动中，形象思维与抽象思维和灵感思维经过复杂的辩证关系构成的思维方式，他们彼此渗透，相互影响，共同构成了艺术思维。其中形象思维是主体，起主要作用。

　　高尔基说"艺术靠想象而生存"，每件艺术设计作品，无论是感性还是理性都传达着作者的思想情感。艺术思维是对现象和本质两方面进行双重加工，加工的重点在感性形式上，遵循的是个性的情感逻辑。前者用共性概括个性，后者用个性显示共性。前者是自然作用于人的精神，后者是人的精神作用于自然。艺术思维特有的双重加工，感性形式和理性内容均发生变化，从而形成新的审美形象统一，结果是新的艺术形象、艺术品的诞生。公园管理者需要有画家的眼睛、音乐家的耳朵、哲人的洞察力，去欣赏、观察园林之美，开悟、渐悟、顿悟，迁想妙得，感悟出比眼前更深更广的意境，获得管理的艺术灵感。

　　要用想象力去构建管理。想象是头脑中改造表象而创造新形象的心理过程。想象力不是胡思乱想。公园的管理要以"美"驭管，从公园的实际出发，冲破固有观念，创新管理理念和方法。干净卫生、清新整洁是公园管理的基本功，是公园形象美的重要环节，是文明进步的起码标准，公园管理要从这个基本要求做起。颐和园是北京乃至全国的先进单位，其起步发展就是从卫生做起的。最早获得荣誉的是卫生。从1958年起至20世纪90年代，一直获得北京市和全国卫生红旗。当年，从公园主任到职工，人人参与，大搞卫生，检查卫生连办公桌子抽屉后面都用带着白手套的手去摸，发现有灰尘，就是不合格。看上去苛刻的卫生制度，其内涵是培养人的敬业精神和精细的作风。前些年颐和园冬季取暖烧煤炉子，烟囱伸到室外遇冷会滴烟油，为了防止烟油滴到人身上，他们在烟囱滴烟油的地方挂上一个小罐头桶，全园几百个烟油桶都是统一的，简单却统一，给人以美感。当年自行车时代，颐和园的存车棚里，停放满了自行车，然而28男车和26女车都是分别码放，整整齐齐，统一化一，给人以整齐之美。公园主要景点佛香阁等院子的铺装地，早晨搞卫生都是用墩布擦拭。正是这种卫生精神，造就了颐和园的管理文化，造就了颐和园人，造就了永远的行业先进。

　　公园的管理要以景为中心，赏景、爱景、护景、造景。秋天到了，树叶黄了，五彩缤纷的落叶是一幅美妙的图画，一池残荷是一首动人的诗章，"菡萏香销翠叶残""留得枯荷听雨声"，一丛"菊残犹有傲霜枝"。只可惜，"勤劳的"管理者无视此美景，一刨了之，一镰刀就把诗章给削没了！北京的五坛八庙等历史上曾古柏连天，苍翠蔽日。但是由于种种原因，去之大半，可悲！可叹！20世纪70年代后期，北京市劳动人民文化宫古柏死了数十棵。领导发动各个班组利用休息时间伐除，伐一棵给30元奖励，可叹可悲一批枯树变成了柴火。一棵古树枯了，死了，是大自然的规律，不足为怪。但是，它记载着历史沧桑，展示着岁月枯荣。枯树是它生命的涅槃，是一景。正如大漠中的胡杨树，千年不死，千年不朽，死后的胡杨仍然是人们凭吊瞻仰的宝贵自然资源。公园里的枯树是非常有观赏价值的，不必马上把它除掉。北京故宫的乾隆花园、泰山文庙的枯树得以保存，是管理者高明的举措。天坛公园圜丘坛内，回音壁墙外有一棵古柏，上面的枝杈枯了，因为太高，员工手下留情，没有锯掉，一位南方的游客发现它像一个古人的形象，长辫子、昂首、挺胸、右臂高扬，似乎右手的手指、指甲都可辨识，于是这位游客给北京日报写了一封信，他给这个景观起了个名字，叫"屈原问天"，此地此景恰如其分。之后天坛公园在此树旁立了一个牌子，讲述了这个故事。正应了一位哲人所说的话，世界不缺少美，缺少发现，缺少想象的头脑。北京市的公园多少年来，冬天来了，千里冰封，万里雪飘，北国风光，银装素裹，"令无数英雄竞折腰"，然而一扫把就把图画给撕碎了。有一条不成文的规定，"下雪就是命令！"一下雪，公园的职工都要全体动员，拿起"武器"上"战场"，扫、推、铲、撮、打，一通忙活，把整个道路、桥梁、广场等，打扫得干干净净，"寸雪不留"，理由是：为游客创造安全游览环境。殊不知，美丽的、难得的雪景不见了！正如宋人赵师侠词中的句子："玉田银界，瑶林琼树，光映乾坤不夜。行人不为旅人忙，怎解识，天然图画。"2012年，北京市公园管理中心要求所属公园下雪后刻意保留雪景，给游客保留赏雪景和拍照的机会。一件小事，折射出观念的转变。

公园管理是异常平凡的工作，但是平凡不等于平庸。公园的管理者应当成为艺术家，去创造美，创造艺术品，追求完美。公园是凝固的图画，管理是流动的音乐。公园管理者要不断地谱写新的乐章。应当像诺尔曼·白求恩大夫在他的"真正的艺术家"文章中所描写的那样"他的职责就是在平静的生活海洋里激起波涛，唤醒沉睡的人们，震撼那些自鸣得意的社会栋梁。……当他露面之后，人们就惶恐不安，开始对那深信不疑的事物产生了怀疑，……他是活跃于人类灵魂中富有创造力的精灵。"北京植物园樱桃沟，是一条山中涌泉形成的溪流，千百年来都是大自然赋予的自然遗产地。泉水清澈，林木繁盛，气候湿润，景色宜人。因沟两侧栽植了樱桃而得名。这里曾点燃了曹雪芹艺术的灵感，一块石头成就了他的书名，同时幻化了林黛玉的美丽形象，成为千古绝唱。这里还是1935年"12·9"学生运动活动的纪念地，现存有"保卫华北"刻石和纪念亭；沟内外先后有数位名人题字，提升了此处的文化品位：入口处有欧阳中石赞颂沟内种植的水杉的题词"亿年远裔 三纪孑遗"；沟中有刘炳森书写的"12·9运动纪念亭碑记"，沟底有大书法家舒同题写的"水源头"三个字。1975年，公园管理者选择入口处沟壑积水的地段，栽植了数百株水杉，现在已经成为壮观的水杉林。2002年，为适应公园日益发展的需要，在保护良好的自然环境的前提下，对樱桃沟进行了全面改造，成功建设了一条游览栈道。林中叠路，水上安桥，步入沟口，渐入佳境，引人入胜，形成独具特色的林下栈道景观。受到游客的广泛赞誉。我们应当为他们点赞，为他们艺术化的管理点赞。

第四节 服务性

什么是服务？"服"，就是用心尽力去做；"务"，则是工作、事务之意；服务即是为集体或他人工作。所以，用心尽力去做工作或相关事务，就是"服务"。公园的服务性是公园的性质决定的。公园姓"公"，它是社会主义的公益性事业，它是为广大人民群众休憩、游览、怡情、益智等服务的绿色基础设施。

一、服务理念

服务理念就是在为游客服务中透射出的一种态度、一种可以转化为游客可以切身感受到的利益或价值。

（1）为人民服务是中国传统文化和现代文明的核心。全心全意为人民服务是毛泽东思想的精髓，这种思想永远是指导公园服务的根本理念。伟大的思想家甘地也曾说："最高的道德就是不断地为人服务，为人类的爱而工作"。"主动、热情、细致、周到"地为游客服务，是公园全体员工的职责和义务。中共十九大报告中共有57个"心"字，初心、同心、核心、信心、关心、连心等，表达了中国共产党对国家和人民的信念和全心全意为人民服务的坚守。"心"字，在人类世界里，有着超越文字本身的含义，人们往往用它来表达最纯洁、最真挚的情感，表达我们最热切、最在意的期盼。公园的每一位员工都应当做到"耐心、细心、贴心和热心"地为游客做好每一件事，说好每一句话，每一点、每一滴都体现出为人民服务的情怀。

（2）成就他人，亦成就自我的服务理念。把自己的工作视为一次机会，一次改变自己，改变周围人的生活的机会。演说家马克·桑布恩劝诫人们：我们每个人只要迈出一小步，就能让我们平凡无奇的生活变得卓尔不凡。我们也能构建更好的人脉关系，发挥想象力，无须花费一分钱就能为他人创造价值，并塑造新的自我。习近平总书记曾指出，中国共产党人讲奉献，就要有一颗为人民矢志奋斗的心，就会"痛并快乐着"，再怎么艰苦也是美的，再怎么付出也是甜的，就不会患得患失。公园人要坚定为人民谋幸福的信念，在为人民服务的过程中完善自我，升华灵魂。服务质量越好，用户满意度就越高，自身发展机遇也就越多。而且，优质的服务不仅可以提升公园形象，甚至服务本身，即可创造价值。

（3）"自觉服务"是传递情感的一种理念，是公园科学化管理的必然要求。公园的服务应当由自发性的"游客服务"，完成向自觉性的"游客服务"的转变，行为意义上的"游客服务"向概念和理念意义上的"游客服务"的飞跃。一般来说，让前台服务人员认为他的任务很重要是一件很困难的事情，需要从上到下地推进。服务最终是由员工提供的，特别是由那些与游客发生交互作用的员工所提供，所以服务的理念在满足游客需求的同时还要满足员工需求。从这个角度上讲，服务理念必须包括一套经由多数员工一致同意的通用价值观。服务理念包含"提高员工自尊，增强员工满意度，加快自我发展，提高服务灵活性"等内容。在要求员工提高对游客尊重程度的时候，首先要求员工增强自尊，增强员工对工作的满足感。公园在定义服务理念时，必须保持服务系统中前台和后台的一致性。既重视前台，而又不能忽略后台的要求。服务递送系统与员工都属于服务不可分割的一部分。服务递送系统包括员工能力、员工表现、员工态度等因素，它与员工都直接影响游客需求的实现。

（4）服务创造价值。公园服务人员应认识到，游客来公园是一个完整的过程体验，公园出售的不仅是产品——公园的景观、文化，还有服务、形象、气氛、园内审美境界等。一次优良的游园体验应该是完整的，而不是割裂的：从游客能看见公园起，到进入公园大门，到出园离去，直到公园从其视线中消失，整个过程中若发生了任何不愉快的体验，公园都有责任，因为游客都有可能把怨言发泄在本公园上，构成其再次光顾的心理屏障，我们要尽全力使其在这整个过程中，只体验到愉悦、满足，根本在于提升游客服务理念。美国哈佛商业杂志1991年发表的一份研究报告显示，"再次光临的顾客可为公司带来25%～85%的利润，而吸引它们再次光临的因素首先是服务质量的好坏，其次是产品本身，最后才是价格"，因此，做好服务工作，以真诚和温情打动消费者的心，培养"永久顾客"，刺激重复购买，才是谋求企业长远利益的上策。不满意的顾客将带来高成本。企业失去的客户有68%是因为对服务质量的不满意，每1位投诉的用户背后都有26位同样不满但却保持沉默的用户，而他们会把自己的感受告诉8至16个人，所以走掉一位老顾客的损失是要争取10多位新客户才能弥补的，不满意的顾客会带来高成本。换句话说，良好的服务所节省的最大成本就是换回老顾客要投入的成本。公园的优质服务既提高公园的知名度，又扩大公园的影响力，创造的价值既有有形的，也有无形的。

二、服务原则

公园服务工作应以游客为中心，维护游客利益，以提高游客满意率和满足度为目标，重视对残障人士等特殊群体的接待与服务。

（1）大服务原则。即全员、全方位的服务。"进了公园门，都是服务人"，公园所有的领导、管理层和员工都是从不同的岗位，用不同的形式为游客服务。有直接的服务，也有间接的服务；公园的所有工作都是为游客服务的。有显性的服务，也有隐性的服务。

（2）"七字经"原则。公园的服务可以用7个同音字概括：即景、精、净、境、静、敬、警。景是公园服务的基本要素，公园要景观优美；精是精品意识，创造精品公园，是服务的基本条件；净是干净，创造清新整洁、舒适怡人的游览环境是公园服务的基本要求；境是公园文化的核心，是公园服务的基本标准；静是公园基本属性，公园的大部分地区应当有安静的环境；敬是尊敬、敬畏之心，对游客尊重，是公园服务的基本理念；警是警惕，安全为天，是公园服务的基本保障。

（3）动态管理原则。公园是社会的一个细胞，每时每刻都随着时代的发展在不断变化之中，公园的管理要顺应时代潮流，不断调整公园管理的形式和内容。公园应根据服务项目的内容与性质，制定并实施满足游客需求、符合公园情况的服务管理制度，完善各项服务工作的监督与检查机制。根据社会不断进步和游客需求的不断变化的情势，不断改进服务方式，丰富服务内容，实现有效供给，提高服务质量。服务人员应根据其岗位要求，定期进行基本素质、岗位职责、专业技能等方面的教育培训，提高服务水平。

三、服务内容

（1）环境服务保障。公园应结合自身实际制定卫生保洁制度，实行网格化管理，分片包干，责任到人。在游览开放时间内，保洁工作不得间断，室内外地面、水面、树下，视觉可见的范围内保持清新、整洁、优美的环境。

公园应于每日开放之前对主要干道、主要游览区和各个开放庭院进行清扫，保持路面清洁美观、完好无损。雨雪后应保持自然景观，公园内禁止使用化学除雪剂。对各类建筑（殿堂展室、票房、木屋等）及各类设施等保持完整，定时清洁。公园内严禁乱搭、乱设摊点，严禁乱堆放杂物、乱设牌示、乱张贴通知广告、乱拉绳拦路、乱设各种不合理设施、乱放工具用品等。

禁止在公园内焚烧树叶、荒草、废弃物等。生产垃圾和生活垃圾分类处置。公园按GB 3096—2008《声环境质量标准》执行，严格控制噪声，厕所开放时间应与公园开放时间同步，各项卫生管理指标符合GB/T 17217—1998《城市公共厕所卫生标准》的要求。

建立良好的公园景观系统和园林生态系统。乔木、灌木保持树冠、树形完整，生长旺盛，枝壮叶茂。花卉植物生长健壮，配置合理，色彩明快。草坪生长良好，定期修剪，生长季节不枯黄。草地、地被植物覆盖力强，无地表裸露。造型植物、模纹、绿篱等生长旺盛，修剪整齐等。既要创造美的景观环境，又要保护野生动物，为鸟类、昆虫创造生存、栖息的条件。

加强养护管理古树名木，注重复壮保护，符合建城〔2000〕192号《城市古树名木保护管理办法》的要求。

（2）设施服务保障。公园内各种标识（公共信息标志、景点指示牌、警示牌、导游图、标识牌等）是为游客提供有形服务的硬件设施。应按照GB/T 10001.1—2001《标志用公共信息图形符号　第1部分：通用符号》、GB/T 10001.2—2002《标志用公共信息图形符号　第2部分：旅游设施与服务符号》和GB 2894—2008《安全标志及其使用导则》的规定设置，满足中外游客需要，简洁美观，布局合理，与整体景观协调。

公园的商业经营服务形式、规模、体量、位置应与公园景观相协调。商业摊点必须进店经营，禁止在门窗外、门窗上悬挂商品招徕游客，禁止悬挂、张贴、摆放商业广告和使用广告伞。食品销售及餐饮经营应严格执行《中华人民共和国食品安全法》《中华人民共和国食品卫生法》，严格落实食品经营中的操作规范，定期检查，严格消毒制度，不得超越经营范围。购物店卫生应符合GB 9670—1996《商场（店）、书店卫生标准》规定的要求。

园内应有畅通有效的广播通信服务网、报警电话和相应服务，随时为游客免费提供急、难、险事求救服务。建立相应的网站或网页，及时发布更新公园景点、特色活动、开放时间、交通路线等信息。有条件的公园内可提供网络连接服务，满足游客需求。

游乐场、游乐园、儿童乐园等设置必须遵循总体规划，布置合理，索道、大型游乐设施等特种设备的管理应符合中华人民共和国国务院令第549号《特种设备安全监察条例》的规定，手续完备，定期维护。未取得年审通过的特种设备不允许使用。其他游乐设施的使用管理应符合GB 8408—2008《游乐设施安全规范》的要求，经质量安全检验合格后方可运营。建立各项规章制度，严格按照操作规程运营，制定应急处理预案。

水上游乐项目严格控制使用柴油、汽油类动力船，提倡使用清洁能源。

为游客投安全保险，设置救援人员和避雷装置。冰上游乐项目安排专人管理，开放的冰（雪）场设置相应数量救护人员，保证冰层厚度，严格控制容纳人数，在非开放冰面设置安全提示牌。

（3）文化服务保障。公园应举办和设立与本公园文化定位相协调的展览展出。殿堂展室应环境整洁，陈设和展品整齐完好，引导游客保持良好参观秩序。讲解服务人员应当服饰整洁、举止文明、语言生动、发音标准、吐字清晰、控制音量。熟悉掌握公园有关情况，讲解内容真实、准确、健康，明确讲解线路和时间，耐心解答游客询问，严格遵守外事纪律。

公园文化活动内容要健康、文明，并富有知识性、趣味性和艺术性，活动主题鲜明、特色突出。要弘扬主旋律，体现时代风貌。制定服务接待方案和安全预案，落实岗位责任，规范工作人员行为，确保服务质量。

（4）咨询与投诉服务保障。公园管理单位应为游客提供电话、网站等多种形式的咨询服务。建立健全投诉服务制度，在公园售票处、网站（网页）、门票等媒介上公布电话、电子邮箱等投诉方式。定期开展统一组织的游客意见征询活动，征询的意见和建议应及时整理汇总、予以解决。游客意见征询和处理情况，应向游客进行公示。

（5）安全服务保障。公园的安全保卫工作实行法人负责制，建立完善的安全保卫制度，配备相应的安全保卫人员和安防设施，确保游园安全有序。建立应急预案，应对自然灾害和突发事件，并定期实施演练。有条件的公园可设置监控系统，监控点布局合理，监控室应有专人值班。

第九章　公园的宏观管理

第一节　把握发展方向

公园管理是一项综合性的工作，是系统工程，关系到方方面面，既有纵向的管理工作，又有横向的管理工作。其主要任务是解决公园的生存发展和服务社会的问题。按照纵向管理分析，公园管理具有层次性的特点，即分为宏观管理、中观管理和微观管理三个层次。

宏观管理（macroeconomic management）是指组织或机构在本组织或机构范围内进行的，对本组织或者机构内的资源进行调整和改善，以促进组织或机构的良性运行和健康发展为目的的管理过程。

宏观管理属于战略管理的范畴。战略管理用英文概括为5P——plan、pattern、position、perspective和ploy，即计划、模式、定位、计谋和观念。战略，原是军事上的术语，20世纪80年代被广泛运用于企业领域。所谓战略管理，是指在制定实施与评价具有全局性、指导性与纲领性的组织目标方针与计划活动中，通过一定策略技术与手段，以实现组织长远目标的过程。战略管理强调的是动态和持续的管理过程。这种管理方式的特点是，支配组织全部活动的核心内容是组织战略，组织的全部活动的重点是制定战略和实施战略。战略管理是一项综合性、长远性管理活动，是一门决策的科学和艺术。战略管理的过程包括战略分析、战略制定、战略实施、战略控制等环节。

公园的宏观管理，是国家最高级的层面。主要从方向性、政策性方面，发挥政府职能作用：主要任务是制定法律法规、标准规范，制定促进公园事业发展的政策、理论研究和行业指导。

战略定位，即公园在国民经济和社会中的地位和作用，确立公园在规划、建设、管理、保护四门功课中的方针和政策。公园不能千园一面，每个公园都应该有自己鲜明的主题和特色。公园的主题和特色是公园生命力的体现，公园的各项工作都应围绕公园的主题和特色开展。

战略计谋，是实现战略计划的手段。或者叫作工作方法、公关策略等。国家要为公园实现既定的目标任务，制定一套行之有效的措施和办法；在政府有限的资源供给的情况下，为公园争取更多的支持和关注，发挥社会及智囊的作用，策划项目，提出制胜的方案和方略。

按照公园管理先进国家的经验，国家成立国家公园局，负责公园的管理工作。中国的公园管理职责在住房城乡建设部，多年来，住房城乡建设部先后制定了一系列政策和法规，促进了公园事业的发展。主要表现在坚持公园事业的方向和性质，坚持将公园事业的发展列入国民经济和社会发展规划，适时提出不同时期的公园发展建设和管理的任务。

1986年10月，在湖南省衡阳市召开的全国城市公园工作会议，是新中国成立以来的第一次，具有划时代的意义，是公园发展历史上的又一个里程碑。会议拟定了城市公园管理条例，提出了进一步加强城市公园管理的意见。针对公园少、被侵占、忽视基本功能等问题，进一步明确公园的性质和任务，否定"以园养园"和"园林结合生产的方针"，确定了保证公园用地，处理好"三个效益"的关系，坚持以植物造景的方针等，为公园的建设和发展校正了方向。

2005年2月，建设部发出《关于加强公园管理工作的意见》，提出树立和落实以人为本，全面、协调、可持续的发展观，进一步加强公园管理。提出要保证政府的资金投入，鼓励吸收社会资金建设公园，合理布局各类公园，保护历史名园，加强动物园的管理等。

2013年发布的《关于进一步加强公园建设管理的意见》是新时期一个重要指导性文件，提出许多带方向性的意见和观点，指出："要站在建设生态文明、精神文明和安定和谐社会的高度，充分认识加强新时期公园建设管理的重要性和紧迫性，树立生态、低碳、人文、和谐的理念，始终坚持公园的公益性发展方向，切实抓好公园建设管理工作。""始终坚持公园的公益性发展方向，确保公园公共服务属性。严禁任何与公园公益性及服务游人宗旨相违背的经营行为。""公园是与群众日常生活息息相关的公共服务产品，是供民众公平享受的绿色福利，是公众游览、休憩、娱乐、健身、交友、学习以及举办相关文化教育活动的公共场所，是城市绿地系统的核心组成部分""严禁在公园内设立为少数人服务的会所、高档餐馆、茶楼等""严禁利用'园中园'等变相经营""禁止将政府投资建设的公园资产转由企业经营、将公园作为旅游景点进行经营开发""严禁违规增添游乐康体设施设备以及将公园内亭、台、楼、阁等园林建筑以租赁、承包、买断等形式转交营利性组织或个人经营"。《意见》强调："牢固树立以人为本、尊重科学、顺应自然、低碳环保的公园设计理念"。

指出：本着"生态、便民、求实、发展"的原则，编制城市公园建设与保护专项规划；牢固树立以人为本、尊重科学、顺应自然、低碳环保的公园设计理念；严禁任何与公园公益性及服务游人宗旨相违背的经营行为。关于保持公园的完整性，《意见》严重提出：严格运营管理，确保公园公共服务属性。公园是公共资源，要确保公园姓"公"，严禁任何与公园公益性及服务游人宗旨相违背的经营行为。严格控制公园内建筑物、构筑物等配套设施设备建设，保证绿地面积不得少于公园陆地总面积的65%；严格控制游乐设施的设置，防止将公园变成游乐场；严格控制大广场、大草坪、大水面等，杜绝盲目建造雕塑、小品、灯具造景、过度硬化等高价设计和不切实际的"洋"设计。

突出文化内涵和地域风貌，是《意见》的重要观点。文化是公园的灵魂，一个没有文化的公园称不上是公园。《意见》指出："要有机融合历史、文化、艺术、时代特征、民族特色、传统工艺等，突出公园文化艺术内涵和地域特色，避免'千园一面'。"所谓有机融合，实际上是创造的过程。公园是园林，园林的文化不是一般意义上的文化。园林文化是景观文化，是美的文化，是境界文化。

《意见》颁布之后，显示了强有力的指导和监督作用。全国288个地级以上城市的公园结合《意见》的贯彻，落实2014年5月中共中央的群众路线教育时间活动领导小组印发的《关于进一步整治"会所中的歪风"的通知》要求，对在公园等中实行会员制的会所、只对少数人开放的场所、违规出租经营的场所加大整治力度。相继清理了公园中私人会所、高档饭店，还园于民，还绿于民，维护了公众的绿色福利，在社会上产生了强烈的反响，受到社会各方面的普遍好评。

除此之外，2010年《关于加强城市生物多样性保护的通知》、2012年《关于促进城市园林绿化事业健康发展的指导意见》和2012年《关于建设节约型城市园林绿化的意见》等，都为全国公园建设发展指明了方向。

第二节　制定规章规范

规则规范是行业健康有序发展的重要保障。1952年8月，中央人民政府成立了建筑工程部，下设城市建设局，主管全国城市建设工作，划定城市建设范围，其中包括城市公园绿地的建设。此后，主管机构先后改名为国家城建总局、城乡建设环境保护部、建设部、住房城乡建设部。2008年机构改革的"三定"工作中，规定住房城乡建设部负责全国城市园林绿化工作、风景名胜区工作和自然遗产、文化遗产工作等。

多年来，住房城乡建设部注重从宏观角度制定行业的各种规则规范，从方针政策和制度的高度引领行业发展。先后制定了一系列公园及有关方面的规则规范。据统计，自1963年以来，住房城乡建设部发布有关园林绿化，包括公园的法规33部，标准12部。包括国务院第100号令《城市绿化条例》及《关于城市园林绿化的若干意见》《城市绿化规划建设指标的规定》《城市动物园管理规定》《游乐园管理规定》《公园设计规范》等。为全面发挥公园的游憩功能、生态功能和社会功能，确保公园设计质量，经过多年的努力，《公园设计规范》修订版于2017年公布实施。

新版的《公园设计规范》是公园行业的一项重要文件。是根据住房城乡建设部建标〔2009〕88号文《关于印发"2009年工程建设标准规范制定、修订计划"的通知》的要求，由北京市园林绿化局会同有关单位编制完成。

《公园设计规范》主要技术内容是：总则，术语，基本规定，总体设计，地形设计，园路及铺装场地设计，种植设计，建筑物、构筑物设计，给排水设计，电气设计等。

《公园设计规范》体现了新时代的新思想、新要求，是实践经验的总结。文本突出了公园景观、功能的营造和对管理的重视。指出：公园设计应正确处理公园与城市之间、公园的近期建设与远期建设之间的关系。公园设计应注重地域文化和地域景观特色的保护与发展。公园的用地范围和类型，应以批准的城市总体规划和城市绿地系统规划为依据。人均占有公园陆地面积指标、人均占有硬质活动场地面积指标和人均占有公园游憩绿地面积指标的取值，应根据公园区位、周边地区人口密度等实际情况而确定。

公园设施按游憩设施、服务实施、管理设施三项分类，每一类分为建筑类和非建筑类，这是一个创新。同时提出公园内不应修建与其性质无关的、单纯以盈利为目的的餐厅、展馆、管理建筑等。

规范重视了公园厕所的规范。提出游人使用的厕所应符合以下规定：面积大于或等于10公顷的公园，应按游人容量的2%设置厕所厕位（包括小便斗位数），小于10公顷者按游人容量的1.5%设置；男女厕位比例宜为1:1.5；服务半径不宜超过250米，即间距500米；各厕所内的厕位数应与公园内的游人分布密度相适应；在儿童游戏场附近，应设置方便儿童使用的厕所；公园应设无障碍厕所。无障碍厕位或无障碍专用厕所的设计应符合现行国家标准《无障碍设计规范》GB 50763的相关规定。

在可能存在污染源的基址上建设公园时，应进行环境影响评估，并根据评估结果采取安全、适宜的措施。新建公园如保留公园用地内原有自然岩壁、陡峭边坡，并在其附近设置园路、游憩场地、建筑等游人聚集的场所时，应对岩壁、边坡做地质灾害评估，并根据评估结果采取安全防护或避让措施。公园设计不应填埋或侵占原有湿地、河湖水系、滞洪或泛洪区及行洪通道。有文物价值的建筑物、构筑物，应遵照《中华人民共和国文物保护法》加以保护并结合到公园内景观之中。

公园内古树名木严禁砍伐或移植，并应采取保护措施。古树名木的保护应符合下列规定：古树名木保护范围的划定应符合规定；成林地带为外缘树树冠垂直投影以外5米所围合的范围；单株树应同时满足树冠垂直投影及其外侧5米宽和距树干基部外缘水平距离为胸径20倍以内；保护范围内，不得损坏表土层和改变地表高程，除树木保护及加固设施外，不得设置建筑物、构筑物及架（埋）设备种过境管线，不得栽植缠绕古树名木的藤本植物；采取有效的工程技术措施，创造良好的生态环境，维护其正常生长。改造的地形坡度超过土壤的自然安息角时，应采取护坡、固土或防冲刷的工程措施。

地形填充土应符合以下规定：严禁含有对环境、人和动植物安全有害的污染物和放射性物质；利用固体废物做人工堆土填充土的项目，应进行环境影响评估。

非淤泥底人工水体的岸高及近岸水深应符合下列规定：无防护设施的人工驳岸，近岸2.0米范围内的常水位水深不得大于0.7米；无防护设施的园桥、汀步及临水平台附近2.0米范围以内的常水位水深不得大于0.5米；无防护设施的驳岸顶与常水位的垂直距离不得超过0.5米。

《规范》对公园游人安全给予高度关注。对公园游人出入口宽度做了相应规定：单个出入口的宽度不应小于1.8米；举行大规模活动的公园应另设安全门。容易发生跌落、淹溺等人身事故的铺装场地，应设置防护护栏。严禁在游人正常活动范围内选用危及游人生命安全的有毒植物。严禁在游人正常活动范围内选用枝叶有硬刺和枝叶形状呈尖硬剑状或刺状的植物。各种安全防护性、装饰性和示意性护栏，严禁采用带有尖角、利刺等构造形式。防护护栏其高度不应低于1.05米；设置在临空高度24米以及24米以上时，护栏高度不应低于1.10米。护栏应从可踩踏面起计算高度。儿童专用活动场所的防护护栏必须采用防止儿童攀登的构造，当采用垂直杆件做栏杆时，其杆件净距不应大于0.11米。《公园设计规范》是新的时代提出的新标准和要求，必将对公园的规划设计、建设发展产生积极的影响，进一步推动公园事业的发展。

《国家城市公园条例》在2014年列入立法计划，已由上海市绿化和市政管理局完成起草工作。预计在不久的将来，中国第一部公园法会展现在人们面前。这将是公园发展史上新时代的里程碑。

第三节　管理的基本形式

一、开展园林城市、生态园林城市和人居奖创建等活动，是宏观管理的重要手段和措施

20世纪80年代，一些沿海城市自发地提出园林城市的目标；1992年，建

设部在"绿化达标""全国园林绿化先进城市"等政策的基础上提出"园林城市",制定了园林城市评选标准。

创建园林城市(城区)是一项社会系统工程,是符合社会进步、经济发展形势需要,造福子孙后代的民心工程,本着为人民服务,对人民负责、对子孙后代负责的精神,搞好创建园林城市活动,加强城市生态环境建设和城市基础设施建设,改善城市环境,促进城市可持续发展。改善城市生态环境,建设优美舒适的园林城市,是全社会的共同责任,需要全民动员、全社会参与。要坚持实事求是,因地制宜,讲求实效。

园林绿化已成为新时期构筑城市竞争力的重要基础。建设园林城市是提升城市功能、改善市民生活居住环境的主要措施。各地在大规模进行城市绿化建设的同时,坚持以人为本的理念,充分发挥园林生态功能和景观功能,注重绿地规划的合理性、布局的均匀性、植物的多样性,园林绿化水平不断提高。各地更加注重公园的便民性,加强中心区公园、游园绿地建设,方便了群众生活,增强了城市避灾功能。新疆的石河子市和库尔勒市,所处的自然环境和气候条件都十分恶劣,人们以改善生态环境、建设园林城市为目标,开展了大规模的城市绿化活动,已成为中国西北地区人心向往的绿色明珠。建设园林城市是现代文明的重要标志,是加强城市精神文明建设的重要组成部分。正如著名的城市规划学家伊利尔·沙里宁所说的那样,城市就像一本敞开的书,从中可以读出这个城市市民的情操。创建园林城市工作激发了爱家乡、爱城市的高尚情操。正是有了这种精神,一些城市克服了物质条件还不富裕的困难,实现了建设园林城市的理想。新疆石河子市克服自然条件困难,形成了"军民团结奋斗,共建绿色家园"的革命情怀;宁夏贺兰在创建活动中"万人大签名,共建园林城",体现了市民"爱自然、爱生活、向往美好未来"的理想信念;河北唐山较好地将"自力更生,奋发图强,自强不息,化腐朽为神奇"的抗震精神融合到创建工作之中。通过开展园林城市创建活动,经过艰苦努力,使精神得到了升华,困扰老百姓多年的环境问题得到了解决,政府的凝聚力、市民的向心力得到增强,促进了城市精神文明建设。在园林城市创建中,各地保护和传承了历史文化,保护遗产和历史风貌,建设新的优秀园林,弘扬了历史悠久的中国古老的园林文化和园林艺术。例如,扬州在园林城市创建中疏浚了瘦西湖,开通了古代先贤水上游览线，再现了"两堤花柳全依水，一路楼台直到山"的意境。杭州实施了西湖西进南扩工程，使西湖的生态景观、西湖的历史文化得到了充分挖掘和发展。

园林城市是实现城市可持续发展的必然要求，是实现人与自然和谐共处的主要途径。良好的城市生态环境是维系任何一个国家和民族可持续发展的基础。中国北方地区频繁发生的大范围沙尘暴以及非典事件等，都危害到一些城市的生产建设和人民生活，已经向人们敲响了警钟。城市公园、游园和绿地在群众健身、防治非典等公共突发事件方面也发挥着越来越重要的作用。在园林城市建设过程中，各地普遍注重城市生态与景观敏感区域的保护，注重人与自然和谐统一，注重城市生态的改善与恢复，为落实科学发展观，构建资源节约型、环境友好型社会作出了贡献。

至2004年，国家园林城市的平均建成区绿化覆盖率38.12%，绿地率33.92%，人均公共绿地9.54平方米，分别比全国平均水平高6.46个百分点、6.2个百分点和2.15平方米。长三角、珠三角和环渤海湾是中国园林城市创建工作开展得最好的三个地区，同时也成为中国经济最发达、经济活力最强的地区。苏南地区通过园林城市创建，建成了国内较完整的园林城市群，形成了良好的生态环境、人文环境，也成为外商投资吸引力最大的地区之一。

园林城市创建是一个不断提升、不断完善的过程，创建工作只有起点，没有终点。据河北省风景园林与自然遗产管理中心主任朱卫荣介绍："河北省通过园林城市创建城市绿量大幅度增加，城市基础设施更加完善，城市管理水平明显提高，城市魅力已经展现。县城绿地率从2010年的12.8%增加到2016年的33.72%，增长了20.9%；人均公园绿地面积从2010年的5.13平方米增加到2016年的11.9平方米，增长了6.77平方米。让城市拥抱自然、回归自然，让市民享受到越来越多的绿色福利。"从全国看至2017年，全国共有园林城市210个、县级市56个、园林县38个、园林镇14个、园林城区5个。

二、生态园林城市创建

2004年，为进一步推动城市生态环境建设，实施可持续发展战略，落实党的全面建设小康社会和生态文明建设的任务，努力为广大人民群众创造优美、舒适、健康、方便的生活环境，建设部决定在创建"园林城市"的基础上，开展创建"生态园林城市"活动。作为建设生态城市的阶段性目标，就是要利用环境生态学原理，规划、建设和管理城市，进一步完善城市绿地系统，有效防治和减少城市大气污染、水污染、土壤污染、噪声污染和各种废弃物，实施清洁生产、绿色交通、绿色建筑，促进城市中人与自然的和谐，使环境更加清洁、安全、优美、舒适。坚持以人为本，树立全面、协调、可持续的发展观，高度重视城市生态环境建设；加强城市生态环境建设，努力为广大人民群众创造一个优美、舒适、健康、方便的生活居住环境。创建"生态园林城市"，不仅是满足人民生活水平不断提高的需要，也是落实全面建设小康社会宏伟目标的重要措施。

创建生态园林城市的原则是：

坚持以人为本的原则。城市是人群高度集中的地方，城市建设必须代表最广大人民群众的根本利益，注重城市经济和社会的协调发展，注重城市的可持续发展，满足人们对生活、工作、休闲的要求，建设良好的人居环境。

坚持环境优先的原则。要按照环境保护的要求，深化城市总体规划的内涵，做好城市绿地系统规划，使城市市区与郊区甚至更大区域形成统一的市域生态体系。确定以环境建设为重点的城市发展战略，优化城市市域发展布局，形成与生态环境协调发展的综合考核指标体系。在城市工程建设、环境综合整治中，从规划、设计、建设到管理，从技术方案选择到材料使用等都要贯彻"生态"的理念，坚持"环境优先"的原则，要开发新技术，大力倡导节约能源、提高资源利用效率。

坚持系统性原则。城市是一个区域中的一部分，城市生态系统也是一个开放的系统，与城市外部其他生态系统必然进行物质、能量、信息的交换。必须用系统的观点从区域环境和区域生态系统的角度考虑城市生态环境问题，制定完整的城市生态发展战略、措施和行动计划。在以城市绿地系统建设为基础的情况下，坚持保护和治理城市水环境、城市市容卫生、城市污染物控制等方面的协调统一。坚持工程带动的原则。要认真研究和制定工程行动计划，通过切实可行的工程措施，保护、恢复和再造城市的自然环境，要将城市市域范围内的自然植被、河湖海湿地等生态敏感地带的保护和恢复，旧城改造、新区和住宅小区建设，城市河道等水系治理，城市污水、垃圾等污染物治理，水、风、地热等可再生性能源利用等措施，列入工程实施。充分扩大城市绿地总量和减少污染物排放，不断改善城市生态环境。坚持因地制宜的原则。中国幅员辽阔，区域经济发展与生态环境状况等有所不同，创建"生态园林城市"必须从实际出发，因地制宜地进行。建设"生态园林城市"不能急功近利，要根据城市社会经济发展水平的不同阶段，制定切实可行的目标，促进城市经济、社会、环境协调发展。

创建生态园林城市的一般性要求是：应用生态学与系统学原理来规划建设城市，城市性质、功能、发展目标定位准确，编制了科学的城市绿地系统规划并纳入了城市总体规划，制定了完整的城市生态发展战略、措施和行动计划。城市功能协调，符合生态平衡要求；城市发展与布局结构合理，形成了与区域生态系统相协调的城市发展形态和城乡一体化的城镇发展体系。城市与区域协调发展，有良好的市域生态环境，形成了完整的城市绿地系统。自然地貌、植被、水系、湿地等生态敏感区域得到有效保护，绿地分布合理，生物多样性趋于丰富。大气环境、水系环境良好，并具有良好的气流循环，热岛效应较低。城市人文景观和自然景观和谐融通，继承城市传统文化，保持城市原有的历史风貌，保护历史文化和自然遗产，保持地形地貌、河流水系的自然形态，具有独特的城市人文、自然景观。城市各项基础设施完善。城市供水、燃气、供热、供电、通信、交通等设施完备、高效、稳定，市民生活工作环境清洁安全，生产、生活污染物得到有效处理。城市交通系统运行高效，开展创建绿色交通示范城市活动，落实优先发展公交政策。城市建筑（包括住宅建设）广泛采用了建筑节能、节水技术，普遍应用了低能耗环保建筑材料。具有良好的城市生活环境。城市公共卫生设施完善，达到了较高污染控制水平，建立了相应的危机处理机制。市民能够普遍享受健康服务。城市具有完备的公园、文化、体育等各种娱乐和休闲场所。住宅小区、社区的建设功能俱全、环境优良。居民对本市的生态环境有较高的满意度。社会各界和普通市民能够积极参与涉及公共利益政策和措施的制定和实施。对城市生态建设、环保措施具有较高的参与度。模范执行国家和地方有关城市规划、生态环境保护法律法规，持续改善生态环境和生活环境。三年内无重大环境污染和生态破坏事件、无重大破坏绿化成果行为、无重大基础设施事故。

国家建设部为创建生态园林城市提出了科学的指标和具体的说明，是全国建设生态园林城市基本的依据。

三、人居环境奖评选

中国人居环境奖由建设部于2000年设立，是全国人居环境建设领域的最高荣誉奖项，是中国参照联合国人居环境奖新设立的一个政府奖项，旨在鼓励和推动城市高度重视人居环境的改造与建设。

其目的是为了表彰在城乡建设和管理中坚持以人为本、全面协调可持续的科学发展观，树立正确的政绩观，不断加强城乡基础设施和生态环境建设，切实改善人居环境，努力构建资源节约、环境友好的社会主义和谐社会，为实现全面建设小康社会作出突出贡献的城市。在环保、生态、大气、水质、绿化、交通等多方面为居民提供良好的生活和工作环境，以适应中国城市居民由小康向更高层面迈进的客观需要，并借此提升城市乃至国家的现代形象。通过"中国人居环境奖"的评选，各地采取更加积极有力的措施，加大城市基础设施建设和城市环境改善力度，引起全社会对改善人居环境的广泛关注，促进城乡建设事业的健康发展。

至2017年，共有12个城市获得了"中国人居环境奖"，30个省（区、市）108个城市的153个项目获得了"中国人居环境范例奖"。这些城市已成为城市环境生态化、基础设施现代化的集中体现。

附：国家园林城市系列标准

一、国家园林城市标准

类型	序号	指标	考核要求	备注
一、综合管理（8）	1	城市园林绿化管理机构	①按照各级政府职能分工的要求，设立职能健全的园林绿化管理机构，依照相关法律法规有效行使园林绿化行业管理职能； ②专业管理机构领导层至少有 1～2 位园林绿化专业（其中地级以上城市至少 2 位）人员，并具有相应的城市园林绿化专业技术队伍，负责全市园林绿化从规划设计、施工建设、竣工验收到养护管理的全过程指导服务与监督管理	根据住房城乡建设部办公厅《关于调整〈国家园林城市系列标准〉有关考核指标的通知》（建办城函〔2017〕290号）精神，此条不再作为考核指标。
	2	城市园林绿化建设维护专项资金	①政府财政预算中专门列项"城市园林绿化建设和维护资金"，保障园林绿化建设、专业化精细化养护管理及相关人员经费； ②近 2 年（含申报年）园林绿化建设资金保障到位，与本年度新建、改建及扩建园林绿化项目相适应； ③园林绿化养护资金与各类城市绿地总量相适应，且不低于当地园林绿化养护管理定额标准，并随物价指数和人工工资增长而合理增加	
	3	城市园林绿化科研能力	①具有以城市园林绿化研究、成果推广和科普宣传为主要工作内容的独立或合作模式的科研机构和生产基地，并具有与城市（区）规模、经济实力及发展需求相匹配的技术队伍，规章制度健全、管理规范、资金保障到位； ②近 2 年（含申报年）有园林科研项目成果在实际应用中得到推广； ③开展市花、市树研究及推广应用	
	4	《城市绿地系统规划》编制实施	①《城市总体规划》审批后一年内完成《城市绿地系统规划》制（修）订工作； ②《城市绿地系统规划》由具有相关规划资质或能力的单位编制（修订），与城市总体规划、控制性详细规划等相协调，并依法报批，实施情况良好	①为否决项

类型	序号	指标		考核要求	备注
一、综合管理（8）	5	城市绿线管理		严格实施城市绿线管制制度，按照《城市绿线管理办法》（建设部令第 112 号）和《城市绿线划定技术规范》（GB/T 51163—2016）要求划定绿线，并在两种以上的媒体上向社会公布，设立绿线公示牌或绿线界碑，向社会公布四至边界，严禁侵占	否决项
	6	城市园林绿化制度建设		建立健全绿线管理、建设管理、养护管理、城市生态保护、生物多样性保护、古树名木保护、义务植树等城市园林绿化法规、标准、制度	
	7	城市园林绿化管理信息技术应用		①建立城市园林绿化专项数字化信息管理系统、信息发布与社会服务信息共享平台，并有效运行；②城市园林绿化建设和管理实施动态监管；③可供市民查询，保障公众参与和社会监督	
	8	城市公众对城市园林绿化的满意率		≥ 80%	
二、绿地建设（14）	9	建成区绿化覆盖率		≥ 36%	
	10	建成区绿地率		≥ 31%	否决项
	11	人均公园绿地面积	人均建设用地小于105m^{2}的城市	≥ 8.00m^2/ 人	考核范围为城市建成区
			人均建设用地大于等于105m^{2}的城市	≥ 9.00m^2/ 人	
	12	城市公园绿地服务半径覆盖率		≥ 80%；5000m^2（含）以上公园绿地按照 500m 服务半径考核，2000（含）~ 5000m^2 的公园绿地按照 300m 服务半径考核；历史文化街区采用 1000m^2（含）以上的公园绿地按照 300m 服务半径考核	否决项；考核范围为城市建成区
	13	万人拥有综合公园指数		≥ 0.06	考核范围为城市建成区

类型	序号	指标	考核要求	备注
二、绿地建设（14）	14	城市建成区绿化覆盖面积中乔、灌木所占比率	≥60%	
	15	城市各城区绿地率最低值	≥25%	考核范围为城市建成区
	16	城市各城区人均公园绿地面积最低值	≥5.00m²/人	否决项；考核范围为城市建成区
	17	城市新建、改建居住区绿地达标率	≥95%	考核范围为城市建成区
	18	园林式居住区（单位）、达标率或年提升率	达标率≥50%或年提升率≥10%	考核范围为城市建成区
	19	城市道路绿化普及率	≥95%	考核范围为城市建成区
	20	城市道路绿地达标率	≥80%	考核范围为城市建成区
	21	城市防护绿地实施率	≥80%	考核范围为城市建成区
	22	植物园建设	地级市至少有一个面积为40公顷以上的植物园，并且符合相关制度与标准规范要求；地级以下城市至少在城市综合公园中建有树木（花卉）专类园	
三、建设管控（11）	23	城市园林绿化建设综合评价值	≥8.00	

类型	序号	指标	考核要求	备注
三、建设管控（11）	24	公园规范化管理	①公园管理符合公园管理条例等相关管理规定； ②编制近2年（含申报年）城市公园建设计划并严格实施； ③公园设计符合《公园设计规范》等相关标准规范要求； ④对国家重点公园、历史名园等城市重要公园实行永久性保护； ⑤公园配套服务设施经营管理符合《城市公园配套服务项目经营管理暂行办法》等要求，保障公园的公益属性	
	25	公园免费开放率	≥95%	考核范围为城市建成区
	26	公园绿地应急避险功能完善建设	①在全面摸底评估的基础上，编制《城市绿地系统防灾避险规划》或在《城市绿地系统规划》中有专章； ②承担防灾避险功能的公园绿地中水、电、通信、标识等设施符合相关标准规范要求	
	27	城市绿道规划建设	①编制城市绿道建设规划，以绿道串联城乡绿色资源，与公交、步行及自行车交通系统相衔接，为市民提供亲近自然、游憩健身、绿色出行的场所和途径。通过绿道合理连接城乡居民点、公共空间及历史文化节点，科学保护和利用文化遗产、历史遗存等； ②绿道建设符合《绿道规划设计导则》等相关标准规范要求； ③绿道及配套设施维护管理良好	
	28	古树名木和后备资源保护	①严禁移植古树名木，古树名木保护率100%； ②完成树龄超过50年（含）以上古树名木后备资源普查、建档、挂牌并确定保护责任单位或责任人	
	29	节约型园林绿化建设	①园林绿化建设以植物造景为主，以栽植全冠苗木为主，采取有效措施严格控制大树移植、大广场、喷泉、水景、人工大水面、大草坪、大色块、雕塑、灯具造景、过度亮化等； ②合理选择应用乡土、适生植物，优先使用本地苗圃培育的种苗，严格控制反季节种植、更换行道树树种等； ③因地制宜推广海绵型公园绿地建设	

类型	序号	指标	考核要求	备注
三、建设管控（11）	30	立体绿化推广	因地制宜制定立体绿化推广的鼓励政策、技术措施和实施方案，且效果良好	
	31	城市历史风貌保护	①已划定城市紫线，制定《历史文化名城保护规划》或城市历史风貌保护规划，经过审批，实施效果良好；②城市历史文化街区、历史建筑等得到有效保护	
	32	风景名胜区、文化与自然遗产保护与管理	①依法设立风景名胜区、世界遗产的管理机构，管理职能到位，能够有效行使保护、利用和统一管理职责；②规划区内国家级、省级风景名胜区或列入世界遗产名录的文化或自然遗产严格依据《风景名胜区条例》和相关法律法规与国际公约进行保护管理；③具有经批准的《风景名胜区总体规划》等规划，严格履行风景名胜区建设项目审批等手续	考核范围为城市规划区
	33	海绵城市规划建设	因地制宜、科学合理编制海绵城市规划，并依法依规批复实施，建成区内有一定片区（独立汇水区）达到海绵城市建设要求	
四、生态环境（9）	34	城市生态空间保护	①城市原有山水格局及自然生态系统得到较好保护，显山露水，确保其原貌性、完整性和功能完好性；②完成城市生态评估，制定并公布生态修复总体方案，建立生态修复项目库	设区城市考核范围为城市规划区，县级城市为市域范围
	35	生态网络体系建设	①结合绿线、水体保护线、历史文化保护线和生态保护红线的划定，统筹城乡生态空间；②合理布局绿楔、绿环、绿道、绿廊等，将城市绿地系统与城市外围山水林田湖等自然生态要素有机连接，将自然要素引入城市、社区	设区城市考核范围为城市规划区，县级城市为市域范围
	36	生物多样性保护	①已完成不小于市域范围的生物物种资源普查；②已制定《城市生物多样性保护规划》和实施方案；③本地木本植物指数≥0.80	
	37	城市湿地资源保护	①完成规划区内的湿地资源普查；②已编制《城市湿地资源保护规划》及其实施方案，并按有关法规标准严格实施	考核范围为城市规划区

类型	序号	指标	考核要求	备注
四、生态环境（9）	38	山体生态修复	①完成对城市山体现状的摸底与生态评估；②对被破坏且不能自我恢复的山体，根据其受损情况，采取相应的修坡整形、矿坑回填等工程措施，解决受损山体的安全隐患，恢复山体自然形态。保护山体原有植被，种植乡土、适生植物，重建山体植被群落	考核范围为城市规划区
	39	废弃地生态修复	科学分析城市废弃地的成因、受损程度、场地现状及其周边环境，运用生物、物理、化学等技术改良土壤，消除场地安全隐患。选择种植具有吸收降解功能、抗逆性强的植物，恢复植被群落，重建生态系统	考核范围为城市规划区
	40	城市水体修复	①在保护城市水体自然形态的前提下，结合海绵城市建设开展以控源截污为基础的城市水体生态修复，保护水生态环境，恢复水生态系统功能，改善水体水质，提高水环境质量，拓展亲水空间；②自然水体的岸线自然化率≥80%，城市河湖水系保持自然连通；③地表水Ⅳ类及以上水体比率≥50%；④建成区内消除黑臭水体	考核范围为城市规划区
	41	全年空气质量优良天数	≥292天	
	42	城市热岛效应强度	≤3.0℃	
五、市政设施（6）	43	城市容貌评价值	≥8.00	
	44	城市管网水检验项目合格率	≥99%	
	45	城市污水处理	①城市污水处理率≥90%；②城市污水处理污泥达标处置率≥90%	①为否决项
	46	城市生活垃圾无害化处理率	100%	否决项
	47	城市道路建设	①城市道路完好率≥95%；②编制城市综合交通体系规划及实施方案，确保2020年达到城市路网密度≥8公里/平方公里和城市道路面积率≥15%	

续表

类型	序号	指标	考核要求	备注
五、市政设施（6）	48	城市景观照明控制	①体育场、建筑工地和道路照明等功能性照明外，所有室外公共活动空间或景物的夜间照明严格按照《城市夜景照明设计规范》进行设计，被照对象照度、亮度、照明均匀度及限制光污染指标等均达到规范要求，低效照明产品全部淘汰； ②城市照明功率密度（LPD）达标率≥85%	
六、节能减排（4）	49	北方采暖地区住宅供热计量收费比例	≥30%	
	50	林荫路推广率	≥70%	考核范围为城市建成区
	51	步行、自行车交通系统	制定步行、自行车交通体系专项规划，获得批准并已实施	
	52	绿色建筑和装配式建筑	①近2年（含申报年）新建建筑中绿色建筑比例≥40%； ②节能建筑比例：严寒寒冷地区≥60%，夏热冬冷地区≥55%，夏热冬暖地区≥50%； ③制定推广绿色建材和装配式建筑政策措施	
七、社会保障（4）	53	住房保障建设	①住房保障率≥80%； ②连续两年保障性住房建设计划完成率≥100%	
	54	棚户区、城中村改造	①建成区内基本完成现有棚户区和城市危房改造，居民得到妥善安置，实施物业管理； ②制定城中村改造规划并按规划实施	
	55	社区配套设施建设	社区教育、医疗、体育、文化、便民服务、公厕等各类设施配套齐全	
	56	无障碍设施建设	主要道路、公园、公共建筑等公共场所设有无障碍设施，其使用及维护管理情况良好	
综合否定项	57		对近2年内发生以下情况的城市，均实行一票否决： ①城市园林绿化及生态环境保护、市政设施安全运行等方面的重大事故； ②城乡规划、风景名胜区等方面的重大违法建设事件； ③被住房城乡建设部通报批评； ④被媒体曝光，造成重大负面影响	

二、国家生态园林城市标准

类型	序号	指标	考核要求	备注
一、综合管理（8）	1	城市园林绿化管理机构	①按照各级政府职能分工的要求，设立职能健全的园林绿化管理机构，依照相关法律法规有效行使园林绿化行业管理职能；②专业管理机构领导层至少有 2～3 位园林绿化专业（其中副省级以上城市 3 位）人员，并具有相应的城市园林绿化专业技术队伍，负责全市园林绿化从规划设计、施工建设、竣工验收到养护管理的全过程指导服务与监督管理	根据住房城乡建设部办公厅《关于调整〈国家园林城市系列标准〉有关考核指标的通知》（建办城函〔2017〕290号）精神，此条不再作为考核指标。
	2	城市园林绿化建设维护专项资金	①政府财政预算中专门列项"城市园林绿化建设和维护资金"，保障园林绿化建设、专业化精细化养护管理及相关人员经费；②近 3 年（含申报年）园林绿化建设资金保障到位，与本年度新建、改建及扩建园林绿化项目相适应；③园林绿化养护资金与各类城市绿地总量相适应，且不低于当地园林绿化养护管理定额标准，并随物价指数和人工工资增长而合理增加	
	3	城市园林绿化科研	①具有以城市园林绿化研究、成果推广和科普宣传为主要工作内容的独立或合作模式的科研机构和生产基地，并具有与城市规模、经济实力及发展需求相匹配的技术队伍，且制度健全、管理规范、资金保障到位；②近 3 年（含申报年）有园林科研项目成果在实际应用中得到推广	
	4	《城市绿地系统规划》编制实施	《城市总体规划》审批后一年内完成《城市绿地系统规划》修订工作；与城市总体规划、控制性详细规划等相协调，并依法报批，实施情况良好	
	5	城市绿线管理	严格实施城市绿线管制制度，按照《城市绿线管理办法》（建设部令第 112 号）和《城市绿线划定技术规范》GB/T 51163—2016 要求，根据修订后的《城市绿地系统规划》划定绿线，并在至少两种以上的媒体上向社会公布；现状绿地都已设立绿线公示牌或绿线界碑，向社会公布四至边界	否决项

续表

类型	序号	指标		考核要求	备注
一、综合管理（8）	6	城市园林绿化制度建设		建立健全绿线管理、建设管理、养护管理、城市生态保护、生物多样性保护、古树名木保护、义务植树等城市园林绿化法规、标准、制度	
	7	城市数字化管理		①已建立城市园林绿化专项数字化信息管理系统并有效运转，可供市民查询，保障公众参与和社会监督；②城市数字化管理信息系统对城市建成区公共区域的监管范围覆盖率100%	
	8	公众对城市园林绿化的满意率		≥90%	
二、绿地建设（10）	9	建成区绿化覆盖率		≥40%	
	10	建成区绿地率		≥35%	否决项
	11	人均公园绿地面积	人均建设用地小于105m² 的城市	≥10.0m²/人	考核范围为城市建成区
			人均建设用地大于等于105m² 的城市	≥12.0m²/人	
	12	公园绿地服务半径覆盖率		≥90%；5000m²（含）以上公园绿地按照500m服务半径考核，2000（含）~5000m²的公园绿地按照300m服务半径考核；历史文化街区采用1000m²（含）以上的公园绿地按照300m服务半径考核	否决项；考核范围为城市建成区
	13	建成区绿化覆盖面积中乔、灌木所占比率		≥70%	
	14	城市各城区绿地率最低值		≥28%	考核范围为城市建成区
	15	城市各城区人均公园绿地面积最低值		≥5.50m²/人	否决项；考核范围为城市建成区

续表

类型	序号	指标	考核要求	备注
二、绿地建设（10）	16	园林式居住区（单位）、达标率或年提升率	达标率≥60%或年提升率≥10%	考核范围为城市建成区
	17	城市道路绿地达标率	≥85%	考核范围为城市建成区
	18	城市防护绿地实施率	≥90%	考核范围为城市建成区
三、建设管控（8）	19	城市园林绿化建设综合评价值	≥8.00	
	20	公园规范化管理	①公园管理符合公园管理条例等相关管理规定；②编制近3年（含申报年）城市公园建设计划并严格实施；③公园设计符合《公园设计规范》等相关标准规范要求；④对国家重点公园、历史名园等城市重要公园实行永久性保护；⑤公园配套服务设施经营管理符合《城市公园配套服务项目经营管理暂行办法》等要求，保障公园的公益属性	
	21	公园免费开放率	≥95%	考核范围为城市建成区
	22	城市绿道规划建设	①编制城市绿道建设规划，以绿道串联城乡绿色资源，与公交、步行及自行车交通系统相衔接，为市民提供亲近自然、游憩健身、绿色出行的场所和途径。通过绿道合理连接城乡居民点、公共空间及历史文化节点，科学保护和利用文化遗产、历史遗存等；②绿道建设符合《绿道规划设计导则》等相关标准规范要求；③绿道及配套设施维护管理良好	
	23	古树名木和后备资源保护	①严禁移植古树名木，古树名木保护率100%；②完成树龄超过50年（含）以上古树名木后备资源普查、建档、挂牌并确定保护责任单位或责任人	

续表

类型	序号	指标	考核要求	备注
三、建设管控（8）	24	节约型园林绿化建设	①园林绿化建设以植物造景为主，以栽植全冠苗木为主，采取有效措施严格控制大树移植、大广场、喷泉、水景、大人工水面、大草坪、大色块、雕塑、灯具造景、过度亮化等； ②合理选择应用乡土、适生植物，优先使用本地苗圃培育的种苗，严格控制行道树树种更换、反季节种植等； ③制定立体绿化推广的鼓励政策、技术措施和实施方案，立体绿化面积逐年递增且效果良好； ④因地制宜推广海绵型公园绿地建设	
	25	风景名胜区、文化与自然遗产保护与管理	①依法设立风景名胜区、世界遗产的管理机构，管理职能到位，能够有效行使保护、利用和统一管理职责； ②规划区内国家级、省级风景名胜区或列入世界遗产名录的文化或自然遗产严格依据《风景名胜区条例》和相关法律法规与国际公约进行保护管理； ③具有经批准的《风景名胜区总体规划》等规划，严格履行风景名胜区建设项目审批等手续	考核范围为城市规划区
	26	海绵城市规划建设	因地制宜、科学合理编制海绵城市规划，并依法依规批复实施，建成区内有一定片区（独立汇水区）达到海绵城市建设要求	
四、生态环境（9）	27	城市生态空间保护	①城市原有山水格局及自然生态系统得到较好保护，显山露水，确保其原貌性、完整性和功能完好性； ②完成城市生态评估，制定并公布生态修复总体方案，建立生态修复项目库； ③有成功的生态修复案例及分析	考核范围为城市规划区
	28	生态网络体系建设	①结合绿线、水体保护线、历史文化保护线和生态保护红线的划定，统筹城乡生态空间； ②合理布局绿楔、绿环、绿道、绿廊等，将城市绿地系统与城市外围山水林田湖等自然生态要素有机连接，将自然要素引入城市、社区	设区城市考核范围为城市规划区，县级城市为市域范围
	29	生物多样性保护	①完成不小于市域范围的生物物种资源普查； ②已制定《城市生物多样性保护规划》和实施措施； ③有 5 年以上的监测记录、评价数据，综合物种指数 ≥ 0.6，本地木本植物指数 ≥ 0.80	

类型	序号	指标	考核要求	备注
四、生态环境（9）	30	城市湿地资源保护	①完成城市规划区内的湿地资源普查；②已编制《城市湿地资源保护规划》及其实施方案，并按有关法规标准严格实施	考核范围为城市规划区
	31	山体生态修复	①完成对城市山体现状的摸底与生态评估；②对被破坏且不能自我恢复的山体，根据其受损情况，采取相应的修坡整形、矿坑回填等工程措施，解决受损山体的安全隐患，恢复山体自然形态。保护山体原有植被，种植乡土、适生植物，重建山体植被群落；③破损山体生态修复率每年增长不少于10个百分点或修复成果维护保持率≥95%	设区城市考核范围为城市规划区，县级城市为市域范围
	32	废弃地生态修复	①科学分析城市废弃地的成因、受损程度、场地现状及其周边环境，运用生物、物理、化学等技术改良土壤，消除场地安全隐患。选择种植具有吸收降解功能、抗逆性强的植物，恢复植被群落，重建生态系统；②废弃地修复再利用率每年增长不少于10个百分点或修复成果维护保持率≥95%	考核范围为城市规划区
	33	城市水体修复	①在保护城市水体自然形态的前提下，结合海绵城市建设开展以控源截污为基础的城市水体生态修复，保护水生态环境，恢复水生态系统功能，改善水体水质，提高水环境质量，拓展亲水空间；②水体岸线自然化率≥80%，城市河湖水系保持自然连通；③地表水Ⅳ类及以上水体比率≥60%；④建成区内消除黑臭水体；⑤《室外排水设计规范》（GB 50014）规定的内涝防治重现期以内的暴雨时，建成区内未发生严重内涝灾害	考核范围为城市规划区
	34	全年空气质量优良天数	≥292天	
	35	城市热岛效应强度	≤2.5℃	
五、市政设施（6）	36	城市容貌评价值	≥9.00	
	37	城市管网水检验项目合格率	100%	

类型	序号	指标	考核要求	备注
五、市政设施（6）	38	城市污水处理	①城市污水应收集全收集； ②城市污水处理率≥95%； ③城市污水处理污泥达标处置率100%； ④城市污水处理厂进水COD浓度≥200mg/L或比上年提高10%以上	②为否决项
	39	城市垃圾处理	①城市生活垃圾无害化处理率达到100%； ②生活垃圾填埋场全部达到I级标准，焚烧厂全部达到2A级标准； ③生活垃圾回收利用率≥35%； ④建筑垃圾和餐厨垃圾回收利用体系基本建立	①为否决项
	40	城市道路建设	①城市道路完好率≥95%； ②编制城市综合交通体系规划及实施方案，确保2020年达到城市路网密度≥8公里/平方公里和城市道路面积率≥15%	
	41	城市地下管线和综合管廊建设管理	①地下管线等城建基础设施档案健全； ②建成地下管线综合管理信息平台； ③遵照相关要求开展城市综合管廊规划建设及运营维护工作，并考核达标	
六、节能减排（5）	42	城市再生水利用率	≥30%	
	43	北方采暖地区住宅供热计量收费比例	≥40%	
	44	林荫路推广率（%）	≥85%	否决项；考核范围为城市建成区
	45	步行、自行车交通系统	①制定步行、自行车交通体系专项规划，获得批准并已实施； ②建成较为完善的步行、自行车系统	
	46	绿色建筑和装配式建筑	①近3年（含申报年）新建建筑中绿色建筑比例≥50%； ②节能建筑比例：严寒寒冷地区≥65%，夏热冬冷地区≥60%，夏热冬暖地区≥55%； ③制定推广绿色建材和装配式建筑政策措施	

类型	序号	指标	考核要求	备注
综合否决项	47		对近3年内发生以下情况的城市，均实行一票否决： ①城市园林绿化及生态环境保护、市政设施安全运行等方面的重大事故； ②城乡规划、风景名胜区等方面的重大违法建设事件； ③被住房城乡建设部通报批评； ④被媒体曝光，造成重大负面影响	

三、国家园林县城标准

类型	序号	指标	考核内容	备注
一、综合管理（8）	1	园林绿化管理机构	①按照政府职能分工的要求，设立职能健全的园林绿化管理机构，依照相关法律法规有效行使园林绿化管理职能； ②专业管理机构领导层至少有1~2位园林绿化专业人员，并具有相应的园林绿化专业技术队伍，负责全县域园林绿化从规划设计、施工建设、竣工验收到养护管理全过程指导服务与监督管理	根据住房城乡建设部办公厅《关于调整〈国家园林城市系列标准〉有关考核指标的通知》（建办城函〔2017〕290号）精神，此条不再作为考核指标。
	2	园林绿化建设维护专项资金	①政府财政预算中专门列项"园林绿化建设和维护资金"，保障园林绿化建设、专业化精细化养护管理及相关人员经费； ②近2年（含申报年）园林绿化建设资金保障到位，且与本年度新建、改建及扩建园林绿化项目相适应； ③园林绿化养护资金与各类绿地总量相适应，不低于当地园林绿化养护管理定额标准，并随物价指数和人工工资增长而合理增加	
	3	园林绿化科研应用	近2年（含申报年）积极应用园林绿化新技术、新成果。	
	4	《绿地系统规划》编制实施	①《县城总体规划》审批后一年内编制完成《绿地系统规划》的编制； ②《绿地系统规划》由具有相关规划资质或能力的单位编制（修订），与县城总体规划、控制性详细规划等相协调，并依法审核批准实施	①为否决项

续表

类型	序号	指标	考核内容	备注
一、综合管理（8）	5	绿线管理	严格实施县城绿线管制制度，按照《城市绿线管理办法》（建设部令第112号）和《城市绿线划定技术规范》（GB/T 51163—2016）要求划定绿线，并在至少两种以上的媒体上向社会公布，设立绿线公示牌或绿线界碑，向社会公布四至边界，严禁侵占	否决项
	6	园林绿化制度建设	建立健全绿线管理、建设管理、养护管理、生态保护、生物多样性保护、古树名木保护、义务植树等园林绿化规章、规范、制度	
	7	园林绿化管理信息技术应用	已建立园林绿化信息数据库、信息发布与社会服务信息共享平台；可供市民查询，保障公众参与和社会监督	
	8	公众对园林绿化的满意率	≥85%	
二、绿地建设（11）	9	建成区绿化覆盖率	≥38%	
	10	建成区绿地率	≥33%	否决项
	11	人均公园绿地面积	≥9.00m^2/人	否决项；考核范围为建成区
	12	公园绿地服务半径覆盖率	≥80%；1000～2000（含）m^{2}公园绿地按照300m服务半径考核，2000m^{2}以上公园绿地按照500m服务半径考核；历史文化街区参照《城市园林绿化评价标准》计算	考核范围为建成区
	13	符合《公园设计规范》要求的综合公园	≥1个	
	14	新建、改建居住区绿地达标率	≥95%	考核范围为建成区

类型	序号	指标	考核内容	备注
二、绿地建设（11）	15	园林式居住区（单位）、达标率或年提升率	达标率≥50%或年提升率≥10%	考核范围为建成区
	16	道路绿化普及率	≥95%	考核范围为建成区
	17	道路绿地达标率	≥80%	考核范围为建成区
	18	防护绿地实施率	≥80%	考核范围为建成区
	19	河道绿化普及率	≥85%	考核范围为建成区
三、建设管控（10）	20	绿地系统规划执行和建设管理	①绿地系统规划得到有效执行，绿地建设符合规划；②绿化建设成果得到有效保护，规划绿地性质无改变；③园林绿化主管部门参与公园绿地建设项目设计和项目竣工验收	
	21	大树移植、行道树树种更换等控制管理	①制定严格控制大树移植及随意更换行道树树种的制度或管控措施，并落实良好；②近2年（含申报年），公园绿地、道路绿化建设或改、扩建中未曾发生大规模（群植10株以上）移植大树（胸径20cm以上的落叶乔木、胸径在15cm以上的常绿乔木以及高度超过6m的针叶树）、未经专家论证及社会公示认可而更换行道树树种等现象	
	22	公园规范化管理	①公园免费开放率100%；②公园设计符合《公园设计规范》等相关标准规范要求，公园功能完善，设施完好，安全运行；③公园配套服务设施经营管理符合《城市公园配套服务项目经营管理暂行办法》等要求，保障公园的公益属性	
	23	公园绿地应急避险功能完善建设	①在全面摸底评估的基础上，编制《绿地系统防灾避险规划》或在《绿地系统规划》中有专章；②承担防灾避险功能的公园绿地中水、电、通信、标识等设施符合相关标准规范要求	加分项

类型	序号	指标	考核内容	备注
三、建设管控（10）	24	绿道建设管理	①绿道建设符合《绿道规划设计导则》等相关标准规范要求； ②绿道及配套设施维护管理良好	
	25	古树名木及后备资源保护	①严禁移植古树名木，古树名木保护率100%； ②完成树龄超过50年（含）以上古树名木后备资源普查、建档、挂牌并确定保护责任单位或责任人	
	26	节约型园林绿化建设	①园林绿化建设以植物造景为主，以栽植全冠苗木为主，采取有效措施严格控制大树移植、大广场、喷泉、水景、人工大水面、大草坪、大色块、假树假花、雕塑、灯具造景、过度亮化等； ②合理选择应用乡土、适生植物，严格控制反季节种植等	
	27	立体绿化推广	因地制宜制定立体绿化推广的鼓励政策、技术措施和实施方案，且效果明显	加分项
	28	历史风貌保护	①制订县域内历史文化风貌保护规划及实施方案，并已获批准，实施效果良好； ②县城发展历史印迹清晰，老县城形态保存基本完好，县城历史文化街区、历史建筑得到有效保护； ③规划区内道路格局符合县城形态特征，尺度宜人，不盲目拓宽取直； ④不同历史发展阶段的代表性建筑保存完好，新建建筑具有地域特色和民族文化特征，风格协调统一	考核范围为规划区
	29	风景名胜区、文化与自然遗产保护与管理	①依法设立风景名胜区管理机构，职能明确，并正常行使职能； ②国家级、省级风景名胜区或列入世界遗产名录的文化或自然遗产严格依据《风景名胜区条例》和相关法律法规与国际公约进行保护管理； ③具有经批准的《风景名胜区总体规划》等规划，风景名胜区建设项目依法办理选址审批手续	考核范围为规划区

类型	序号	指标	考核内容	备注
四、生态环境（6）	30	生态保护与修复	①县域原有山水格局及自然生态系统得到较好保护，显山露水，确保其原貌性、完整性和功能完好性； ②水体岸线绿化遵循生态学原则，自然河流水系无裁弯取直、筑坝截流、违法取砂等现象，水体岸线自然化率≥80%； ③自然山体保护完好，无违法违规开山采石、取土以及随意推山取平等现象； ④按照县城卫生、安全、防灾、环保等要求建设防护绿地； ⑤依据规划推进环境整治和生态修复	考核范围为规划区
	31	生物多样性保护	①已完成不小于县域范围的生物物种资源普查； ②以生物物种普查为基础，在《绿地系统规划》中有生物多样性保护专篇； ③生物物种总量保持合理增长，重要物种及其栖息地得到有效保护	加分项
	32	乡土、适生植物资源保护与应用	①结合风景名胜区、植物专类园、综合公园、生产苗圃等建立乡土、适生植物种质资源库，并开展相应的引种驯化和快速繁殖试验研究； ②积极推广应用乡土及适生植物，在试验基础上推广应用自衍草花及宿根花卉等，丰富地被植物品种； ③本地木本植物指数≥0.70	
	33	湿地资源保护	①已完成规划区内的湿地资源普查； ②以湿地资源普查为基础，制定湿地资源保护规划及其实施方案； ③规划区内湿地资源保护管理责任明确，管理职能正常行使，资金保障到位	加分项；考核范围为规划区
	34	全年空气质量优良天数	≥292天	
	35	地表水Ⅳ类及以上水体比率	≥60%	

类型	序号	指标	考核内容	备注
五、市政设施（8）	36	县容县貌	①建成区环境整洁有序，建（构）筑物、公共设施和广告设置等与周边环境相协调，无违章私搭乱建现象。居住小区和街道环卫保洁制度落实，无乱丢弃、乱张贴、乱排放等行为； ②商业店铺：灯箱、广告、招牌、霓虹灯、门楼装潢、店面装饰等设置符合建设管理要求，无违规设摊、占道经营现象； ③交通与停车管理：建成区交通安全管理有序，车辆停靠管理规范； ④公厕数量达标，设置合理，管理到位。设置密度应≥3座/km，设置间距应满足《环境卫生设施设置标准》相关要求	
	37	管网水检验项目合格率	≥95%	
	38	污水处理	①污水处理率≥85%； ②有污泥达标处理设施，污水处理污泥达标处置率≥60%； ③城区旱季无直接向水体排污现象，年降雨量400mm（含）以上的新建城区采用雨污分流建设，老城区有雨污分流改造计划	①为否决项； ②③为加分项
	39	生活垃圾无害化处理率	≥90%	否决项
	40	公共供水用水普及率	≥90%	
	41	道路完好率	≥95%	
	42	市政基础设施安全运行	①县城供水、供气、供热、市容环卫、园林绿化、地下管网、道路桥梁等市政基础设施档案健全； ②运行管理制度完善，监管到位，县城安全运行得到保障	
	43	无障碍设施建设	建成区内主要道路、公园、公共建筑等公共场所设有无障碍设施，且使用及维护管理情况良好	

类型	序号	指标	考核内容	备注
六、节能减排（3）	44	北方采暖地区住宅供热计量收费比例	≥ 30%	考核北方供暖地区
	45	绿色建筑和装配式建筑	①近2年（含申报年）新建建筑中绿色建筑所占比例 ≥ 30%； ②节能建筑比例：严寒寒冷地区 ≥ 40%，夏热冬冷地区 ≥ 35%，夏热冬暖地区 ≥ 30%； ③制定推广绿色建材和装配式建筑政策措施	
	46	林荫路推广率	≥ 60%	考核范围为建成区
综合否决项	47		对近2年内发生以下情况的县城，均实行一票否决： ①园林绿化及生态环境保护、市政设施安全运行等方面的重大事故； ②城乡规划、风景名胜区等方面的重大违法建设事件； ③被住房城乡建设部通报批评； ④被媒体曝光，造成重大负面影响	

第四节　建立运行机制

从国家层面对全国公园和园林的管理做了大量的卓有成效的工作，摸索和创造了一套科学有效的运行机制。

一是通过举办园林博览会扩大影响力。中国国际园林博览会是中国园林行业层次最高、规模最大、影响最远的国际性重大盛会，创办于1997年，由住房城乡建设部与省（市、区）政府共同主办，自2007年始，每两年举办一次，会期通常为6个月。先后有大连、南京、上海、广州、深圳、厦门、济南、重庆、北京等城市举办。第十届园博会主题为"绿色连接你我、园林融入生活"，选址在武汉市张公堤城市森林公园核心区域。2015年9月25日至2016年4月举办。"园博会"的举办扩大了园林的社会影响，提高了公园在城市中的地位，推动了公园的建设和发展，起了积极的作用。园博公园的建设一般由所在城市主办，全国各省市积极支持，建设成为集锦式的特色公园，且面积较大，生态效益明显。

二是通过建设园林重大项目增强凝聚力。中国园林博物馆的建立，既是2013年北京"园博会"的产物，又是中国园林发展的必然结果。中国园林博物馆是中国第一座以园林为主题的国家级博物馆，位于北京市丰台区鹰山脚下，永定河畔。自2010年开始筹建，于2013年5月开馆运行，占地6.5万平方米，建筑面积49950平方米，由主体建筑、室内展园与室外展区三部分组成。主体建筑内28200平方米可用于展览展陈。园博馆作为公益性永久文化机构，是收藏园林历史文物、弘扬中国传统文化、展示园林艺术魅力、研究园林价值的国际园林文化中心。园博馆以广大市民、中小学生和国内外旅游者为主要服务对象，并兼顾园林专业工作者，将全面展示中国园林悠久的历史、灿烂的文化、多元的功能以及辉煌的成就。中国园林博物馆以"中国园林——我们的理想家园"为建馆理念，旨在展示和传承博大精深的中国园林艺术，弘扬优秀的民族传统文化，见证中华民族的伟大复兴。中国园林博物馆的建立，填补了代表中国园林的博物馆和博物馆门类的两个空白，是中国园林发展历史上的一个重要事件，具有里程碑的意义。

三是通过借助社会力量聚集发展力。住房城乡建设部特别重视智库的建设，储存了一批在国内外有影响的专家学者。充分利用业内外人才资源，研究制定公园及园林事业发展的重大决策，参与政策法规、规范文件的调研、讨论和起草过程，协助检查政策法规落实情况等。

四是借助中介组织提高推动力。注重行业协会、学会的桥梁纽带作用、宣传促进作用和购买服务的作用。有力地解决了机构精简、人员不足的矛盾。通过培训、考察、调研、办刊等，从不同角度发挥了理论研究、行业发展、信息交流、联系沟通等作用。由园林学会主办的《中国园林》以及中国公园协会主办的《中国公园》和中国风景名胜区协会主办的《中国风景名胜区》刊物，不断丰富内容、提高质量，在业内外产生了广泛的影响。

五是通过监督检查增强执行力。将监督检查覆盖全领域全过程。监督检查是任何组织的管理法宝。通过监督检查树立典型，推广先进经验，发现问题，纠正错误，是行之有效的做法。比如，2016年按照《风景名胜区条例》要求，住房城乡建设部结束了为期4年的国家级风景名胜区执法检查工作。

会议通报了执法检查情况，交流了保护管理工作经验。根据检查和整改情况，住房城乡建设部先后责令89处存在违法违规问题的国家级风景名胜区进行整改，并决定将吉林仙景台等11家国家级风景名胜区列入"濒危名单"。下一步，住房城乡建设部将继续加大督察和曝光力度，宣传动员各方面力量关心支持风景名胜区工作，形成强大合力和良好的氛围，使风景名胜区事业发展迈上新台阶。

为贯彻落实习近平总书记等中央领导关于严肃整治"会所中的歪风"的重要批示精神，住房城乡建设部分别给19个副省级以上城市发出明电《关于对城市公园内设置私人会所高档餐馆等进行全面摸底的紧急通知》，并按要求给"领导小组"上报了摸底情况报告。2014年1月6日至11日，住房城乡建设部按照"领导小组"的分工要求，分别由机关党委、稽查办和城建司带队对北京、上海、广州、深圳、成都、西安6个城市进行实地调研，1月15日报送了调研报告。2014年2月12日，"领导小组"再次召开专题研究部署会议，要求各有关部门按照管理职能对历史建筑、公园等公共资源中私人会所问题进行进一步的摸底和对整治落实的跟踪。对全国288个地级以上（含）城市公园内设置私人会所、高档餐厅等进行全面摸底，报告已于3月底上报"领导小组"。2014年5月30日，住房城乡建设部印发《关于上报城市公园内私人会所高档餐馆等清理整治情况的通知》，于7月将各地具体整改情况上报领导小组。为了加强公园的管理，保障城市公园的公共服务属性，住房城乡建设部全面启动公园内配套服务项目经营管理的政策研究，委托部政策研究中心和深圳市城管局起草《公园配套服务项目特许经营管理办法》。监督检查与指导相结合，使全国的公园沿着正确的方向前进。

第十章 公园的中观管理

第一节 制定发展规划

公园的中观管理，是指省、市、自治区一级对所辖区域范围内公园发展建设的管理。中观管理担负着承上启下的作用，一是要贯彻执行国家宏观管理的方针政策和战略部署，二是结合本地区的实际情况，制定符合自身发展的方针政策和法规，重视科技教育工作，培养人才，打好基础，积极开展有利于公园发展的活动，促进公园事业的发展。

2002年《北京市公园条例》提出制定公园发展规划的理念。公园发展规划是城市总体规划的延伸和发展，公园发展规划应当确定公园发展的目标和任务，是实现公园城市的重要途径，是顺应时代发展的重要工作。公园发展规划应当确定公园发展的近期和远期的目标，明确公园在城市中的地位和作用，按照城市的总体规划对公园的规模和类型进行统筹安排，将城市融入公园之中，为城市增添生命的活力，提高城市的形象和品位；为百姓创造宜居的环境，提高人民的幸福指数。

很多城市是在延续传统制定绿地系统规划，公园是其中最重要的内容之一。未来，其名称应为公园绿地系统规划，以公园的发展作为规划的重点，以突出公园在城市中的核心地位和重要作用。要用规划统领设计，避免公园设计的随意性。公园绿地规划要着力解决公园的空间布局和文化定位：一是安排合理的服务半径，基本实现居民出行500米见公园的目标。特别强调关注老城区的公园布局，通过城市疏解促公园建设；二是确定各种类型公园的合理布局，既要安排综合性公园、社区公园，又要针对城市发展和市民需求建设带状公园、环状公园、微型公园等；三是注重专类公园的建设，如植物园、动物园、主题公园等，要在城市有科学的规划；四是通过公园道、公园环、公园带将公园串联起来,形成网络体系,发挥公园系统的整体效应;五是规划公园文化建设。一个城市的公园要各具特色,善于盘点提炼地域文化、历史文化的精髓,确定每个公园恰当的、适合的主题和表现形式,融入公园的机体。既不可生搬硬套、庸俗不堪,又不可胡乱堆砌、杂乱无章,或一个主题多次多处重复出现,或多个主题一个公园承担。公园文化以植物造景为主,以景成境,园林建筑要讲求适用和意境等。

现在通行的城市绿地系统规划是对各种城市绿地进行定性、定位、定量的统筹安排,形成具有合理结构的绿地空间系统,以实现绿地所具有的生态保护、游憩休闲和社会文化等功能的活动。城市绿地系统布局是指城市绿地(包括公园绿地、生产绿地、防护绿地、风景林地)和道路绿化与水体绿化以及重要的生态景观区域等在规划时统一考虑,合理安排,形成一定的布局形式。城市绿地系统的布局在城市绿地系统规划中占有相当重要的地位。因为即使一个城市的绿地指标达到要求,但如果其布局不合理,那么它也很难满足城市生态的要求以及市民休闲娱乐的要求。反之,如果一个城市的绿地不仅总量适宜,而且布局合理,能与城市的总体规划紧密结合,真正形成一个完善的绿地系统,那么这个城市的绿地系统将在城市生态的建设和维护以及为市民创造一个良好的人居环境,促进城市的可持续发展等方面起到城市的其他系统无可替代的重要作用。

比如:北京市根据建设部的要求,制定了《北京市城市绿地系统规划》,为园林绿化的发展确定了目标、方向和任务。《北京市城市绿地系统规划》其确定的市域绿地系统结构和布局是:"青山环抱——山地绿化占市域面积62%,三环环绕——五、六环路之间的绿色生态环、隔离地区的公园环、二环路绿色景观环带——绿色城墙,十字绿轴——长安街和南北中轴及其延长线,七条楔形绿地——从不同方向沟通市区和郊区,由绿色通道串联公园绿地成点、线、面相结合的绿地系统。市区以外宜林山地全部绿化,建设自然保护区和风景名胜区,构成名副其实的生态屏障,平原植树造林,治理五大风沙危害区,加强湿地保护和绿色通道的绿化建设,开辟第二道绿化隔离地区,将市区与郊区绿地有机结合。中心区绿地布局是以滨水绿地为纽带,结合文物古迹保护、旧城改造及新的开发建设等开辟公园绿地、完善二环路绿色景观环带——'绿色城墙'和城市的'十字景观轴线'。四环路景观防护林带：两侧各划定100米宽绿化带，注重植物造景，丰富沿路城市景观。城市绿网：由市区范围内的道路、铁路、滨河绿带和防护绿带组成。这种带状、环状和放射状绿带，将中心区内的各种绿地与外围的绿地联系起来。楔形绿地：结合河道、道路放射线和绿化隔离地区绿化建设小月河、六郎庄、北苑、来广营、机场路、左安门、菜户营7条楔形绿地，形成楔入市区的绿色通道。隔离地区公园环：在125平方公里隔离地区绿化带，由奥林匹克公园等各类公园、生产绿地、防护绿地组成。五环路防护林带：两侧各划定100米宽绿化带，使之将10个边缘集团、近郊区的绿色通道和楔形绿地等联系起来。边缘集团绿地系统：结合10个边缘集团的规划，完善其绿地系统，按服务半径、城市景观及功能要求，规划配置各类公园绿地。环市区外缘郊野公园环：由沿规划市区边缘的小西山风景区及一系列郊野公园组成，是市区外围绿色生态环。"

中国城市公园系统规划雏形始于20世纪初叶，发轫于被吴良镛院士称之为"中国近代第一城"的南通市，由清朝最后的一代状元、民国时期的农业部长、农商总长及水利部长的张謇（1853—1926年）实践和筹划的。该规划以南通古城护城河濠河区域为中心，并串联起建造的以东、南、西、北、中命名的公园等，均匀分布在城市中，形成系统，以濠河及其两岸的树木作为蓝带和绿带，联系城市的各个角落的园林，又将近郊大片绿带呈楔形插入市区。这正契合今天所提倡的点、线、面相结合的布局形式。

广东省河源市是自2008年开始首个编制公园城市规划的城市，开公园城市时代之先河。2017年6月，公园城市专项规划修编。包括概念解读、规划范围、规划目标、总体布局、32个骨架公园规划、公园总体控制要求等。其概念解读称：公园城市是指社会、经济、文化、生态平衡协调发展，拥有广阔的自然空间、环境优美、景致怡人，具有丰厚文化底蕴的生态宜居城市。经过对河源市文化、生态、景观的综合分析，确定公园城市的基本形式是以"点"带"线"，以"线"串"面"的形式。"点"是指包括街头绿地、小游园的各级城市公园；"线"是指各类绿道网络、绿色廊道；"面"是指各大骨架公园。规划范围为《河源市总体规划》确定的中心城区。规划目标是以32个大型公园为骨骼，以"两江四岸"为主轴，以城市小公园为点，以河流、防护林带、道路为线，以大片的城市森林、城市公园为面，形成立体的城市公园体系，最终建成"城中有园、园中建城、城在园中、人在景中"的公园城市。公园城市的总体布局是"一环、二轴、多点、网络化"等。

第二节　制定法规政策

制定有关公园的地方的法规政策是中观管理的重要任务，地方政府和公园主管部门应当予以高度重视，按照规定程序完善地方法规体系。各省、自治区、直辖市人大及其常委会、省会所在市和计划单列市人大制定的法规称地方法规；省、自治区、直辖市人大及其常委会制定的地方法规，须报全国人大常委会和国务院备案；省、自治区人民政府所在市及计划单列市的人大及其常委会制定的地方法规，须经省、自治区人大常委会批准，并报全国人大常委会和国务院备案。

多年来，各省市、自治区及有关城市，在没有上位法的情况下，在法律允许的范围内，针对本地区公园建设和发展中的问题，积极制定本地区的地方法规，取得了巨大的成就，解决了公园在规划、建设、管理、发展等一系列现实问题，促进了公园事业的发展。同时，创造性地提出了一些带根本性的理念和政策，积累了丰富的经验。这些理念、政策和经验，上升为原则，对于制定国家城市公园条例和各地制定公园条例具有重要参考价值。

确立公园在城市中的地位和作用，是公园发展的核心动能，是公园条例的首要任务。白幡洋三郎在《近代都市公园史》中指出：公园不仅仅是一个装置，它是都市的一种应有的态度，是实现都市理想的一种制度，更是一种思想的体现。许多省市公园条例明确公园是城市中的有生命的基础设施，是社会公益性的公民福利。

公园条例应当明确公园的性质和功能，为公园的发展准确定位。公园是什么？这个问题众说纷纭，其解释有数十种。为公园下一个定义并不简单，19世纪英国造园评论家路登（Loudon）说：公园是免费或支付一些入场费后，允许公众进入的庭院。19世纪德国公园所展现出来的一个鲜明特征是：公园是一种启蒙性、教育性的设施。这种公园观的思想根据，是由18世纪末的哲学、美学、造园学者希尔施菲尔德（Hirschfeid）提出来的。他的公园理论成为后来德国众多造园家公园思想的理论依据。公园在德国与其说是满足都市民众的需要，不如说是一种支配阶级所希望的都市装置。日本对公园的定义，根据《城市公园法》的规定，"城市公园"是指符合下列条件的公园或绿地，其中包括国家或地方政府机关在公园绿地中修建的设施。（1）作为城市规划设施的公园绿地，包括地方政府机关设置的公园绿地，或地方政府机关在城市规划区内设置的公园或绿地。（2）由国家设置，符合下列条件：（服务范围超出某一都道府县区域的广域性公园绿地。）作为国家纪念事业，或为保存和应用日本古典优秀文化遗产，经内阁协议通过的公园绿地。

制定公园条例，不仅明确公园人的职责和任务，而且将政府、社会和游人的责任义务纳入法规调整的范围。不仅是规范公园人的责任义务，而是站在全市的高度，规范政府、社会、游人的行为。因此，《北京市公园条例》的名称去掉了管理二字，是具有深刻含义的。

解决公园生存与发展问题是制定条例的重要问题，《北京市公园条例》制定过程中始终关注，最后在总则中予以确认：本市应当按照保护历史文化名城和建设现代化国际大都市的要求，规划、建设、管理公园，发展公园事业。《太原市公园条例》第三条规定："市、县（市）人民政府应当将公园事业纳入国民经济和社会发展计划。政府管理的公园，其维护费用应当列入财政预算。鼓励自然人、法人和其他社会组织参与投资公园建设或者以资助、捐赠等方式支持公园事业的发展。"

赋予公园管理机构执法的权力，是公园健康有序发展的保证。《北京市公园条例》确定了园林主管部门的法律地位，第五条第一款规定："市园林行政管理部门主管本市公园工作，负责本条例的组织实施。"第二款规定："区、县人民政府园林主管部门按照职责分工负责本行政区域内的公园管理监督工作。"第六条规定："本市公园实行分级、分类管理。本市公园的等级、类别由市园林行政主管部门按照有关规定确定并公布。"第十一条第二款规定："规划确定的公园用地不得擅自改作他用，确需调整的，应当制定调整方案，需经规划、园林等部门提出意见，报市人民政府审批。"第十八条第二款规定："新建、改建、扩建公园竣工后，应当由园林、规划、

建设、公安等有关行政管理部门验收合格后方可投入使用。"第二十五条
规定："市政公用工程涉及公园用地的，应当采取避让措施。确须穿越公园
或者临时占用公园内土地的，建设单位应当征得公园管理机构和园林行政管
理部门的同意，报有关部门批准后方可进行。"对新建、改建、扩建公园验
收问题，《北京市公园条例》给了园林行政管理部门一项权力，未经验收交
付使用的公园要责令整改，并可以处1万元～10万元罚款，这样做有利于北
京市公园的规范管理。在罚则中第五十八条第一款规定："本条例第五十一
条第（一）项、第五十二条、第五十四条、第五十五条、第五十七条规定的
行政处罚，由市园林行政管理部门实施；第五十一条第（二）项、第五十三
条规定的行政处罚，由市园林行政管理部门会同有关行政管理部门实施。"
《北京市公园条例》第五十六条提出了"主要公园"的概念："对主要公
园的上述违法行为的行政处罚，由市园林行政管理部门实施。"条例赋予
市园林行政部门的行政执法处罚权有5项、8个档次，还有两项会同其他行政
部门实施。这些条款明确了市园林局的法律地位，为依法行政提供了法律
保障。

突出了历史名园的保护。将历史名园保护提高到法律保障的高度，这
是北京历史名城保护的实际需要，也是这次立法的一个重要特点。先后有7
条10款。突出的有五点：历史名园内禁止设大型游乐设施（第二十六条第三
款）；依法划定保护范围和建设控制地带（第二十八条）；制定周边建设控
制地带内建筑的高度、形式、体量、色彩的标准（第二十九条）；对已列入
"世界文化遗产"名录的历史名园，应当制定有效保护措施（第三十条）；
保护的经费应当给予财政保障（第三十三条）。将历史名园的突出地位予以
确认，具有划时代的意义。

《武汉市城市公园管理条例》1998年出台，经过2002年和2010年两次
修订，促进了公园的发展，加强了公园管理，保护了公园绿地，规范了公
园经营，提升了服务水平。将园林绿化执法监察大队成建制并入市城市管
理执法监察总队，全面负责城市园林绿化执法职责，监察执法力度进一步
加大。

2012年，《厦门经济特区公园条例》经修订后实施，在吸收其他城市公
园条例的基础上结合厦门实际有所创新。比如，条例以公园行政管理部门指

代园林行政部门的概念，强调了公园的公益性，确定了公园部分园林建筑由公园主管部门审批的程序等。经批准的厦门市公园建设与发展规划非因公共利益不得调整。因公共利益确需调整的，应当按照同类、就近补足面积、符合公园绿地率要求的原则确定调整方案，并将调整方案向社会公开征求意见后，按照原审批程序报批；编制厦门市公园建设与发展规划，应当符合以下要求：（一）在各区至少建设一个全市性综合公园。（二）各级各类公园布局合理，分布均匀，服务半径一般不超过500米。（三）新建居住区应当根据居住人口规模建设社区公园，并按照居住组团不少于每人0.5平方米、居住小区（含组团）不少于每人1平方米、居住区（含小区与组团）不少于每人1.5平方米的标准进行规划、建设。（四）旧城改造区建设社区公园面积可酌情降低，但不得低于相应标准的50%。（五）优先选择历史文化遗址、遗迹及其他具有纪念意义的区域、地点建设公园。（六）自然条件良好的区域、滨水地带、城市道路两侧，具备条件的，应当结合周边环境建设公园。公园建设项目设计方案由规划行政管理部门审批。规划行政管理部门在审批公园建设项目设计方案时，应当征求公园行政管理部门的意见，公园行政管理部门应当提出审核意见。经批准的公园建设项目设计方案，任何单位和个人不得擅自变更。确需变更的，应当按原审批程序报批。规划行政管理部门应当将公园建设项目设计方案的审批情况、公园行政管理部门提出的审核意见向社会公布；公园中的亭、廊、榭等园林建筑的建设方案，由市公园行政管理部门依法审批后报市规划行政管理部门备案等。

制定政策是中观管理的重要任务。作为地方政府或政府主管公园的行政部门，应当根据当地的实际情况，制定切实可行的政策，以促进公园事业的发展。制定政策应坚持三项原则：一是实事求是的原则，有针对性地解决公园在生存、发展中的问题；二是与国民经济相适应的原则，解决公园规划、建设、保护、管理中的问题，既要考虑问题解决的紧迫性，又要考虑现实条件的可能性；三是要适度超前的原则，充分考虑公园发展可持续的问题。从全国公园发展状况看，突出存在着"重建轻管"的现象，养护管理资金严重不足，影响公园的生存和发展。解决这个问题，首先是政府要建立一条畅通的资金渠道，即解决公园的建设管理财源问题。

附：武汉市公园噪声管理暂行规定

第一条　为充分发挥公园功能，兼顾公园游客的健身、娱乐、休憩等多方面需求，加强公园噪声管理，创造和谐舒适的游览环境，根据《武汉市城市公园管理条例》及《武汉市城市区域声学环境质量功能区类别》等法规和规范，制定本管理规定。

第二条　本《规定》所称公园是指向公众提供游览、休憩、文化娱乐的城市公共绿地。本《规定》所称公园噪声是指在公园范围内从事娱乐、健身、宣传、经营等活动过程中产生的超过规定的城市环境噪声排放标准，干扰他人正常生活、游览、工作和学习的声音。

第三条　本市行政区域内公园噪声管理，应当遵守本规定。公园内噪声管理按照《武汉市城市区域声学环境质量功能区类别》标准执行。

第四条　在公园内从事娱乐、健身、宣传等活动应当遵守公园规定，所产生的噪声不得干扰他人正常生活。

第五条　公园内禁止吹奏管乐、打鼓鸣锣、甩鞭等噪声污染大的活动。举办庆典活动需要使用锣鼓、管乐营造气氛的，须经公园管理机构同意。

第六条　在公园内举办各种文化、经营、宣传活动需使用音响设备的，须经公园管理机构同意。

第七条　在公园内健身、娱乐活动的团体使用音响设备应当向公园管理机构申报登记，对遵守公园噪声管理作出承诺，其组织者应当加强对成员的管理。

第八条　公园晨练时间为上午7时至9时，晚练时间为19时至21时。非晨（晚）练时间公园内禁止使用音响设备进行健身、娱乐活动。中考和高考期间，公园内禁止使用音响设备。

第九条　公园管理机构可以根据本《规定》结合实际制定本公园噪声管理的具体游园行为规范，采取有效措施，防止公园噪声干扰他人。

第十条　公园管理机构应当对公园内健身、娱乐活动进行正确引导，倡导在公园内文明健身、娱乐。

第十一条　任何单位和个人对造成公园噪声污染的行为，可以劝阻、举报或者投诉。

第十二条　违反本《规定》，造成公园噪声污染的，公园管理机构可以依据《武汉市城市公园管理条例》相关规定予以处罚。

（一）在公园内开展健身、娱乐等活动的团体以及从事经营活动的单位违反本《规定》，由公园管理机构书面通知，责令改正。拒不改正的，对组织者或负责人处以一百至五百元罚款或不允许该团体在公园开展晨练、娱乐等活动；

（二）对违反本《规定》的个人，应该先劝阻和教育，对于劝阻后拒不改正的，处以一百至二百元罚款。

第十三条　本规定自二〇一一年九月一日起施行。

第三节　重视科技教育

《城市绿化条例》第四条要求："国家鼓励和加强城市绿化的科学研究，推广先进技术，提高城市绿化的科学技术和艺术水平。"一个城市的园林科研能力是实现高质量园林绿化的重要保证。一个城市的公园事业的发展，必须依靠科技的进步，推动科技兴园，必须重视科技与教育工作。公园管理机构，特别是中观管理机构，应把科技与教育列入重要工作议程，制定"科教兴园的战略"，注重发挥科研院所的主力军作用，投入巨大的人力物力财力开展科技和教育工作，制定规划，找准目标、路径、重点和突破口，坚持实践引领、体系论证，运用先进理念、方法、手段，发挥专家智库体系作用，不断提高科技与教育水平。使科技和教育成为公园发展的发动机和助推器。同时，要主动发现、培育、运用服务于公园发展的新技术和新材料，捕捉公园发展的潜在增长点，强化技术引领和社会需求引领，最大限度地实现公园城市化，最大限度地实现城乡居民的宜居环境。

一、要找准科技的定位，明确科技工作的方向。科学是回答"为什么"的问题，技术是解决"做什么"和"怎样做"的问题。园林科技的主要任务是解决实践中的难点和重点问题。要抓好科研选题工作，保证确定的重点科研项目是园林建设和管理中的迫切需要解决的问题，为成果转化奠定基础。要建立完善的科技创新体系，加强科技信息情报的搜集和利用，开展国内外的合作与交流，赶超国际先进水平。北京市公园管理中心，在科教领域有良好的传统和基础。建立科研院所的资金保障和增长机制，不断完善以园林科学院、植物园、动物园为龙头，以市属公园为基干的科技体系。建立园科院的"绿化植物育种重点实验室""园林绿地生态功能评价与调控技术重点实验室"，植物园的"北京花卉园艺工程技术研究中心"，动物园的"圈养野生动物技术重点实验室"，发挥了基础研究、高新技术研究和公益性研究的作用。加强协调、整合资源、联合攻关、积极申请重大科研项目，使之成为首都园林科技创新研发中心，促进园林行业发展；园科院的"园林绿化监测中心""大树实验站""天敌工厂"，不仅服务于行业，解决了实际问题，而且成为科技创新创收的增长点。保障了科教工作的可持续发展。

二、要发挥科技优势，促进生态文明建设。依据强大的科技力量，开展了城市绿地功能提升、节约型园林建设、改善城市热环境、发挥公园生态示范作用等一批基础性课题研究，通过技术集成和创新，为构建布局合理、结构完善、功能完备的城市公园新格局提供科学依据；建成天敌繁育室和有害生物生态控制站，组织大型公关项目，加强生物防治技术基础研究，加强自然天敌资源的保育技术研发，实现园林绿地生态系统的自我调控目标；提高天敌昆虫的产业化水平，实现主要天敌昆虫的规模化生产；加大园林植物的研究，促进乡土植物的资源开发与应用，建立生产基地和园林植物新品种推广应用示范地，为园林绿化提供丰富的植物材料，丰富园林绿化植物的多样性。

三、积极推进科技成果转化应用。科学技术和科研的目的在于运用。据统计，北京市科技成果的应用率达到80%以上，有力地推动了首都的生态环境建设。在国际上率先建立了计算园林植物滞留细微颗粒物质量的方法，获得了2016年国家发明专利。并运用该方法筛选出元宝枫、圆柏、银杏等11种乔木和木槿、榆叶梅、胡枝子3种滞尘能力强的植物，用于城市治理污染，编制了《消减PM2.5型道路绿带种植设计指南》，发挥了科研在园林中的特殊作用。在"杨柳飞絮污染控制技术的研究和示范"项目中，形成了一套治理技术体系，研制出的"抑花一号"，已经在国内20多个省市以及朝鲜、蒙古、乌克兰等国推广应用，取得良好的效果。科技成果的推广应用，一是要有好的产品被社会所认可，二是要占领技术市场。用技术引领行业的发展，既是公园管理机构的责任，也是科研的任务。促进科技和文化的融合发展，积极探索科技和文化研究结合的新思路、新方法、新模式。比如，将公园的历史文化、园林文化、管理文化等纳入科技科研项目，提高创新文化的研究能力和水平，促进公园的管理向科学化的层次发展。

四、科技队伍的建设是科技发展的基础，是公园事业兴旺发达的基础。因此，制定规划，要大力引进、培养科技人才，建立良好的运行机制，使公园行业的技术人才引得进、用得好、留得住。探索以调动和激发科技人员积极性创造性为核心的科技经费管理使用方式，把人才培养和团队建设作为科研立项、实施、考评的重要指标，构建以"人才—项目—机制"为核心的科技管理体系；探索建立人才流动和聘用方式，建立科技人才资源交流平台，促进人才合理流动，实现科技人才的优化配置；建立以研发能力和创新成果为导向的科技人才评价标准，既要鼓励科研人员出成果，又要鼓励科研人员将成果进行转化应用；努力营造科技人才宽松的工作氛围，把科技人员的科研水平、成果转化、有效专利等作为职称晋升的条件；制定科研项目负责人竞聘办法，以制度和机制的作用鼓励青年科技人员敢于担当重任，多出成果。

五、科普是提高国民素质的重要环节。2002年的《中华人民共和国科学技术普及法》，是世界上第一个将科普立法的，具有重要的意义。国务院2006年发布《全民科普素质行动计划纲要2006—2020》，提出了明确的目标和要求。普及科学技术，提高全民科学素质，既是激励科技创新、建设创新型国家的内在要求，也是营造创新环境、培养创新人才的基础工程，是促进国家繁荣昌盛的重要因素。因此，公园要发挥科普阵地对公众的教育和启迪的重要作用，把提高国民素质当成一种社会责任。公园开展科普活动，应当坚持常态化和品牌化相结合：公园的优质资源是科普的重要内容，要通过多种形式进行科普工作。比如，山水、植物、动物、建筑、景观、人文、历史等，都是科普的好教材，要善于发掘和利用；打造科普品牌项目，比如建立科普馆、展览展出、开放实验室，建科普小屋；举办科普日、科普周、科普月、夏令营等活动；将科技成果转化为科普项目，让公众特别是少年儿童参与其中，等等。经过实践和探索，科普工作中提倡"五化""四性的理念"，即"时代化、本土化、常态化、教学化、产业化"，"创新性、趣味性、参与性、广泛性",以适应科技的发展、时代的要求和社会的需求。

六、百年大计,教育为先。城市环境美不美,公园景观美不美,折射的是建设者的素质和水平。作为中观管理的重要任务是将教育放在突出位置。凡是有条件的省市都应当建立自己的学校,为园林绿化、为公园的建设和发展培养人才。北京市园林学校是一所培养园林人才的老学校,几乎是与北京的园林绿化一起成长发展的,从1951年建校起,已经走过半个多世纪,他们坚持"修德强技,树木树人"的校训,以城市园林实际需求为目标,办出特色,办出成效,60年为园林行业培养出园林中等专业人才上万人,为首都的园林绿化事业发展作出了巨大的贡献。学校发挥行业办学优势,开设了园林技术、园林绿化、植物保护、景区服务与管理、导游服务、宠物养护与经营、森林资源保护与管理、物业管理等8个专业,其中园林技术、园林绿化是北京市示范专业,并与讲解服务、宠物养护与经营专业共同成为国家级示范校重点建设专业。2013年,北京市园林学校被批准为"国家中等职业教育改革发展示范校",在为培养更多更好的园林绿化人才的道路上迈开新的步伐。

第四节　生态公园建设

生态文明建设是时代的最强音,为了推进公园生态建设,提高公园生态效益,充分发挥公园在实现最适宜创业发展和最适宜生活居住的城市建设目标中的作用。依据"生态园林"的理论和国家创建生态园林城市的要求,依据公园的现况和发展趋势,确定公园生态建设的目标、内容,实施生态环境质量评定,促进公园实现人与自然和谐的愿景。

一、公园生态环境质量评定方法

采用分项设分,测定计算单项得分、汇合总分、综合评价的方法来评定公园生态环境质量的水平。

评定总分为100分,其中绿化质量项目占50分,空气质量项目占25分,水体质量项目占10分,其他质量项目占15分。

汇合总分达到90分以上（含90分）为优秀等级，80分~89分为良好等级，70分~79分为达标等级，60分~69分为合格等级，60分以下为不合格等级。合格等级以上的公园除总分必须达到相应分值外，其绿化、空气、水体和其他质量等分项指标还必须同时超过其相应分值的60%。

质量指标的测定应指定具相应资质的单位测定或组织专家现场考评。

二、公园生态环境质量分项指标及计算方法

（一）公园绿化质量指标及计分方法（50分）

1. 绿地率（10分）

$$\frac{公园绿地面积（m^2）}{公园总面积（m^2）}×10=该项得分（取小数点后1位，下同）$$

2. 绿化覆盖率（8分）

$$\frac{公园绿化覆盖面积（m^2）}{公园总面积（m^2）}×8=该项得分$$

3. 生物多样性（7分）

（1）植物多样性（4分）

$$\frac{公园植物种类数}{公园绿地面积}×4=得数大于20为4分，每下降5种扣1分$$

（2）公园内有蜻蜓出现，得0.5分；蜻蜓种类达3种以上（含3种）得1分，没有蜻蜓出现为0分。

（3）公园内鸟类达10种以上得1分，每下降1种扣0.1分。

（4）公园有采取生物防治措施的得0.5分，且成果显著的得1分，没有采取生物防治措施的为0分。

上述4项得分相加为生物多样性指标的得分。

4. 多层（3层或3层以上）植物种植率（5分）

$$\frac{公园多层植物种植面积（m^2）}{公园绿地总面积（m^2）}×5=该项得分$$

5. 乡土植物覆盖率（5分）

乡土植物特指本地的乔木、灌木和地被植物，草种不计算。覆盖面积不

能重叠计算。

$$\frac{公园乡土植物覆盖面积（m^2）}{公园绿化覆盖面积（m^2）} \times 5 = 该项得分$$

6. 铺装地可呼吸率（5分）

$$\frac{公园绿地中铺装地通气透水面积（m^2）}{公园绿地中铺装地总面积（m^2）} \times 5 = 该项得分$$

7. 绿化景观美学质量综合评价（10分）

（1）公园景观综合水平（3分）

（2）园林空间组织设计水平（2分）

（3）植物区系天际线设计水平（1分）

（4）植物区系色彩配置水平（1分）

（5）植物区系季相设计水平（1分）

（6）植物景观意境表现水平（1分）

（7）古树名木保护管理水平（1分）

以上项目组织专家进行考察评分。

（二）公园空气质量指标及测定计分方法（25分）

1. 公园环境空气质量测定（10分）

根据国家《环境空气质量标准》（GB 3095—1996），按国标方法测定悬浮微粒、二氧化硫、氮氧化物（NO）、一氧化碳（CO）、臭氧、铅等指标。

（1）测点选择：

按大、中、小公园分别选取7、5、3个（面积为50平方米以上的铺装地）游人聚集点分别测定日平均值，再计算平均值。每季度测定一次，全年取4次平均（或全年仅测定夏季）。

（2）计分方法：

符合国家一级标准10分；符合国家二级标准8分；符合国家三级标准6分；国家三级标准以下3分。

2. 大气中含菌量测定（10分）

根据1991年12月颁布的中华人民共和国国家标准确定的公共场所每m^3空气微生物总数的测定方法和计算公式。

（1）测点选择：

按大、中、小公园分别选取7、5、3个（面积为50平方米以上的铺装地）游人聚集点分别测定，再计算平均值。每季度测定一次，全年取4次平均（或全年仅测定夏季）。

（2）计分方法：

总菌数<1000个/m^3，计10分；总菌数>51000个/m^3，计0分。以1000个/m^3为起点，每增加5000个/m^3扣1分。

3. 大气中负离子浓度测定（5分）

（1）测点选择：（同上）

（2）计分方法：负离子浓度>3000个/cm^3为5分，1000<负离子浓度<3000为4分，600<负离子浓度<1000为3分，200<负离子浓度<600为2分，30<负离子浓度<200为1分，负离子浓度<30个/cm^3为0分。

（三）公园水体率质量指标及测定计分方法（10分）

1. 水体率（4分）

$$\frac{公园水体面积（m^2）}{公园总面积（m^2）} \times 100\% = 得数等于或大于10\%为4分，每下降1\%扣0.4分$$

2. 水体质量测定（6分）

根据国家《地表水环境质量标准》（GB 3838—2002），选定色、嗅、漂浮物、透明度、pH值、化学需氧量（CODcr）、生化需氧量（BOD5）、总氮、总磷等指标测定。

（1）测点选择：

按大、中、小水体分别选取7、5、3个点分别测定，再计算平均值。每季度测定一次，全年取4次平均（或全年仅测定夏季）。

（2）计分方法：一级：6分，二级：5分，三级：4分，四级：3分，五级：2分，六级：0分

（没有水体的公园，该项计2分）

（四）公园其他质量指标测定计分方法（15分）

1. 噪声测定（5分）

（1）测点选择：仅计白天［参照第（二）类各项的做法］。

（2）计分方法：噪声<35分贝为5分；35<噪声<45分贝为4分；45<噪声

<50分贝为3分；50<噪声<65分贝为2分；65<噪声<70分贝为0分。

2. 废弃物处理生态化水平（5分）

（1）垃圾分类回收设施配置率（3分）

$$\frac{公园垃圾分类回收点数}{公园垃圾回收点总数} \times 3 = 该项得分$$

（2）固体垃圾非焚烧处理得1分，不按规定处理为0分。

（3）垃圾和枯枝落叶及时清扫外运得1分，不按规定处理为0分。

上述3项得分相加为废弃物处理生态化水平指标的得分。

3. 公厕自然通风采光达标率（5分）

$$\frac{公园公厕自然通风采光达标座数}{公园公厕总座数} \times 5 = 该项得分$$

三、特别项

公园在生态环境保护与改善方面获得市级以上评优、嘉奖荣誉水平，或者在某些方面有突出的特色，经验证或专家评议同意可加2分。公园由于砍伐树木或各种因生态环境问题受到上级处分或负面效应极大时，扣2分。

从生态的理论到付诸实践，各地都创造了许多宝贵的经验。这些将推动生态公园向更深层次发展，它必将开辟出一条资源节约型、环境友好性的公园科学发展之路。

创建生态公园活动是中观管理的重要内容，有利于抓住重点开展工作，有利于抓好典型总结经验，有利于调动各个公园的积极性。

第十一章　公园的微观管理

微观管理（Micromanagement），亦作微观管理学、微管理学、微管理或显微管理学，是与宏观管理、中观管理相并论的概念。公园的微观管理，是指公园自身的管理机构作为最基层一级的管理。公园微观管理是一切管理的基础。是艰苦细致的工作，要做过细工作，要学会自律自强和自我发展，工作精益求精，达到无可挑剔的程度，是微观管理的核心。微观管理包括目标管理、科技管理、基础管理、规章制度、人力资源、财务管理等。

第一节　目标管理

公园是供公众休憩、娱乐、健身、交友等活动的公共场所，公众是公园的主人，公园的管理者是为他们的活动提供服务的，是老百姓后花园的管家，公园的一切管理都应视为服务。古代园林的管理者曾称为"囿人""虞人""园牧"等，现在称为"公园人"。创造优美环境、优良秩序、优秀文化、优质服务、优化管理优游雅赏（"五优"），让老百姓满意是公园人的首要任务。

一、创造优美的环境

园林不同于绿化，更不同于林业和农业，它是艺术加科学乘以创造的适宜于人类生活的美好环境。公园的规划设计和建设管理应当讲求艺术，把自然因素和人文因素有机结合起来，因地制宜，追求完美，创造出具有园林境界文化信息的优秀作品。

第一，坚持以植物造景为主。绿色植物是公园的基本构成元素，植物用生命勾画出绚丽多彩的景观，丰富着人们的生活。坚持以植物造景为主，就是要从设计抓起，把握植物在公园的优势地位，加强基础性配置，打好底色；把握植物品种种类的多样性，做到四季常青，三季有花，生态良好，景观优美；根据公园文化定位，对植物实行个性化配置，营造特色；植物的种植讲求层次和变化，结合景观建筑设施，创造文化意境。提倡乔灌花草合理配置，反对大广场、大草坪；提倡适地适树，适花适草，反对盲目引进和大树移植等。

第二，坚持生态、景观的和谐统一。公园的园林绿化建设管理应当注重自然生态元素的保全，古树名木的保护，建立山水相依、生态良好、景观优美的园林环境；注重生物多样性的保护，将昆虫和鸟类引入公园、引入城市，创造适宜于人和动植物共生共存和发展的和谐环境；注重园林生境的营造、意境的创造，用美的尺度美化人类生活和居住空间。

植物养护、调整应保持最佳景观状态；绿地养护达到相关养护标准；病虫害防治以生物防治方法为主；维护景观水体，保持正常水位；地表水环境质量达到国家规定的标准。

公园内建筑、商业网点、餐饮场所、道路、导览设施等布局合理，外观完好，色彩、造型与景观相协调；公园不设违规修建的寺庙和封建迷信设施及场所。

第三，环境面貌做到"三不外露"，即垃圾、卫生工具、服务人员个人用具、卫生用品不外露；做到"六不见"，即游览区不见各种废弃物、水面不见浮脏杂物、不见随地吐痰及痰迹、不见暴露垃圾、室内不见残破痕迹、不见违章车辆；做到"八不乱"，即不乱搭建、不乱设摊点、不乱堆放杂物、不乱设牌示、不乱张贴通知广告、不乱拉绳拦路、不乱设各种不规格的设施、不乱放工具用品；厕所做到"十无"，即设备完好无损、地面无积水污物、无痰迹烟头、尿池无碱疤、墙壁无刻画、坑边无粪便、无臭味、无蛆蛹、无蛛网塔灰、粪池无粪便外溢；生活垃圾、绿化垃圾、工程垃圾及废弃的危险品分类收集，处理符合相关规定；及时清运率100%。

第四，资源保护。对景区内生物资源与环境因素进行定期监测与评估；开展节能减排、资源节约和环境保护活动，设备设施采用节能减排技术。文物、古建筑、古树名木保护率100%，植被保护率98%，可绿化率100%；国家各类珍稀、濒危动物保护率100%，餐饮油烟排放符合国家标准，园区内机动车（船）尾气排放达标。

二、营造优良的秩序

第一，建立健全安全工作领导机构、管理机构、工作规章制度和相关操作规程；配备安全工作管理人员，落实安全工作责任制，责任到人；签订安全责任书；特种作业人员、安保人员持证上岗；特种设备取得运营合格证，并有定期检查记录。

第二，在游览危险地段、水域及有害动植物生长地区，设置警示标志，图例符合国家标准；防灾避险设施齐全，设置合理，能正常使用。

第三，建立重大突发公共安全事件应急预案、高峰期游客疏导分流方案和防灾避险应急预案；建立应急救援队伍，定期进行应急演练，应急器材储备充足，保障安全所需经费。

第四，建立消防安全制度并严格落实；消防设施的配置和管理符合有关规定。

第五，设立游客容量标准，并有大容量游客缓冲措施；道路设置合理，车辆管理严格；禁止野商、野导、野钓、野泳等违法行为以及封建迷信活动；宗教场所符合相关规定且管理规范。公共场所全面控烟，并有明显的控烟标志。

第六，举办大型活动要按规定报批，并进行安全风险预测评估；活动中落实各项安全措施，保证安全。

三、提供优质服务

第一，公园的各项工作要以游客为中心或关注焦点，制定服务规范（Normal），这是基础工作。建立良好的运行及制约机制（Cultivate），要有保障的措施。要对员工进行有效的业务技能培训（Training）。更重要的是要选用具有服务潜质的员工从事服务工作，所谓具有服务潜质是指具有较高情商（EQ）的人。情商是人的一种生存能力，也是人取得成功的主要因素。据科学家分析，一个人成功80%靠情商，而20%靠智商。情商在服务工作中至关重要，有了情商，才能有激情、有热情、有活力，才能实现规范。这样才能达到优质服务的目标，即服务的升华（Sublimation）。优质服务实现的公式为：（N+C+T）×EQ＝S。

第二，服务设施、商业网点按规划设置，符合相关标准；公厕设置符合规划和节能环保要求，厕位设置符合要求，设施完善，公厕完好使用率100%；达到无障碍化要求，无障碍设施的管理和使用状况良好；导览设施设置规范、图文清楚，图例符合国家标准。

第三，建立管理人员和服务人员文明服务规范及实施细则；提供标准化、人性化服务项目；强化诚信经营意识，旅游服务项目和商品明码标价；杜绝恶性服务事故和食物中毒等恶性事件的发生。

第四，加强社会监督。应聘有社会监督员，定期征求服务对象意见，不断改进服务；定期进行游客满意度、需求满足度调查；游客对服务的满意或基本满意率达85%以上；优势需求满足度达到60%以上；建立24小时投诉处理机制，辖区内有明确的投诉渠道，有专职受理人员，对游客投诉的处理率100%，投诉记录档案完整。

四、建设优秀文化

第一，文化是公园的软实力。要将文化的元素融入公园的每一个细胞。公园要建设具有中国特色、时代风貌、地域特点和传承园林风格的景区景点，要继承和发扬中国园林的优秀传统，始终把握境界文化这个核心。把公园建成富有勃勃生气、雅淡秀气和精妙灵气的境界，满足人民不断提高的对美好生活的追求。

第二，做好文化遗产传承与保护工作，文化遗产和非物质文化遗产要建立保护机构和专职（兼职）人员，注重培养专家型人才和工匠精神；一切保护、修复或发掘工作要符合相关规定，保持其原真性；自然资源、人文历史的发掘和整理工作要保持历史的连续性和科学性；注重发挥非物质文化遗产的效应，不断提高公园文化的"含金量"。提炼企业核心价值观，培育"企业精神"；开展相关的文化研讨活动，传承弘扬企业文化。

第三，采取解说规划、游客服务中心、宣传栏等多种形式宣传先进文化、科学知识和文明规范的内容；开展科普与科技宣传推广活动，有专项科普经费投入，有运用科学技术的新成果。弘扬中华民族优秀传统文化；有符合自身文化定位的展览展陈项目，有特色品牌文化活动项目。

五、实现优化管理

公园是不是学校的学校，是不是课堂的课堂。公园的管理与服务，一项重要任务是发挥公园教育的功能，规范和引导游客的行为，管理和服务好千千万万的游客。管理者和游客要形成良好的互动，共同构建人与人、人与景观、人与自然、人与环境、人与社会和谐的环境，形成优游雅赏的环境和氛围，共同滋养我们的心灵。

第一，以景化人。公园要发挥情感感化的作用。公园是一种启蒙性、教育性的场所，它有更高一层的意义，是一个有价值的艺术品，在那里人们可以看到优美的大自然的景致。每座公园都注入了公园人的精神和情感。公园人通过园林的形象、造型、符号等，展现并再造人对自然、社会、人生、心灵的情感、意志和愿望的真善美的憧憬。这种精神和情感转化为物质的信息，游人在这种和谐的氛围中通过欣赏、品味、静心、漫步、舒身、绽放等身心的沐浴，感受大自然之美，领略巧夺天工之妙，陶冶浩然正气，升华人生的情操，得到美的体验、情感的愉悦、精神的快感，从而成为精神世界的重要部分，是一次由物质转化为精神的过程。

第二，深入开展文明游园引导活动，提倡文明游园，布置文明引导牌示。启发游客自觉养成优游雅赏的风尚。游客应注意了解公园的有关规定和游园须知，自觉遵守文明游园公约和道德规范。遵守游园秩序，文明游园，见贤思齐、谦和、礼让、安静、优雅，爱护公园的卫生环境，爱护文物古迹和公园的一草一木，应该成为每个人内化于心的习惯。公园反对那些无视他人游园权益的行为，比如损毁设施、胡写乱画、折枝掐花、挖菜撅笋、高音扰客、响鞭陀螺、车辆穿行、携带宠物入园等。

第三，为游客立规矩。要形成优游雅赏的环境，只靠自觉是不够的，是不完善的，要立下明确的规矩。通过立法或有关规定，为游客制定的规矩，应是公园规章制度的一部分。各个公园门口应有《游客须知》等，并纳入公园规章制度的范畴。公园条例，要坚持规范政府、社会、公园和游客四方面的行为，对游客的种种行为提出要求，并设定罚则。

日本的日比谷公园，建于1903年，位于东京日本天皇居住地的南面，距今已有100多年的历史，是日本历史上的第一个真正意义上的公园。也是日本第一座"西洋风格近代式公园"，这座开放式公园没有门和界墙，与东京市中心融为一体。内有西式花圃、野外音乐堂、图书文化馆和网球场等各类设施，是东京市民的休闲乐园。公园内喷水广场和第一花坛、第二花坛一带形成了日比谷公园的象征性景观。园内还有一个"心"字池，在江户时代就已存在，十分珍贵。日比谷公园以鲜花闻名，每年4月这里都会成为郁金香的海洋，1万棵郁金香竞相怒放，分外美丽。此外，还有3月的樱花、11月的红蔷薇和秋天金黄的银杏，等等。值得一提的是，这里的银杏林是明治时期设计的S型林荫道，在其他地方很难见到这种设计。

当年公园开放之初，由日本东京都警视厅公布了日比谷公园告示：

第一条 下列情况下不得进入公园

一、与公园无干的货车和无客人乘坐的空车

二、行商或广告者以及艺人（得到特别许可的人不在此限）

三、妨碍游园者的行列

四、穿着不宜者

第二条 公园内不得出现以下行为

一、幅员小于三间的道路内，车马不得进入（小儿车除外）

二、车马疾驰，或牵马伫立彷徨以及停车妨碍游园者通行

三、损坏、采摘花卉竹木或果实

四、捕捉鱼鸟等

五、进入池塘、花坛或栅栏内等禁止进入的场所

六、攀登栅栏或树木，或穿木屐进入草坪

七、丢弃纸屑和其他物品

八、投石、吹箭（一种游戏名）等危险行为

九、有伤风纪的行为

公园有了条例和规章制度就要坚决执行。当人们惊叹新加坡良好的卫生和美丽的环境时，就会联想到他们的鞭刑制度。2014年，一名42岁的俄罗斯男

子因在罗马竞技场用锐石头在遗址建筑上刻了一个25厘米的"K"字，被当地法院判4年徒刑，缓期执行，并处罚金2万欧元。感化教育和制度规定、严格执法，如同公园的车之两翼，二者不可或缺。公园要想飞得高，既要情真意切教育，又要严肃认真执法。严肃执法是保证公园和游客合法权益的必要途径；是保证游客优游雅赏的必要条件。公园管理者对于那些违反规定的游客行为，要依法给予处罚，绝不能用柔性管理代替严格的执法。对违法行为的心慈手软就是对不良行为的纵容，对正常游客的不公，是公园管理者的失职。

第二节　资源管理

一、人力资源管理

人力资源管理是指在经济学与人本思想指导下，通过招聘、甄选、培训、报酬等管理形式，对组织内外相关人力资源进行有效运用，满足组织当前及未来发展的需要，保证组织目标实现与成员发展的最大化的一系列活动的总称。是预测组织人力资源需求作出人力需求计划、招聘选择人员，进行有效组织、考核绩效、支付报酬，并进行有效激励，结合组织与个人需要进行有效开发，以便实现最优组织绩效的全过程。

人力资源管理一般分为六大模块：人力资源规划，招聘与配置，培训与开发，绩效管理，薪酬福利管理，劳动关系管理。人员的甄选和培训是人力资源管理的重要内容和中心环节，通过培训提高员工的素养是十分重要的。公园的员工，不仅要提高技能，而且要培养情感素养。通过艺术教育，培养热爱美、热爱艺术的员工。一群没有审美情趣的人是建设管理不好一个公园的。

人是最宝贵的资源。人力资源管理和利用是整个管理工作的重要组成部分，是管理工作的重心和重点。因此，要不断创新，不断探索。绩效管理和高级专业技术职务聘期制是人力资源管理的有效方式，对于公园来说，绩效就是提供公共服务。绩效管理的核心是考核，包括对服务过程和服务结果的量化和可视化考核。通过绩效计划、过程管理、绩效考核和绩效反馈的封闭式循环，形成管理实践体系；通过搭建多元化的评估体系，构建透明的评价程序，强化结果的合理利用和问题整改，使绩效管理成为各项工作的助推器，使公园的各项工作不断提升。

二、动植物资源管理

动植物资源管理是指公园对现有的和潜在的动植物的保护、培育、利用和发展的过程。动植物是公园基本的构成要素，是公园常态化管理的重要内容。公园里的植物包括乔、灌、草、花等，四季常青，繁花似锦，五彩缤纷，芳香怡人，是公园的霓裳羽衣，是改善环境、美化生活、书写历史、陶冶情操、格物修身、传承文化的载体。公园里的动物包括哺乳动物、鸟类、鱼类、昆虫和微生物等，活跃在水、陆、空立体空间中，是人类的朋友，是公园里的有鲜活生命的资源。对于公园里的动植物要着眼于保护。保护动植物生存的环境，保护动植物的种类多样性，通过调查，摸清资源存量，建立动植物资源档案，采取有效措施，促进动植物资源的健康发展和良性循环。特别是文物古迹和古树名木，应当依据法规倍加珍视。动植物的养育、养护和管理是一门技术和艺术，要注重培养技术人才，高级技师、技师、技术员、技工等成梯次配备，确保工程、工作的水平和质量。

三、景观资源管理

景观资源管理是指对公园内外视域范围的景观及环境实施有效控制。公园的一草一木都是景观，景观是公园的命脉。公园的景观应当进行评估，按照其价值注册登记分类管理。景观从体量上可分为小景观、中景观、大景观；从价值上可分为一般景观、重要景观和战略性景观；从视距上可分为近景观、远景观和眺望景观；从从属关系上可分为自景景观、从属景观和借景景观。所谓战略性景观，是指代表公园乃至城市形象的标志性景观。城市主要公园都应当有独特的标志性景观。所谓眺望景观是指具有地标性可供眺望的景观。景观就是环境，景观互为环境，景观和环境是互相联系的，每一处景观都离不开一定的环境。景观环境管理的目的是创造公园乃至城市的和谐与美，维护公园乃至城市的尊严。对于战略性景观，应当制定保护和控制规划，划定保护范围，控制周边建筑的高度、体量、色彩、格调等。世界各国重要城市均通过战略性选择，力求保护代表城市特色的眺望景观，以保持城市的特色和品位。借景景观是公园乃至城市的重要资源，具有特别重要的意义。城市规划和建设，必须严格保护公园乃至城市的视觉走廊，保护借景景观的完美。20世纪末，供电部门要在颐和园西侧建高压走廊，解决城市的供电紧张问题。当征求园林部门和颐和园的意见时，提出其影响颐和园的借景景观，建议调整方案。最后供电部门改为地下工程，其造价提高近10倍。但是这是千年大计，国家为保护颐和园的借景景观付出重大代价是值得的。当年，有关部门曾提出，长河的旅游观光船驶进颐和园昆明湖，同样遭到园林部门和颐和园的反对，因为它不符合颐和园的文化定位。时任北京市副市长的翟鸿祥明智地毅然决定采纳园林部门的意见。

四、物资和设备管理

物资和设备管理是资源管理的重要内容。物资是指物质资料，它是物化了的劳动。设备是指生产、经营、管理活动使用的机械等工具。公园一切活动，都离不开物资和设施设备。提高物资和设施设备的管理水平，是完成公园各项任务的保证。合理使用管理物资和设施设备，也是节约开支、降低成本、提高效益的重要途径。物资管理要建立健全规章制度，制定物资供应计划，保障供给，按质、按量、按时、按品种采购；在物质使用过程中要制定消耗定额，避免资源浪费。所谓设备的管理是指设备运动过程中的计划、组织和控制。设备运动的过程，存在两种形态：一种是物质运动形态，即设备的选购、验收、保管、使用、维修、更新及处理；另一种是价值运动形态，即最初投资、维修费用支出、折旧、更新、改造资金的筹措与支出的核算等。前者通常叫技术管理，后者称之为经济管理。设备管理的基本原则是"经济有效"。要慎重选购适用的设备，要最大限度地提高设备的利用率。加强设备管理要达到高效、优质、低耗、安全和环保的要求。

公园的水、电、气、热等资源都应当加强管理，利用先进的理念和科学技术，实行节约的原则。通过量化管理，在保障正常使用的前提下，力求最大限度地节约资源。在北方地区，节约水资源尤为重要。雨水的收集和利用是重要的课题，各个公园都有实践的经验，做到"肥水不流外人田"。新建的公园绿地更应注重规划设计雨水的存蓄和利用。

第三节　规章制度

现代管理的要素之一是"政策和法"。古人云：没有规矩不能成方圆。公园的规章制度是公园工作的基础。公园为了保障各项工作有序开展，必须建立健全各项规章制度，使各项工作有章可循，有"法"可依，达到以最少的资源，获取最大的效益。

公园的各项规章制度，应当成为国家和地方政府有关法令、法规和本系统有关规定的具体实施办法，公园的各项规章制度应力求有根有据。坚持四个"有利于"的原则，即：有利于公园基本功能的发挥，有利于提高公园管理水平，有利于为广大游客服务，有利于公园的持续发展。坚持形成体系的原则。公园的规章制度要目标明确、全面成套、层次清晰、形成体系。确保内容全覆盖，责任无盲区，项目无缺失。坚持科学规范、经济合理、切实可行、适度超前的原则。坚持突出本公园的特点。充分考虑本公园的特殊性和个性，不能照抄照搬。坚持奖惩统一原则。公园的规章制度要有奖惩项目、检查和管理办法，保证规章制度的落实。

一、公园规章制度的类型和内容

公园的规章制度类型一般可分为三类。一类是按条块划分，分为综合管理和部门管理。综合管理包括文化理念、机构设置、行为规范、安全制度、收入分配、奖惩办法、资源设施管理、员工行为规范、工作程序、检查制度，等等；部门管理是将各个部门的制度规定细化分列，明确责任范围、工作内容和岗位职责等。一类是按功能划分，分为服务、业务、安全、行政等。服务包括服务标准、职业道德、职工守则、岗位责任、游园守则、游园注意事项等。业务管理包括园容卫生、绿化管理、古树名木管理、文物管理、土地房屋管理、施工管理、游船车辆管理等。安全管理包括防火防盗、防责任事故、公园秩序管理、游乐设施管理、保卫值班制度等。一类是按公园服务体系划分，分为服务保障体系，服务提供体系。

北京的颐和园按照国家旅游局《关于全面推进旅游标准化试点工作通知》的精神和国家有关标准，制定了《旅游服务标准体系》，将公园原来的各项规章制度系统化，按照公园服务体系划分为服务保障体系、服务提供体系。颐和园自1991年建立起完善的公园规章制度，几经修订。在制定《颐和园旅游服务标准体系》过程中，总结了新的经验，借鉴了新的理念，形成了更加完善的规章制度体系。服务保障标准体系包括：能源与环境卫生17项、安全与应急42项、设施设备与应急27项、信息管理19项、人力资源与职业健康62项、财务管理11项、文物管理15项、绿化管理24项、基建管理3项、大型活动与推广2项、综合管理33项、经营管理17项、后勤管理等24项，共计13个部分296项。服务提供标准体系包括：服务提供规范，包括咨询与接待服务5项、票务服务9项、讲解服务6项、游船服务3项、商务服务4项、餐饮服务4项、便民服务4项、非紧急救助服务3项，计38项；运行管理规范6项；服务评价与改进，包括内部评价与改进12项、外部评价与改进5项，计17项。《颐和园旅游服务标准体系》总共351项规章制度，成书出版为上下册，计1746页，可谓巨著鸿篇，是公园规章制度的典范。

公园的规章制度的建立和执行，是一个从实践到认识，再由认识到实践，不断循环往复提高的过程。认识的高度决定实践的高度。认识的提高不易，实践的落实更难。要使公园的各项规章制度落实是一件不容易的事情。关键靠人，靠机制；靠人的觉悟，靠人的自觉行动；靠管理者的信心、决心和恒心；同时，要有制约的机制，有一套监督检查落实的措施。否则，一切好的制度也只是一纸空文。所谓公园管理，从某种程度上说就是按照既定的规章制度，规范公园的一切工作，规范员工的一切职务行为，并不断地修正、改善和提高。

二、规章制度历史案例（一）

中央公园（北京中山公园）1914年10月10日始开放。公园创立之初并无章制，只是朱启钤一人独自指挥管理，有时调用内务部人员三五人协办，直到

1915年3月方据《中央公园开放章程》制订《董事会章程》，设置董事会。并以《董事会章程》制订出各项规章制度。《中央公园董事会评议部议事规则》《中央公园董事会事务部办事规则》等，制定出各项规章制度（制度附后）。我们可以从中领略百年前人们对公园的认识和态度，以及管理的理念。

中央公园开放章程

（1915年4月）

第一条　本部将天安门以西旧社稷坛一带地方开放，定名曰中央公园，为京都人士游息之所。由京都市政公所委托京师市民及旅居绅商组织董事会经营管理，以共谋公众卫生，提倡高尚娱乐，维持善良风俗为宗旨。

第二条　前条开放地方，由中央公园董事会经营管理。但社稷坛内垣之坛壝、殿宇等建筑物仍归官厅保管，该董事会不得变更之。

第三条　中央公园董事会组织成立，应将董事章程及常任人员姓名报京都市政公所核准备案。

第四条　中央公园经费由该董事会筹集，但需官厅协助时，由该董事会请求维持或补助之。

第五条　开放地段内一切旧有建筑及动植各物，中央公园董事会应负保存之责。前项建筑物遇有必须修改时，应由该董事会详叙理由，禀报京都市政公所核准。

第六条　中央公园内关于道路、建筑、营业事项，应由该董事会随时禀报京都市政公所核准。

第七条　中央公园内应设立公园警察派出所，以维持公园的秩序，随时与董事会接洽办理。

第八条　中央公园内关于卫生、清洁、风纪等事，该董事会应依第一条规定办理。如京师警察厅认为不当时，应商同京都市政公所随时取缔。

第九条　中央公园内遇有公共团体借地开会、结社时，除由该董事会公议认可外，并应按照行政法令，随时禀报京师警察厅。

第十条　中央公园管理规约及游览规则，应由该董事会拟订分别禀报京都市政公所及京师警察厅核准。

第十一条　中央公园内如游人有违背法令及公园规约之事，由该董事会知照公园警察随时取缔或交警察署办理。

第十二条　本章程如有应行修改时，由京都市政公所提出意见，由内务部核定修正之。

中央公园董事会章程

（1915年呈准）

第一条　中央公园董事会，以京都市民及旅居绅商共同组织之。

第二条　凡公园发起人及捐款在50元以上者均为本董事会董事，各董事均负经营维持之责任。各机关捐款满500元以上者，可由该机关指定1人为本会董事或委托本会董事兼任。

第三条　本董事会董事，应于董事中共同推举常任董事34人，任期1年，但可连任。前项常任董事，可由会预举候补者10人，遇有常任董事缺额时，依次递补。

第四条　本董事会设会长1人，主持本会一切事务，负完全责任；副会长1人，辅助会长办理本会一切事务。均由董事会董事在常任董事中推选，任期1年可连任。

第五条　常任董事除任会长、副会长外，其余32人由会长指任下列两部事务，分配如下：评议部：17人；事务部：15人。

第六条　评议部常任董事职务如下：1.关于召集大会事项；2.关于提议一切事项；3.关于筹划公园经济及检阅会计事项；4.关于计划建筑及审议商民请求营业事项；5.关于维持风纪事项；6.关于核议规约事项。

第七条　评议部常任董事除上述职务外，遇有特别事件，得由董事会委托办理。

第八条　事务部常任董事职务如下：1.关于管理事项；2.关于建筑事项；3.关于会计事项；4.关于文艺事项；5.关于树艺事项。

第九条　事务部常任董事，按照前条职务担任第一项事务者，应以熟悉情况能经常到园办事者；分任前条第二、第五两项事务者，应具有专门学识经验。

第十条　事务部常任董事分担事务各负责任，遇有重大事项必须互相讨论，所办事务（会计报告及一切单据除外），每届3个月送交评议部审阅并报各董事外，其他事务应于年终报告各董事。

第十一条　董事大会每年1次，于春节后1个月内举行。此外遇有重大事件，须由常任董事议决开董事大会，或经董事10人以上之请求，亦可由常任董事议决召集之。其他事务概由会长及常任董事办理。

第十二条　本董事会董事不论常任与否，每年均应一次交纳常年费24元，但因维持公园事业起见，愿交特别捐者听便。

第十三条　每年交纳常年费，至迟不得超过大会开会之期。

第十四条　凡有热心公益，个人捐助本公园经费1000元以上者，均为永久董事。其有特别功绩或捐助巨款者，经董事大会公议，推为本会名誉会长。永久董事及名誉会长可免交常年会费。

第十五条　本会款项存储于会长指定之银行，收支各款随时由主管的常任董事，陈请会长核准签字。

第十六条　本会董事，均有检查公园会计及推举或被举会长及常任董事之权力。但未交常年费者不在此限。

第十七条　本会于公园内设立事务所，办理公园一切事务。

第十八条　董事会会议规则、评议部议事规则、事务部办事规则另定。在董事大会时议决修正之。

第十九条　本会章程，经董事5人以上提议修正时，可在董事大会时议决修正之。

第二十条　本章程经第一次董事大会议决报请批准后施行。

三、规章制度历史案例（二）

京兆公园是按照古代中国"天圆地方"的观念修建的祭地场所，也是中国现存最大的祭地之坛，占地43.05万平方米。京兆公园原为方泽坛，建于明嘉靖九年（1530年），1534年定名为地坛。民国十四年（1925年）改为京兆公园。园内曾设有图书馆、世界地图园、体育场、讲演台等设施。现为地坛公园，位于北京古城以北，安定门外（后附京兆公园部分规章制度）。

《京兆公园游览规则》

一、本园游览，每日自上午六时起，至下午九时止。

二、游人应于大门外下车，先至售票处，查照售票简章购票；但儿童无家族或保姆偕来者，不得入园。

三、游人所乘车辆马匹自行车，概不得入园，并须于本园指定地点停放。

四、园中花木禁止攀折，违者罚赔。

五、园内定有路线，每逢路口均有指引牌，务宜顺序行走，不得错乱拥挤。

六、禁止携带危险物品，及有妨秩序之长杆器械粗重污秽等物入园。

七、园内置有男女厕所，不得于厕所外任意便溺。

八、公园为公共游息之地，沿路设有木椅，任人休息，惟不得袒胸赤背及躺卧。

九、儿童如有违背第四款、第八款情事，应由其家族或保姆负责。

十、园内各处正在建筑之场所，以及陈列所、阅报室，非经该经理人许可，不得入内。

十一、各团体及学校来园参观者，先期公函知照，本园定日接待，不收票费。

十二、疯狂、酒醉、恶疾、乞丐等人，不得入园。

《通俗图书馆规则》

一、本馆为增进农民普通知识起见，特设通俗图书馆，俾农民随便阅览。

二、馆内专派工役一人，管理各种图书，阅览人欲阅何种图书，可向其取阅，但不得同时并取。

三、阅览人将所取图书阅毕，须仍放原处，不得任意抛置。

四、阅览时间不得吸烟，及谈笑喧哗。

五、阅览人不得随意吐痰。

六、阅览时间：每日自早八时起，至下午四时止。

《讲演台规则》

一、本园为推广通俗教育起见设讲演台，以备讲演之用。

二、每日演讲时间：夏季自下午六时起，至七时止；冬季自下午四时起，至五时止。但特别讲演，不在此列。

三、有愿来园讲演者，请先期将姓名题目函知本园，以便公布。

四、听讲人不得有妨碍秩序之举动。

五、听讲人务须静肃，有疑义时，须俟讲演终了，再行质问。不得中途发言，致妨讲演进行。

六、本规则于本台讲演适用之。

第四节　财务管理

财务是一个单位的命脉。财务管理是指公园服务、经营过程中有关资金的筹集、运用、监管和经济核算等，主要包括建立健全财务的机构和规章制度，编制财务计划，筹措资金并合理使用，进行经济核算，遵守检查财务纪律，保证财经政策和法令的贯彻执行。是一项科学而又严谨的学问和工作。财务工作人员是财务管理的主要力量，不仅要有高度的责任心、事业感，而且要有专业的知识和精细严谨的工作作风。

一、财务管理的模式及原则

财务管理的模式一般分为三种：一是传统的预算方式。以上期预算支出为基础，考虑下期的某些变化之后而确定。上级机构在审核预算时，往往是无条件地承认上期预算的支出部分，而只审查下期的增加部分。这种预算编制方法，随着基期金额的增加而逐步扩大。循环往复，以至陷入"以费养人"的圈子。二是"绩效预算"法。以实际效益为依据，强调成本与效益的比较，避免单纯的控制费用而忽视与成果相衡量的缺陷。对一个单位的考察，不是以它花钱多少来衡量，如果工作毫无成就，即是花钱再少，也是不合理的。相反，如果工作效益高，创新发展，工作成果很大，即使花钱多一些也是合理的。这种预算方式，有利于调动积极性，是一种促进事业兴旺发达的财务管理模式。三是"零基预算"法。是指下期预算支出不以本期预算为基础，而是从零开始，即"以零为基础"，上级机构要审查每一项支出，而不是仅仅审核本期的增加额。零基预算不仅是一种预算方式，而且也是一种比较完善的预算控制方法。它的作用不仅限于供应资金，更重要的是它可以说明这些资金将如何有效地用于实现预定的工作目标。

财务管理的原则是：

（1）秉公原则。严格按照国家的法律、法令、法规和有关政策等进行财务的运作，遵守财经纪律，摆正位置，正确处理国家、集体、个人三者的关系。

（2）勤俭原则。财务工作要严格按照预算计划办事，精打细算，厉行节约，反对浪费，用较少的钱办较多的事，提高资金使用效果。

（3）真实原则。财务工作必须认真做好建账、记账、算账、报账工作，做到手续严格、清楚、真实可靠，决不允许造假、隐匿、瞒报等违法违纪行为。

（4）安全原则。财务管理必须做好财务的安全工作。财务人员要可靠，制度要完善，机制要严谨，手续要健全，程序要科学，监督要严格；提高安全意识，严格按照规定积极做好安全防范工作。

二、财务的主要工作

1. 预算管理

即根据预算对实际收支所进行的控制，也可以叫预算控制。根据国家规定和各地实际情况，公园属于财政全额拨款或差额预算单位，全额预算拨款单位，实行收支两条线，实行差额预算管理，即首先以园林收入弥补支出，其不足部分，由国家财政拨款。在公园内部，实行统收统支，全额管理，差额补助的办法，为此必须要首先加强预算管理。

（1）根据公园建设和管理工作的需要，作好财务预算。财务预算一般包括收支计划和增收节支计划，财务预算的收入要打足，支出要打紧。财务预算一方面要层层上报，一方面要将收支指标逐项分解到基层单位，作为执行的依据。

（2）各项开支一定要按计划执行，执行中情况发生变化需要调整，要经过一定手续，不能敞口花钱。

（3）各项建设工程和修缮工程，一定要有预算，按单项工程实行核算。工资、材料、水电、机运都要合理摊销。工程施工要有决算，对决算要认真审核。

（4）大项专项开支，要报经一定部门批准，按批准项目开支。

（5）要按照规定要求编报财务收支情况月报表，年终要按上级规定报送全年收支决算，用不完的钱要交回，不能虚列支出。各项报表都必须符合及时、正确、完整的要求。

2. 资金管理

通常指对流动资金的管理。事业单位除有必要的经费周转金外，一般没有流动资金，在这里主要是指对各项建设和园林管理资金的管理。园林建设和管理资金，一般有三个来源：国家预算拨款、市财政拨款、各项园林自有收入。

公园基本建设一般是使用国家预算拨款和市财政拨款。树木养护管理和公园维修使用市财政拨款。公园经常管理经费首先使用自有收入，不足部分由市财政拨款补贴。三个渠道的资金在时间上和项目上要运用得当，就必须加强各项资金的管理。资金管理的目的是要加强资金的周转，防止积压，确保安全，做到有计划的使用。

所有资金都必须集中财务部门统一管理，存入银行，不能私设"小钱柜"。所有开支都必须根据预算计划规定的用途和开支范围使用，有合法的凭证。预算资金的收支业务都要通过银行办理转账结算，不能以收入现金自行坐支。各项津贴、劳保、职工福利，都要严格按规定的标准掌握，不能任意扩大范围，提高标准。必须按照规定使用现金和支票，及时清理往来款项，防止呆账和手续不清。管好预算外资金。所谓预算外资金是指园林企业单位的利润留成和事业单位的增收节支留成。由于园林单位实行差额预算管理，因此，园林部门的自有收入不能作为预算外资金。预算外资金，按照严格分清预算内资金同预算外资金的界限，先收后支，量入为出，专款专用的原则进行管理，要编制财务计划，按照规定用途有计划地使用，防止滥花乱用。

3. 加强财产和物资的核算和管理

公园的财产物资（包括固定资产、材料、低值易耗品等），是保证完成各项事业计划所必需的物质条件，管好用好国家财产和物资是贯彻勤俭办一切事业、节约国家资金的主要手段，必须加强财产和物资的核算管理。

（1）建立健全财产物资管理办法，指定专人负责实物管理，财务进行账务核算和监督，双方明确分工，密切合作，定期对账，做到账账、账实相符，防止财产物资的积压、浪费和损失，确保国家财产和物资的安全。

（2）要严格固定资产和物资的采购、验收、入库、出库、退料、报损、调入调出制度，定期盘点。

（3）固定资产按国家规定划分为房屋和建筑物（不包括古建房屋及古建筑物）、专用设备（各种生产用车辆及机械设备、科研仪器、医疗器械、交通运输工具、大型文体、游艺设施，各种游船及机动游艇，专业和科技图书等）、一般设备（办公和其他非生产使用的家具、设备、被服装具等）、文物及陈列品展览品等四大类进行管理。

（4）园林材料大致可分为修建材料、园林生产用材料、机械配件、工具、劳保用品等。品种多、用量大小不同，为了不使资金积压，材料、财务人员要共同核定材料的储备定额。所有材料都应及时入库管理，通过财务核算，根据实际使用消耗数字按项目摊销，不能以购代报、以领代销，形成账外物资。

（5）采购材料应加强计划性，大宗购买，应结合库存量和实际需要详细核算，经过一定批准手续采购。在不影响生产管理任务需要的情况下，大力压缩储存数量，以免影响资金的周转。

（6）固定资产和标准的盘亏、盘盈、报废等必须认真查明原因，写出书面报告，经一定手续批准后才能进行账务处理，重大问题要报上级部门审批。

4. 加强财务监督检查

（1）财务监督。财务监督对于贯彻执行国家财政、经济方面的方针、政策、法令、制度，严格财经纪律，加强经济核算，改善经营管理，促进增产节约有重要作用。

财务监督就是利用各种货币指标，对其经营或业务活动所进行的监督。如：对固定资金、流动资金和专用资金的来源和运用，生产经营过程中活劳动和物化劳动的消耗，财务收支以及财务成果的实现和分配所进行的监督。它是通过财务、成本等计划的编制，确定资金、成本、利润等各项指标。通过会计核算，反映和监督有关计划指标的完成情况。通过会计检查和经济活动分析，查明完成或未完成计划的各种原因，从而采取措施，改进工作。

（2）财务检查。就是对财务活动和财产物资所进行的检查。主要检查内容有：各项财务收入、支出和财产物资的调拨、报废、处理是否符合国家财经政策、法令、制度；财务计划的执行情况和存在的问题；各项财产物资的保管维护情况是否完好无损，是否账实相符；各项物资的储备和消耗是否有积压浪费；各项资金的使用和费用支出是否符合增产节约的原则；库存现金和银行存款是否有差错。

财务检查有经常性检查、定期检查和专题检查。经常性检查一般由专业人员负责进行。定期检查通常在月底、季末和年终，由专业人员、领导、群众参加的三结合小组进行；专题检查一般为适应特殊需要，组织有关方面代表参加，对某些财务问题进行的检查。

财务监督与检查，有事前监督检查和事后监督检查两种方法。

（3）财经纪律。严格执行财经纪律，有利于贯彻国家财经政策、法令、制度，合理组织财政资金的筹集、分配和使用，保证国家财政计划的实现。

一般对财经纪律的具体要求有以下主要内容：所有单位都必须按照规定向国家缴纳税款和利润，不准挪用和拖欠，不准偷税漏税，不准擅自减税、免税；不准把预算内收入转到预算外，不准把预算外的开支挤入预算内。不准虚报冒领，私设"小钱柜"；不准把应当列入基本建设投资和专项基金的开支挤入生产成本和商品流通费。不准向下属单位摊派和变相摊派资金；不准擅自扩大开支范围，提高开支标准，不准提高各项基金和费用的提取比例。不准乱发奖金、福利费和附加工资；不准以任何资金、任何名义，兴建楼堂馆所和计划外基本建设工程；不准用公款请客送礼，不准用公款看戏、看电影、照相、游览等，不准借庆祝活动搞铺张浪费。除国家另有规定的以外，任何单位都不准互相借贷，不准赊销商品，不准预收预付货款；超过核定限额的库存现金，必须随时存入银行，不准坐支、套取现金，不准自带现金或经邮局汇款到外地采购，不得超过国家批准的劳动工资计划支付工资。不准开空头支票，不准拖欠货款，不得无理拒付货款，不准出租出借在银行和信用社开立的账户，不准用"实物收据"办理结算，不准在结算凭证上填写假用途。

财务监督、财务检查和维护财经纪律，是正确地贯彻国家财经政策、法令、制度，合理使用资金，提高经济效益必不可少的手段，三者结合使用，是财务管理的一项非常主要的任务，各级领导和财务人员必须认真贯彻执行。并应按照《中华人民共和国会计法》所赋予财会人员的职权，向一切违反财经纪律、铺张浪费、弄虚作假、贪污盗窃等损害国家和人民利益的行为做斗争，对执行财经纪律做出成绩的单位和个人给予表扬和奖励，对违反财经纪律，造成国家资金和财产损失的单位和个人分情况给予批评、教育、行政处分直至刑事处分。

5. 建立健全财务管理体制和制度

公园要按照任务需要，设立财务机构，按照统一规定的科目设立账目，统一的会计制度处理账务，统一的核算办法进行核算，统一的财务管理办法进行管理。财务机构要单独设立，由单位负责人直接领导，按照《中华人民共和国会计法》所规定的职责和权限进行工作。财务人员除受本单位主管的领导外，要接受上级财务部门的业务指导和监督。一般会计人员的调动须有本单位会计主管和上级财务会计部门的同意，会计主管人员由上级机关直接任免。

（1）财务部门是核算的组织者。通过财务计算反映各项经济活动的情况。把经营管理与经济核算紧密地结合起来，才能对各项生产业务活动进行评价。经济核算概括了一切经济活动的成果，它监督各项工作的进行。因此，正确运用经济核算手段，全面推行经济核算制是提高经营管理水平的一项重要措施。

（2）推行责任制是推行经济核算的基础。各个生产、经营部门和生产岗位要克服职责不清，任务不明，干好干坏一样吃"大锅饭"的状况，是保证经济核算工作持续发展、不断巩固提高的重要条件。

（3）建立责任制，才有可能把各项经济技术指标，实行分级分口管理，才有可能把计划指标分解到各单位、各部门，才有可能考核它们完成任务的好坏、经济效益的大小。

建立健全规章制度。严格的规章制度，是进行正常生产经营活动的必要条件。所有单位都应该根据自己的实际情况，在计划、生产、服务、技术、劳动、物资、财务等方面建立规章制度，并且严格按照规章制度办事。

（4）要对材料消耗、工时消耗、设备利用、物资储备、流动资金占用、费用开支等制定合理的定额，建立完整先进的定额体系。定额是计划管理的基础，也是搞好经济核算的条件，没有定额就像没有尺子一样，没有核算的依据。要按定额制定计划、安排生产考核工作效率和经济成果。

（5）在生产经营的各个环节中，所反映的数量、质量和人力、物力、财力的消耗，都要有原始记录，准确、完整及时地反映生产经营情况，同时对物资的购进、领用、运输、生产过程中的转移，都要实行计量验收制度，既要验量，又要验质，做到准确无误。

经济运行过程中定期进行经济活动分析，是检查经营成果的重要方法，通过分析才能发现问题、揭露矛盾，及时进行调整控制，避免造成终期不可挽回的损失。

三、经济核算的主要指标

经济效益是指人们在经济活动中的劳动消耗或劳动占用与所获得的符合社会需要的成果之间的比较。所谓符合社会需要的成果，是指在质量、品种等方面符合市场需要的成果。由于评价经济效益的范围不同和经济效益的表现形式不同，可以是物质产品，也可以是各种不同的使用价值。所谓劳动消耗，指活劳动和物化劳动在经济活动中的消耗。所谓劳动占用是指经济活动中固定资产、流动资金等的占用。讲求经济效益，就是要以最少量的劳动消耗（或劳动占用）生产出更多符合社会需要的商品。

经济效益分析是以数据来评价和研究经济效益。这种研究需要通过设置经济效益计算指标来体现。园林绿化业中常用的指标有如下几种：

（1）劳动生产率：劳动生产率是反映活劳动消耗所形成的经济效益。它是在一定时期内生产有用成果与同期活劳动消耗总量的比率。其计算公式为：

$$劳动生产率 = \frac{一定时期收入额}{同期生产劳动者人数}$$

（2）成本净产值率：成本净产值率是反映全部劳动消耗的经济效益，成本是用货币表示的活劳动消耗和物化劳动的消耗的总和，其计算公式为：

$$成本净产值率 = \frac{一定时期生产收入额}{一定时期生产部门的总成本}$$

为了提高成本净产值率，一方面要增加生产收入，积极发展生产；另一方面减少成本支出，努力降低劳动消耗。所以成本净产值率这一指标可以反映增产节约的经济效益。

（3）成本利税率：成本利税率是反映全部成本投入形成的经济效益。其计算公式为：

$$成本利税率=\frac{一定时期上缴的利润和税金}{同期总成本}$$

式中，分子采用上缴而不是实现利润、税金，因为只有上缴的利润和入库的税金，才能形成社会效益。

（4）资金产值率：资金产值率是反映资金占用所形成的经济效益。计算公式为：

$$资金产值率=\frac{一定时期生产收入额}{同期生产资金占用额}$$

式中：分母"同期生产资金占用额"，指固定资产平均净值与定额流动资金平均余额之和。

（5）资金利税率：资金利税率反映一定时期内每百元（或万元）资金占用所提供的上缴利税额，反映资金对国家财政所作的贡献。其计算公式为：

$$资金利税率=\frac{一定时期上缴利税额}{同期生产资金平均占用额}$$

（6）技术进步经济效益：技术进步经济效益是通过同一时期生产收入增长额与新增生产资金的比率来衡量，它表明一定时期物质生产部门投入的固定资产和流动资金引起的生产收入的增长。其计算公式为：

$$技术进步经济效益（元/百元）=\frac{报告期生产收入增长额}{报告期固定资产增加额+报告期流动资金增长额}$$

技术进步的经济效益指标有一定的假定性，因为，并不是所有新运用的生产资金在技术上都是完善和先进的。但从总体看，它能概括地表明采用新材料、新设备对生产收入增长的影响程度。

第五节　安全管理

安全工作是公园一切工作的生命线，是一切工作的底线，是一切工作的红线。因此，公园的各项工作必须把安全工作放在首位的位置，认真抓紧、抓实、抓好。公园要以《企业安全文化建设导则》AQ/T9004—2008精神为指导，建立本公园的安全文化。将安全融入每个人的血液中，成为员工共同的价值观、态度、道德和行为规范。

一、树立正确的安全观

一是树立安全工作无小事的观念。千里之堤毁于蚁穴。安全工作必须覆盖公园的全部工作领域，做到"横到边，竖到沿"，从小事抓起，不放过任何影响安全的细小的问题。二是树立防患于未然的观念，坚决贯彻"安全第一、预防为主"的方针。三是树立安全就是成绩的观念。"不出事是一好百好，出了事是一了百了"。安全工作实行一票否决权。

公园的法定代表人是单位安全工作的第一责任人，对本单位的安全工作负总责；安全工作责任人对本单位的安全工作全面负责。建立、健全并督促落实各项安全工作责任制，贯彻执行安全生产、消防安全、交通安全、内保安全等各项法律、法规；落实上级主管部门各项要求，组织制定并督促落实安全工作规章制度和操作规程，组织制定并实施各项应急救援预案并实施演练，保证本单位安全工作投入的有效实施，督促、检查本单位的安全工作，及时消除事故隐患，负责各项安全责任书的签订及管理工作；定期组织研究各项安全工作，建立健全各项安全委员会组织，将安全工作与单位其他工作同计划、同布置、同落实、同检查、同总结、同考核。

二、建立科学有效的运行机制

建立健全安全责任制。安全工作责任制应当明确各岗位的责任人员、责任内容和考核要求，形成包括全体职工和全部经营服务活动的责任体系，实现自我约束。

建立健全安全工作规章制度和相关操作规程。安全工作规章制度应当包括：教育和培训制度，检查制度，事故隐患排查治理制度，具有较大危险因素的经营服务场所、设备和设施的安全管理制度，危险作业管理制度，特种作业人员管理制度，劳动防护用品配备和管理制度，奖励和惩罚制度，事故报告与调查处理制度，应急处置制度，安全风险预测评估制度，及其他保障安全的规章制度。

应对职工进行各类安全教育，包括：职工岗前安全教育、换岗人员安全教育、外来人员安全教育、日常全体职工安全教育等。制定教育计划，对教育内容、教育时间、教育要求、教育经费等做出明确的规定，并对教育结果进行检查与考核。要利用窗口单位的特点，在重点时期采取广播、板报、橱窗、牌示、网络、视频、发放宣传材料等形式，向广大游客宣传各项安全游园知识。北海公园探索实行的安全"4S要素系统"，即安全系统观测系统、安全信息传播系统、安全文化活动系统、安全行动激励系统，通过持续运行，收到了良好的效果。

三、突出重点，全面管控

安全工作既要全面部署，全面管控，又要突出重点，抓住主要矛盾，及时解决带有关键性的问题。一般来说公园防火、防盗以及大型活动安全是重点。要加强大型活动的安全管理。大型活动的承办者对其承办活动的安全负责，主办者及其他参与大型活动的单位依照国务院令第505号《大型群众性活动安全管理条例》履行安全职责。大型活动前，承办单位应制定相应的安全工作方案和应急预案并请专业部门研究制定风险评估报告。报当地公安、消防部门审查批准后方准进行。文物保护单位还应报文物保护部门审查批准。活动场所及设施应符合有关部门的安全要求。安全出入口和安全通道要设置明显的标志标识，安全标志应符合GB/T 2893、GB 2894—2008及GB16179，保证畅通。必要时在场所入口处设立安全疏导缓冲区和单行线。配备应急广播、照明设施，并确保完好有效。应急广播应采用双语。安全技术防范设备、设施应与举办活动的要求相适应。

四、汲取用鲜血和生命换来的教训

（1）1991年9月24日，对太原人来说是一个刻骨铭心的日子。这一天，迎泽公园"煤海之光"灯展现场发生踩踏事故，原本喜庆的迎泽公园瞬间变成人间地狱，在混成一片的呼救声和哭喊声中，105个鲜活的生命永远停留在了那个夜晚。当日19时刚过，迎泽公园的三个大门口已是车水马龙，游人如织。据事后测算，当晚观灯人数达5万之多。20时20分左右，在公园七孔桥东头发生了严重拥挤现象，有人被挤倒，有人被绊倒，人群顿时大乱。有的呼天喊地，有的哭爹叫娘，有的竭尽全力拉扯亲友想挤出人流。由于桥东头游人多于桥西头，人流无法向东流动，随之又折向桥西，使得桥西向东行进的游人又彼人流拥回桥西，形成了一股巨大的冲击力，压向七孔桥西。向桥西涌去的人群受桥西两块阻车石墩阻绊，有人被绊倒，后面拥来的人身不由己也随之绊倒，形成人流阻滞。但背后的人流仍继续沿桥坡顺势涌下，再次形成巨大的冲击力，被挤压在中间的游人或窒息死亡，或受重伤。经现场抢救及善后处理确认，这起特大伤亡事故挤死105人，挤伤108人。死伤人员中，80%是体力单薄的老人、妇女、儿童。死亡人员中，男27人，女78人；16岁以下的23人，17岁到59岁的65人，60岁以上的17人。受伤人员中，重伤5人，轻伤18人，一般伤85人。死亡人员中，有驻晋部队的团长；有厂矿的高级工程师；有劳动模范；有人民教师；有一家3口全部遇难的；有5名直系亲属全部遇难，只留1名老人在世的，有夫妻双双遇难留下儿女的；也有本人伤残，相依为命的女儿又遇难的……这一惨案的发生，使得多少个美满幸福的家庭陷入了难以言状的巨大悲痛之中！事故发生后，山西省副省长李振华被撤职，其他18名责任者，根据其错误事实，分别由有关部门给予党纪、政纪处分，构成犯罪的，由司法机关追究刑事责任。

（2）2004年1月31日至2月10日，北京市密云县在该县密虹公园举办"密云县第二届迎春灯展"游园活动。2月5日19时39分，120急救中心总部接到第一个报警电话。报警者为一男性，声音急促且带着哭腔："密云彩虹桥出事了！二三十人被挤坏了……桥边有个小孩，已经不成了……你们快点来呀！"120总部立即将报警电话转接至密云120。密云120报告说，他们也刚接到报警，已派出两辆急救车赶赴现场。20时50分左右，120第一次确定死亡人数是30人左右。事发现场至少有数万观众，因为密虹桥只有三四米宽，大群人从桥西口出来的时候，有一人先摔倒了，后面的人拥上，一个踩一个，秩序大乱，导致彩虹桥（亦称云虹桥）上拥挤、踩踏，造成37人死亡、15人受伤的特大伤亡事故。

　　活动前密云县公安局为此制定了相关的安全保卫工作方案，该方案中规定，迎春灯展期间，密云县公安局城关派出所负责维护密虹公园内白河东岸观众游览秩序和彩虹桥（包括桥的东西两端）的行人过往秩序，控制人流量，确保桥面畅通，不发生挤死、挤伤事故。2月5日晚，密虹公园内观看灯展的游人骤增，时任城关派出所所长的孙勇、政委陈百年未按规定派出警力到云虹桥两端对游人进行疏导、控制，致使云虹桥上人流密度过大，秩序混乱，部分游人在桥西侧跌倒后相互挤压，造成特大伤亡事故发生。法院审理认为，孙勇、陈百年身为国家工作人员，在分别担任北京市密云县公安局城关派出所所长、政委期间，对具体负责的灯展安全保卫工作严重不负责任，不认真履行职责，未严格执行、落实上级制定的安全保卫方案，没有按规定派警力到负责安全保卫的云虹桥值勤，以致云虹桥发生游客拥挤时，现场没有民警进行疏导，致使发生挤压死伤事故，造成国家及人民利益遭受重大损失的严重后果。两人的行为均已构成玩忽职守罪，且情节特别严重，依法给予惩处。

　　（3）2014年12月31日23时35分，上海市黄浦区外滩陈毅广场东南角通往黄浦江观景平台的人行通道阶梯处发生拥挤踩踏，造成36人死亡，49人受伤。据了解，从2012年元旦起，上海开始连续3年在外滩上演国内最大规模的跨年3D灯光秀。交通管制措施极为严格，外滩附近的中山东一路、北京东路、四川中路等周边区域的路段禁止一切车辆通行，黄浦江东金线轮渡双向停航，黄浦江人行观光隧道关闭。在外滩附近的地铁2号线、10号线的南京东路站都会封站。而事发当晚，往年的这些交通限行措施均被取消。

　　往年的跨年灯光秀，一直都是备受游客追捧的特大活动。2013年外滩的4D灯光秀，就吸引了数十万人参与。2014年的跨年灯光秀，一共分为两个部分，一个是在外滩陈毅广场观景台对面的10秒倒计时灯光，另一个是在"外滩源"的5D大型灯光表演。两者间距离为0.5公里。但是，出于缓解以往3年交通的压力，其主要的表演活动设在了"外滩源"。对于这一活动场地的改变，上海各大媒体事发前几天都有报道。然而，由于传播的不足，很多人并不知道这一变化，外滩源和外滩一字之差，很多学生和游客并不知道区别是什么。于是，当晚大多数的游客还是来到了外滩的陈毅广场。几个原因的叠加，引发了惨烈的后果。

这是一起对群众性活动预防准备不足、现场管理不力、应对处置不当而引发的拥挤踩踏并造成重大伤亡和严重后果的公共安全责任事件。黄浦区政府和相关部门对这起事件负有不可推卸的责任。事故发生后对包括黄浦区区委书记周伟、黄浦区区长彭崧在内的11名党政干部进行处分。

以上三起大型活动造成的特大事故的教训是极其深刻的，人们应当认真总结经验和教训：从时间上看，三起事故都是发生在晚上，视线不好，人们对周围的情况很难做出准确的判断，一旦发现问题，采取措施为时已晚。上海外滩事故事发当时有人在平台上看到了危险，拼命地对后面的人群一边挥手示意一边高喊："往后退！！！"，但是声音被潮水般的人群淹没了。直到后来参加高喊的人多了，才使后面往前拥挤的人停下来，减少了更多人的伤害；从地点上看，三起事故都是发生在有上下阶梯的地方，地域狭窄，容易造成拥挤，这应当是常识范围的问题，但是越是常识的问题越容易被忽视，麻痹大意；迎泽公园七孔桥是重要通道，桥西头设有两块阻车石墩，在大型活动期间未被移走，结果成为造成事故的重大隐患。从人员数量上看，三起事故都是由于人员超负荷造成的。太原市迎泽公园总面积66.69万平方米，迎泽湖水面占总面积的三分之一，是太原市内最大的公园。迎泽湖分成南、北、中三个部分。中湖东侧，长廊蜿蜒，长达150米的廊式木构建筑雕梁画栋，具有鲜明的民族风格。中湖南面，假山堆砌。假山脚下，水榭伸至湖心。迎泽湖上，桥梁横跨，颇有生气。迎泽公园凉亭多，取名也很别致。北湖东岸有绣绮亭，荷花池畔有荷花亭，西门附近还有景亭，果园附近有玫瑰亭，与长廊相对的有六角亭，牡丹园里有牡丹亭、小茅亭、四角亭……曲径奇趣，优美多姿，引人入胜。公园内古建藏经楼颇为典雅。这是一座金代建筑，从别处迁移至此，给迎泽公园添了古朴的风采。在这样一个活动空间十分有限的公园搞大型活动，人员数量必须严格控制在科学合理的范围内；从事故原因上看，都是由于当事人对可能发生的事故估计不足、责任心不强造成的，使本来可以避免的事故终究未能避免。密虹公园的彩虹桥是连接公园东西两部分的唯一通道，是大型活动必然要严格管控的重点部位。然而，负责安全的领导竟敢不安排值勤人员严防死守，其麻痹程度达到令人发指的程度。"麻痹""马虎""麻木"是造成重大事故的毒素。"外滩""外滩源",大型活动场所变更是组织之大忌,相应措施没有跟上,以致造成巨大人祸灾难。这些血的教训必须永远吸取。

公园搞大型活动必须慎之又慎,但是又不能因噎废食,因为怕发生事故,就不敢举办大型活动了。大型活动是老百姓幸福生活的正当需求和渴望,是城市重要公园的重要社会责任。只要上上下下树立高度的责任心和事业观,精心策划、精心组织、精细工作、精准实施,大型活动一定能够在保证安全的前提下取得成功。该搞不搞不犯错误,但是不做工作不作为,是公园管理者的失职,是最大的错误。

附:北京市市属公园安全管理规范

第一章 总 则

第一条 为加强市属公园安全管理的规范化、标准化,有效防范重大安全事故的发生,及时排查和消除各类事故隐患,保障职工和游客的安全,结合市属公园实际,特制定本规范。

第二条 本规范规定了市属公园安全工作管理机构及相关人员的职责和安全管理工作要求。其他单位参照执行。

第三条 市属公园应落实各项安全法律、法规、规章,贯彻"安全第一、预防为主"的安全工作方针,履行安全工作职责。

第四条 市属公园的法定代表人是单位安全工作的第一责任人,对本单位的安全工作负总责。

第五条 市属公园应成立安全工作领导机构,建立、健全各项安全工作制度,明确职责,确定各级、各岗位的安全责任人,完善安全工作条件,确保安全。

第二章 安全责任

第六条 安全工作责任人对本单位的安全工作全面负责,职责如下:

1. 建立、健全并督促落实各项安全工作责任制;

2. 贯彻执行安全生产、消防安全、交通安全、内保安全等各项法律、法规;落实上级主管部门各项要求;

3. 组织制定并督促落实安全工作规章制度和操作规程;

4．组织制定并实施各项应急救援预案，并实施演练；

5．保证本单位安全工作投入的有效实施；

6．督促、检查本单位的安全工作，及时消除事故隐患；

7．负责各项安全责任书的签订及管理工作；

8．及时、如实报告各项安全事故和调查处理；

9．定期组织研究各项安全工作；

10．建立健全各项安全委员会组织，将安全工作与单位其他工作同计划、同布置、同落实、同检查、同总结、同考核。

第七条　安全工作管理人应履行下列职责：

1．拟订年度安全工作计划，组织实施日常各项安全管理工作；

2．组织制订安全工作制度和保障安全工作的操作规程并检查督促其落实；

3．拟订安全工作的资金投入和组织保障方案；

4．组织实施安全检查和隐患整改工作；

5．在职工中（包括驻园各类人员）组织开展安全知识、技能的宣传教育和培训，组织应急疏散预案的实施和演练；

6．安全工作责任人委托的其他安全管理工作。安全工作管理人应定期向安全工作责任人报告安全工作情况，及时报告涉及安全的重大问题；

7．对本单位的安全工作负主管范围内的责任；

8．定期研究安全工作，加强协调沟通。针对存在问题，确定解决办法。

第八条　安全工作管理机构应履行下列职责：

1．严格落实各项安全工作措施，督促落实相关部门消除安全隐患；

2．加强重点岗位、重点部位的安全管理；

3．组织实施对本单位安全设备、设施、机动车、灭火器材和安全标志的维护保养，确保其完好有效，确保疏散通道和安全出口畅通；

4．组织开展安全检查，及时发现和消除安全隐患。对有关部门指出的安全事故隐患和提出的改进建议，在规定的期限内解决，并将结果报相关部门。对暂时难以解决的事故隐患，要采取相应的安全措施；

5．组织落实各项应急预案的演习；

6．组织实施年度安全工作计划，落实责任制；

7．制定本单位安全工作职责、制度、安全操作规程；

8．组织实施对全体职工的安全培训及游客的安全知识的宣传；

9．法律、法规规定的其他安全工作。

第九条　安全工作人员应履行下列职责：

1．在安全工作责任人和安全工作管理人的领导下开展安全工作；

2．安全设施、灭火器材和安全标志的检查、维护、更新；

3．日常安全巡视，发现隐患及时上报；

4．紧急情况下的疏散、救护工作；

5．其他安全工作。

第三章　基本要求

第十条　市属公园应具备下列安全条件：

1．经营服务场所和设备、设施符合有关安全法律、法规的规定和国家标准或者行业标准的要求；

2．建立健全安全责任制，安全工作责任制应当明确各岗位的责任人员、责任内容和考核要求，形成包括全体职工和全部经营服务活动的责任体系；

3．依法设置安全工作管理机构或者配备安全工作管理人员；

4．从业人员配备符合国家标准或者行业标准的劳动防护用品；上岗人员应掌握本岗位安全应急处理方法；

5．安全工作负责人和安全工作管理人员具备与公园管理相适应的安全知识和管理能力；

6．从业人员经安全教育和培训合格。特种作业人员按照国家有关规定，经专门的安全作业培训，取得特种作业操作资格证书，持证上岗；

7．法律、法规和国家标准或者行业标准规定的其他安全条件。

第十一条　市属公园应建立健全安全工作规章制度和相关操作规程。安全工作规章制度应当包括：

1．教育和培训制度；

2．检查制度；

3．事故隐患排查治理制度；

4．具有较大危险因素的经营服务场所、设备和设施的安全管理制度；

5．危险作业管理制度；

6．特种作业人员管理制度；

7．劳动防护用品配备和管理制度；

8．奖励和惩罚制度；

9．事故报告与调查处理制度；

10．应急处置制度；

11．安全风险预测评估制度；

12．其他保障安全的规章制度。

第十二条　应对职工进行各类安全教育，包括：职工岗前安全教育、换岗人员安全教育、外来人员安全教育、日常全体职工安全教育等。制定教育计划，对教育内容、教育时间、教育要求、教育经费等做出明确的规定，并对教育结果进行检查与考核。教育内容、教育时间应符合《北京市安全生产条例》第二章第十八条、第十九条、第二十条、《机关、团体、企业、事业单位消防安全管理规定》第六章第三十六条的要求。

第十三条　游客的安全宣传。要利用窗口单位的特点，在重点时期采取广播、板报、橱窗、牌示、网络、视频、发放宣传材料等形式，向广大游客宣传各项安全游园知识。

第十四条　安全标志

1．应在有较大危险因素的场所和有关设备、设施上，设置安全标志，安全色及安全标志应符合GB2893《安全色》、GB2894-2008《安全标志及其使用导则》的规定。安全标志应在醒目的位置设立，清晰易辨，便于从业人员和社会公众识别。各种安全标志应随时检查，发现有变形、破损或变色的，应及时整修或更换。户内标牌、海报等不允许遮挡安全标志；

2．在游览危险地段、水域及有害动植物生长地区，应完善安全防范措施，设置明显的警示标志，并应专人负责。非游泳区、非滑冰区、防火区、禁烟区应设置明显的不允许标志；

3．在园内施工，应当设置明显的施工标志，并提供安全防护措施；

4．消防标志的设置应符合GB 13495《消防安全标志》及GB 15630《消防安全标志设置要求》的规定。

第十五条　市属公园应依法保护文物、古树名木、名胜古迹等自然遗产、文化遗产以及有关文化资源、自然资源不受破坏。

第十六条　市属公园建筑物、游乐设施、公园制高点等应按照相关规范安装防雷设备，并在每年雷雨季节前进行检测维修，保证完好有效。公园应对所管辖范围内的各种建筑物、构筑物安全管理负责，杜绝发生事故。

第十七条　市属公园应加强对园内易燃、易爆危险化学品的安全检查，储存地点应选择干燥、通风、荫凉处，有详细的出入库记录，做到管理制度落实、安全措施到位、确保安全。

第十八条　严禁在园内篝火、野炊、烧荒、烧纸，焚烧树叶、杂物，燃放烟花爆竹等。

第十九条　市属公园管理机构应按照CJJ48中第3.1.3条规定的游客容量接待游客。

第四章　安全管理

第二十条　配电室的安全管理

1. 配电室内禁止吸烟。非电工人员不许随便进入配电室；

2. 配电室应配备用电设备布置平面分布图，配电线路平面分布图，变、配电系统操作模拟图板等安全技术资料；

3. 配电室内应保持整洁，严禁存放易燃、易爆等物品。应保持配电室的灭火器完好有效，严禁将灭火器材挪作他用；

4. 定期对变压器、开关柜进行检修维护清扫，一般每年不应少于两次。一般情况下，室外高压配电装置至少每半年一次，室内高压配电装置至少每年一次。保持设备正常完好、清洁，安放挡鼠板，防止因尘污、小动物等造成短路，对电气设备、线路要经常检查，发现问题及时解决。停电清扫检修时，严禁使用汽油、煤油等有机清洗物擦洗。清扫的内容：清扫电器设备上的尘土；进行电缆遥测和接地遥测；各部连接点和接地处的紧固情况；检查油式变压器是否缺油；

5. 电工在维修、安装电气设备、线路时，应按规程操作，不准违章操作，电器设备周围按规定铺设绝缘垫并树立警示牌；

6. 配电室和值班室应分开，值班人员要坚守岗位，认真负责，做好运行和值班记录，执行交接班制度；

7.安装或移动电气设备，应由电工按照DL409《电业安全工作规程（电力线路部分）》的要求进行接线和安装。任何部位的线路、闸箱、开关应符合安全规程，除电工外不允许任何人擅自接电源或接线增容；

8.电器设备应安装漏电保护装置和过载保护装置，漏电保护装置和过载保护装置不允许任何人擅自拆卸、移动，需要移动、保养维修时应由电工办理。所有电器设备严禁超负荷用电；

9.电缆、电线的布置应隐蔽，接头、触点不得外露，不得危及游客的人身及财产安全；

10.应建立安全用电制度，严禁违章用电，保证用电安全；

11.凡是游客可接触到的电力设备设施应在明显位置设有国家规定的安全标识及警示语；在安装照明灯具或其他电器设备时，所有电气线路应穿套管保护同时安装漏电保护装置。

第二十一条　动物园的安全管理

1.动物园管理机构应执行建设部颁布的《城市动物园管理规定》标准；

2.应备有卫生防疫、医疗救护、麻醉保定设施，定时进行防疫和消毒；

3.应完善各项安全设施，加强安全管理，确保游客、管理人员和动物的安全。

第二十二条　租赁、承包、联营单位的安全管理

1.根据公安机关的属地管理原则，对园内的租赁、承包、联营单位要纳入本园安全管理范围。租赁、承包、联营单位应遵守本园的管理规定，并接受监督检查；

2.租赁、承包、联营单位使用的电器设备、燃气设备，应到公园安全管理部门备案；

3.租赁、承包、联营单位在签订租赁、承包、联营等协议的同时应与安全管理部门签订《安全保卫责任书》，同时附所属人员名单备案；

4.租赁、承包、联营单位的人员应遵守公园内的各项规定，不得私自留宿客人，特殊情况应向上级主管部门及安全管理部门报告。违反公园安全规定造成安全事故应由租赁、承包、联营单位承担责任；

5．租赁、承包、联营单位接受公园管理部门的检查，对检查发现的问题、隐患，应按有关规定和要求及时整改。否则，公园管理部门应按规定进行处罚。

第二十三条　馆藏文物的安全管理

1．展陈文物、文物库房应具备防火、防盗、防潮、防虫、防灾、防震等设备和措施。严禁堆放易燃、易爆及其他有碍文物安全的物品。

2．文物需出园展陈时，公园应对展陈方的安全设备设施进行检查，符合文物展陈安保条件后方可同意文物出园并与展陈方签订安全协议。公园应制定文物出园、运输等安全方案和应急预案，运输过程中应有专人押运，确保文物安全。必要时应与保险公司签订文物保险协议。

第二十四条　冰（雪）场的安全管理

1．凡公开售票对公众开放的冰（雪）场，应制定完善的安全保卫规章制度，设专人负责安保工作，经公安部门会同有关部门审核批准后方可开放；

2．负责救护的工作人员不得少于滑冰（雪）人数的千分之四，不足千人时，不得少于2人；

3．自然水域的冰场在开放时冰层厚度不得小于15cm，每天公示测冰厚度。为保证人流畅通每个冰（雪）场不少于2个以上出入口（设坡道），并要有专人疏导；

4．冰（雪）场开放时，每场容纳人数要严格控制，平均每人活动面积不得少于9m^2。

第二十五条　绿化施工的安全管理

1．进行绿化打药作业时，应严格按照专业技术程序进行。在游览区内打药，应避开高峰时段，并设立牌示提醒游客注意。职工在打药前应穿戴好防护用品，领取农药；工作结束后应将空瓶及剩余农药及时带回，剩余农药退回药库，空瓶交专人妥善处理并及时清洗药机和药箱。禁用药物符合DB11/T213中第5.1.6.4.3列项a、b的规定；

2．进行绿化修剪及施工作业时，应严格按照专业技术程序进行，在对树木修剪、移栽或支撑时，应设安全防护绳和牌示进行隔拦，设施工安全员并有专人疏导游客，在进行浇水作业、绿化用水井盖打开时，应设立安全警示标志。安全警示标志应符合GB/T 2893.1和GB 2894-2008的要求。

第二十六条　山石桥梁的安全管理

1. 公园管理部门在地形险要地段应设置安全防护设施，在通往孤岛、山顶等卡口的路段，应设通行复线；

2. 公园内可以通行汽车的桥梁应设立安全通过标准警示标志，不能通过汽车的桥梁除设立不能通过的警示标志外还应有阻止车辆通过的措施；

3. 应加强对山石的安全检查，使山石保持本身的牢固性。山石衔接以及悬挑、山洞部分的山石之间、叠石与其他建筑设施相接部分的结构应牢固，设立不允许攀登的牌示，确保安全；

4. 在各种游客集中且容易发生跌落、淹溺等人身事故的地段，应设置不允许游泳牌示及拉设警示线带或安装安全防护性护栏。

第二十七条　大型活动的安全管理

1. 大型活动的承办者对其承办活动的安全负责，主办者及其他参与大型活动的单位依照《北京市大型群众性活动安全管理条例》履行安全职责；

2. 大型活动前，承办单位应制定相应的安全工作方案和应急预案并请专业部门研究制定风险评估报告。报当地公安、消防部门审查批准后方准进行。文物保护单位还应报文物保护部门审查批准；

3. 活动场所及设施应符合有关部门的安全要求；

4. 安全出入口和安全通道要设置明显的标志标识，安全标志应符合GB/T 2893、GB 2894-2008及GB16179，保证畅通；

5. 必要时在场所入口处按公安机关的要求设立安全疏导缓冲区和单行线；

6. 配备应急广播、照明设施，并确保完好有效。应急广播应采用双语；

7. 安全技术防范设备、设施应与举办活动的要求相适应。

第二十八条　特种设备的安全管理

1. 应加强对锅炉、压力容器及大型游乐设施、缆车、索道等特种设备的安全技术管理工作，建立健全特种设备安全管理制度。并向特种设备监督管理部门注册登记，实行定期检验制度。未取得特种设备使用证的，不得投入运行；对存在安全隐患的特种设备，应停止运行；

2．使用特种设备的应建立安全技术档案，档案内容依据《特种设备监察条例》第二十六条规定。

第二十九条 游乐设施的安全管理

1．有游乐设施的公园应建立健全安全责任制等各项规章制度，操作、维修人员应按照《游乐园管理规定》通过考核，持证上岗；

2．应设置游乐引导标志。在每项游艺和游乐设施的入口处向游客做出安全保护说明和警示，每次运行前应对乘坐游客的安全防护加以检查确认，设施运行时注意游客动态，及时制止游客的不安全行为；

3．游乐设施的使用应符合《游乐园管理规定》第十九条、第二十条的规定；

4．严禁使用未检修或者检验不合格的游艺机械和游乐设施；

5．应对游艺机械和游乐设施按照特种设备质量监督和安全监察的有关规定，进行安全运行检查并做好各项安全记录。

第三十条 游船的安全管理

1．各种游船应建立各级工作人员的岗位责任制，安全操作规程，维修、保养、检查制度，运行记录等各项管理规章制度；

2．机动游船应每日进行运行前的安全检查，检查一般包括：发动机的运转状况，电瓶和电动机工作状况，油、水充填状况，船体宏观状况，座椅和安全防护设施状况，紧急救护设备、消防器材状况，传动部分与制动部分状况，喇叭、转向及通信联络状况等；

3．机动游船应认真、详细填写每日运营日志记录、安全检查记录等；

4．凡参加运营服务船只，应在船体打印编号、乘员定额、求救电话等标志，在码头悬挂游客须知，并加强对游客乘船的安全宣传工作，严格按定员数量乘坐，不准超乘；

5．严格遵守行驶制度，专人事先了解天气预报，按照允许的风力级别开展游船活动；

6．设置专用巡逻救护船只，随时巡逻，有处置突发事件的应急抢救措施；

7．严格执行防火制度，机动船只应备有灭火器材，保证使用效能。

第三十一条 公园内专用机动车辆的安全管理

1．在园内行驶的专用机动车辆（包括电瓶车），应经质监部门核发号牌和检测合格证。牌证不允许挪用、涂改、伪造；

2．专用机动车（包括电瓶车）驾驶员，应接受岗前安全教育和专业技术部门的培训、考核，考试合格后持相应的驾驶证上岗；

3．车辆应在质监部门规定的时间内接受检查，逾期未经检验或检验不合格的车辆，不得行驶作业；

4．车辆的制动器、转向器、喇叭、灯光、雨刷器、后视镜等应保持齐全有效；

5．特种车辆专车专用，作业范围不应超出其指定范围，不得违章载人、载物；

6．园内行驶的专用车辆每小时不得超过15公里/小时、不允许鸣笛、超车，在行驶中应避让游客。

第三十二条　监控系统的安全管理

1．监控室应设专人值班，值班人员须经有关部门培训合格后持证上岗。值班期间严禁脱岗、空岗，值班时要密切注意重点地区、重点部位的监控图像，并做好值班记录；

2．按规定妥善保存监控图像资料（30天），留存期满的图像资料可根据情况自行删除，严禁外传；

3．视频监控系统出现问题时应及时维修，确保系统正常运转；

4．新建、改建监控系统所使用的设备设施应确保与中心监控系统兼容。

第三十三条　食品卫生的安全管理

1．公园应严格落实进货验收制度，严把食品进货渠道和质量关；

2．公园内不得销售裸露散装食品和露天炸烤肉食类食品，严禁销售过期食品；

3．餐饮经营必须严格按照食品卫生的有关法律法规的要求定期检查，严格消毒制度。

第五章　消防安全

第三十四条　公园应根据本单位经营活动的特点，加强消防管理，防止火灾事故发生，建立、健全消防安全组织、管理制度及保障消防安全的操作规程，明确消防安全责任，确保安全经营。

应按照有关规定，结合自身的实际情况，制定并完善灭火和应急疏散预案并至少每季度进行1次演练。

第三十五条 商业网点消防安全管理

1．公园内的商业网点，特别是有明火作业的服务网点，应与主要游览区分开，按划定位置设立，以减少火险隐患，确保安全；

2．营业面积大于500平方米的餐饮场所，其烹饪操作间的排油烟罩及烹饪部位宜设置自动灭火装置，且应在燃气或燃油管道上设置紧急事故自动切断装置。

3．商业网点的包装箱和包装纸等易燃物应每天清理，暂存地点应有专人看管，配备必要的消防器材；

4．园内的各种电器设备线路应保持完好状态，经常检查并检修，避免出现电器设备和线路老化等现象；

5．公园应加强对餐厅及食堂的库房、液化气瓶储存间的安全检查，配备必要的消防器材，并及时清理烟道。

第三十六条 锅炉房消防安全管理

1．锅炉房内应配备专用消防器材及事故照明用具，严禁存放易燃、可燃物品；

2．燃气锅炉房应加装可燃气体报警控制器；

3．工作人员下班需要停火时，应关闭燃气总闸、切断电源，确认安全后方可离开。

第三十七条 古建筑的消防安全管理

1．凡古建筑的管理、使用单位，应严格管理一切火源、电源和各种易燃、易爆物品。不允许在古建筑保护范围内堆存易燃可燃物品。严禁将燃气等引入古建筑物内存放或使用；

2．不允许将古建筑用于食堂或职工宿舍。不允许在古建筑内设置生产、生活用火；

3．在重点要害场所应设置"禁止烟火"的明显标志。指定为宗教活动场所的古建筑，进行宗教活动时应在配有消防设施、设备的指定地点，并派专人看管或采取值班巡查等措施；

4．在古建筑物内安装电灯和其他电器设备，应经文物行政管理部门和公安消防部门批准，并严格执行电气安全技术规程进行安装、管理和检修；

5．古建筑保护区的通道、出入口应保持畅通，不得堵塞和侵占，并符合《北京市消防条例》和《机关、团体、企业、事业单位消防安全管理规定》要求；

6．需要修缮时，应由古建筑的直接管理和使用单位与施工单位共同制订消防安全措施，严格管理制度，明确责任，并报上级管理部门和当地公安消防机关审批后才能开工。在修缮过程中，应有防火人员值班巡逻检查，遇有情况及时处理。

第三十八条　林区消防安全管理

1．森林防火工作符合《北京市森林防火办法》要求，实行预防为主，积极消灭的方针；

2．公园应制定森林防火管理办法，配备防火巡查人员，重点地区、重点路段要设置明显的防火宣传牌示、标识，组织职工开展经常性的灭火演练；

3．公园应当组织和开展经常性的森林防火宣传，普及救险、避险知识，提高森林防火意识；

4．林区内严禁一切野外用火，如确实需要须经安保部门审批，并在现场配备安全员及消防器材。

第三十九条　消防设施及器材管理

1．公园内应按照消防安全有关规定合理设置消防水源、消防设施，保证消防通道畅通并严格贯彻有关消防法规，建立志愿消防队，组织相应的消防演习，并按要求配备足够的灭火器、灭火皮条、灭火弹等消防器材。消防器材应登记造册，专人管理，每年定期检查维修保养，保持完好有效；

2．灭火器配置应按GBJ140《建筑灭火器配置设计规范》的有关规定执行。营业区域应按灭火器配置场所的危险等级配置相应灭火级别的灭火器。建筑物内灭火器材配置点的间距不大于20m；

3．公园购置维修消防器材时其质量应符合相关的国家、行业标准及公安消防机构的要求。

第四十条　消防检查

公园的消防检查应遵守《机关、团体、企业、事业单位消防安全管理规定》第二十五条的规定。

第六章　交通安全

第四十一条　机动车、非机动车、驾驶员、行人交通安全管理应遵守北京市实施《中华人民共和国道路交通安全法》办法的规定。

第四十二条　交通安全检查

查领导：在公园交通安全负责人的领导下，认真执行交通安全法规和内部制度，建立健全交通安全管理基础资料，履行各项管理手续。

查基础资料：包括交通安全管理规定、交通安全组织机构、交通安全责任制、机动车驾驶员档案、机动车档案、安全会议记录、宣传教育记录、车辆检查记录、交通违法记录、交通事故记录和报表等。

查工作：接受上级部门和当地交通安全管理部门的监督检查，按要求汇报工作，积极参加有关会议和活动，具体落实各项安全措施。

查教育：对全体职工进行宣传教育，定期组织机动车驾驶员学习，开展群众性交通安全知识竞赛活动。

查不安全因素：会同有关人员定期分析驾驶员队伍状况，做好司机教育工作，消除不安全因素。

第七章　治安保卫

第四十三条　公园应设置治安保卫专职机构并建立专职治安保卫巡逻队伍，建立各项治安保卫制度；在重点时期和重点部位应加强巡逻力量，及时疏导游客，并做好处置突发治安事件的准备。

第四十四条　公园重点部位应采取必要的技术防范措施，并建立值班制度。

第四十五条　公园应严格遵守取送款制度，财务室的过夜款数量应按照相关部门的规定存放，严禁存放大额现金。

第八章　安全生产检查与隐患整改

第四十六条　安全检查应依据国家相关法律法规及本标准的相关规定。检查应有明确的目的、要求、具体计划。检查形式应采取：领导检查；安全管理部门检查；组织专业技术人员检查；科（队）自查。检查方法：坚持经常性检查与突击性检查相结合，日常检查与重点时期检查相结合。检查内容：查思想、查制度、查措施、查设备设施、查安全教育、查操作规程、查防护用品的使用、查事故的处理等。

第四十七条 在安全检查中发现的隐患应立即整改，整改完毕后，单位应将整改情况书面报上级主管部门备案；对于不能立即整改的隐患，单位应立即封闭隐患存在部位并派专人24小时看守，同时制定整改计划从速加以解决，并将整改计划报上级主管部门备案。

第九章 应急救援

第四十八条 应急预案内容应包括：应急救援系统组织（包括指挥系统和机动救援队伍）及其职责，危险目标的确定和潜在危险性评估，应急救援预案启动程序，紧急处置措施方案，应急救援组织的训练和演习、应急救援设备器材的储备，经费保障。

第四十九条 应急预案中应结合公园实际情况，对重点时期（黄金周、主要节假日、大型活动等）及重点部位（展室、展馆、桥梁、狭窄路段等）制定最大游客量预警线（如一个展室在确保安全下能容纳的最大游客量）。接近或达到预警线游客量或遇有紧急情况和突发事件时，应立即启动应急预案，采取临时关闭景区、展馆、疏散游客等措施，并及时向有关部门报告。

第五十条 突发事件发生时，职工任何人一经发现应立即报告公园值班室或保卫科，并说明事件发生的地点、性质及程度；当时在园的最高领导为处置突发事件的总指挥，在接到报案后应立即启动本园的应急预案，立即调动机动队伍，携带相应的工具、器材在第一时间内到达现场，立即处置；同时安保部门应根据当时的情况组织第二批处置力量到现场。公园领导在指挥处置突发事件的同时应立即将相关情况报上级主管部门并随时通报处置情况。

第五十一条 公园要完善各项应急预案，每年进行1次演练。特殊情况下增加演练次数。有关责任人和职工能够掌握预案内容，履行预案规定的岗位职责。

第十章 奖 惩

第五十二条 每年进行一次安全工作绩效考核。对认真贯彻落实有关法律、法规，符合上述要求、全年未发生安全事故、安全工作成绩突出的单位，给予表彰奖励。

第五十三条 对发生事故，造成恶劣影响的单位，给予通报批评，实行一票否决，追究其行政责任，情节严重构成犯罪的，由司法机关依法追究刑事责任。

本规范自印发之日起正式实施。

附件1：引用法律法规文件目录

GB 2893   安全色

GB 2894-2008   安全标志及其使用导则

GB/T10001.1   标志用公共信息图形符号 第一部分 通用符号

GB 13495   消防安全标志

GB 15630   消防安全标志设置要求

CJJ48   公园设计规范

DL409   电业安全工作规程（电力线路部分）

《中华人民共和国安全生产法》

《中华人民共和国消防法》

《中华人民共和国文物保护法》

《中华人民共和国劳动法》

《中华人民共和国道路交通安全法》

国务院《企业职工伤亡事故报告和处理规定》（第75号令）

《特种设备安全监察条例》

《城市动物园管理规定》

《游乐园管理规定》

《机关、团体、企业、事业单位消防安全管理规定》

《北京市消防条例》

《北京市安全生产条例》

《北京市公园条例》

《北京市森林防火办法》

《北京市古树名木保护管理条例》

《北京市绿化条例》

《北京市大型群众性活动安全管理条例》

《北京市食品安全监督管理规定》

《北京市实施<中华人民共和国道路交通安全法>办法》

附件2：名词解释

1. 安全工作责任人

法人单位的法定代表人或非法人单位的主要负责人。

2. 安全工作管理人

组织实施和落实安全管理工作并对单位安全工作责任人负责的人员。

3. 安全工作人员

依法配备的具体实施安全工作的专（兼）职人员。

4. 安全工作管理机构

依法设置的从事安全管理工作的部门。

5. 突发事件

在正常工作状态下，突然发生的恐怖袭击、自然灾害、火灾、爆炸、投毒、各类恐吓及由于人员骤然聚集引发的可能致人伤亡的秩序混乱事件。

6. 特种设备

涉及生命安全、危险性较大的锅炉、压力容器（含气瓶）、压力管道、电梯、起重机械、客运索道、大型游乐设施等。

第十二章　公园管理的形式

第一节　网格化管理

公园的网格化管理来源于城市网格化管理的理论和实践。城市社区网格化依托统一的城市管理以及数字化的平台，将城市管理辖区按照一定的标准划分成为单元网格。通过加强对单元网格的部件和事件巡查，建立一种监督和处置互相分离的形式。对于政府来说的主要优势是政府能够主动发现，及时处理，加强政府对城市的管理能力和处理速度，建立基础数据库，建立"人进户、户进屋、屋进格、格进图"的管理机制，实现管理无死角，事事有人管，安全无事故，将问题解决在居民投诉之前。首先，它将过去被动应对问题的管理模式转变为主动发现问题和解决问题；第二，它是管理手段数字化，这主要体现在管理对象、过程和评价的数字化上，保证管理的敏捷、精确和高效；第三，它是科学封闭的管理机制，不仅具有一整套规范统一的管理标准和流程，而且发现、立案、派遣、结案四个步骤形成一个闭环，从而提升管理的能力和水平。正是因为这些功能，可以将过去传统、被动、定性和分散的管理，转变为今天现代、主动、定量和系统的管理。

公园网格化管理是近几年国内外公园管理领域的创新，主要是通过"三级平台，四级管理"，通过园级综检、科室专项检查及日常网格化巡检；决策层完善顶层设计，固化网格分区，确定网格巡视主体和内容，建立信息共享平台，推进OA系统的督查循环运行模式；把关注点放在执行力上。

2011年，北京动物园实行"网格化管理"，将全园划分为六个网格，推行网格化巡检，实行巡检员、服务员、安全员、监督员四位一体的工作模式，采用问题导向和PDCA工作法，持续推进公园管理。网格化管理模式的五个核心要素：以网格化巡检为基础；以信息化电子办公系统为支撑；以专项例会制度为保障；以绩效考核为监督；全园联动，借助外力，良性循环，成果共享。公园制定了以安全秩序、环境卫生、服务游客为主旨的网格化巡检督查工作机制。

根据网格化巡检工作特点，由管理队、保安队实施24小时无缝隙巡检发现问题。以OA办公系统做支撑，办公室设专人负责将管理队、保安队"每日动态"制作《网格化管理PDCA表》并及时通知责任科室。责任科室每日查收信息，对涉及问题工作进行处理并反馈处理结果。办公室月末统计问题事项处理完成情况，绩效办每月进行绩效评价并公示。这种PDCA工作法保证了工作责任细化，实现了问题发现、处置、反馈、总结的全过程责任监督，各类问题得到及时有效的处理。从而创建了一个可循环、管干分离工作的工作模式。

通过纠正、制止、记录、通知、应急处置等方法，运用"海恩里西法则"，有效地把公园日常出现的各种工作问题控制在最低程度加以处置解决，减少了大、中事故的出现概率。网格巡检工作与公园日常运行相结合起来，是公园现代管理的新模式。

通过实施网格化管理，工作效率显著提高，公园秩序明显好转，公园环境大幅改善。仅2011年至2012年，治理非法兜售物品案件由3244起降至135起，减幅95.84%；刑事案件和事故零发生。2013年1月至10月通过网格化巡检，检查出园内各类问题2772项，处理2750项，完成处理项比例达到99.21%（从5月起问题处理率均达到100%），同比上升2.87个百分点。

自2012年6月开始至2017年9月，发现、排除、解决近万条问题，促进了公园的平稳运行和优良秩序的保障，形成了可持续发展的态势。

网格化管理是细化分工、细化区域、细化责任的一种可复制、可推广、可持续的管理模式。北京动物园现已形成三个业态的网格巡视的管理业态。一是面向游客服务的网格化保障业态管理；二是以专业、行业职能督查，面向内部专业管理运行保障的网格化业态管理；三是以综合性全面性督查面向公园管理运行保障的网格化业态管理，将过去被动应对问题的管理模式转变为主动发现问题和解决问题，将传统、定性、分散的管理，转变为现代、定量、系统的管理，是科学封闭的管理机制，提升了管理的能力和效率。

有效地提升了部门职能、岗位职责的管理能力和水平，促进了公园管理的无缝隙、无间断的日常化、常规化的管理能力的提升，确保了公园的有效有序运行（图12-1）。

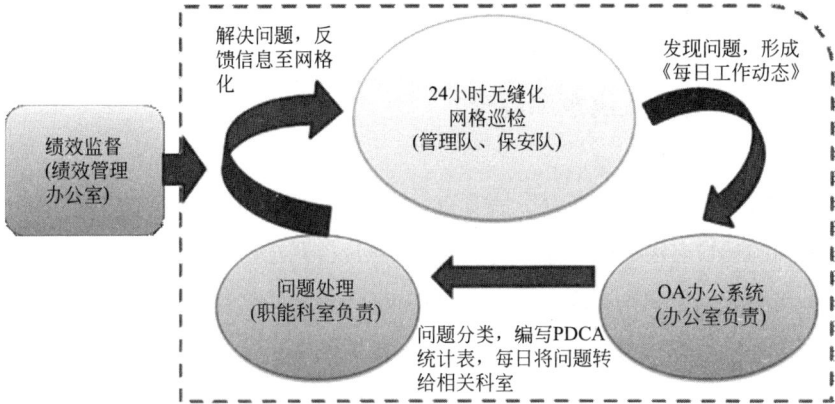

图 12-1 绩效监督图

第二节 量化管理

量化管理就是科学管理。公园管理者要做到"心中有数"，依据数据信息，进行科学决策。量化管理理论源于国际先进管理理念和全球著名公司管理实践，是一种系统的管理理论。量化管理理论是一种从目标出发，使用科学、量化的手段进行组织体系设计和为具体工作建立标准的理论，它涵盖企业战略制定、组织体系建设、对具体工作进行量化管理等企业管理的各个领域，是一种整体解决企业问题的系统性的量化管理理论，被誉为"企业终极管理模式"。

量化管理的理论基础之一是科学管理理论。科学管理产生于19世纪末20世纪初，其创始人是美国著名的工程师和科学管理家费雷德里克·泰勒（F·Taylor，1856-1915年）。泰勒先后做了大量实验，在总结长期实验的基础上，他提出了科学管理的五条原则：工时定额化，分工合理化，程序标准化，酬金差额化，管理职能化。

为求管理的公平性，量化管理一个重要的环节是针对具体的管理对象和管理内容制定出标准的工作程序，并对程序中各个步骤和环节根据其重要程度分别赋予相应的分数和权重。以科学管理为理论基础的量化管理促进了管理的规范化和制度化。

量化管理在公园实践中的不同层面被广泛应用取得良好效果。实例：

一、进行游人满意率调查

2007年北京市结合精品公园复查，进行较大规模的游人调查。对全市46个公园的5017名游客进行了问卷调查，共回收4917份有效问卷，获得了一大批有用的数据。其结果和项目设计可作为公园管理的参考。调查显示：

按性别分组。从总体上来看，在被调查的游人中，男性有2430人，占游人比重的49.47%，女性有2482人，占游人比重的50.53%。在46家公园中，世界花卉大观园的游人性别比重相差最大，分别为：男性占游人比重为28.00%，女性占游人比重的72.00%；夏都公园游人比重为：男性64.58%，女性35.42%；其他公园男女比例相对平衡。

图 12-2　2007 年游人调查按性别分组图

按游人职业分组统计。在被调查的游人中，不同职业游人数量及所占比重分别为：工人1114人，占总数的22.69%；农民410人，占总数的8.35%；军人237人，占总数的4.83%；学生1196人，占总数的24.36%；干部831人，占总数的16.92%；职员967人，占总数的19.69%；老板155人，占总数的3.16%。其中，在游人职业中，学生占的比重有最大。

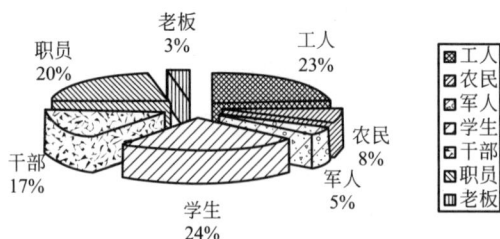

图 12-3　2007 年游人调查按职业分组图

按年龄统计。25岁以下的游人有1419人，25~45岁的游人有1575人，45~60岁的游人有1089人，60岁以上的游人有824人，分别占被调查游人总数的28.92%、32.10%、22.19%、16.79%，以25~45岁游人居多。具体说来，国际雕塑公园、万寿公园、北滨河公园、玉蜓公园、东四奥林匹克公园、日坛公园等公园以60岁以上的老年人居多，这些公园多分布在居民区或社区之间，服务对象多为附近居民，大部分年龄在60岁以上，来公园的需求主要是求健、求美等。而北京植物园、颐和园、滨河世纪广场、菖蒲河公园、世界公园、陶然亭公园等公园多以25岁以下的游人居多，表明这些公园的知识性、教育性、趣味性、娱乐性更强，为年轻人所喜爱。

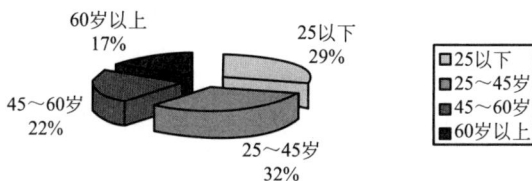

图 12-4　2007 年游人调查按年龄分组图

按距离统计。游人中1~5公里的居民较多，有1199人，占被调查总数的24.51%。其次是0.5公里~1公里的游人，有1146人，占被调查总数的23.43%。外省游客也占有很大的比重，为20.11%，共有984人。500米以内、5公里以上游人相对较少。具体而言，颐和园、大观园、香山公园、菖蒲河公园、世界公园、天坛公园等公园的外省游客占有很高的比重，这与这些公园的知名度及地理位置等有关。

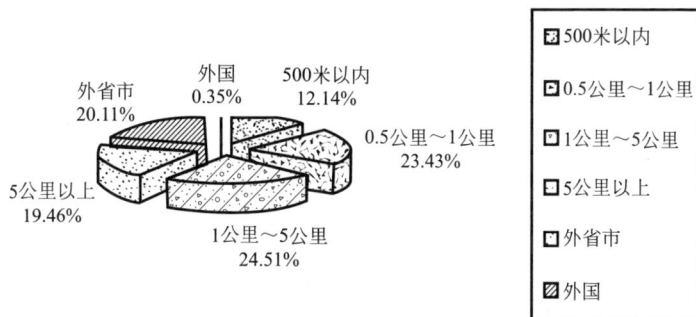

图 12-5　2007 年游人调查按距离分组图

按游人需求分组。以求乐为目的，游人中有2180人，占总数的

44.34%；次之是以求美、求健为目的，分别有1802人和1795人，占总数的36.65%、36.51%；其次是以求知、求奇为目的的游人，分别有723人、437人，占总数的14.70%和8.89%；最后为以交往为目的的游客，共341人，占总数的6.94%。（说明：游人需求最后统计总票数为7278票，比例为148.03%，因为此项为多选，故总比例超出100%）。

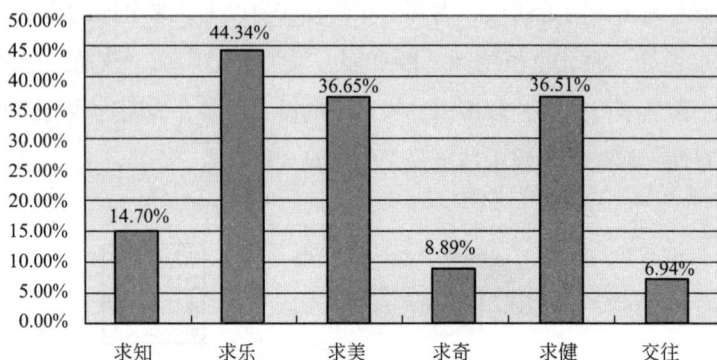

图12-6　2007年游人调查需求分析图

游人满意率调查。游人满意率为83.93%，基本满意为14.47%，不满意率为1.60%。游客为精品公园的景观设施、园容卫生、绿化生态、服务质量、安全秩序等方面分别打分，总平均分为88.45，分项调查的结果为：景观设施87.32、园容卫生88.84、绿化生态90.34、服务质量86.92、安全秩序88.85，其中，游人对于公园的绿化生态比较满意，但对于公园服务质量的满意程度相对较低。

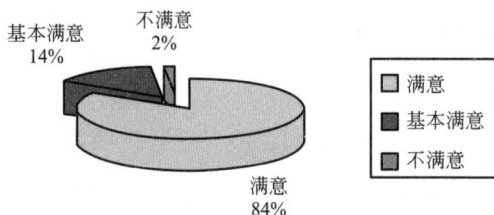

图12-7　2007年游人调查总满意率

本次调查了公园给游人带来的愉悦程度等级选项，分1~5级，五级为最高级，主要为了了解公园为游人带来的愉悦程度。调查数据显示：一级有88票，占总数的1.79%；二级共252票，占总数的5.13%；三级有1201票，占总数24.44%；四级为2092票，占总数的42.57%；五级共1281票，占总数的26.07%。调查结果表明，几乎有半数的人认为公园能给自己带来四级以上的愉悦程度。

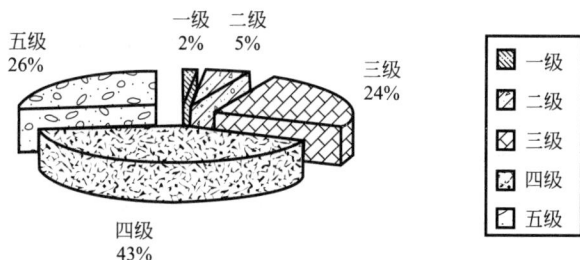

图 12-8　2007 年游人调查愉悦程度分组图

在精品公园复查中，对全市35个公园的景观水质的13项指标进行了测定。送至北京市水环境检测中心，依照景观娱乐用水水质标准（GB12941-91）进行检测（水环境检测中心室温5.0~40.0℃，湿度20.0%~80.0%）。检测结果显示，挥发酚和总铁2项指标合格率为100%，高锰酸盐指数、生化需氧量2项指标均超标严重，其余9项也有超标现象。35家单位在13项检测中，仅有2项指标全部合格，在全部检测项目中合格率仅有13.38%。

用4台室外噪声测量仪器，分别对抽查的29家精品公园内的噪声进行检测，分别选择中心区、安静区和任意区3个点进行检测，求出3个点的平均值作为该公园的噪声结果。检测结果：平均分贝值均在50~70分贝之间。噪声超标（50分贝）率达100%。被检测的29家精品公园安静区的噪声分贝普遍较低，最高值63分贝，其中11家单位噪声低于等于50分贝，合格率为39%；中心区的噪声分贝普遍较高，最高值91.7分贝，仅有1家单位为50分贝；任意区噪声分贝相对低于中心区噪声分贝，最高值为73.3，有3家单位噪声低于小于50分贝。

二、公园管理实况调查

（1）主题指标分值100分

主题指标　　　　　　　　　　　　　　　　　表 12-1

分类 内容序号	项目	要点	分值	赋分	备注
1	创造人与自然和谐的环境	实践"注重生态，营造景观，传承文化，打造精品"的行业道德，保护生态元素，建设节水、节能型公园，创造优美的环境	20		

分类 内容 序号	项目	要点	分值	赋分	备注
2	创造人与动物和谐的环境	通过生境的营造，环境的改造，将鸟类、昆虫引入公园。保护动物，为动物、鸟类、昆虫提供栖息、觅食、饮水的条件。实行无药害植物保护工作。防止农药对动物、鸟类、昆虫的伤害	15		
3	创造人与景观和谐的环境	公园的建筑景观、植物景观等按照规划和规范设置，讲求艺术性和实用性的统一，精心设计，精心施工，讲求品位，注重特色，并保持完好美观，注重与整体环境的和谐	15		
4	创造人与文化和谐的环境	把握文化定位，注重特色，讲究品位，不断创新。在继承传统文化的基础上，创造出适应时代要求的现代文化精品。文化及科普内容丰富，产生积极的社会影响	15		
5	创造人与人和谐的环境	树立"游客至上，热情周到，顾全大局，注意细节"的行业作风。主动热情、文明服务，为残疾人提供便利。公园内无车马喧嚣、无摊商叫卖、无噪声污染、无广告污染，适合人们休养生息的良好环境	20		
6	创造人与社会和谐的环境	倡导和践行"八荣八耻"的荣辱观，建设社会主义精神文明。积极开展旅游和游园活动项目，让公园进入社区、进入百姓生活，把公园建成展示精神文明的窗口	15		

说明：①专家通过听取汇报、查阅档案材料、现场考察，认真负责为精品公园打分。②此表基础分为 100，每项的分值可根据实际情况增减，但每项分值增减的比例不得超过 20%。总积分超过 120 分的表格无效。凡增减分项目须注明理由。

（2）定性指标400分

定性指标　　　　　　　　　　　　　　　　表 12-2

分类 内容 序号	项目	要点	分值	赋分	备注
1	生态良好	以植物造景为主，形成动物、植物、微生物良性循环机制	20		
2	实施无药害植物保护	实行生物防治技术，不使用剧毒或高残留农药	10		
3	建立节能节水设施	节能、节水效果明显	15		

内容\分类序号	项目	要点	分值	赋分	备注
4	有生物多样性保护措施	动物、植物品种多样，有普查统计或档案	15		
5	水质符合标准	达到观赏水2级以上标准	10		
6	古树名木保护	符合《北京市古树名木保护条例》要求	10		
7	绿地无斑秃	在随机抽取的绿地1000㎡范围内，未发现斑秃	10		
8	自然、文化遗产保护完好	遗产保护有效，措施得力	15		
9	景观优美	建筑景观、植物景观、商业服务设施与整体环境和谐	20		
10	设施完善	符合《公园设计规范》和《服务规范》要求，为残疾人提供较完善便利设施	10		
11	牌示规范	文字规范、语言文明、双语标示，符合《公园风景区行业服务规范》的要求	15		
12	有安全秩序保障体系	组织队伍健全、制度措施健全、设施健全	15		
13	噪声不超标	公园内噪声在50分贝以内	10		
14	无扬尘作业	施工、清扫符合清洁要求	10		
15	施工管理规范	施工现场管理有序，采用景观围挡	10		
16	使用无污染燃料动力	公园内行驶车辆使用无污染动力，取暖使用无污染能源	10		
17	有公园总体规划	总体规划经有关部门批准，按规划建设管理	20		
18	有完善规章制度	有成文规章制度，且贯彻实施	15		
19	建立创建精品公园的领导体制和机制	有主要领导负责，形成党政工团合力的机制	10		
20	制定创建精品公园的规划和计划	有成文的规划和计划	10		
21	游人参与管理	有制度、有落实措施、有效率	15		
22	职工参与管理	形式多样，参与广泛，效果明显	15		
23	经济效益提高	按可比数据计算	20		

分类内容序号	项目	要点	分值	赋分	备注
24	依法管园	《北京市公园条例》贯彻得力，效果明显	15		
25	科普文化活动丰富	每年举办科普、文化活动	10		
26	实行文化建园	发展建设把握文化定位，管理注重特色	20		
27	管理创新	有管理创新的理念，行动和效果	15		
28	无卫生死角	公园四至无卫生死角	10		
29	有讲解服务	有相当规模的公园、风景区应配备	10		
30	实施ISO9000、ISO14000、ISO18000	已建立 ISO 的管理体系	10		

说明：①此表基础分为400。每项可根据实际情况有所增减，但增减幅度不得超过20%。计算总分不得超过480分，超过为无效。凡增减之处须提供说明。②凡是公园没有的项目不计算分数，不参与计算平均分基数，但须注明。

（3）定量指标500分

定量指标　　　　　　　　　　　　　　　表 12-3

分类内容序号	项目	要点	分值	赋分	备注
1	绿地率	绿地率以 65% 为基准。多1加1分，少1减1分	40		以普查为准
2	绿化覆盖率	绿地覆盖率以 80% 为基准，多1加1分，少1减1分	40		
3	生物物种总量增长率	以前三年平均值为基准，多1加1分，少1减1分	30		包括动植物
4	收入增长率	以上年收入计算，多1加1分，少1减1分	30		
5	设施完好率	以 98% 为基准，多1加1分，少1减1分	30		
6	牌示完好率	以 100% 为基准，少1减1分	30		
7	厕所达标率	以"三有四无一同时"为基准，少1减3分	30		

分类内容序号	项目	要点	分值	赋分	备注
8	空气质量指标	按环保部门测量数据 2 级以上，低 1 减 1 分，高 1 加 1 分	30		
9	观赏水指标	符合《景观娱乐用水水质标准》，按实测数据，高 1 加 2 分，低 1 减 2 分	30		
10	铺装地可呼吸率	以 2006 年为准，以 40% 为准，每增 1 加 1 分，少 1 减 1 分	30		
11	游人增长率	按上年入园人数，增 1 加 1 分，少 1 减 1 分	40		
12	游人满意率	以 90% 为基准，增 1 加 1 分，少 1 减 1 分	30		
13	游人需求满足率	以 90% 为基准，增 1 加 1 分，少 1 减 1 分	30		
14	游人投诉率	50 万人以下以 1% 为基准，50~100 万人以 1‰ 为基准，100 万人以上以 1‰ 为基准，增 1 减 1 分，少 1 加 1 分	30		
15	安全事故率	以 0 起为 100%，增加 1 起减 10 分	50		

说明：①游人需求满足率：指游人在公园中求知、求乐、求美、求奇、求健五种优势需求得到满足的程度，以调查问卷计算出结果。②铺装地可呼吸率：指公园中透水透气铺装占铺装总面积比率。③此表基础分为 500 分，可根据实际情况增减，每项增减分最高限为 20%，最终总分不得超过 600 分，超过者无效。凡增减项目须说明理由。

三、北京动物园管理的量化

公园应根据自身的实际情况实行量化管理，促进各项工作的落实，提高工作效率和效益。北京动物园针对动物饲养的特点实行"五率"管理收到明显效果。动物管理是动物园的主业，"五率"管理是绩效管理的模式之一。所谓"五率"即，健康率、繁殖成活率、发病率、治愈率和病死率。健康率、发病率的数据反映了动物管理水平。公园将数据细化到季度，责任分解到班组和个人，收到良好效果。

2012年确定目标指标：

动物健康率为87.15%（目标为75%~80%）；

繁殖成活率达到88%（目标值80%）；

动物总发病率6.5%（目标值17%）；

平均治愈率74.6%（目标值>70%）；

死亡率21%（目标值<30%）。

北京动物园实行"五率"效果一览表　　　表 12-4

年份	发病率（%）	治愈率（%）	病死率（%）	健康率（%）	只数成活率（%）	种数成活率（%）
2008	13.55	72.3	27.7			
2009	12.96	71	16.6			
2010	7.43	83.4	16.6	92.01	83.2	
2011	15.6	81	19	79.1	93.3	
2012	6.5	74.6	21	87.1	88	
2013	6.92	82	18	78.99	96.77	
2014	6.92	77	23	82.75	98	95.12
2015	4.54	77.6	22.33	85.93	97.55	94.6
2016	5.97	81.8	18.2	95.87	96.91	
指标	17	70	≤ 30	75 ~ 80	80	

"五率"均达到控制目标，其中健康率相比2011年的79%有了明显提升，发病率也呈持续下降趋势。

随着"五率"管理的逐步持续，在保护野生动物的同时，也在培养人才和节约资金方面收获了良好效益。

第三节　精细化管理

精细化管理是一种理念，一种文化。它是社会分工精细化，以及服务质量精细化对现代管理的必然要求。现代管理学认为，科学化管理有三个层次：第一个层次是规范化，第二层次是精细化，第三个层次是个性化。

现代企业管理对精细化的定义是"五精四细"，"五精"即精华（文化、技术、智慧）、精髓（管理的理念、管理者）、精品（质量、品牌）、精通（专家型管理者、技术性员工）、精密（各种管理、有序、精准）；"四细"即细化对象，细化职能和岗位、细化分解每一项具体工作、细化管理制度的每一个环节。精细化管理最基本的特征是重细节、重过程、重基础、重落实、重质量、重结果。

一、精细化管理是一种理念

精细化管理源于西方发达国家的企业管理理念，是建立在常规管理的基础上，并将常规管理引向深入的基本思想和管理模式，是一种以最大限度地减少管理所占用的资源和降低管理成本为主要目标的管理方法。

精细化管理的概念就是通过在微观领域针对管理涉及的方方面面，进行细节设定和调整，以服务于管理成本的降低与效益的提升。因而，精细化管理服务于管理目标的实现，在实施过程中表现为三大特征：精准性，就是在管理过程中必须将所有的工作进行完整、完全、完备的分工。将责任、事由、时间、要求落实到人。对具体工作进行量化、标准化、体系化。建立监督和检查机制。明确性，即服务于管理目标和标准的确定。针对员工在具体工作前，必须制定系统的操作标准和规范，建立考核制度，有效控制管理任务在执行环节的成效。针对性，主要是精细化的适应性，面对实施中出现的问题，以问题为导向，做到及时调控。

理念决定成败，先进的管理理念是公园精细化管理的前提条件。公园精细化管理的目的应当是创建精品公园。管理者应当具备打造精品的意识，精品意识是公园管理的精髓。正如药铺要卖真药一样，公园提供给游客的如果不是精品，就是对游客最大的伤害，就是最大的不道德。

二、精细化的内容和实施

公园是供公众休憩娱乐、游览观赏的场所，讲求景观优美，环境优良。因此，公园的精细化内容主要包括精致景观、精道文化、精细管理和精品成果。精细化管理的内容一般是指公园园林绿化的养护、园容卫生、安全秩序、经营服务、设施设备维护等。精细化管理是提高管理水平、服务水平的重要途径。精细化管理必须把握五个环节：一是规范制度的精细化。制定规范、制度、标准是精细化管理的基础工作。规范、制度、标准要系统化，要覆盖全领域、全过程，要做到每一个岗位、每一项工作都有章可循；规范、制度、标准要细化，流程要清晰、程序要规范。只有这样，才能具有操作性和落实性。二是分工管理要细化，明确每个部门、每个人的工作范围，界定工作职责，明确工作要求，规定工作标准。三是操作实施的精细化。操作是一个过程，是精细化的重点。按照规范要求实施操作不仅要求有较高素质的员工，而且要有保障完成任务的物质条件。四是精细的考评管理。精细化管理要形成长效机制必须建立有效的考评管理的精细化。考评管理精细化必须落实责任，落实对象，落实奖惩手段。五是合理调整，不断改进。

张家口市清水河滨水公园建立的考评机制是：由市园林局牵头，市财政局、考核成员库抽取的专业人员组成考核小组进行的季度检查考核，由本公园生产科牵头的，由各个队抽取的专业人员组成的检查考核小组，进行月度检查考核，生产科每周不少于两次的检查考核，处长、主管副处长每月不少于三次的检查考核和各个队随时对队员的检查，形成五位一体的检查考核体系。在检查考核的基础上实行奖惩，与员工奖励、任用挂钩，以考核促管理，以考核促执行，严肃认真，使精细化管理不断深入，取得良好效果。

武汉市在对公园管理工作进行检查考核时，引进第三方机构独立自主地实施，第三方机构根据工作实效打分，把老百姓的满意度作为重要参考指标。不仅解决了既当运动员又当裁判的问题，而且增加了公平性和可信度。

三、精品公园创建

公园管理者必须具备精品的意识，遵循建设美丽中国的理念，采取科学的态度，追求卓越，创造精品公园。全国许多城市开展了不同形式的创建活动，推动了精品公园的建设。北京市自2002年起，开展精品公园的创建，历时15年13届，评选出精品公园111个，占全市注册公园的27.2%，有力地促进了公园建设和发展。精品公园的"精品"二字，取其品质精华之意，制定评定标准，在全市公园中优中选优，好中选好，树立典型和样板，以促进公园的建设和管理不断上档次上水平。评选之初，从规划设计、建设施工、管理服务、安全秩序等诸多方面，提出高标准的规划设计、高质量的建设施工、高水平的管理理念。多注重定性的指标。也有个别的量化指标，比如游人满意率和安全事故率指标。2007年为精品公园提出了"六和"的主题目标并进行量化测评。即人与自然的和谐、人与动物的和谐、人与景观的和谐、人与人的和谐、人与社会的和谐、人与文化的和谐等。2011年正式出台地方标准《北京市精品公园标准》。

深圳市开展的星级公园评定有评定办法、有标准、有评分细则，比较规范和完善，详见附件。

附：深圳市星级公园评定办法

第一章　总　则

第一条　为了全面推行公园星级评定工作，加强我市公园管理，提高管理服务水平，促进公园的发展，根据有关法律法规，结合我市实际，制定本办法。

第二条　深圳市公园星级评定，依据《深圳市公园星级的划分与评定标准（试行）》（以下简称"标准"）进行。

第三条　深圳市人民政府城市管理办公室负责组织深圳市公园星级的评定和复核工作。市公园协会负责具体的评定工作。

第二章　适用范围

第四条　凡在本市范围内基本建成，并正式开业、开放两年以上不同类型的公园，包括植物园、动物园、儿童公园、风景区内公园、郊野公园、主题公园及其他专类公园，均可申请参加星级评定。

第三章　评定办法和程序

第五条　公园星级的评定，按市政公园、主题公园两类分别组织评定，由市公园协会根据所评定公园的星级、规模、特点等因素组成评定小组具体执行，评定结果报市城管办审批确认。

星级公园评定小组原则上由七到十一人组成，由有关领导、从事公园管理的专业人员，以及相关的其他专家组成。

评定小组要正确行使职权，做到公平、公开、公正。公园要为评定工作提供便利。

第六条 星级公园的评定（包括由低星级向高星级晋升）按照逐级申报的原则进行。

第七条 申请星级的公园根据标准及各项评定细则进行自评，认为达到三星级（含三星级）以上要求的。

（一）市属公园直接向市公园协会提出申请，并填写公园星级申请报告。

（二）申请星级公园评定的非市属公园，可向所在区城管办（市政园林局）提出申请，并填写公园星级申请报告。区城管办（市政园林局）对申报公园初审后，对符合条件的公园提出推荐意见，报市公园协会。

（三）市公园协会根据申报情况，每两年组织专家对被评审公园进行现场检查，核对资料等评审工作，评定结果经市城管办审批后向社会公布。

第四章 必备条件

第八条 申请星级的公园必须是"园林式、花园式"达标单位。

第九条 申请评定四星级和五星级的公园，必须按公园总体规划实施建成。绿化管养、卫生管理和建设三个项目单项得分须单项总分的85%以上。

第十条 申请评定星级的公园领导应具有大专（含大专）文化程度，并经过专业培训合格。

第五章 复核及处理

第十一条 对已经评定星级的公园，每两年进行一次全面的复核，通过公园自查，市公园协会采取部分复核与重点抽查相结合、明察与暗访相结合的方式，进行复核。

第十二条 经复核达不到要求的，按以下方法作出处理：

（一）公园达不到标准规定要求的，市城管办将根据具体情况，通过签发警告通知书、通报批评、降低或取消星级等处理。公园须认真整改，并在规定期限内将整改情况报市城管办。

（二）凡被降低或取消星级的公园，自降低或取消星级之日起，一年后，方可申请重新评定星级。

第十三条 凡公园发生重大事故或极其恶劣的情况者，一次性直接取消星级。

第六章 附 则

第十四条 市城管办负责将已评星级的公园及时进行公告。

第十五条　公园星级标准标志由市城管办统一制作、核发。任何单位或个人未经市城管办授权或认可，不得擅用。

第十六条　公园星级标志须置于公园主要入口最明显位置，并应在其宣传资料中标明其星级。

第十七条　本办法由市城管办负责解释。

第十八条　本办法自公布之日起施行。

第四节　质量认证管理

ISO/TC176技术委员会是ISO为了适应国际贸易往来中民品订货采用质量保证作法的需要而成立的，该技术委员会在总结和参照世界有关国家标准和实践经验的基础上，通过广泛协商，于1987年发布了世界上第一个质量管理和质量保证系列国际标准ISO9000系列标准。该标准的诞生是世界范围质量管理和质量保证工作的一个新纪元，对推动世界各国工业企业的质量管理和供需双方的质量保证，促进国际贸易交往起到了很好的作用。

随着国际贸易发展的需要和标准实施中出现的问题，特别是服务业在世界经济的比重越来越大，ISO/TC176分别于1994年、2000年对ISO9000质量管理标准进行了两次全面的修订。由于该标准吸收国际上先进的质量管理理念，采用PDCA循环的质量哲学思想，对于产品和服务的供需双方具有很强的实践性和指导性。ISO组织最新颁布的ISO9000：现在最新标准为2008年执行标准。

强调以顾客为中心的理念，明确公司通过各种手段去获取和理解顾客的要求，确定顾客要求，通过体系中各个过程的运作满足顾客要求甚至超越顾客要求，并通过顾客满意的测量来获取顾客满意程序的感受，以不断提高公司在顾客心中的地位，增强顾客的信心。

明确要求公司最高管理层直接参与质量管理体系活动，从公司层面制定质量方针和各层次质量目标，最高管理层通过及时获取质量目标的达成情况，以判断质量管理体系运行的绩效，直接参与定期的管理评审掌握整个质量体系的整体状况，并及时对于体系不足之处采取措施，从公司层面保证资源的充分性。

明确各职能和层次人员的职责权限以及相互关系，并从教育、培训、技能和经验等方面明确各类人员的能力要求，以确保他们是胜任的，通过全员参与到整个质量体系的建立、运行和维持活动中，以保证公司各环节的顺利运作。

明确控制可能产生不合格产品的各个环节，对于产生的不合格产品进行隔离、处置，并通过制度化的数据分析，寻找产生不合格产品的根本原因，通过纠正或预防措施防止不合格发生或再次发生，从而不断降低公司发生的不良质量成本，并通过其他持续改进的活动来不断提高质量管理体系的有效性和效率，从而实现公司成本的不断降低和利润的不断增长。

通过单一的第三方注册审核可以更深层次地发现公司存在的问题，通过定期的监督审核来督促公司的人员按照公司确定的质量管理体系规范来开展工作。

获得质量体系认证是取得客户配套资格和进入国际市场的敲门砖，也是企业开展供应链管理很重要的依据。

质量是由人去控制的，只要是人，难免会犯错误。那么如何预防犯错、少犯错或者尽量不给犯错的机会，这就是ISO9000系列标准的精髓。预防措施是一项重要的改进活动。它是自发的、主动的、先进的。组织采取预防措施的能力是管理实力的表现。标准要求组织建立文件化的预防措施程序，可将这个程序和纠正措施程序合并在一起写。

采取预防措施，是一种决策。决策需要数据分析，需要有证据来源。如果数据分析的结果是趋向于将发生问题或事故，那采取一些预防措施应该是相关责任岗位的本能反应。组织应该建立机制，奖励采取预防措施的行为，深度地解决发现的问题。

将ISO引入公园管理，是提高公园管理水平的重要举措。北京市部分重点公园在20世纪90年代末引入ISO9001质量认证、ISO14000环境认证和ISO18000安全认证，取得了管理方面的重大进步。它的一个主要特点是强调过程的可追溯性，以文件记录的方式，对照标准，使各项工作有根有据，持续改进，实现管理的规范化。

第十三章 特殊公园的管理

第一节 历史名园管理

中国现存的历史名园是祖先留给我们的宝贵文化遗产，保护好历史名园是最好的继承和发展。我们应当遵循《佛罗伦萨宪章》的精神和《中华人民共和国文物保护法》等有关规定，科学地、全面地做好保护管理等各项工作。

一、国际古迹遗址理事会与国际历史园林委员会于1981年5月21日在佛罗伦萨召开会议，起草了一份以该城市命名的历史园林保护宪章。由国际古迹遗址理事会于1982年12月15日登记，作为涉及有关具体领域的《威尼斯宪章》的附件。这是一个很重要的历史性文件，其内容对历史各园的保护和管理有十分重要的指导价值。

（一）"历史园林指从历史或艺术角度而言民众所感兴趣的建筑和园艺构造"。鉴于此，它应被看作是一古迹。"历史园林是一主要由植物组成的建筑构造，因此它是具有生命力的，即指有死有生"。因此，其面貌反映着季节循环、自然变迁与园林艺术，希望将其保持永恒不变的愿望之间的永久平衡。作为古迹，历史园林必须根据威尼斯宪章的精神予以保存。然而，既然它是一个活的古迹，其保存必须根据特定的规则进行。历史园林的建筑构造包括：其平面和地形；其植物，包括品种、面积、配色、间隔以及各自高度；其结构和装饰特征；其映照天空的水面，死水或活水。

这种园林作为文明与自然直接关系的表现，作为适合于思考和休息的娱乐场所，因而具有理想世界的巨大意义，用词源学的术语来表达就是"天堂"，并且也是一种文化、一种风格、一个时代的见证，而且常常还是具有创造力的独创性的见证。"历史园林"这一术语同样适用于不论是正规的，还是风景的小园林和大公园。历史园林不论是否与某一建筑物相联系——在此情况下它是其不可分割的一部分——它不能隔绝于其本身的特定环境，不论是城市的还是农村的，亦不论是自然的还是人工的。一历史遗址是与一值得纪念的历史事件相联系的特定风景区，例如：一主要历史事件、一著名神话、一场具有历史意义的战斗或一幅名画的背景。历史园林的保存取决于对其鉴别和编目情况。对它们需要采取几种行动，即维护、保护、修复、重建。在对历史园林或其中任何一部分的维护、保护、修复和重建工作中，必须同时处理其所有的构成特征。把各种处理孤立开来将会损坏其整体性。对历史园林不断进行维护至为重要。

（二）对植物和建筑物的保护。既然主要物质是植物，在没有变化的情况下，保存园林既要求根据需要予以及时更换，也要求有一个长远的定期更换计划（彻底地砍伐并重播成熟品种）。定期更换的树木、灌木、植物和花草的种类必须根据各个植物和园艺地区所确定和确认的实践经验加以选择，目的在于确定那些已长成雏形的品种并将它们保存下来。

构成历史园林整体组成部分的永久性的或可移动的建筑、雕塑或装饰特征，只有在其保护或修复之必要范围内方可予以移动或替代。任何具有这种危险性质的替代和修复必须根据威尼斯宪章的原则予以实施，并且必须说明任何全部替代的日期。

（三）历史园林必须保存在适当的环境之中，任何危及生态平衡的自然环境变化必须加以禁止。所有这些适用于基础设施的任何方面（排水系统、灌溉系统、道路、停车场、栅栏、看守设施以及游客舒畅的环境等），在未经彻底研究，以确保此项工作能科学地实施，并对该园林以及类似园林进行相关的发掘和资料收集等所有一切事宜之前，不得对某一历史园林进行修复，特别是不得进行重建。在任何实际工作开展之前，任何项目必须根据上述研究进行准备，并须将其提交一专家组予以联合审查和批准。修复必须尊重有关园林发展演变的各个相继阶段。原则上说，对任何时期均不应厚此薄彼，除非在特殊情况下，由于损坏或破坏的程度影响到园林的某些部分，以致决定根据尚存的遗迹或根据确凿的文献证据对其进行重建。为了在设计中体现其重要意义，这种重建工作尤其可在园林内最靠近该建筑物的某些部分进行。在一园林彻底消失或至多只存其相继阶段的推测证据的情况下，重建物不能被认为是一历史园林。

（四）合理利用。虽然任何历史园林都是为观光或散步而设计的，但是接待量必须限制在其容量所能承受的范围，以便其自然构造物和文化信息得以保存。由于历史园林的性质和目的，历史园林是一个有助于人类交往和了解自然的安宁之地。它的日常利用概念必须与它在节日时偶尔所起的作用形成反差。因此，任何节日本身应用来提高该园林的视觉影响，而不是对其进行滥用或损坏。这种偶尔利用某一历史园林的情况必须予以明确规定。虽然历史园林适合于一些娴静的日常游戏，但也应毗连历史园林划出适合于生动活泼的游戏和运动的单独区域，以便满足民众在这方面的需要，不给园林和风景的保护带来负面影响。根据季节而确定时间的维护和保护工作，以及为了恢复该园林真实性的主要工作应优先于民众利用的需要。对参观历史园林的所有安排必须加以规定，以确保该地区的精神能得以保存。

（五）如果某一历史园林修有围墙，在对可能导致其气氛变化和影响其保存的各种可能后果进行检查之前，其围墙不得予以拆除。

（六）政府的任务。采取适当的法律和行政措施对历史园林进行鉴别、编目和保护是政府相关部门的任务。这类园林的保护必须规定在土地利用计划的基本框架之中，并且这类规定必须在有关地区性的或当地规划的文件中正式指出。

采取有助于维护、保护和修复以及在必要情况下重建历史园林的财政措施，亦是有关负责当局的任务。历史园林是遗产特征之一，鉴于其性质，它的生存需要受过培训的专家长期不断的精心护理。因此，应该为这种人才，不论是历史学家、建筑学家、环境美化专家、园艺学家还是植物学家提供适当的培训课程。还应注意确保维护或恢复所需之各种植物的定期培植。

（七）活动的意义。应通过各种活动激发对历史园林的兴趣。这种活动能够强调历史园林作为遗产一部分的真正价值，并且能够有助于提高对它们的了解和欣赏，即促进科学研究、信息资料的国际交流和传播、出版（包括为一般民众设计的作品）、鼓励民众在适当控制下接近园林以及利用宣传媒介树立对自然和历史遗产需要给予应有的尊重之意识。应建议将最杰出的历史园林列入世界遗产清单。

《佛罗伦萨宪章》的这些原则和建议，适合于世界上的所有历史园林，是我们保护历史名园的重要法规依据之一。中国历来重视历史名园的保护，许多历史名园被列入国家重点文物保护单位。

二、2009年10月16—17日，中国公园协会、北京市公园管理中心、北京市公园绿地协会在北京举办"中国历史名园保护与发展论坛"，住房城乡建设部有关领导和来自全国22个省、自治区、直辖市有关城市的专家、学者等，就历史名园的保护和发展问题进行讨论，达成共识，发表了《中国历史名园保护与发展北京宣言》。这在中国公园历史上具有重要的意义。

《中国历史名园保护与发展北京宣言》总结了中国历史名园保护与发展的经验，确定了历史名园的定义，提出了今后历史名园保护与发展的正确途径。主要内容如下：

（一）在自古代至近现代数千年的历史演进中，中华民族以自己的聪明才智创作了无数的园林佳构，形成了独树一帜的中国古代园林造园体系，给世界文明以重大贡献和影响，在世界造园史和人类文明史上闪耀着璀璨的光焰。中国古代园林是中国传统造园思想、观念和知识的物质载体，体现着古代中国人对理想的人居环境的认识和追求，蕴含着丰富的古代哲学、美学、文学、环境学、景观学、工程学、历史学等内涵；近现代园林则反映了中外文化碰撞交流和嬗变创新在造园学领域的时代印迹。

历史名园是有一定的造园历史和突出的本体价值，在一定区域范围内拥有较高知名度的公园。它反映历史发展特定阶段的社会、政治、经济、文化、艺术、科学等发展状况，是以往社会发展、城乡变迁以及人类思维形态的直观物证，代表城市或地域的历史和尊严，是宝贵的文化遗产。

今天的历史名园，作为中国珍贵的历史遗存，具有突出、普遍的历史价值、艺术价值和科学价值，在当代公园序列中具有无可比拟的地位。历史名园传承城市历史风貌与人文景观，满足公众感知了解历史文化、欣赏享受美的生活的需求，为人居环境设计提供理念和方法，为中国传统文化研究提供丰富的实物，为园林营造提供丰厚的理论依据，是不可多得的宝贵财富和文化资源。保护和继承好历史名园这一园林文化标本，对继承和发展园林事业，繁荣新时代的园林文化具有重要意义。

（二）历史名园具有稀缺、脆弱、不可复制、不可再生的特点和属性，因此，保护是历史名园的第一要务。我们必须按照和遵循历史名园保护的相关法律法规和《世界遗产公约》的精神，制定相应的政策、法规和管理制度，培养人才队伍，落实保护经费，科学地、有效地保护历史名园。

（三）历史名园保护的核心是本体价值的保护。本体价值是指代表历史名园本质属性的基本要素体系，即一切具有历史文化价值的物质存在。应维护历史名园本体价值的历史真实性和完整性，实行最小干预原则，最大限度地避免建设性破坏和维护性损毁（灭失），最大程度地传承历史名园的物质遗存、人文信息和可辨认的历史时序信息。

（四）历史文化精神是历史名园之灵魂，应注重保护历史名园的精神和魂魄。挖掘和弘扬历史名园自身特有的历史文化内涵，加强历史名园学术交流和研究，开展符合历史名园自身文化定位的特色文化活动和展览展示项目，发展特色文化商业经营，提高导览解说服务水平，传播历史名园的文化和保护历史名园的知识，最大限度地延续和传递历史名园的历史文化内涵和精神气质。

（五）历史名园是丰富多彩的传统无形文化遗产的载体，蕴含或创造着丰富的传统民俗、节庆、技艺和口头传说等无形文化遗产形态。应当重视无形文化遗产的挖掘、保护和展示，成为延续城市文化精神的重要阵地。

历史环境是历史名园本体价值的重要组成部分。对历史环境的保护，应纳入城乡发展建设规划和精神文明建设规划，积极预防在城市化、现代化进程中，对历史名园历史环境的人为损害。

（六）历史名园要积极吸纳历史经典和当代社会科技管理的先进成果，重视教育和科研，重视借鉴文化、服务、经营等行业的先进模式和经验。树立规划立园、文化建园、科教管园、人才兴园的理念，创新发展，发挥历史名园的地域中心作用，提高历史名园在现代社会生活中的影响力和在经济发展中的推动力。

历史名园的文化内涵丰富，是祖先留给我们的宝贵财富。今人要有历史的眼光和时代的情怀，去探索和挖掘历史文化的精髓，为人民服务。北京天坛的神乐署，是明清时代祭祀礼乐的管理机构，是祭祀乐舞生的培训基地。天坛人以"中国古代皇家音乐"为主题，把这座古老的衙署变身为"中国古代皇家音乐博物馆"，正式成立专门的管理机构，恢复中和韶乐展演，面向中外游客，获得巨大成功。该项目成为独具特色的非物质文化遗产项目。2014年，值中法建交40年之际，应法国邀请，走出国门，进行文化交流，在当地引起轰动。给中国赢得了荣誉，这也说明，历史名园有巨大的潜力，可以用它昔日的油彩描绘今日之图画，创造新的辉煌。

第二节　植物园管理

世界上最早建立植物园的国家是意大利。1544年，意大利建立了比萨（Pisa）植物园，1545年，建立了帕多瓦植物园。之后，一些欧洲国家相继建立了植物园。植物园是随着植物学的发展和资本主义经济的发展而发展的。全世界有植物园2000多座，每个植物园都各有特点，不尽相同。有经典的植物园，有侧重于物种保护的植物园，有完全用于科学研究的植物园，也有完全为了科学普及的植物园，还有仅具游览观光功能的植物园。中国的现代植物园是在受到西方建立植物园的影响，大约从20世纪20年代开始的。规模较大的有南京中山植物园（1929年）、庐山植物园（1934年）等。至21世纪初叶，中国植物园已达140多处。

建于1955年的北京植物园，是代表首都形象的国家植物园。1954年4月，中国科学院致函北京市人民政府，指出："首都今后一定要有一个像苏联科学院莫斯科总植物园一样的规模宏大、设备完善的北京植物园，收集祖国和世界各地的植物资源，布置成为一个大的规模展览区，以供试验研究、教学实习、广大劳动人民和国际友人参观。植物园约需5000~6000亩，有山地，有平地，有充足的水源和各种地形，并在交通方便之处，园址以玉泉山和碧云寺附近为宜。"现在的北京植物园分为南园和北园两部分，南园属为中国科学院植物研究所，是新中国成立后中国科学院于20世纪50年代建立的中国植物园中最早的一个。以中国科学院植物研究所为依托，科研力量雄厚，一直是中国科学院植物学与植物园领域对外展示成果和对外交流的窗口和门户；北京植物园北园属于北京市公园管理中心，以卧佛寺、曹雪芹故居、樱桃沟为主的名胜古迹和以树木园、专类园、温室为主的现代植物园融为一体，相得益彰。全园总规划面积400公顷，已建成游览区200公顷，自然保护试验区200公顷，成为集科普、科研和浏览为一体的国家重要植物园之一。

植物园从其产生之日起，就与植物多样性保护联系在一起，因此，植物多样性研究是植物园工作的核心。同时还进行植物学基础和应用研究，进行科学普及活动。从世界范围看，植物园的主要功能是保护、科研、科普、游憩和开发。植物园通过功能的实现，保护植物物种种质，造福当代，荫及后代；发掘新的植物种类和资源，改善人民的物质生活；开展科普工作，提高全民的科学和文化素养；创造优美的景观环境，为人民提供休息和欣赏的机会。

植物园是公园的一种特殊类型。其管理除有一般公园的特点外，还有其独特的内容和要求。

一、做好规划是植物园工作的基础

植物园的主要任务是植物的引种和驯化，科研科普工作。植物园的规划设计要有主题、有特色，总体规划应当充分利用地形和植物材料，以创造自然的生态环境，优美的园林景观为目标。要以科研科普和观赏的需要进行规划设计，将园区合理规划为科研科普展示区和浏览参观区。内容应包括：系统树木园、实验果木园、植物分类展览、温室植物展览区、引种驯化试验区、水生植物展览区、花卉展览区、园艺展示区、经济植物展览区、陈列馆、科普馆等。植物园水系、道路系统，要因地制宜，要有利于景观、有利于科普和游客的需要，建筑要讲求特色。植物园的规划应当注重节能、注重与环境的和谐。充分考虑植物多样保护规划和科研科普规划等。

二、抓好科研是植物园工作的重点

植物园在学科上具有较大的综合性、交叉性和边缘性，所涉及的学科和研究内容较广，因此，植物园的科研工作性质往往兼有基础研究、应用研究以及开发研究。每个植物园都应当根据自己的软硬件条件，选择课题方向，加强国内外的交流与协作，实事求是地开展科研工作。检验植物园科研科普工作的标准应当是科研课题的数量和质量，以及转化为生产力的水平。

引种驯化是植物园的基础科研的重要任务，变外地植物为本地植物，变野生植物为栽培植物，丰富本地植物种类，把引种成果通过实验和示范生产，介绍推广到生产单位和社会，通过快速育苗方式为生产单位提供种子和苗木。不仅丰富了植物园的展览品种，为植物园的建设打下基础，而且为城市的园林绿化建设作出贡献。

三、养护和管理好植物是植物园的重要职责

顾名思义，植物园必须是以植物为重点。植物的养护管理要走在行业的前列，成为行业的典范。要培养一支技术过硬的科研人员和技术人员队伍，担负起植物养护管理的重任。植物的建置不仅要考虑科学的配置，更要兼顾游览参观景观的要求。要建设特色植物景区点，突出植物造景，体现科普的内容，展示科学性和美丽的外貌，营造优美的园林环境。病虫害的防治是植物园的日常工作，要科学有序地开展，使植物保持健美的状态。要将鸟类和昆虫视为植物的良友，科学保护。把植物园建成生态良好、环境优美、鸟语花香、景色宜人的人间天堂。

四、发挥植物优势开展科普活动

植物的科普工作是植物园承担的一项重要社会责任。植物园本身具有高度的科学性和深厚的文化内涵，丰富的植物资源和卓越的园林设计使植物具有显现的科学感知性。植物园是提高全民的文化素养的特殊课堂。从全国各植物园的经验看，建立展览温室、科普馆，组织科普夏令营，开展形式多样的展览、展示等是科普的很好形式。向世人展示植物园功能，发挥植物园在新优园林植物的应用和作用，普及科学知识。开展以优势植物品种为内容的节庆活动，具有得天独厚的优势。北京植物园自1989年始开展的一年一度的春季桃花节和夏季市花展，是成功的大型科普活动，影响大，效果好，受到社会各界的广泛赞誉，成为首都品牌文化活动项目。不仅有良好的社会效益和环境效益，而且为公园带来可观的经济效益。

五、人才的培养是植物园建设发展的关键

人世间，最宝贵的是人，是人才。只有一流的人才，才能创造一流的事业。在人类社会发展赖以依存的各种资源中，人才资源最具根本性，不仅决定其他资源的开发和利用程度，而且具有其他资源无法比拟的无限可开发性。植物园是集植物驯化、植物养护管理、科学研究、科学普及等为一体的特殊公园，因此，植物园的建设发展离不开一流的人才培养和引进。

人才引进要根据现实需要和未来发展两个维度考量，引进高素质的专业人才。北京植物园是北京市园林行业第一个引进博士的公园。赵世伟是植物学专业的博士，到植物园后，在植物的引进、驯化、科研、大温室建设以及对外交流等方面发挥了很大作用，带动了一批人才的成长。他也在植物园这片土地上从一个学生成长为总工程师、公园园长。

引进人才是基础，而留住人才是关键。要建立留住人才的机制。做到"事业留人，感情留人，待遇留人。"在政治、生活、机会等方面给予积极的关照和信任。有条件的公园创造机会送出去进行培养，扩大他们的眼界，提高他们的本领。要敢于给他们压担子、交任务，增强他们的事业心和成就感。对于做出成绩的科技人员要敢于给予重奖，鼓励他们为植物园事业奋斗拼搏。

第三节　动物园管理

有关圈养动物最早的相关记载来自埃及和中国。在公元前2500年前的古埃及，在其墓葬的壁画和象形文字中，可以看到古埃及人饲养的多种野生动物。第十三王朝的哈塔苏女王在底比斯创建了人类首家动物园，在神庙内供养神兽，在兽栏内饲养草食动物。而在中国，有关的记载则是公元前16世纪，据《管子》记载："桀之时，女乐三万人，放虎于市，观其惊骇。"表明在4000年前中国开始养殖野生动物。公元前12世纪，周文王为享用珍禽异兽修建了375公顷的灵囿。

更系统进行野生动物研究的是古希腊人奥地利维也纳美皇宫动物园，

1752年对外开放，是世界上第一个现代动物园。北京动物园是中国第一家对外开放的现代城市动物园。其前身为清光绪三十二年（1906年）建成的农事试验场。1907年7月19日建成，对外售票开放。新中国成立后，得到中央政府的特别关照。1950年局部恢复后的动物园以"西郊公园"名字开放，1951年北京市人民政府指示："西郊公园有发展前途，宜建成大规模的动物园。" 1955年正式更名为北京动物园。目前中国有动物园219家。北京动物园是中国乃至亚洲饲养动物种类最多的动物园之一。占地面积86公顷，大熊猫、金丝猴、朱鹮等中国特有的珍稀动物及来自世界各地的450余种，4000余只珍稀野生动物，10000多尾海洋鱼类在这里安家落户，繁衍生息。动物种类在全国动物园居首。这里有世界上最大的内陆海洋馆，世界动物园中最大的动物科普馆。北京动物园依托着首都的崇高地位和本身的独特历史价值、艺术价值和资源价值，以及一流的科研水平和管理能力，在国内外享有盛誉，发挥着国家动物园在科研、科普、生物多样性保护以及国际交往中的重要作用。与国家博物馆、国家图书馆、国家剧院、国家植物园、国家公园等国家公共设施，成为展示国家软实力、形象和文明的重要窗口。

动物园是特殊的公园。动物园的管理是由它的功能性质和地位所决定的，有其独特的特点和内容，需要悉心地研究和把握。

一、树立正确的动物园观

动物园是生物多样性保护的基地，是珍稀动物饲养和展示的场所，也是公众了解生态文明、了解动物生活的保护教育的公园。2005年，世界动物园及水族馆协会发布了新一版的《世界动物园与水族馆保护策略》，强调"为野生动物创造未来"，把动物园的职能调整为"综合保护和保护教育"。动物园对内要建立和实施动物福利丰富的标准，对外要参与野生动物的保护。要实行"教育与保护并举，安全和服务并重"的工作方针。处理好人与动物的关系、前台和后台的关系。把野生动物保护和公众科普教育作为动物园的主业。

二、处理好规划建设和动物管理的关系

动物园应当根据自身的发展阶段制定全面的发展规划，包括动物发展规划、整体布局规划、人员规划、动物饲养规划、生物多样性保护规划等，并在实践中不断补充完善。动物的丰容作为提高动物福利的重要内容，其内涵就是丰富动物的日常生活内容，是当今动物园建设和管理的潮流，也是文明社会的标志。丰容要成为动物园规划建设管理的重要内容。动物园要努力为动物们创造模拟原产地的栖息条件，关注动物的居住生活条件，每天给动物一个惊喜，使动物过快乐的生活，提高动物的身心健康水平，改善公众在动物园的参观体验。

北京动物园在这方面作了许多有益的探索，逐步将笼养式转化为生态式的饲养和管理。比如将斑马和鸵鸟从笼舍中解放出来，开辟了混养的运动场；将熊山、猴山等改造为植被良好、山石相依、小桥流水式的自然环境；为羚羊搭建模拟自然环境的登攀梯架等。不仅为动物创造了良好的生存和生活环境，而且改变了游客高高在上的"俯视"和近距离无隐私的"直视"等不符合动物行为习惯的方式，为游客营造了些许野外"窥视"的感觉，让游客仿佛置身于一座"珍禽异兽"的"天然氧吧"中，令人赏心悦目。

三、处理好科研与科普的关系

动物园的科研科普工作随着人们认识的提高逐步受到重视。动物园开展科学研究既是动物园的任务和责任，又是动物园具有的独特优势。在野外进行动物的科学研究往往要克服许多超乎寻常的困难，而在动物园开展科学研究拥有许多便利，动物园的科研成果不仅应用于圈养动物的饲养繁殖和种群维系，更有助于野外种群的保护。多年来，动物园的研究成果和野外工作相结合，使得多个极度濒危的野外物种得到延续和复壮的机会。其中有代表性的有美洲的野牛、阿拉伯长角羚、欧洲野牛、麋鹿、金狮狨、黑足鼬等。中国在这方面主要体现在大熊猫和朱鹮的保护上。科普是动物园的另一项重要功能，要使科研和科普有机结合。在世界人口增长压力和环境资源紧缺的矛盾加剧的情况下，十分有必要让公众认识到人类需求与自然承载力保持平衡

323

的重要性，认识到人类和动物是命运共同体。动物园要通过动物展示，传递对大自然的尊重和关注，增强保护动物、保护大自然的责任感和使命感。

动物园的科研科普工作应当实行内外结合的方针，既要发挥自身优势，又要充分利用社会大脑，共同开展研究，实现资源共享、成果共享。1960年，北京动物园成立了"北京动物科学技术委员会"，由来自在京的各大研究院所和知名高校的动物专家组成，主任委员由动物学界德高望重的前辈秉志先生担任。1978年，北京动物园成立了"动物科教组"，1988年，在科技组的基础上正式成立"北京动物园科学技术研究所"，在推动中国珍稀濒危动物的饲养、繁育和种群保护方面，作出了巨大贡献。

四、制定标准和规范

中国动物园的发展已经走过了100多年的历程。现有的200多个动物园隶属于多种体制，且规模大小不一，管理水平参差不齐。与国际先进动物园相比，不仅在管理上存在很大差距，而且制约着中国动物园的发展，不适应中国在世界日益崛起的地位和形势。到目前为止，在国家层级上仅有1986年城乡建设环境保护部颁发的《动物园动物管理规程》和1994年发布的一部政府规章和动物园标识标准。标准体系缺失的状况，亟待解决。2011年，中国动物园协会受住房城乡建设部城建司委托，组织专家对37号部令进行修订，并起草了《动物园管理实施细则》和《全国动物园发展纲要》。

为了进一步提高动物园的建设管理水平，规范中国动物园行业的运行与管理；促进动物园事业的发展，更好地发挥其保护、教育、服务的职能，2017年7月住房城乡建设部公告批准《动物园管理规范》CJJ/T 263—2017为行业标准，自2017年7月1日起实施。规范的主要技术内容是：①总则；②基本规定；③饲养展示；④饲料营养；⑤行为管理；⑥疾病防控；⑦种群管理；⑧动物科研；⑨公众教育；⑩动物展区管理；⑪运营与服务；⑫档案与信息管理。该《标准》遵循统一性、规范性、适用性、前瞻性的原则，兼顾各级动物园的情况，是在总结全国动物园多年经验的基础上形成的，是全国动物园行业集体智慧的结晶，《标准》具有实用性和可操作性。《标准》的公布实施，必将对动物园事业的发展产生深刻而深远的影响。

第四节 免费公园管理

免费公园，一般是指由原本收费过渡到取消收费的公园。公园从收费到免费是一个历史过程。这个过程是由政治、经济、社会等因素决定的。

20世纪末到21世纪由于中国改革开放、经济快速发展，以及人心浮躁等原因，掀起了一股公园"免费"的热潮。许多城市实行了公园免费。北京、上海、深圳、杭州、成都、郑州、武汉等城市一批城市公园相继免费开放。

2006年7月，北京市的紫竹院公园、南馆公园、人定湖公园、南苑公园、长辛店公园、八角雕塑公园、宣武艺园、万寿公园、团结湖公园、红领巾公园、日坛公园、丽都公园12个公园开始向游客免票开放。2006年，全市169座注册公园中，免费开放的有123座，占72.8%。上海市自2004年4月1日起，全市140多座公园，除16座古典园林、仿古园林和专类园外，其余综合性公园、社区配套公园共122座实行免费开放，占88.4%。深圳市除仙湖植物园外，有100多个公园全部向市民免费开放。宁波市至2005年，40多所公园全部成为开放式公园。沈阳市除少数国家重点保护文物景点外，所有公园均实行免费开放，正准备拆除公园围墙，使之真正与城市景观融为一体。成都市90%以上公园免费开放。

杭州市110多座公园中2/3已免费开放。在收费公园中，离休干部和市区70岁以上老年人、残疾人、现役军人、省内30年以上教龄教师和市区优抚对象凭相关证件均免费入园。市民可购买IC卡游园，全年只需花40元，20多个收费公园均可凭卡入园，没有使用次数的限制。另有柳浪闻莺、玉皇山等10个公园实行年票制度，价格分别为10元、15元和20元。

公园免费是一个老话题。早在20世纪初的中国公园刚刚萌发期，社会上就对公园收费有反对声音。1919年6月1日，陈独秀先生在一篇《北京十大怪》一文中就抨击公园收费："一位朋友新从欧洲回来，他说在北京见了各国所没有的十大特色：……（八）分明说是公园，却要买门票才能进去。"

公园免费开放，给公园带来许多新的问题和矛盾，比如：游人爆满、秩序失控、事端频发、资金缺乏等。需要决策者、管理者及时采取措施，积极

325

应对。以北京紫竹院公园为例，面积47.35万平方米，其中水面积16.15万平方米。公园内河湖交错，岛桥衔接，山水相连，花木繁茂，青竹万杆，是一座以竹子为特色的公园，有福荫紫竹院为文物保护单位，是一座历史名园。公园原收门票2元/人，年游人量约300万左右。免票后游人量达800多万人次。免费当年的8月5日，游人量达到5.7万人次，创下该公园建园50多年以来的最高纪录，2007年10月3日游客人数达到5.86万人次，历史记录又创新高。免票开放秩序几近失控，从6月1日免票始至12月底，共发生案件15起，比上年同期增长70%。公园中商贩、偷钓、进车、遛狗、推销、掘笋、挖菜等现象经常发生，公园管理者和游客的矛盾日益突出，时时刻刻考验着公园。面对免票后出现的新情况、新问题，紫竹院公园采取积极的措施，较好地处理了这些矛盾和问题。

一、积极宣传，正确引导

免费公园是一个新生事物，居民和游客有一个适应的过程，要通过积极的工作，作疏导解释等耐心的工作。公园免费后，很多人认为：既然公园免费了，就可以为所欲为了，什么公园条例这规定那规定的都该靠边站了。2011年5月的一个周末，一些兜售小手工艺品的摊贩潜入公园，摆上摊位，吆喝叫卖，吸引招揽游客。正在例行"周检"的公园曹振起园长发现这一情况，便走过去和颜悦色地对小贩进行"劝退"。曹园长的"和颜悦色"，小贩并不领情，反而态度强硬的进行"反击"。正当双方"势均力敌"之时，旁边的一对老夫妇游客，竟站出来为小贩求情，说人家是下岗女工，给她留一条活路吧！老夫妻的"大慈大悲"的"善举"，又引来不少的游客和居民为小贩助威，舆论反而成了对正义的"讨伐"。然而，曹园长耐心细致地对游客和居民进行引导，反问他们，如果全北京市下岗人员都跑到公园来摆摊设点，这满园子都是卖东西的，你们还能有树林绿地鲜花碧草的空间吗？紫竹院公园就那么大一点，如果把空间都给了摊贩，你们还到哪儿去游览休闲去？一番道理，让大多数人围观者醍醐灌顶，立刻反转"枪口"对小贩劝说。小贩一看，"寡不敌众"，赶快收拾东西打包走人了。

二、确定目标，转变观念

面对免票之后出现的新情况新问题，紫竹院公园领导意识到：紫竹院公园免票，是市属公园唯一一家，不仅代表北京市公园管理中心，代表着首都的形象，同时也寄托着市委市政府和广大市民的期望，我们只能把工作做好。于是，他们很快提出了公园工作的目标和工作方针。目标是：免票不免责，服务不打折，打造全国免费公园的典范。方针是："五不变""五不降低"的工作理念。即：继续贯彻执行《北京市公园条例》不变，门区管理不变，园容卫生管理标准不变，开闭园时间不变，文化建园的方针不变；管理水平不降低，服务接待能力不降低，绿化养护水平不降低，职工服务热情不降低，工作标准不降低。这一理念的提出，为全体员工指明了方向，使免票后的各项工作平稳有序地向前发展。在正确理念和工作方针的指导下，围墙没有拆，门区服务没有变，虽然不售收票了，服务依然站立迎客。增加卫生保洁力量20人，全天候、全覆盖地保持清新整洁的环境。在安全秩序方面，公园加大资金投入，在人防、技防、物防上下功夫，增加保安人员20名，每晚静园时，联合公安派出所进行拉网式的清查。同时，他们发明了"喇叭工"，即增加绿化监管人员10名，在游览高峰时段，职工手持喇叭，疏导游客，维护了公园良好的秩序。

三、领导重视，资金保障

紫竹院公园免票，是北京市委市政府的正确决策，是公园免费开放的积极探索。公园免票之后，出现"三增一减"的现象，即游客数量增加了，矛盾问题增加了，运营成本增加了，而公园的收入减少了。公园面临着生存与发展的巨大压力。在这种情况下，除了公园要探索"非门票经济"模式之外，政府支撑作用是十分关键的。紫竹院公园免票后，北京市公园管理中心提出，倾全中心之力支持紫竹院公园的工作，在政策和资金上实行倾斜；市长、主管副市长多次到公园视察调研，提出要求，指明方向。北京市政府的支持是由市发改委、市财政部门通过北京市公园管理中心的渠道实现的。每年除对公园的正常运营管理费用拨款逐年增加外，还加大重点工程项目的投入。促进了公园管理水平的提高和公园环境的改善。是政府实实在在地为民办实事的重要体现。

由于政府作为公园免票后的后盾，公园的建设、管理不仅没有受影响，而且有了长足的发展。紫竹院公园免票后，先后获得国家重点公园、首都文明单位、文明旅游景区、AAAA景区等荣誉称号，职工朱利君光荣地当选十八大党代表。紫竹院公园真正成为全国免票公园的典范，吸引全国各地的同行前来取经。紫竹院公园完成了由售票到免票的蝶变。实践证明：公园的努力、社会的理解、政府的支持，"三足鼎立"，是中国现阶段公园实现免票的正确途径。

四、公园免费的思考

（1）免票公园具有公益性，公园内的公共设施是一种公共物品，不可能通过日后的使用和消费来实现济收益，而且随着其免费使用，日常养护和损耗加大还需要继续投入。作为城市的公益性设施，需要作为管理者的政府部门提供维护公园的资金来源，用于公园内的设施维修、更新娱乐设施、基础设施改造、绿化美化等，提高公园的环境效益，以确保免费公园发展的需要。

世界上很多国家的政府都对公园给予足够的财政支持，并在法律、法规上予以支撑。加拿大在《公园政策》中规定：加拿大公园的资金全由加拿大从联邦税收中担负。日本《城市公园法》规定："城市公园设置与管理所需费用，除本法律与其他法律有特殊规定外，属于地方公共团体设立的公园，由该地方公共团体负担，属于国家设立的城市公园，由国家负担""免费开放公园的设施和管理所需费用由政府承担"，对都、道、府、县应负担的公园费用也作了详尽的规定，保证了公园建设与管理的必须费用。

（2）公园是社会公益事业，与收不收门票没有直接关系。实行收取门票的办法，实质上是根据"谁受益，谁负担"的原则。是在直接享用公园效益者和间接享用公园效益者之间采取的一种平衡政策。同时，收取门票也是公园管理的一项重要措施。特别是对于历史名园或特殊性质的公园，例如动物园、植物园、主题公园等，收取门票有利于控制游客量，有利于资源的保护，有利于创造良好的游赏环境，是关系人民根本利益和长远利益的正确政策。国家用于公园建设、特别是管理的资金尚不能充分保障的情况下，在社会对于公园的建设管理还缺乏足够正确认识的情况下，公园收取门票，利用门票收入作为国家拨款的补充，以更好地建设和管理公园，应当看作是合理的有益的举措。

（3）对于公园免费开放，应当采取慎重的态度。一个城市应当增加公园的数量，扩大公园的面积，增加人均公园绿地面积，"把蛋糕做大"，减少收费公园的比例，形成公园网络，建设公园化的城市，形成多层次公园供给模式，满足城乡居民和旅游等不同层次的需求。当一个城市的经济水平尚未达到足以支持公园日常经费需要时，当人们特别是政府部门的观念还不愿意将公园视为必要加大投入的对象时，盲目免费是不恰当的。一些地方政府只管公园免费，不管经费，致使许多公园免费后重走"以园养园"的老路，"得不偿失"，是对广大人民根本利益的损害。

（4）免费公园不能将公园混同于一般的绿地，仍应保持公园静谧和谐的环境氛围，围墙一般不宜拆除，公园内外应有境界区别。

第五节　湿地公园管理

湿地是指天然或人工、长久或暂时性的沼泽地、泥炭地或水域地带、静止或流动、淡水、半咸水、咸水体，包括低潮时水深不超过6米的海域。

一、城市湿地公园

城市湿地是城市重要的生态基础设施。城市湿地公园是一种独特的公园类型，是指纳入城市绿地系统规划的，具有湿地的生态功能和典型特征的，以生态保护、科普教育、自然野趣和休闲游览为主要内容的公园。

城市湿地公园与其他水景公园的区别，在于湿地公园强调了湿地生态系统的生态特性和基本功能的保护和展示，突出了湿地所特有的科普教育内容和自然文化属性。

城市湿地公园与湿地自然保护区的区别，在于湿地公园强调了利用湿地开展生态保护和科普活动的教育功能，以及充分利用湿地的景观价值和文化属性丰富居民休闲游乐活动的社会功能。

为指导全国各地做好城市湿地公园规划设计和管理工作，住房城乡建设部先后制定了《城市湿地公园规划设计技术导则（试行）》（2005年6月）。城市湿地公园的规划设计，应根据各地区人口、资源、生态和环境的特点，以维护城市湿地系统生态平衡、保护城市湿地功能和湿地生物多样性，实现资源的可持续利用为基本出发点，坚持"全面保护、生态优先、合理利用、持续发展"的方针，充分发挥城市湿地在城市建设中的生态、经济和社会效益。

其基本原则是：遵循与湿地有关的国家法律、法规，与国际有关规定相一致；维护城市湿地生物多样性及湿地生态系统结构和功能的完整性，对于人为干扰而遭到破坏的城市湿地，应根据实际情况加强其恢复与修复工作；坚持城市湿地保护与合理开发利用相结合的原则，应在全面保护的基础上合理利用，适度开展科研、科普及游览活动，发挥城市湿地的经济和社会效益；根据各地的实际情况和湿地保护现状，坚持突出重点、体现特色、因地制宜、分步实施的原则。

规划目标是：全面加强城市湿地保护，维护城市湿地生态系统的生态特性和基本功能，最大限度地发挥城市湿地在改善城市生态环境、美化城市、科学研究、科普教育和休闲游乐等方面所具有的生态、环境和社会效益，有效地遏制城市建设中对湿地的不合理利用现象，保证湿地资源的可持续利用，实现人与自然的和谐发展。

城市湿地公园规划设计应遵循系统保护、合理利用与协调建设相结合的原则。在系统保护城市湿地生态系统的完整性和发挥环境效益的同时，合理利用城市湿地具有的各种资源，充分发挥其经济效益、社会效益，以及在美化城市环境中的作用。

城市湿地公园规划范围的确定应根据地形地貌、水系、林地等因素综合确定，应尽可能地以水域为核心，将区域内影响湿地生态系统连续性和完整性的各种用地都纳入规划范围，特别是湿地周边的林地、草地、溪流、水体等。

二、城市湿地公园的保护与管理

城市湿地是重要的生态资源和生态空间，为切实履行《湿地公约》，全面加强城市湿地保护，改善城市生态环境，2017年，住房城乡建设部制定了《城市湿地公园管理办法》。

城市湿地公园边界线的确定应以保持湿地生态系统的完整性，以及与周边环境的连通性为原则，应尽量减轻城市建筑、道路等人为因素对湿地的不良影响，提倡在湿地周边增加植被缓冲地带，为更多的生物提供生息的空间。

为了充分发挥湿地的综合效益，城市湿地公园应具有一定的规模，一般不应小于20公顷。

城市湿地保护是生态公益事业，应遵循"全面保护、生态优先、合理利用、良性发展"的基本原则。城市湿地应纳入城市绿线划定范围。严禁破坏城市湿地水体水系资源。维护生态平衡，保护湿地区域内生物多样性及湿地生态系统结构与功能的完整性、自然性。

通过设立城市湿地公园等形式，实施城市湿地资源全面保护，在不破坏湿地的自然良性演替的前提下，充分发挥湿地的社会效益，满足人民群众休闲休憩和科普教育需求。

城市湿地公园及保护地带的重要地段不得设立开发区、度假区，禁止出租转让湿地资源，禁止建设污染环境、破坏生态的项目和设施，不得从事挖湖采沙、围护造田、开荒取土等改变地貌和破坏环境、景观的活动。

城市应在全面摸底调查、评估分析的基础上，组织制定城市湿地资源保护发展规划方案，纳入城市绿地系统规划，严格管理，并与城市生态修复专项规划、海绵城市建设规划等统筹衔接，任何人不得擅自变更。

已设立的国家城市湿地公园应标明界区，设立界碑、标牌和保护标识，并按申报方案明确管理机构、建立技术与管理队伍、保障保护管理资金。

国家城市湿地公园的保护范围等规划内容变更，须组织专题论证、公开公示，并经省级住房城乡建设（园林绿化）主管部门审核后报住房城乡建设部备案。

国家城市湿地公园应定期组织开展湿地资源调查和动态监测，建立信息档案和湿地动态监测数据库，并根据监测情况采取相应的保护管理措施，及时向上级城市园林绿化主管部门报告相关情况。

公民、法人和其他组织都有保护城市湿地资源的义务，对破坏、侵占城市湿地资源的行为有权检举或者控告。

第一批国家城市湿地公园（2005年2月）1个：山东荣成市桑沟湾国家城市湿地公园。荣成桑沟湾国家级城市湿地公园位于荣成市市区东南部，是建设部批准的我国首个国家城市湿地公园。该公园北起龙岛湖北岸、悦湖路南侧，南至崖头镇崂山屯村北，西起崖头镇海崖村及21世纪工业园、地宝圈村、船坞村一线，东至斜口流及龙岛滨海公园一线，总面积13.91平方公里，全部位于城市规划控制区内。整个湿地含水面3.2平方公里，芦苇荡4.1平方公里，沼泽地、林地、道路等共6.61平方公里，是大自然赐给荣成市的一块难得的宝贵资源。该湿地公园，有200多种藻类、水草、树木遍布其中，各种鱼虾在湖中大量繁殖，引来了大批水鸟在此繁衍生息。除每年来此越冬的上千只大天鹅外，还有丹顶鹤、白鹤、黑雁、灰鹤、金雕、海鸭、大雁、海鸥等珍禽，其中国家一、二级保护鸟类就有二十多种，形成了一个群鸟汇集的天然王国。园内还建设了木栈道、漫水桥、橡胶坝、观景平台和风车等项目，建成后的桑沟湾湿地公园对涵养城市水源、改善环境发挥重要作用，并在盛夏之际对外开放，成为市民休闲旅游的乐园。至2017年，住房城乡建设部已批准12批57个国家城市湿地公园。

三、国家湿地公园

由国家林业总局批准的国家湿地公园3批100个。为加强国家湿地公园建设和管理，促进国家湿地公园健康发展，有效保护湿地资源，根据《湿地保护管理规定》（2010年）及国家有关政策、2017年由国家林业总局《国家湿地公园管理办法》，提出：国家湿地公园是指以保护湿地生态系统、合理利用湿地资源、开展湿地宣传教育和科学研究为目的，经国家林业局批准设立，按照有关规定予以保护和管理的特定区域。国家湿地公园是自然保护体系的重要组成部分，属社会公益事业。国家鼓励公民、法人和其他组织捐资或者志愿参与国家湿地公园保护和建设工作。

国家湿地公园的建设和管理，应当遵循"全面保护、科学修复、合理利用、持续发展"的方针。国家湿地公园的湿地面积原则上不低于100公顷，湿地率不低于30%。国家湿地公园范围与自然保护区、森林公园不得重叠或者交叉。国家湿地公园应划定保育区。根据自然条件和管理需要，可划分恢复重建区、合理利用区，实行分区管理。保育区除开展保护、监测、科学研究等必需的保护管理活动外，不得进行任何与湿地生态系统保护和管理无关的其他活动。恢复重建区应当开展培育和恢复湿地的相关活动。合理利用区应当开展以生态展示、科普教育为主的宣教活动，可开展不损害湿地生态系统功能的生态体验及管理服务等活动。保育区、恢复重建区的面积之和及其湿地面积之和应分别大于湿地公园总面积、湿地公园湿地总面积的60%。国家湿地公园内禁止开（围）垦、填埋或者排干湿地；截断湿地水源；挖沙、采矿；倾倒有毒有害物质、废弃物、垃圾；从事房地产、度假村、高尔夫球场、风力发电、光伏发电等任何不符合主体功能定位的建设项目和开发活动；破坏野生动物栖息地和迁徙通道、鱼类洄游通道，滥采滥捕野生动植物；引入外来物种；擅自放牧、捕捞、取土、取水、排污、放生；其他破坏湿地及其生态功能的活动。

第十四章　公园的讲解

第一节　讲解的意义

讲解是指具备一定条件的公园（风景区）等游览参观点（以下简称公园）及其管理部门向游客提供自然、文化知识等信息服务，与游客沟通的方式与过程。讲解和导游是两个不同的概念，不能混为一谈。导游是一个专有名词，旅行社的导游员是专门的职业，他在导游过程中含有讲解的内容；而讲解是公园的一项高端服务内容。讲解员是公园的服务人员，是为游客和潜在游客进行服务的。讲解服务是随着人们追求有品位的游览参观活动发展起来的。

在中国，最早的公园讲解产生于20世纪中叶。大多是公园周边的一些好事者，主动拉客讲解，一方面赚取一些小费，另一方面也满足游客的需要。20世纪50~60年代，一些著名公园随着游人的增加，特别是一些有外事接待性任务的公园，开始有组织地培训职工，除进行殿堂讲解服务外，遇有接待任务，则抽出人来进行讲解。80年代以后随着旅游事业的发展，讲解活动逐步发展起来，许多公园相继成立了专职讲解班组，开展了专门的讲解服务，并进行较为系统的培训，使讲解成为一种专门的职业。

世界上把讲解称之为解说，并有专业组织，叫解说学会（National Association For Interpretation），他们把解说定义为一种提供信息并具启发性的过程，借此加强人们对文化与自然遗产的了解、欣赏及保护。解说的方式分为人员解说和非人员解说。人员解说指的是谈话、现场表演、玩偶剧、历史重现、说故事、自然漫步、旅游等活动；非人员解说包括从游客进入公园后游客中心的展览、广播、标志、互动式电脑、自导式步道等。

美国的公园在19世纪后期就出现了解说员的职业，安纳斯·密尔斯

（Enos Mills）从1880—1920年在洛矶山国家公园担任解说员工作，并出版了《自然向导历险与解说论文集》一书。美国还有不少专家学者出版了许多关于解说的论著，发展了解说的理论与实践。他们认为解说是一个过程，一种表现，解说的最高意境是，解说员将原本丰富的休憩体验，提升至神奇的境界。最有名的一位解说理论著述者是美国的费门·提尔顿（Freeman Tilden），他在《解说我们的遗产》一书中提出了解说的六大原则，至今仍被接受和利用。这六项原则是：

（1）任何解说活动，若不能和游客的性格或经验有关，将是枯燥的。

（2）资讯不是解说。解说是根据资讯而形成的启示，但两者是完全不同的。

（3）解说是一种结合多种人文科学的艺术。

（4）解说的主要目的不是教导，而是启发。

（5）解说必须针对整体来陈述，而非片面枝节的部分。

（6）针对儿童解说时，要有从根本上完全不同的做法。

在提尔顿之后，人们又进一步丰富了他的理论。比如，1976年美国国家公园署解说员罗素·葛特（Russell. Grater）写了一本工具书《解说员手册：方法、技巧和工具》，格兰特·夏普（Grant Sharpe）1976年所著的《解说环境》是一本综合性的教科书，威廉·刘易斯（William Lewis）的《为公园游客解说》是专门为公园解说员所著的讲解心理学入门手册等。美国国家公园署制订了解说发展计划，并设计了一个解说方程式：

（Kr+Ka）+AT=IO

Kr代表对资源的知识；

Ka代表对听众的知识；

AT代表适当的技巧；

IO代表解说的机会。

从费门·提尔顿的解说六项原则，以及从美国国家公园署的解说发展计划中，我们不难发现，公园及其解说的理念离不开对游人需要的关注和对游人性格或经验知识的了解，解说方程式中"对听众的知识"列为解说员的重要知识构成，足见其重要性。

讲解是一个过程，是讲解员自我表现的过程，也是把信息同游客的经验知识相连接，激发游客兴趣的过程，帮助游客了解非本能所看到的东西，加强对文化和自然遗产的了解、欣赏与保护。

一个有规模、有价值的公园，应当有讲解。公园的讲解应当制定规划，精心策划，组织力量，办出特色。用以传承文明，传播知识，传递友谊，提升公园的知名度和社会影响力。

第二节　讲解的原则

讲解不仅仅是传达事实，而是借助原本的事物、亲身的体验、讲解工具来阐明该物的意义与各组成因子间关系的一种教育。换言之，将资讯经由媒体传达给接受者的行为即是讲解。透过讲解可以沟通公园管理机构、公园资讯与游客三者的关系。其主要功能是改善游览体验，增进游客安全，维护资源和启迪。

讲解规划是指导公园讲解的基本依据，因此，公园应当制定讲解规划，规划包括以下内容：游客的知识；资源的知识；讲解主题；讲解媒体；经营管理等。讲解媒体可分为人员讲解（参与式讲解）；非人员讲解（非参与式讲解）。人员讲解乃是讲解员直接向游客讲解有关的各种资源信息，或是借活动及游客动线的设计安排，使游客能主动参与游憩活动而达到讲解的效果。其方式包括：资讯服务，引导式活动，专题讲演，现场表演等。非人员讲解（非参与式讲解）即是利用静态讲解设施传达信息的讲解方式，包括：牌示（游园须知、说明牌、指示牌、警示牌、管理牌等）、咨询站、自导式步道、图书资料；游客中心等。

【案例1】34块警示牌打赢47万元官司。

北京玉渊潭公园，是北京一处历史悠久、风景秀丽的公园，并以百亩樱花著名。总面积140.79公顷，其中水面积达61.47公顷，是官厅、密云水库的引水渠，形成了八一湖和钓鱼台引水湖。这里碧波荡漾，沙鸥云集。但是也引来不少"野泳"之客。为了防止游客野泳溺水，公园不仅派出人员巡视劝导，而且在湖周围安装了34块警示牌。2007年7月5日，一位在读大学生肖某在玉渊潭公园东湖闸口附近游泳溺水身亡。7月29日其父母提起诉讼，要求公园赔偿47万元。玉渊潭公园的法律顾问杨磊、律师韩涛出庭应诉。举证了玉渊潭公园已经尽到了合理的安全保障义务和注意义务。最后，法院采纳了律师的意见，认为：玉渊潭公园在公园门口和园内都设置了《游园文明守则》和《游客文明守则》，其中明文规定了游客不得在"未开放区域游泳"，并在湖边设置了34块禁止游泳的牌示和10条横幅。肖某具有完全行为能力，造成溺水身亡应当自负其责。

【案例2】"我们为什么不挪走死树？"

在英国皇家植物园一个巨大的场景中，一棵枯死的大树倒在地上，有的部分已经变成朽木，周边长出了一些蘑菇，一些昆虫依附在枯树上。旁边的说明牌告诉人们，这样做是为了保持生态平衡并为昆虫提供栖息地和食物。这是对非参与式讲解的最好诠释。

讲解是一门艺术。要做好讲解工作，不仅要有良好的素养，而且要掌握讲解的基本方法。结合中国讲解的实际情况，我们将它归纳和提炼，提出如下原则。

一、"双知"原则

"双知"，即对资源的知识和对游客的知识。

资源是讲解之本。讲解员全面、深入、准确、科学地了解和掌握公园的资源，是讲解员做好讲解的基础。公园的核心价值是美，包括自然之美和文化之美。讲解应灌输人们感受公园环境之美的能力与渴望，以振奋心灵和鼓励资源保护。叶夫根尼·叶夫图申科说过："美将拯救世界。"讲解员的重要职责就是，帮助游客易于感受美，并小心翼翼地培养情绪或建立一个引起共鸣的气氛。从公园的美好气氛中，游客所获得的最好课程就是美的快乐的体验，就是生发出维护大自然的美的力量。

了解游客，即对讲解的对象要有较充分的认识和知识。首先要了解游客的需求。一般来说，游客到公园参观游览，有显性需求和隐性需求。显性需求是指游客共同的一致的生理的需求，也可称为基本需求。主要包括环境整洁、安全安静、方便适用、体谅尊重等；隐性需求是指游客精神方面的需求，包括求知、求乐、求美、求奇、求健的需求。

其次，不同的游客有不同的需求，讲解员要了解不同国家、不同地域、不同民族、不同信仰、不同文化、不同年龄等的游客的信仰、风俗、特点，有针对性地解说资源和文化。比如：对英国人不能比划剪刀手；土耳其、法国、希腊、中东国家避免使用OK手势；南美、西非、希腊、泰国不可使用竖大拇指手势；菲律宾、日本、新加坡莫用勾手指；意大利不允许喂鸭子；法国、英国、泰国禁止在火车站、公园接吻；新加坡禁止吃口香糖；不丹全面禁烟；希腊用三脚架拍照须经官方批准；伊朗禁止议论婴儿的眼睛；进入清真寺需脱鞋；柬埔寨不要吃光盘子里的食物；澳大利亚周日不穿粉色热裤；意大利教堂忌穿短裤和无袖衫；加拿大不允许全用硬币结账；埃及不可向碗里放盐；匈牙利喝酒不要碰杯；乌克兰送花一定要奇数；法国不能送康乃馨；美国、英国不要随便说"I'm sorry."；印度、巴基斯坦、斯里兰卡、尼泊尔摇头yes，点头no；日本忌讳三人合影；印度尼西亚忌讳抚摸孩子头部，等等。千篇一律对待不同的游客，一篇固定的讲解词讲到底，都是不会收到好的效果的。

讲解是讲解员和游客沟通的过程，一个重要的沟通方式，称之为建构主义或称之为"创造意义"。它不再是单纯的直线式的发送接收过程，而是由创造意义，将沟通化为交涉，双方创造信息，并非只是传递信息。接受信息者本于过去知识的经验，去勾勒出资讯的真意。因为游客从公园的内容，主动创造出意涵。所以明了游客的观点、知识和过去经验是确保讲解成功的重要条件。

二、整体原则

讲解遵循的整体原则有三层意思，一是宏观意识，二是主题意识，三是整体呈现。

宏观意识是指讲解要站到更高的角度，来诠释公园的自然和文化现象。迎合全人类的需求，讲解中国乃至全球性的议题。生态学的第一定律，就是每一样事物都是有联系的。讲解重要的目的是呈现整体而非片断，无论特殊的部分是多么有趣。讲解植物的一片叶子，可以联系到它的生态效应和美学价值，唤醒人们保护环境的觉悟，使他们产生责任感。讲解公园的文化，就要和中国优秀的传统文化联系起来，增强文化的自信和自觉。讲解一个完整的主题，意味着必须超越公园的界限。

主题亦即为整体，有主题意义的讲解是讲解的最高境界。托马斯·杰斐逊："拥有事实是知识，使用知识是智慧，选择事实是教育。"主题的讲解指引讲解员陈述那些该被提出以支持主题的事实，避免塞给游客过多的资讯。研究表明，报告、讲解、展览等活动一开始，人们就知道主题，则注意力会加强，他们会了解更多和记住更多。没有主题的讲解，听众的理解力、记忆力会大打折扣。讲解的主题要和公园的文化定位相联系，讲解员需强调由公园景点的特殊含义所延伸的主题，且要针对游客的兴趣。

多重感官的整体呈现是吸引游客的感官知觉的重要手段。通过触摸、嗅闻、观看、品尝、倾听等方式的设计，为游客创造一个全面体验的环境，沟通讲解员与游客的感情，达到讲解的效果。

三、角色原则

角色一词源于戏曲和电影，指剧本里的人物。此处借用，是指讲解员要有角色意识。如同演戏一样，每一次讲解，都要进入角色。给观众留下美好的印象。

讲解员要有高度的事业心和责任感，用智商和情商去驾驭每一次讲解任务。一个缺乏激情的讲解员，是成不了优秀讲解员的。讲解员的成功源于对事业热爱、追求和执着的精神。

赫尔曼·黑塞说过："有一种单一的魔力、力量、救赎及快乐，那叫作爱。"对讲解的资源和游客付出热诚，是讲解员的必要条件。讲解要达到效果最重要的成分就是爱。爱产生力量，产生智慧，产生激情。爱你的岗位，爱你的工作，爱你的公园，爱这里的一草一木；爱每一位游客；爱每一次讲解；爱每一天的阳光，爱每一天的生活。这样的心态，是做好讲解工作的基础。在非洲部分国家的解说员为保护这些地方做出了极大地牺牲，展示了他们对大自然的爱。在西非的象牙海岸，每年都有两三个公园巡逻员（他们的功能类似导游或解说员）惨遭盗猎者的杀害。公园的巡逻员是社会的边缘人，他们可能工作几个月却拿不到薪水，但是他们热爱这片土地而从事这种工作，他们希望保护逐渐消失的森林及野生动物。

从某种程度说，讲解员是公园的管家。要把每一位游人当客人对待。让游客进入你的讲解范围，感受到被关注，从而产生安全感、被尊重感和归属感，受到鼓舞。创造和谐的气氛，对完全的沟通有极大帮助。要友善地回应那些令人恼怒的问题，这将考验着讲解员的耐心。

四、兴趣原则

兴趣是人们对于某种事物的特殊认知倾向。人们对某种事物的兴趣，决定他对事物的态度和情感。人的各种需要是产生兴趣的基础。兴趣在人的生活中有巨大的意义。健康的兴趣，可以催人上进，获得知识，使生活充实、丰富多彩；而不健康的兴趣却使人颓废、腐化、堕落。兴趣可分为直接兴趣和间接兴趣。直接兴趣就是对事物和活动本身感到需要而引起的兴趣；间接兴趣就是对事物未来的结果感到需要的兴趣。人的兴趣具有倾向性、广泛性和猎奇性的特点。因此，引起兴趣，是讲解的重要条件。游客的兴趣是决定讲解是否成功的关键。

如何引起游客兴趣？要达到调动游客情绪，激发游客兴趣的目的，必须研究讲解语言运用的一些技巧，比如：

（1）悬念法。在讲解中，平铺直叙的讲解方法，往往不能引起游客的注意，尽管你颇费口舌，在游客头脑中留不下什么印象。运用造悬念、吊胃口、抖包袱、且听下回分解等，这些不仅是小说、相声、电影采用的艺术手法，对于讲解也是适用的，它可以激发游客的有意注意，达到良好的效果。

（2）设问法。在讲解中，应根据不同的情况，有意识地创造一些情景，主动地向游客提出一些问题，使游客由被动的听讲解变成参与，变成主动去探索追求的游览活动，使讲解者和游览者产生互动的生动活泼局面，既具有交际性，又增加了人情味。

（3）比拟法。比拟是修辞的方法，把物拟作人或把人拟作物的手法。用这种方法讲解，可以使一些死材料活起来。比如海南省的一座山，本来无名，讲解人员把远处的山头说成是像仰卧的毛主席，引来许多人停车参观。

（4）联想法（或联系法）。外国人特别是欧美国家的游客对中国古老文化比较生疏，讲解中要注意联系与游客所在国家有直接关系的事物，增加亲切感，将名人在景点的行踪纳入联系的范围，增加游客的认同感。有些讲解员注意联系游客熟悉的东西，帮助他们理解。比如将颐和园同巴黎的凡尔赛宫联系起来；把中国杭州西湖中传说的白娘子和许仙的爱情故事同莎士比亚剧中人罗密欧与朱丽叶的爱情故事联系起来，这样的讲解使游客加深了理解，而且增加了亲切感。还比如讲解卧佛寺大佛，可以用香港的东方大佛、日本的奈良东大寺的大佛联系起来比较，如果游客在北京参观过，可以用潭柘寺的大佛、雍和宫的大佛联系比较讲解，使讲解更加生动活泼。

（5）转移法。游客参观一个景点，往往开始精力比较集中，随着景物的分散，身体的疲劳或参观内容的单调，可能引起游客的兴趣下降，这时讲解人员要通过察言观色，用转移法及时将他们涣散的精神收拢起来，使他们的情绪重新高涨起来。

（6）释疑法。讲解人员对于游客的各种情绪反映都应在细心观察中去洞察并采取相应的调解手段。游客人中多数都是好奇的，一个新奇的事物或新鲜的东西，往往引得他们驻足观望，或露出疑惑不解之情，这时讲解人员切不可只顾背事先准备好的讲解词，不顾游客的心情，要适时而恰当地回答游客的疑问，满足游客的心理要求。

（7）画龙点睛法。游客参观一个景点，一天也好，半天也好，一个小时也好，讲解员向游客讲的东西是很多的。作为景点的讲解员，其讲解有两个目的：一是满足游客的游览需求；二是让游客对景点留下深刻的印象，甚至永生不忘的印象。这就需要讲解人员有画龙点睛的本领，善于抓住游客的心。

（8）再造想象法。再造想象法是根据语言或文字的描述，图样的示意在头脑中形成相应的新形象的过程。游客借助于讲解员生动准确的语言或现代化的声光幻影技术形成新的形象。这种想象可以帮助游客在头脑中再现许多历史故事或美丽的传说，使本来普普通通的一草一木，一山一石，都鲜灵起来，让游客触景生情，加深对中国的古老文化和东方文明的了解。

第三节　讲解员的情感

常言说：天有阴、晴、雨、雪，人有悲、喜、哀、乐。人生活在社会中，经常遇到得失、顺逆、荣辱、美丑等各种情境，使人产生"七情""六欲"，这都是正常的现象，这些就是人的情绪和情感的不同表现形式。情绪和情感是一种心理过程。

情绪和情感是人对客观事物的态度体验及相应的行为反应。凡是符合人的需要的客观事物，就会引起肯定的情绪和情感；相反，凡是不符合需要或妨碍需要满足的客观事物就会引起否定的情绪和情感。肯定的情绪和情感是积极的、增力的，可以提高人们的活动能力；否定的情绪、情感是消极的、减力的，会降低人的活动能力，表情是情绪、情感的外在表现。不同的情绪状态产生不同的行为表现。

情绪和情感是既有区别又有联系的两个概念，但也很难严格区别开来。情绪具有较大的情景性、激动性和暂时性，它往往随着情境的改变和需要的满足而减弱或消失，情感则具有较大的稳定性、深刻性和持久性，对人对事的稳定态度的反映，因此，情感是个性结构和道德品质中的重要成分之一。情绪是情感的表现形式，通常具有描写的冲动性和外部表现，情绪一旦产生往往难以控制。而情感则常以内心体验的形式存在，比较内隐，如深沉的爱、痛苦的思虑等，往往不轻易外露。

情绪和情感有激动和平静的两极。激动是由生活中的重要事件引起的，它是一种强烈的为时短暂的情绪状态，如激怒、狂喜、极度恐惧等。而平静的情绪是一种平稳的情绪状态。平静的情绪是人们正常生活、学习和工作的基本条件。适度的情绪兴奋，可使身心处于活动的最佳状态，推动人们有效地完成工作任务。没有一点紧张或过度的紧张、焦虑则不利于问题的解决。炽烈的情绪、情感可以产生伟大的力量，推动人们为社会作出重要的贡献。原北京百货大楼优秀售货员张秉贵生前的"一团火"精神正是这种情绪的生动写照。他凭着一颗炽热的心，在工作中苦练本领，他的绝活"一手准"和"一口清"感染过千千万万的人，形成了一种时代的精神。

一、讲解员的情绪

情绪是指在某种事件或情景的影响下，在一定的时间内所产生的激动不安状态。其中最典型的情绪有心境、激情、过激和挫折四种。讲解员要了解这些心理特征，在工作中，自觉把握自己的情绪，更好地完成任务。

（一）心境的自我调适

心境是一个人内心世界对客观环境的体验。个人生活、工作中的喜怒哀乐，身体状况的好坏，以及天气的变化，季节的更替都可能对人的心境产生影响。心境有积极（好）和消极（坏）之分。积极的心境可以使人觉得一切顺心如意，心情愉快，待人热情，工作积极；消极的心境使人悲观沮丧，看什么都不顺眼，这是最容易与游人发生口角的时候。要使自己经常处于良好的心境中，就要有达观的人生态度；对工作要以苦为乐、以难为荣，要有理想和信念；对任何事情都要看得开，要心胸开阔；正确对待工作中出现的问题，始终使自己保持一种乐观的情绪；工作中要有"角色感"，正如唱戏进入角色一样，把一切烦忧全抛在脑后，要拿得起放得下；同时要经常锻炼身体，保持精神旺盛，保持良好的精神状态。一般说来，讲解员应具备专业知识，但态度应当谦和，有信心且善解人意，尊重他人的尊严，稳重并带有热诚，心中充满喜悦，待人和善，尊重游客的价值及他们的成长潜能，对景点、游客及工作有热心与积极的态度等特殊的品质和精神面貌。

（二）激情和自我控制

激情是一种猛烈的、迅速爆发且短暂的情感体验。在服务工作中，它往往因对立意向的冲突等产生。如果控制不好自己的激情，很可能做出一些荒唐的错误行为，引起不良后果。特别是青年人，由于生理和心理上的特点，容易爆发激情，有的甚至狂怒起来，惹出麻烦，产生很坏的影响。因此，要学会控制自己的激情，首先要加强自己的修养和涵养，做到遇事沉着冷静，得理让人，善意面对各式各样的游客；其次要掌握处理各种复杂情况的技巧，当矛盾发生时能做到以冷对热，以柔克刚，善于化解矛盾；第三要学会自我暗示，自我教育，自我克制，如背"消气歌"。俄国文学家屠格涅夫劝那些刚愎自用的人，在说话前"把舌头在嘴里转几个圈"。在服务中这样的例子是很多的。当客人生气时，让他一步，事后往往得到对方的道歉和表扬。加强修养就是要发扬中华民族的优良传统，能屈能伸，"忍辱负重，委曲求全"，"打不还手，骂不还口"。这样做，不是比别人矮半截，而正是像毛主席所说"是一个高尚的人，一个纯粹的人，一个脱离了低级趣味的人"。

（三）应激状态

出乎意料的紧张而又危险的情景所引起的情绪状态称应激状态。应激状态时，内脏器官发生一系列特定变化。外界刺激信号，经大脑中枢传至下丘脑，分泌肾上腺激素释放因子（CRF），又激发脑垂体分泌促肾上腺因子皮质激素，使身体处于充分动员状态，心脏、体温、肌肉紧张度、代谢水平等发生显著变化，增加活动力量，以应付紧急状态。

应激状态有积极作用，也有消极作用。它能使精力旺盛、思想清楚、精确、动机机敏，推动人化险为夷、转危为安，及时摆脱困境。但是强烈而又长时间地应激，会产生全身兴奋，使注意、知觉范围缩小，语言不规则、不连续，行为动作出现紊乱。

高度的思想觉悟、事业心、责任感、义务感和献身精神，都是在紧张条件下，防止行为过火和紊乱的重要因素。

（四）心理挫折

指人在通向目标的过程中遇到障碍和干扰而产生的焦虑、沮丧、愤懑情绪。在讲解过程中，经常遇到恶劣的环境、挑剔的游客、突发的事件等，往往使讲解人员产生挫折心理。解决挫折的方法有很多，其中主要的就是"容"字，要以宽容的心态去面对一切挑剔。如果和游客发生矛盾，要采取心理互换的方式，将心比心。比如有的单位开展了"假如我是一个游客"的讨论，设身处地站在游人角度，理解游人的动机与需求，调整自己的心态，使其不对讲解工作产生负面影响。颐和园讲解人员曾围绕"服务难题处理的基本原则""难题处理的基本技巧"展开讨论，认为，具备高素质是解决难题的基础，以情感人是解决问题的关键，了解游客的文化背景是解决问题的钥匙，知法、懂法、依法办事是解决问题的保障。因人而异地做好服务接待工作，对一些行为过激的游人，应提高辨别能力，掌握有效的自我保护方法。

二、讲解员要培养良好情感

情感是同人的社会需要相联系的主观体验，是人类所特有的心理现象之一。人类高级的社会情感主要有道德感、理智感和美感。

（一）道德是指一定社会调整人们之间以及个人和社会之间关系的行为规范的总和。它主要是依靠社会舆论，依靠人们的内心情感、习惯、传统和信念的力量，运用善、恶等道德范畴对人们的行为进行调整，使之和谐。

道德情感是对自己和别人的行为举止是否符合社会道德要求而产生的情感体验。道德情感是在实践中发展起来的，受社会历史条件和环境制约。在社会主义社会中，人们的道德情感应表现为爱祖国、爱人民、爱科学、爱社会主义、爱集体、爱本职工作，忠于职守、有正义感和同情心。学习业务、钻研业务、提高服务质量应是道德情感在实践工作中的体现。良好的道德情感可以增强人们的事业心、责任感，激励人去为推进社会的精神文明和物质文明贡献力量。

培养良好的道德情感，需要不断地学习，包括学文化知识、学先进人物、学文学、欣赏艺术，特别是要学习中国传统的道德、美德，通过学习明确是非界限和真善美标准。

一般来说，受过系统教育的人，具有良好的道德观，精神是充实的、健康的，生活是有意义的。如果一个人缺乏正确的道德体验，他对工作、学习统统感到是枯燥无味的，生活无精打采，他的行为、语言往往是粗野的、不文明的。

在公园服务工作中，服务人员按照"自己一身脏、一身苦，换来游人一声乐"，"以理服人，得理让人"，甚至"打不还手，骂不还口"的理念和行为准则，提供优质服务。这些是道德情感在实际工作中的体现，是应该加以提倡的。

（二）理智感是在认识和评价事物时所产生的情感体验。理智感对人们学习科学知识、认识和掌握发展规律具有动力作用。

讲解这一岗位是公园窗口之中的窗口，讲解员就是形象大使。讲解服务可以拉近同游客的心理距离，加深游客对公园的良好印象，提高游客的满足度和满意率。因此，讲解员要具备良好的心理素质，去面对每一天，使每一次讲解都成为新的服务形象。

讲解人员应当具备积极、友善、稳定、持久的良好的心理素质。所谓积极，是指对人生、对工作有乐观向上的态度，把工作当成生命的组成部分，当成乐趣，而不是当成生活的负担，即使遇到困难，也能积极面对，不断渴求新的知识，不断提高自己的综合素质。友善是指对人、对待游客要友好和善意，把他们当成衣食父母，当成与自己一起游园的挚友。平时要讲文明服务、微笑服务，其心理动力在于具有友善的心态，有对人友善的心理，才能有文明而微笑的行为表现。人的情绪是受外界很多因素制约的，但是具有良好心理素质的人可以"临危不惧""遇事不慌"，不管遇到什么外界因素的刺激都要保持稳定的心态，这是做好工作的心理保证。持久的心理素质，对任何岗位上的人都是一个很重要的心理条件，一个固定岗位，千万遍的重复，会使人产生疲劳和厌倦情绪，因此持久性的心理素质培养非常重要。或许可以把这些品质叫作讲解员应有的特质。

（三）美感是人对客观事物和对象美的特征的体验。即具有一定审美观点的人对外界事物美的评价而产生的一种肯定、满意、愉悦、爱慕等的情感。美感有两个鲜明的特点：一是审美对象的感性面貌特点，如对线条、颜色、形状、协调、鲜艳、匀称的感知；二是对美的感知和欣赏而引起的情感共鸣，并给人以鼓舞和力量。"人需要美，正如人的饮食需要钙一样，这有助于人变得更健康"。引起美的感受和共鸣，不仅有赖于事物的外部特点，同时也与对象的内部和意义相联系。

园林美感是人们对园林艺术作品进行审美欣赏过程产生的一种高级的、复杂的心理活动。园林美感不仅是公园服务人员自身对本公园美的感悟，而且要通过服务或讲解这个中介，传达给游客，感染游客，启发游客，满足游客"求美"的需要，达到主客观统一的满足感和愉悦感。游览活动从准备阶段开始，人的眼、耳、鼻、舌、身各种感官就充分调动起来，去领略客体丰富多彩的美的因素。大自然的鬼斧神工和园林师、风景师的妙笔生花创造了各种各样的美的形态。园林美的形态有一般艺术美共有的秀丽、雄伟、喜剧、悲剧形态，也有园林艺术特有的形态，如勤与节、质与朴、率真与清新、纯正与典雅、精致与洞达、超逸与淡泊等。

语言艺术引起的美感是由讲解者通过生动的语言传递和园内讲解文字

内容引起的。一个好的讲解者不仅向游客介绍公园丰富的历史内涵，而且介绍园林的审美价值，使游客了解自己感受不到的因子，引发对美的联想和遐思。

讲解员要在实践中不断培养自己的美感。首先要学会欣赏园林美，领略园林美。通过对园林、建筑、文化等进行反复的比较、归纳、分析、综合、认定、分类、归类，发现新特点，整理自己和他人对事物的心理行为，从名山大川的游览中汲取素材。其次，学习欣赏园林美要同欣赏诗词歌赋、山水画等文化艺术形式结合起来，从诗词中寻找诗情，从山水画中觅求画意，从各种艺术形式中吸取美的营养，丰富自己关于该美感形态和与该园的形态结构间的必然联系以及各种有益的知识。最后，学会从园林审美角度去观察事物。任何事物的审美价值都依靠自身的性质和结构，它与自然社会的关系以及在此时此刻的具体情况下的各种表现有密切关联，要善于观察和品味，从而发现审美价值。

讲解员要做好心理调适。讲解人员在工作实践中，经常受到外界因素的刺激（或影响）而产生不良的心理特质或消极心理状态，需要我们不断去调整。

（一）心理紧张

新讲解员初次接触游客，在众目睽睽之下，心理紧张，往往出现"忘词"现象，原来准备好的讲解内容忘光了，脑子一片空白。这种情况一些老讲解员在接待特别重要的人物时也往往出现。不仅是讲解员，登台亮相演出的演员，上台讲课的老师，都可能出现这种情况。一般来说，内向性格的人，行为拘谨的现象表现明显。人们在没有把握或难度较大的工作面前，易出现紧张的心理。

紧张心理的克服要有一个过程。一个人要积极参加各种社会活动，增强社会适应能力，知识多，见识广，有利于克服临场紧张心理。另外，要熟练掌握知识技能，"艺高人胆大"，对任何困难的情境有充分的思想准备，就能减低压力，防止"怯场"现象发生。

（二）心理疲劳

心理疲劳主要反映在注意力不集中、情绪低落、思想迟缓、工作无兴趣上。产生心理疲劳的原因是多方面的，如情绪不安、心烦意乱、工作不称心、人事关系不和谐，以及生理疲劳产生的倦怠感和厌烦感，尤其是对工作提不起兴趣。做讲解工作时间长了，工作程序单调重复，失去了新鲜感和吸引力，最容易引起心理疲劳。在这种情况下，把讲解工作当成被迫的执行，看谁都不顺眼，讲解不认真，遇事不耐烦，偷工减料，少讲或不讲，应付不了，这是极易看到的现象。

讲解工作应该是很有兴味的工作。讲解内容随着自己知识的增长、认识的加深，每次都应该有新鲜血液注入其中，从而增强其活力。接待对象每次都是新的，南来北往，国内国外的都接触，可以通过同他们的交流学到、听到许多新闻趣事。可以说，讲解的每次接待工作都是新的，关键是要有积极的心态，乐观的人生，饱满的情绪，浓烈的兴趣，从主观上减少疲劳，形成"快乐工作"的理念，达到"乐而不疲"。

另外，根据心理专家的研究，人的情绪和精力在一天中、一周中有其规律性。一般来说，上午高于下午，白天高于夜晚，上午9点为最高点，凌晨3点为最低点，形成的是一条起伏的曲线。一般来说，这个变化过程可分为三个阶段：即开始阶段（20~50分钟）、最大能力阶段（2小时）和能力下降阶段（30~60分钟）。在一周当中，人的情绪和精力，呈马鞍形表现状态，一般说周三是最佳工作日。了解这种变化对于进行自我调节有一定意义。

（三）冲突的处置

在服务过程中，特别是在讲解过程中，由于客我双方内外多方面的原因，话语冲突、情绪冲突、观点冲突等是经常发生的。处理这些冲突的方式通常是：①缓解妥协。发生冲突之后，要迅速缓解下来，主动赔礼道歉，不计较对方不当的语言，激烈的情绪，用理解的、容忍的心态善待对方。②脱离接触。发生冲突往往双方都不冷静，想当面较真儿是无济于事的，在这种情况下应自觉或在同志的协助下，迅速脱离接触，稳定情绪，化解冲突。③感情释解。处理潜在的冲突，比如游客语言不文明、态度不好、挑剔等，稍处理不当就容易发生冲突。在一般情况下，服务人员应"视而不见"、"听而不闻"，坚持用热情的态度、规范的服务去感染对方，释解其怨气、怒气。但决不可忽视对方的存在，采取不理睬的态度，否则容易使对方产生对立情绪。

讲解工作，是客我双方共同完成游园目标的主要环节，因此，研究游客的心理变化和把握自身的心理状态同等重要。

第四节　讲解员的能力

能力是活动的基本条件。一般能力是特殊能力的基础和组成部分，一个人完成一项活动，既有一般能力，也必须依靠特殊能力。特殊能力是在一般能力基础上发展起来的，是在具体活动中的具体化。任何特殊能力都是经过专业性训练发展起来的。无论一般能力还是特殊能力都离不开活动。离开了活动，就谈不上特殊能力，也谈不上一般能力。

讲解是公园中一种特殊的工作岗位，面对成千上万、来自四面八方的游客，要求讲解人员不仅要有满腔的热情、高度的责任感，具有一般能力，而且要具备适应讲解需要的特殊能力，或叫基本能力。包括语言表达能力、景点解读能力、接待引领能力、沟通协调能力、感知能力、咨询能力和环境适应能力。

一、培养良好的注意品质

"注意"的培养对于讲解人员来说具有重要的意义。

（1）培养注意力可以广泛地获取知识。如果将自己在日常工作、生活和学习过程中看到、听到、感受到的各种知识、有价值的事物、趣闻、轶事等，加以积累和整理，增加知识面，就可以在讲解过程中，把这些东西灵活地显现出来，奉献给游客，去激发游客的游兴、想象。同样的一件事，一些人可能熟视无睹，心里最多激动一下而已，一闪而过，而有些人可能深深地把它印在脑子里，或记在笔记中，成为创作的素材、工作的源泉。要培养自己对本职工作的热爱和兴趣，因为人的需要和兴趣影响着人们对事物的态度，而积极的态度、强烈的求知欲则容易引起"无意注意"，"无意注意"转化成"有意注意"是获取知识的关键，如牛顿通过一个苹果落地的"无意注意"去研究这一现象，发现了牛顿万有引力定律。

（2）培养注意力可以深化知识，提高讲解水平。如前面所述"有意注意"是一种自觉的、有目的的、需要一定努力的注意。许多大发明家、科学家和成就家，给了人们一个共同的启示，那就是在他们事业之初就对自己从事的事业产生强烈的兴趣和探索愿望，执着地追求，刻苦地努力，稳定而持久的注意力成为成就事业的动力。再如知识饥饿就是引起"有意注意"的重要心理要素。一个品学兼优的学生，他对于知识有无穷的追逐力，如饥似渴地学习，最后走上成功之路。

（3）培养注意力可以排除各种烦恼，提高健康水平。"无意注意"一方面受个人心境、情绪的影响，如一个人心情愉快时，可能平时不容易引起注意的事物，这时也引起他的注意和兴趣。另一方面，一些积极的、鲜明的、强烈的刺激物或一些带有理智美的、道德性的对象可以改变一个人的心境和情绪，而有利于身体健康。现代旅游行列中许多人特别是老年人抱着修身养性的目的出发，通过对奇闻趣事的"无意注意"调节情绪，焕发青春。北京天坛公园有一座圆形围墙，用质地精良的青砖砌成，磨砖对缝，平整光滑，人们发现，如果两个人站在内墙边，即使距离二三十米互相说话，也能听清楚，像打电话一样。有的游客听到天坛回音壁说话的效果就觉得很有趣，即使平时不苟言笑的老人也要侧耳一听，开怀一笑。有人称"旅游可以使人年轻"就是这个道理。中国许多老年人，退休之后，去上大学，去学书法、绘画，在"有意注意"中陶冶情操，增进健康水平。有研究证明，一个人将注意集中到某种活动中，能够排除各种干扰，培养兴趣，有利于身心健康。

身心健康，有饱满的热情、充沛的精力、稳定的情绪、良好的心境对于讲解人员来说都是不可缺少的条件。讲解人员面对的是一座座艺术殿堂，或是彩色的梦幻，或是圣洁的沉淀，或是永久的向往，如诗如画，它可以使人神交融、时空飞腾，它让人走进神话，走进宇宙意识的霓虹。所以讲解员从事的事业有无穷的乐趣，有无尽的追求。讲解员集中注意在这项工作上，把工作当成乐趣，不仅将使工作成绩卓著，而且有利于身心健康。

二、增强记忆力

记忆是过去的经历在人脑中的反映。记忆力是人智力发展的重要方面，记忆的基本过程包括识记、保持、再认和回忆。识记和保持是"记"，再认和回忆是"忆"，"忆"是记的结果和验证，"忆"不出来就是记得不好。

（1）明确识记的目的和任务。记忆依赖目的和任务已被心理实验所证实。讲解员要有自觉进行学习和记忆的任务，要有长远的目标和意图，培养直接和间接的学习兴趣和强烈的求知欲望，注意集中、感知认真、观察仔细、思维积极都是培养良好记忆的必要条件。

（2）记忆力的提高是一个实践的过程。它不仅要靠天资聪颖，更重要的是靠勤奋。一个人在学习或工作时，要有高度集中的注意力，才能充分调动自身多种器官并用。比如学习外语，要眼看、口读、手写、耳听、脑记。多种器官并用的好处在于能使大脑形成多方面联系，使记忆的材料在大脑中留下深刻的印象。

（3）记忆是有规律的，遵循这些规律，提高记忆力就能事半功倍。首先要利用好每日的记忆黄金时间来学习，记忆应该记忆的东西。据心理学家研究，一天中有4段高效记忆时间：起床后1小时，上午8～10点，下午6～8点和睡前1小时。其次要遵循规律，提高记忆。根据遗忘的规律性，把应该掌握的知识，按照难易程度、数量多少、记忆材料的性质编出重复的频率，加深记忆，"重复是记忆之母"，有一位哲人是这样说的。按照遗忘曲线图规律不断重复，就能提高记忆能力。

三、提高解读能力

讲解员担负着知识传播、增进友谊、调剂游客身心等多方面任务。要通过讲解工作展示景点丰富的文化内涵，激起游客的激情，寓爱国主义教育于参观游览之中。

1. 讲解员要有广博的知识，它包括建筑学、园林学、美学、哲学、文物知识，甚至天文、地理、历史等各方面知识。各公园景点的自然风光、文物古迹、风景名胜能够激起人们对祖国壮丽河山和悠久历史文化的热爱之情。特别是一些文物古迹由于时代不同，所蕴含的丰富历史文化信息和文化积淀是一般的参观不能真正了解的，只有通过讲解员的讲解，才能使游客真正有所收获。因此，讲解员的知识面影响着游客参观游览的成败。

2. 讲解的内容要注重科学性，要用科学的信息解读和回答景点中存在的自然现象和人文景观，普及科学知识，反对封建迷信甚至是现代迷信，反对庸俗化，寓科学性于风趣诙谐之中。北京房山区有个石花洞，是天然石灰岩溶洞，千奇百怪，气象万千。早些年到这里游览，凡听过石花洞李铁英先生讲解的人，无不为他丰富的地质知识和生动的解说所打动。他从石灰岩的地理结构和钟乳石的形成说起，对每一种钟乳石的形态给予科学的说明，使人从中学到了很多科学知识。现在，这里的每位讲解员都经过地质研究院专家的培训，都能从科学的角度给游客带来丰富的知识。

3. 要想把丰富的知识、科学的内涵轻易被广大游客接受，就要把这些内容尽可能地故事化。泰瑞·坦佩斯特·威廉斯说："我们都受到故事的滋养，故事就像是婴儿与母亲相连的脐带，把我们与过去、现在和未来相连。"人是伴随着故事成长的，无论成人还是儿童都喜欢听故事，在讲解中穿插一些故事将使你的讲解生辉。讲出好听动人的故事要遵循九个步骤：①明确中心思想；②找个恰当的例子支持你的观点；③注意讲故事的角度，使听众产生认同感；④讲出故事发生的时间地点，增强故事的真实性；⑤要暗示出你的中心思想；⑥要使听众明白你的建议；⑦去粗取精，去掉不必要的细节；⑧确保故事有个真实可信的结局；⑨点题，使故事与你要表达的中心思想联系起来。一个景点丰富的内容只是原料，讲解员要精心设计，而不是背诵现成的讲解词，使游客享受听讲解的乐趣。

4. 在信息爆炸的时代，任何人的知识都是有限的，讲解员要懂得自重和尊重游客，遇到无法回答的问题时，要立刻承认"不知道"，不耻下问去寻找答案，但绝不可以臆测和猜想，愚弄游客。

讲解员的职责就是要让讲解有重心、有趣味，讲解不宜过长。一旦讲到令人无法忍受的地步，讲解的价值就丧失了。要用启发式，要避免画蛇添足。

四、增强感知能力

讲解员的服务对象是千千万万的游客，讲解是否达到预期目的，即满足游客的需要，是讲解应当始终关注的重点。在实际工作中有三种不同的境界：一是让游客听不下去的；二是可以让游客听下去的；三是让游客非听不可的。任何讲解员要成为后者，必须遵从"认知地图理论"。它认为人接受信息的方式，是将信息归类、比较后储存起来，当信息积累达到一定程度，在头脑中便产生信息网，各信息单位间靠共通性相连接。这就是"认知地图"，外来的信息刺激如果有效，便驱动地图，如果信息无关或不熟悉，则地图无法启动。我们的讲解要致力于启动游客头脑中的"认知地图"，就要了解游客。所谓的感知能力，就是讲解员对游客的深刻认识，这是讲解员不可或缺的能力。感知是感觉和知觉的合称，在实际的认识过程中，感觉与知觉是很难分得开的。

观察力是在人们的感知过程中表现出来的一种能力。讲解员要善于通过观察了解游客。比如：观察游客的衣着打扮，推断他们各方面的特点。一般来说，性格外向的女性大都喜欢新颖、时髦的衣服式样，对衣料颜色方面的选择多喜爱对比强烈、鲜艳、引人注目的色彩且注重饰物和化妆；而性格内向的人则喜欢素雅大方、大众化的衣料颜色和款式，不尚打扮。衣着还可以反映民族的特点、城乡地域差别。有时游客身上的首饰等也可以表明他们的身份，比如观察男性左手、女性右手无名指上是否戴有戒指，都可以大体了解其是否结婚；观察游客的体型、肤色，可以帮助判断他们的国籍；观察游客在游览中情绪的微妙变化，了解他们对讲解的认可程度；观察游客的身体语言，了解他们的不同需求和意向。

人的表情和动作，是无声的语言，如皱眉头、指手画脚、摇头、惊愕的表情、跺脚、双手叉腰、搓手、咂舌、叹气、拍拍别人肩膀、死板、直截了当的表情、舒适自如、不很热情、不激动、漠然、喜悦、咯咯笑、可爱的表情、眼泪、颤抖的嘴角、眼珠滴溜溜地转、耸肩、垂头丧气的眼神、逗趣、咬指甲、扭身子撒娇，等等。讲解员要善于通过观察了解游客。

当然，有些动作和表情，在不同的地区和国家有不同的含义，比如点头和摇头的动作，在印度、斯里兰卡、阿尔巴尼亚、保加利亚、尼泊尔、巴基斯坦等国家正和中国表示"同意"和"不同意"的意思相反。所以讲解员必须要掌握不同地区及国家不同的风俗习惯。

感知游客要尽可能掌握其来历、目的、动机、要求、兴趣、性格等方面的信息，然后加以分析整理，找出有规律性的东西，有针对性地做好接待讲解计划。有的放矢地做好讲解工作，就能产生最佳的效果。天坛公园讲解员王文燕，一次在祈年殿服务时，通过细心观察，发现有几个游客像是南方省份来的，而且情绪有些反常，就主动热情地给他们讲起了祈年殿的故事，使他们开心起来。事后才知道他们是在公园外面打出租车受了委屈，情绪不好，来到公园本想看一眼就走，不曾想受到了贵宾般的待遇，非常感动，回去后给讲解人员写了表扬信，登在了《北京日报》上。

五、增强语言能力

讲解员的语言活动是工作的主要手段，讲解人员如何运用语言的交际手段影响游客、激发游兴，是需要探索的问题。从讲解工作的实践经验中，应该重视以下几点。

首先是语言的针对性。游客的复杂性决定了讲解语言的对象性，即针对性。讲解人员的语言要根据游客的国籍、风俗习惯、职业、年龄、文化水平、社会地位、动机和情绪的不同而不同。要因人、因时、因地而异。录音机似地背讲解词的讲解是最失败的讲解，因为它抹杀了个性。一般说来，对专家、学者、中国通应注意语言的规范严谨，对文化水平低的应通俗风趣，对青年和学生应活泼生动，对老年游客应简明从容，这叫"看人下菜"。特别是对儿童，他们学习能力很快，对夸张的事物感到喜悦，普遍缺乏抑制力，有参与性且富于冒险精神。因此，对儿童的有效讲解应当开放，有耐心，有创造力，引发冒险精神和童心，爱孩子且微笑。在游客情绪高涨、景物引人入胜的场合，解说应简洁明快、画龙点睛；景物单调，则应善于联想，增加故事情节，这叫随机应变。

其次是语言的广泛性。讲解员应具有广博的知识，应该是一个杂家，对于政治、历史、地理、文学艺术甚至天文、考古等方面的知识都应有所涉猎，以了解我国的历史文化、风土人情。只有以丰富的知识做基础，语言才能准确、实在，才能具有严密的逻辑性。语言的丰富程度越强越吸引对方的注意，越能满足对方的求知欲。游客的兴趣和情绪同讲解员语言的丰富程度成正比。讲解员的语言表达如果平淡无奇或呆板、单调，就达不到同游客交流的目的，达不到讲解的作用。讲解员的语言应该生动活泼，具有感染力，使景随人情，情随景发。每个公园都有其独特的文化内涵，要善于发掘那些生动的营养来滋补自己的语言躯体，同时要广泛猎取古今中外的成语、典故、神话、寓言、谚语、诗歌、故事、警句、格言等，根据游客的不同需要，做到厚积薄发，使语言生动活泼、风趣高雅。因此，知识是语言生动的基础。

最后是语言的生动性。语言最重要的职能是作为思想交流的手段和交际的工具。语言的生动性，不仅要考虑它的内容，而且也包括表达的方式，它的神态表情、手势以及声调都应力求和谐一致。

语言的针对性、科学性和生动性三者有机结合才能使讲解语言有感人的魅力。这是语言表达的基本要求。

第五节　讲解的效应

公园的讲解是公园的软实力，做得好，会产生良好的经济效应、社会效应。

一、范氏效应

所谓范氏效应，即以范志鹏的姓命名的将乘数效应运用在讲解领域的论述为内容的讲解效应。乘数（Multiplier）又可译作倍数，现代经济学中用于分析经济活动中某一变量的增减所引起的经济总量变化的连锁反应程度。在经济运行过程中常会出现这样的现象，一种经济量的变化，可以导致其他经济量相应的变化。这种变化不是一次发生，而是一次又一次连续发生并发展。如一笔原始花费进入某一经济领域系统后，会流通再流通，经过多次循环，使原来那笔货币基数发挥若干倍的作用。这种多次变化所产生的最终总效应，就称为乘数效应。

经济活动中之所以会产生乘数效应，是因为各个经济部门在经济活动中是互相关联的。某一经济部门的一笔投资不仅会增加本部门的收入，而且会在国民经济的各个部门中引起连带反应，从而增加其他部门的收入，最终使国民收入总量成倍地增加。由此可见，某一行业的发展必然会促进一系列同该行业相关的间接部门的生产，从而带动整个国民经济的协调发展。这就是联动效应。

比如，一人花费1000元购买了一套衣服，服装加工者和布料生产者因此增加了1000元收入。如果他们的边际消费倾向均为0.75（或者说边际储蓄倾向为0.25），他们会支出750元购买他们需要的消费品。这些消费品的生产者也会增加750元的收入，如果他们的边际消费倾向也是0.75，他们又会支出750×0.75=625.50元。如此继续下去，每一轮新支出都是上一轮收入的3/4（即0.75）。这样，最初的1000元消费就导致了一系列次一轮的再消费支出。尽管这一系列的再支出永无止境，但其数值却一次比一次减少。最终的总和是一个有限的量。即：

$$1000 \times (1+c_1+c_2+c_3+\cdots\cdots+c_n)=1000 \times (1/s)=1000 \times (1/0.25)=4000$$

投资乘数的含义注入的增加会引起国民收入的增加，但注入所引起的国民收入的增加必定大于最初的注入量，乘数正是国民收入的变动量与引起这种变动量的最初注入量之间的比率。

投资变动对国民收入的乘数效应投资的增加之所以会有乘数作用，是因为各经济部门是互相关联的，某一部门的一笔投资不仅会增加本部门的收入，而且会在国民经济各部门中引起连锁反应，从而增加其他部门的投资与收入，最终使国民收入成倍增长。

讲解的乘数效应就是通过讲解员的讲解而出现的经济收入倍增和相应的社会效应。讲解的乘数效应包括营业收入乘数，即有偿讲解服务；旅游收入乘数，即游客通过接受讲解，激发了消费的欲望，带来公园内旅游产品的销售所产生的连锁收入；各种产出乘数，即由于讲解所带来的有关生产企业的经济产出水平的增长的收入；实习就业乘数，即通过讲解的经济收入增加所带来的经济系统实习就业岗位的增多，促进就业率的上升。

讲解的乘数效应，在经济系统中，依次发挥直接效应、间接效应和诱导效应。直接效应是公园通过讲解直接受益的效应；间接效应是相关部门和企业增加了经济收益；诱导效应，是所有直接或间接地为公园提供服务的部门和企事业单位的职工，将以工资或其他形式分享到的旅游花费用于在当地的消费支出时，对当地经济产生的影响。

根据世界旅游组织初步预测，属于颐和园讲解收入直接效应影响范围的，最主要是与食、住、行、游、购、娱相关的6个部门，而金融、建筑、纺织、通信、医疗、食品、农业等58个相关部门属于间接效应影响范围，与颐和园讲解收入直接相关和间接相关的部门的职工的消费则属于诱导交往间接效应影响范围。

颐和园的讲解为颐和园带来一定的收入。他们的收费标准为：中文讲解收费10人内80元/小时，每超过一人加收5元；外文讲解收费10人内120元/小时，每超过一人加收10元。按游览路线收费标准是：中文讲解，一个小时路线80元，一个半小时路线，120元，两小时路线180元；外文讲解，一小时路线120元，一个半小时路线180元，两小时路线260元。

颐和园讲解乘数效应可以通过计算乘数效应来表示，如果用W表示颐和园讲解乘数效应系数，则计算公式为：

$$W=1/（1-MPC）=1/MPS$$

其中，MPC表示旅游旅游消费倾向，

MPS表示旅游储蓄倾向。

假设颐和园讲解收入为10万元，颐和园将其中7.5万元用于各类开支，如果其他部门也以这一消费比例继续经济活，则：

$$W=10/（1-7.5/10）=40$$

即10万元颐和园讲解收入经过颐和园经济系统中以不变的比例不断循环，发挥作用，最终使颐和园收入总量增加到40万元。

北京恭王府公园是一座历史名园，曾是清朝恭亲王的府邸。公园利用独特的"福"字文化，展示王府的魅力，同时取得巨大的经济效益。他拒绝旅行社导游入园，而通过自己的讲解员进行生动的讲解，将花园假山洞中康熙皇帝书写的"福"字及府内福字故事娓娓道来，使游客不仅获得了精神上的享受，而且产生购买"福"产品的冲动。在恭王府公园，购买"福"文化纪念品排长队的现象，是绝无仅有的奇观。一个"福"字，给恭王府带来1.4亿元的收入。这其中，如果按照范氏效应计算，讲解的重要作用功不可没。

二、魏氏效应

所谓"魏氏效应"，是指以获得中华全国总工会"五一劳动奖章"、全国先进工作者等荣誉称号的原颐和园优秀讲解员魏红的姓氏命名的讲解效应。

魏红刻苦钻研业务，广泛学习园林、历史、文物、艺术、宗教等知识，提高讲解技能。她的讲解生动形象，富有感染力，凡是听过她讲解的中外游客，无不发出声声啧啧赞叹，对颐和园留下难忘的印象。她也成为传播颐和园文化的使者，从一个普通的讲解员，成长为颐和园讲解队伍的优秀带头人。这支队伍由班组发展为讲解服务中心，有23名职工及150多名志愿者，承担着服务中外广大游客的讲解工作。这支队伍用奉献、友爱、进步的阳光心态，铸就了踏踏实实、意志坚强、精通业务、勇于进取的讲解精神，他们传承文明、传播知识、传递友谊，出色地完成各项任务。他们的讲解生动、活泼，富有知识性和艺术性，受到中外游客的广泛赞誉，为中国争了光，添了彩。自2003年颐和园讲解服务中心成立，至2016年，共为中外游客提供有偿讲解7万次，服务40万人，提供义务咨询92万次，服务中外游客300万余人。更造就了一批优秀讲解员，其中有金牌讲解员力、十九大代表韩笑和一个优秀的讲解团队。优质的讲解服务，带来游客的正面评价，扩大了公园的影响力，提高了公园的知名度，是一种扩散效应。这种效应，正如向平静的水面投进一颗石子激起的水晕，一圈一圈地向外扩散。按照游客对游览对象正负评价无意扩散规律，首轮波及为14人，之后递次半数递减，第二轮波及为7人，第三轮波及为3人，第四轮波及为1人，合计25人，即一个人的评价可以影响周围25人，成为游客人数的25倍。正面的评价会对公园产生积极的影响。颐和园讲解服务的人数为340万×25=8500万余人，优秀的讲解为颐和园带来极大的效益。这就是魏氏效应。

三、乔氏效应

乔氏即著名的词作家乔羽先生。1955年，在拍摄电影《祖国的花朵》时，他担任主题曲的创作，住在北京北海公园里，朝霞晚云，白塔倒影，激发了他的灵感，于是诞生了《让我们荡起双桨》这首经典歌曲。这首歌影响了几代人，不仅歌颂了北京，而且歌颂了从黑暗走向光明的新中国，是生机勃勃的刚刚诞生的新中国的写照。这首歌也让北海公园名扬天下，乔羽先生成为北海的无形广告的化身。50年后，乔羽先生因为这首歌，获得北京市公园管理中心和北京市公园协会主办的"景观之星"称号。

　　"乔氏效应"，就是名人、名篇、名著效应。这是讲解的重要内容和形式。黄鹤楼、岳阳楼等名楼、名园都因名人、名篇、名著而著名。毛主席一句"不到长城非好汉"，成了最具影响力的"广告词"，给万里长城带来巨大的效益。正可谓"文藉景生，景因文传"。公园的讲解事业，离不开"乔氏效应"。应当充分利用乔氏效应展示公园的魅力，更好地为广大游客服务。

第十五章　国家公园

第一节　国家公园概述

1969年，国际保护自然及自然资源联盟（IUCN）对国家公园的定义是："一个国家公园，是这样一片比较广大的区域：它有一个或多个生态系统，通常没有或很少受到人类占据及开发的影响，这里的物种具有科学的、教育的或游憩的特定作用，或者这里存在着具有高度美学价值的自然景观；在这里，国家最高管理机构一旦有可能，就采取措施，在整个范围内阻止或取缔人类的占据和开发并切实尊重这里的生态、地貌或美学实体，以此证明国家公园的设立；到此观光须以游憩、教育及陶冶为目的，并得到批准。"

世界上建立国家公园最早的国家是美国。1872年5月10日，美国总统格兰特正式宣布世界第一个国家公园——黄石国家公园成立。1914年的夏天，一个叫斯蒂芬·马瑟的百万富翁，游览了约塞米蒂国家公园和红杉国家公园之后，被公园的状况震惊：破败的道路加上杂乱无章的动植物管理，投机者甚至想要砍伐雄伟壮丽的红杉树……1916年，马瑟不断地通过组织各种公众运动呼吁建立公园独立管理机构，最终，美国国会通过了《国家公园组织构成法》，于8月25日在联邦内政部建立了国家公园管理局，斯蒂芬·马瑟成为新机构的第一任局长。规定其使命是"保护公园内的景观、自然与历史遗迹及野生动物，并以保护的方式提供给人们享用，保证将其毫无损害地留给后代享用"。美国国家公园其实是一种理念、一种精神，这个体系的建立者以及继任者们认为"后代人的权利远比当代人的欲望更重要"。这样的自然以及背后的历史与故事，是不该属于某些个人的，甚至不该只属于一个时代。它属于大家，属于当下和未来的永恒。创建国家公园，是美国人一项影响深远的举措。1964年，美国《荒原法》出台，这部法律从原则和细节层面上规定：任何个人或集团，不得以国家、发展、开发的名义，做损害荒原自然面貌的事情。自然就让它保持它的野性。美国第26任总统西奥多·罗斯福，在任期间创建了5个国家公园、51个联邦鸟类保护区、4个国家动物保护区，18个国家文化遗迹保护区，并开辟了多于1亿英亩的国家森林保护区。

美国国家公园管理局属于美国联邦政府内政部，局长由美国总统任命，雇员2万余人。下设机构有阿拉斯加、山际、中西部、首都地区、东北、西太平洋和东南7个地区管理办公室，各个地区的管理办公室不受地方的约束。预算、管理、雇佣由国家公园管理局直接领导。它掌管着59个国家公园（national park）和其他包括纪念地、战争纪念公园、自然保护区、海岸线、休闲地区等在内的352个单位。

美国的国家公园始终确立的是高度单一的管理主体：美国国家公园管理局。并且美国国家公园总体管理规划设计，依据美国联邦161A-7B的法律规定，由国家公园管理局下设的丹佛设计中心独家垄断，全权统一负责规划的组织实施。规划设计中心汇集了各方专家。由丹佛设计中心提出的规划设计，往往都是从社会及人类历史发展的角度来量身制定，并确保在一百年至两百年内不会有较大的改动或变动。在规划设计上报以前，必须先向当地及州的国民广泛征求意见，否则参议院不予讨论。即便是总统提出的国家公园的建设，也必须严格规划和按程序办理。

美国国家公园基本靠国家养，门票花费人均每年40美分，每年游客量大约在2.5亿至3亿之间，但门票收入却不到1亿美元，也就是说每人每年仅花费40美分，约合人民币3元2角。美国国家公园管理费，要由国会拨款维持日常运转，公园管理局绝不准许下达创收指标，这充分体现了国家公园的社会公益性。大部分票价的购买单位是一车而不是一人。对国家公园门票的收费标准，国会有专门的立法，确定了哪些地方不能收费，收费的地方应遵循什么样的原则，有的还确定了最高限额，因此，国家公园管理局根据立法确立的原则制定门票定价指南。在美国，联邦政府每年对国家公园的拨款占整个公园运作资金的70%。这一运作方式也为世界上其他国家效仿，在澳大利亚，每年都由政府投入大量的资金用于国家公园的建设，公园经营不以赢利为目的。而加拿大国家公园的门票大约平均8.8加币，7天之内可以往返出入；日本的国家公园实行免票制度。

运营这么庞大的国家公园体系，资金始终是一个问题。美国国会在1965年通过了《特许经营法》，允许私营机构采用竞标的方式，缴纳一定数目的特许经营费，以获得在公园内开发餐饮、住宿、河流运营、纪念品商店等旅游配套服务的权利。1985年，里根总统在任期间进一步加大了特许经营的力度。私营企业参与国家公园经营管理的途径主要有两种，一是参与特许经营项目，二是参与公益捐款，两者均通过国家公园基金会的渠道进行，形成公私结合的机制。目前，全美58个国家公园内约有630个特许经营项目，许多著名企业（如佳能、福特等）都是特许经营项目的运营商。特许经营权的收入为国家公园提供了20%左右的运营经费。另外，企业的直接或间接公益捐款——例如通过非政府组织——也为国家公园的运营提供了可观的资金支持。

美国国家公园保护的不仅是一块又一块的景观，而且是其背后的历史、人文、故事，在捐款的各种企业、慈善机构甚至富豪看来，这些都是美国之所以成为美国的重要物证。美国国家公园作为人类保护地球环境的一种成功机制，被225个国家和地区所参照移植，建立了国家公园和保护区30350个，总面积相当中国和印度面积之和，占地球面积8.83%。一位美国人自豪地说：如果说美国人对于世界文化发展作过什么贡献的话，恐怕最大的就是国家公园的创建了。作家和历史学家华莱士·斯特格纳曾说，国家公园是美国有史以来最好的构想。

继美国之后，亚洲、欧洲、澳洲等国家相继建立了国家公园体制。日本国家公园法立法于1931年。3年后，濑户内海、云以天草和雾岛屋久成为日本第一批设立的3个国家公园。而韩国第一个国家公园智异山则设立于1967年；韩国国家公园署成立于1987年，为韩国国家公园进行专业管理。根据《2014年联合国自然保护地名录》的统计，全球共有209429处，面积为32868673平方公里，占陆地面积的15.4%。

中国自然资源保护地的类型繁多，有自然保护区（1956年）、风景名胜区（1982年）、森林公园（1982年）、世界遗产（1987年）、地质公园（2001年）、水利风景区（2001年）、湿地公园（2005年）、城市湿地公园（2005年）、海洋特别保护区（2011年）、海洋公园（2011年）。这些保护地由国家不同的部门管辖，形成九龙治水的局面。

建立国家公园体制是党的十八届三中全会提出的重点改革任务之一，是我国生态文明制度建设的重要内容。2013年11月，党的十八届三中全会决定首次提出建立国家公园体制。2015年9月，中共中央、国务院印发的《生态文明体制改革总体方案》（中发〔2015〕25号）对建立国家公园体制提出了具体要求，强调"加强对重要生态系统的保护和利用，改革各部门分头设置自然保护区、风景名胜区、文化自然遗产、森林公园、地质公园等的体制""保护自然生态系统和自然文化遗产原真性、完整性"。建立国家公园体制的根本目的，就是以加强自然生态系统原真性、完整性保护为基础，以实现国家所有、全民共享、世代传承为目标，理顺管理体制，创新运营机制，健全法制保障，强化监督管理，构建统一规范高效的中国特色国家公园体制，建立分类科学、保护有力的自然保护地体系。国家公园是指由国家批准设立并主导管理，边界清晰，以保护具有国家代表性的大面积自然生态系统为主要目的，实现自然资源科学保护和合理利用的特定陆地或海洋区域。国家公园是中国自然保护地的最重要类型之一，属于全国主体功能区规划中的禁止开发区域，纳入全国生态保护红线区域管控范围，实行最严格的保护。除不损害生态系统的原住民生活生产设施改造和自然观光、科研、教育、旅游外，禁止其他开发建设活动。与一般的自然保护地相比，国家公园的自然生态系统和自然遗产更具有国家代表性和典型性，面积更大，生态系统更完整，保护更严格，管理层级更高。

针对我国自然保护地管理存在的突出问题，要在统一事权分级管理、强化自然生态系统保护、促进社区协调发展、完善法律制度等四个方面取得实质性突破，大胆创新，补齐制度短板。国家公园的全民公益性，主要体现在共有共建共享。

2013年，国家提出建立国家公园的战略构想，就是要改革目前资源和生态环境领域九龙治水的管理体制，推进资源和生态环境保护领域国家治理体系和治理能力现代化。2016年，中国三江源地区获得审议通过了《中国三江源国家公园体制试点方案》，2017年开始正式实施。标志着中国国家公园体制建设迈出了第一步。三江源是长江、黄河和澜沧江的源头地区。作为"中华水塔"的三江源，是我国重要的淡水供给地，维系着全国乃至亚洲水生态安全命脉，是全球气候变化反应最为敏感的区域之一，也是中国生物多样性保护优先区之一。三江源国家公园体制试点是中国第一个得到批复的国家公园体制试点，面积12.31万平方公里。青海省正式出台《三江源国家公园条例（试行）》，编制完成《三江源国家公园总体规划》，制定印发了三江源国家公园科研科普、生态管护公益岗位、特许经营、预算管理、项目投资、社会捐赠、志愿者管理、访客管理、国际合作交流、草原生态保护补助奖励政策实施方案等10个管理办法，形成了"1+N"制度体系。国家林业局会同吉林、黑龙江以及四川、陕西、甘肃正抓紧编制东北虎豹、大熊猫国家公园体制试点实施方案和总体规划。湖北省人大常委会将《神农架国家公园管理条例》列为2017年省人大立法"1号"议案，条例经省政府常务会议审议后已通过省人大常委会立法会一审。浙江省制定实施《钱江源国家公园山水林田河管理办法》，设置环境资源巡回法庭，开展乡镇领导干部自然资源资产离任审计。福建省出台《武夷山国家公园试点区财政体制方案》，将武夷山国家公园管理局作为省本级一级预算单位管理，按照管理权与经营权相分离的原则，试点区内企业包括武夷山市属国有企业管理权与税收等按属地原则归属武夷山市本级财政，试点区内的风景名胜区门票收入、竹筏和观光车等特许专营权收入、资源保护费收入等作为省本级收入，纳入预算管理，直接上缴省级财政。

视大自然为园林的精神，是中国园林的优秀传统。从《上林赋》所述的内容看，当时的宫廷园林的功能是唯美的，从今天的观点看，当时的园林近似现在的国家公园，范围必须包含一定的生态系统，鸟兽优游其间，呈现自然的风貌。1994年，由建设部发布的《中国风景名胜区形势与展望》绿皮书即明确指出，"中国风景名胜区与国际上的国家公园（National Park）相对应，同时又有自己的特点。中国国家级风景名胜区的英文名称为National Park of China。"而根据中华人民共和国国家标准GB50298—1999《风景名胜区规划规范·术语》一章的定义，国家级风景名胜区在保护地体系归类中相当于"海外的国家公园"。中国国家级风景名胜区徽志图案，其圆形图案上半部英文"NATIONAL PARK OF CHINA"（直译为"中国国家公园"）；下半部为汉语"中国国家级风景名胜区"。

第二节　风景名胜区的产生与发展

中国的风景名胜资源非常丰富。中国的风景名胜区，发端于20世纪70年代后期，是在中国经济体制转轨和政治体制改革的形势下诞生的。

中国地大物博，历史悠久，有着非常丰富的风景名胜资源。所谓风景名胜资源，系指具有观赏价值、文化或科学价值的山河、湖海、地貌、森林、动植物、化石、特殊地质、天文气象等自然景物和文物古迹、革命纪念地、历史遗址、园林、建筑、工程设施等人文景物和它们所处环境以及风土人情等。两个"和"字，道出其中风景名胜资源之要义。古人云：从来奥镜名区，天工居其半，人巧亦居其半。自然资源包括山川、河流、湖泊、海滨、岛屿、森林、动植物、特殊地质、地貌、溶洞、化石、天文气象等；人文资源包括文物古迹、历史遗迹、革命纪念地、园林工程设施、宗教寺庙、民俗风情等。

中国的风景名胜资源，根据地理分布特征和自然与人文特点，可分为自然类和人文类。自然类包括：山岳、江河、湖泊、海滨（岛）、岩洞、地质、地貌、生物景观、天文气象等；人文类包括：文物古迹、历史圣地、城市风景、园林、建筑、工程设施、宗教寺庙、纪念地、壁画石窟、陵寝、民俗风情等。

一、建立风景名胜区的重要性和必要性

风景名胜资源具有独特性、完整性、原真性、脆弱性和不可替代性的特征。中国的风景名胜资源的自然资源，分布在几个大跨度的气候带和形态迥异的地质带，由于独特的地理区位和地形地貌条件，生成了独特的自然景观和丰富的生物资源系统；人文资源则是在中国漫长的历史长河中，不同地域、不同民族、不同文化造就的丰富多彩的人文景观和艺术珍品；自然资源和人文资源的融合是中国风景名胜资源的重要特色，它们互相依存、互相影响，形成几近完美的人间杰作。许多地方的风景名胜资源，以其独特的风

韵和特质享誉世界，成为人类共同的自然和文化遗产。到2018年，中国列入《世界遗产名录》的遗产地已达53项。

风景名胜资源的完整性有三层含义，一是作为大的风景名胜资源的生境、盛景的整体和地域的不可分割性；二是风景名胜资源本体与周围环境的不可分割性；三是风景名胜资源的物质资源和物质资源、物质资源和非物质资源的不可分性。

风景名胜资源的原真性是指自然与人文景观景物的位置、体量、形式、规模、特征、材质、色彩等方面的保持原始状态和真实面貌。一是资源本体的原真性，二是资源关联物的原真性，三是资源环境的原真性。

风景名胜资源的脆弱性，是指风景名胜资源易被外力损害的特性。无论自然资源还是人文资源，都面临着自然因素、社会因素和经济因素的冲击和威胁。自然资源和人文资源都是有生命周期的资源。自然因素包括时间、空间、气候、气象、生物、地质、灾异等，对风景名胜资源的侵害是不可避免的。我们的责任是采用科学的态度、艺术的思想和先进的技术，尽其所能加以保护，延长其生命周期，同时要防止保护性破坏。社会因素主要来自人们对风景名胜资源价值的无知或认识不足，造成目光短浅、急功近利、过度使用和人工化现象，导致风景名胜资源损害；经济因素主要是来自城市化、商业化、旅游化、无序化开发建设等，给风景名胜资源造成损害。

风景名胜资源不可替代性是指风景名胜资源的价值及其时空是不可逆的，是任何先进的科学和技术不能复制的。正如一幅古画，尽管现在可以通过先进的技术手段能够复制几乎达到以假乱真的程度，连最权威的专家都难以辨识，但是假的就是假的，永远不会有原作的价值。黄山上的迎客松是全国第一个派有专人24小时看守的古树名木，就是因为它太美了，影响太大了，是无价之宝，一旦损毁是多少金钱也无法挽回的损失。

风景名胜资源具有其他资源不可比拟的多重价值。包括生态价值、美学价值、科学价值、生命支撑价值、社会价值、经济价值等。在1992年6月5日联合国《生物多样性公约》序言中指出，缔约国意识到生物多样性的内在价值和生物多样性及其组成部分的生态、遗传、社会、经济、科学、教育、文化、娱乐和美学价值。

二、风景名胜区的建立

1978年2月，国家建委（即住房城乡建设部前身）在济南召开第三次全国园林绿化工作会议，研究修改《关于加强城市园林绿化工作的意见》，文件明确了风景区、森林公园、城市公共绿地、绿化生产绿地由城市建设部门统一管理。要求分级确定自然风景保护区，自然风景区要保持完整的自然风貌，风景区建设要纳入城市总体规划统筹安排。

1978年4月4日，中共中央批准了在1978年3月6～8日召开的第三次全国城市工作会议上制定的《关于加强城市工作的意见》，文件明确由城市建设主管部门负责管理风景区工作。自此，中国自然风景区作为一项公共资源管理事业正式纳入中央人民政府部门的管理。

1979年3月12日，中国成立"国家城市建设总局"，规定：全国自然风景区由国家城市管理总局归口管理；统一规划、统一建设、统一管理公园和风景区。

1979年3月，国家城市建设总局在杭州召开自然风景区工作座谈会，会议修改了《关于加强自然风景区保护管理工作的意见》，进一步研究了重点风景名胜区的保护和规划工作，提出了22个拟报国务院批准的国家自然风景区名单。首次明确提出"风景名胜区"的名称。

1979年6月28日，国家建设总局发布《关于加强城市园林绿化工作的意见》，提出建立全国风景名胜区体系，进行分级管理；风景名胜区要统一规划、统一管理；禁止损坏风景名胜面貌和损害环境的建设等。是年，全国各地对风景区的保护、建设引起重视，开始加强风景区工作。四川峨眉山、新疆天山天池、辽宁千山等风景区相继建立了管理机构；山东泰山、江苏太湖风景的管理机构加紧筹备，峨眉山、西湖、庐山、泰山、黄山、千山、漓江、武汉东湖等开始了风景名胜资源调查和风景区规划编制工作。峨眉山、千山、漓江、西湖、东湖、崂山、岳麓山、北戴河肇庆星湖——鼎湖山等风景区完成初步规划。

1981年3月17日，国务院以国发〔1981〕38号文件批转国家城建总局、国务院环境保护领导小组、国家文物局、中国旅游事业管理总局四个部门《关于加强风景名胜区保护管理工作的报告》。文件系统阐明了风景名胜区工作的方针政策，是新中国成立以来有关风景名胜区工作的重要的指导性文件。同时，第一次正式明确提出了"风景名胜区"的名称。为贯彻落实中央和国务院有关文件精神，国家城建总局先后编发了《风景名胜资源调查提纲》《风景名胜区规划内容及审批办法》《申请列为国家风景名胜区的有关事项》《关于加强城市公园和风景名胜区古树名木保护管理的意见》等文件。

1982年10月28日，国家城乡环境保护部会同文化部、国家旅游局向国务院提交《关于审定第一批国家重点风景名胜区的请示》。时隔10日，1982年11月8日，国务院批准同意该报告，公布全国第一批44个国家重点风景名胜区名单，并要求各地区各部门切实做好风景名胜区的保护和管理工作。这标志着中国风景名胜区的正式产生。

三、风景名胜区建立的意义

风景名胜区的诞生，开创了中国式的国家公园——中国国家风景名胜区的新纪元。30多年来，在中共中央国务院的高度重视与正确领导下，在国家建设行政主管部门和各级政府以及相关行业部门的大力支持下，在有关专家和社会公众广泛参与下，经过各级风景名胜区干部员工的开拓性工作和不懈努力，完成了风景名胜区从无到有、从小到大的转变，建立起了国家风景名胜区体系，风景名胜区事业取得了巨大的成就。使一大批中华民族乃至世界珍贵的自然和文化遗产纳入国家管理和保护机制，机构建设、法制建设、规划与管理、重要保护与监测以及精神文明建设，都取得了显著的进步，为我国风景名胜资源的可持续发展奠定了重要基础。至2016年，中国已公布9批中国国家级风景名胜区244个，省市级风景名胜区789个。形成了完善的风景名胜区体系。风景名胜区面积已经占国土面积的1%。风景名胜区不仅是实现中华文明传承、拉动旅游经济、实现社会和谐发展、加强政治建设的重要载体，更是成为中国生态文明建设的强大力量，是国家公园建设的基础。

第三节　风景名胜区法规

一、具有重要历史性的文件

1981年3月17日，国务院批转国家城建总局等部门《〈关于加强风景名胜保护管理工作的报告〉的通知》（国发〔1981〕38号）。国务院"希望各地结合实际情况，制订有关实施办法，采取有力措施，切实把这项工作做好。"这一《通知》开创了风景名胜区事业的崭新篇章，具有划时代的意义。

《关于加强风景名胜保护管理工作的报告》分析了中国风景名胜资源的现状，指出：我国历史悠久，山河壮丽。风景名胜、文物古迹之多，为世界罕见。搞好风景名胜的保护管理工作，对于丰富人民的文化生活，促进旅游事业的发展，为"四化"建设服务，具有重要意义。"文化大革命"期间，不少风景名胜受到严重破坏，树木被砍伐，环境被污染，文物古迹被毁坏。有的游览胜地被长期占用，变成了禁区。粉碎"四人帮"之后，情况有所好转，许多地方重视了风景名胜的保护管理工作。但是，问题仍然很多。当前突出的问题是：风景名胜区没有划定范围，管理体制和管理机构不健全；在风景名胜区内开山取石、毁林垦荒、滥伐树木、污染环境等现象仍未停止；风景名胜区的维护、建设工作跟不上旅游发展的需要。由于缺乏统一管理，在一些游人集中的风景点，出现了一些单位及个人争抢地盘、搭棚设摊、推销商品的情况，把优美的游览胜地变成了杂乱的市场。广大群众和部分全国人大代表、政协委员一再呼吁，要求加强对风景名胜的保护管理工作。划定风景名胜区的范围，建立健全管理体制和管理机构，制订有关政策法令和规章制度，加强风景名胜的保护管理工作已刻不容缓。提出如下意见：

对全国风景资源进行调查，确定风景名胜区的等级和范围。对一些闻名中外、具有独特的自然和人文景观、规模较大的风景名胜区应列为国家重点风景名胜区；建立健全风景名胜区的管理体制和管理机构，实行统一管理。风景名胜区的保护、管理和规划建设业务，由各级城市建设部门归口负责；要充实和加强风景名胜区的管理机构。各管理机构要认真贯彻执行国家的有关政策法令，负责风景名胜区的保护、规划、建设和管理，统一安排园林、文物、环保、旅游服务各方面在风景名胜区的任务和工作。城市郊区的风景名胜区，由城市园林部门直接管理，不另设机构；加强风景名胜区的保护工作；有计划地进行风景名胜区的开发和建设。风景名胜区的开发建设要统一规划、统筹安排。确定城市郊区风景名胜区的规划，要纳入城市建设总体规划。国家重点风景名胜区的规划由国家城建总局组织审查，报国务院批准后，由省、市、自治区城建园林部门组织实施。风景名胜区内的各项建设要按上级批准的规划和基建程序进行，由风景名胜区管理机构统一安排实施，各单位不得各自为政。在风景名胜区内不准建设与风景、旅游无关的建筑物。在保护地带内不准建设有害环境的工厂和单位。在风景点和公共游览区内不准建设旅馆和休养、疗养机构；风景名胜区的建设首先要恢复和发展林木植被，保持自然生态，增加山林野趣。建筑形式一定要因地制宜，保持当地的特色，与景观协调一致，切不可损害风景名胜的自然风貌等；风景名胜区的维护和建设资金主要是地方财政投资和风景名胜区自己的收入。

这一《通知》使风景名胜区的建立和运行有了依据。在这个基础上，1982年诞生了第一批国家重点风景名胜区。为了加强风景名胜区的保护和管理，国家制定了一系列的法规和规章。

二、风景名胜区法规的第一个里程碑

1985年6月，国务院颁布我国第一部关于风景名胜区的法规《风景名胜区暂行条例》（共16条），以法律的形式确定了风景名胜区的法律地位、制度，为中国风景名胜区的资源保护、建设管理等提供了法律依据，将中国的风景名胜区事业纳入了法制化的轨道。《暂行条例》规定，风景名胜区分为三级，即国家重点风景名胜区、省市级和县级。城乡建设环境保护部主管全国风景名胜区工作。地方各级人民政府城乡建设部门主管本地区的风景名胜区工作。风景名胜区依法设立人民政府，全面负责风景名胜区的保护、利用、规划和建设。风景名胜区没有设立人民政府的，应当设立管理机构，在所属人民政府领导下，主持风景名胜区的管理工作。设在风景名胜区内的所有单位，除各自业务受上级主管部门领导外，都必须服从管理机构对风景名胜区的统一规划和管理。同时对风景名胜区的规划、土地、资源保护、开发利用风景名胜资源，改善交通、服务等提出明确的要求。此后，国务院先后制定了关于加强风景名胜区工作的一系列规范性文件。国家建设行政管理部门相继制定了一系列部门规章和规范性文件，以保障国家法律法规的有效实施。

三、风景名胜区法制化管理新阶段

2006年9月，国务院颁布了《风景名胜区条例》（下称《条例》），为风景名胜区的设立、规划、保护、利用和管理提供了法律保障。这是风景名胜区事业的具有里程碑意义的大事件，它标志着风景名胜区法制化、规范化管理一个新阶段的开始，标志着风景名胜区事业强大的生命力和广阔的前景。《条例》共六章52条，涵盖了政府、社会、主管部门、风景名胜区管理机构4个方面，规定了国家、地方、风景名胜区3个层面的权利和义务。突出了10个方面的内容：①确立了风景名胜区工作的基本原则："科学保护、统一管理、严格保护、永续利用"；②确立了风景名胜区管理机构的法律地位；③确立了建设主管部门和直辖市风景名胜区主管部门的法律地位；④确立了风景名胜区的两级设置的机制；⑤强化了风景名胜资源的保护措施；⑥强调了风景名胜区规划的科学性和严肃性；⑦明确了风景名胜资源的有偿使用原则；⑧明确了公众的义务和权利；⑨明确了资源、房屋所有权人、使用权人的合法权益受法律保护；⑩明确了责任追究制度和法律责任。为了加强对风景名胜区的管理，有效保护和合理利用风景名胜资源，《条例》在法律用语方面更加讲求严肃性、准确性、有效性和可操作性，条款中按照法度量级分别为："应当"46处，"不得"8处，"严格"3处，"禁止"6处，"责令"14处，"限期"10处，"罚款"9处，"降级或撤职"2处，"没收违法所得"2处，"承担民事责任"1处，"追究刑责"6处，"强制执行"1处。《条例》的出台，推动了我国风景名胜区事业的发展。

四、风景名胜区法规体系

多年来，在风景名胜区的依法保护建设管理过程中，国家的相关法律法规也发挥了重要作用。如《城乡规划法》《环境保护法》《水污染防治法》《森林法》《海洋环境保护法》《水法》《文物保护法》《野生动物保护法》《宗教事务条例》等，是风景名胜区法律法规体系的组成部分。

全国绝大部分省市区，结合各地实际情况与国家风景名胜区法律法规相衔接，制定了相应的地方性法规和规章，发挥了重要作用。各级风景名胜区依据《风景名胜区条例》，根据各自的实际情况，制定了风景名胜区法规和管理办法。这些法规办法，在中国市场经济转型的复杂历史条件下，对风景名胜区的行政管理、规划建设、资源保护和旅游服务等发挥了重要的规范性的作用。2007年10月，杭州西湖风景名胜区管理委员会报经杭州市法制部门审查通过并备案，正式公布《〈风景名胜区条例〉行政罚款自由裁量权适用规则》《〈杭州西湖风景名胜区管理条例〉行政罚款自由裁量权适用规则》，这是我国风景名胜区第一个涉及风景名胜区的自由裁量权的法律文件，同时，也创造了风景名胜区内行政执法的规范性、适应性公式。健全了执法监督机制，保障了当事人的合法权益免于不合理侵害。为相关法律法规的有效实施创造了良好条件，完成了中国风景名胜区的行政执法从"弹性处理"向"标准化执法"的转变。

第四节　风景名胜区规划

根据《风景名胜区条例》的要求，风景名胜区应当自设立之日起2年内编制完成总体规划。总体规划的规划期为20年。

一、编制规划的意义

（1）风景名胜区是一个较大的地域范围，要使风景名胜区健康有序的发展，必须遵循其自身发展的规律。风景名胜区的规划就是在正确理论的指导下研究探索其规律的科学。在规划过程中，经过充分调查研究，基本把握其规律，做出科学的评价和判断，明确方向和目标，制定切实可行的战略，是指导未来发展的基本依据。

（2）风景名胜区涉及政治、经济、文化等方面以及各个有关部门的关系，有不同利益的交叉，风景名胜区的规划就是站在更高层面上，发挥整体大于局部之和之优势，统筹兼顾，科学谋划，找到各方面的契合点，实现风景优美、设施方便、社会文明，并突出其特色景观形象、游憩魅力和生态环境，发挥最大的效应，以利于风景名胜区适度、稳定、协调和可持续的发展。

（3）风景名胜区的规划，通过科学处理保护与利用、近期与远期、整体与局部、技术与艺术等关系，通过科学确定风景名胜区的性质、特征、作用、价值、利用目的、方针政策、保护范围、功能分区、景区划分、规模容量、游览组织、工程技术、管理措施和投资效益等重大问题，为实现风景名胜区发展目标而制定一定时期内系统性优化的计划，是风景名胜区的未来行动的纲领。

（4）风景名胜区规划是国家实施监督的必要手段。风景名胜区的资源是重要的国家实力，是国家生存力、战略力和世世代代发展力的源泉，国家必须采取法律的、经济的、行政的等手段加以控制。风景名胜区的规划通过法定程序批准后，就是风景名胜区的法律，必须严格遵守。国家依据通过的风景名胜区的规划进行监督检查，保障国有资源的完整性、原真性和可持续性，这是具有战略意义的。

二、风景名胜区规划的原则

编制风景名胜区的规划必须遵循以下原则：

保护优先的原则。风景名胜资源是不可再生的宝贵资源，保护好风景名胜资源是风景名胜区规划的首要目的。因此，风景名胜区规划首先要做好资源的调查、评估，做出科学的判断，然后根据资源的性质、特点，划定保护范围，制定保护措施。所谓保护优先，一是指当某种资源的价值尚未被正确解读和认识时，不可轻易处置，防止其质量、能量和信息的灭失；二是指当某种资源要素的缺失可能造成其他资源的存在失去平衡时，要从整体上加以保护；三是指当保护和开发建设发生矛盾时，要保护优先，不得造成建设性破坏。要突破"围城效应"，防止风景名胜区的城市化、商业化、公园化。

和谐的原则。风景名胜区的规划要充分考虑各种关系，比如自然与人的关系，国家与地方的关系，保护与利用的关系，风景名胜区与当地居民的关系，风景名胜区的规划与其他规划的关系，近期和远期的关系等，处理好这些关系，在坚持原则的基础上，恰当地关照各个方面的关切，形成和谐共处的基础。不仅使规划更加完美，而且能使规划顺利付诸实施，产生良好的环境效益、社会效益和经济效益。

实事求是的原则。风景名胜区的规划必须符合中国国情，要根据当地的实际情况，因地制宜，把握事务内在的规律，统筹兼顾，综合安排，科学规划，合理权衡风景环境、社会、经济三方面的综合效益，权衡风景名胜区的发展与社会需求之间的关系。

有法可依的原则。由于风景名胜区规划范围较大，涉及山、水、林、田、牧、村、乡、城、镇、居民等，规划的每一项内容都可能涉及有关的法律法规，所以，每一项规划内容的确立既要考虑必要性，又要考虑可能性，不能发生与相关法律法规相违背的问题。

有限利用的原则。风景名胜资源是独特的资源，是大自然漫长岁月的造化，许多资源是不可再生的，不可复制的，我们当代的利用应当保持一定的限度，充分考虑子孙后代的享用，绝不能"吃祖宗饭，断子孙粮"。发挥风景名胜资源主体价值在"清赏"的作用，适度配备有限的服务实施。把风景名胜区搞成旅游区、度假区、商业区是不明智的。

功能分区制的原则。风景名胜区实行功能分区，是古今中外对风景资源保护的重要经验总结。所谓分区制，有两层含义，一是指将风景名胜区所在地区的功能分区，区外建设旅游服务基地及相应的经济功能，区内为资源保护区，承担科研、教育和游览体验功能；一是指风景名胜区内的小分区，解决区内的保护和利用的关系。正如加拿大国家公园法所说："分区制是国家公园进行规划、发展及管理方面最重要的手段之一。是对国家公园范围内的陆地、水域，按其需要保护的情况和可对游人开放的条件，以资源状况为基础，来划分不同区域。它对游人的活动和对公园管理者的管理都具有指导意义。它有助于解决利用和保护之间存在的紧张情况。"

《风景名胜区条例》对风景名胜区规划单列一章，有11条。明确规定了风景名胜区规划的原则和方针，是编制风景名胜区规划的法律依据。规定：风景名胜区规划分为总体规划和详细规划。风景名胜区详细规划，应当符合风景名胜区总体规划。风景名胜区总体规划的编制，应当体现人与自然和谐相处、区域协调发展和经济社会全面进步的要求，坚持保护优先、开发服从保护的原则，突出风景名胜资源的自然特性、文化内涵和地方特色。

风景名胜区总体规划应当包括下列内容：风景资源评价；生态资源保护措施、重大建设项目布局、开发利用强度；风景名胜区的功能结构和空间布局；禁止开发和限制开发的范围；风景名胜区的游客容量；有关专项规划。

风景名胜区详细规划应当根据核心景区和其他景区的不同要求编制，确定基础设施、旅游设施、文化设施等建设项目的选址、布局与规模，并明确建设用地范围和规划设计条件。

《条例》规定了规划编制的组织、程序，规定：国家级风景名胜区的总体规划，由省、自治区、直辖市人民政府审查后，报国务院审批。国家级风景名胜区的详细规划，由省、自治区人民政府建设主管部门或者直辖市人民政府风景名胜区主管部门报国务院建设主管部门审批；省级风景名胜区的总体规划，由省、自治区、直辖市人民政府审批，报国务院建设主管部门备案。

省级风景名胜区的详细规划，由省、自治区人民政府建设主管部门或者直辖市人民政府风景名胜区主管部门审批；风景名胜区规划未经批准的，不得在风景名胜区内进行各类建设活动；经批准的风景名胜区规划不得擅自修改。确需对风景名胜区总体规划中的风景名胜区范围、性质、保护目标、生态资源保护措施、重大建设项目布局、开发利用强度以及风景名胜区的功能结构、空间布局、游客容量进行修改的，应当报原审批机关批准；对其他内容进行修改的，应当报原审批机关备案；风景名胜区详细规划确需修改的，应当报原审批机关批准；政府或者政府部门修改风景名胜区规划对公民、法人或者其他组织造成财产损失的，应当依法给予补偿等。

三、风景名胜区规划规范

1999年，为了适应风景名胜区保护、利用、管理、发展的需要，优化风景区用地布局，全面发挥风景区的功能和作用，提高风景区的规划设计水平和规范化程度，建设部颁布了《风景名胜区规划规范》。该规范适用于国务院和地方各级政府审定公布的各类风景区的规划。风景区按用地规模可分为小型风景区（20km²以下）、中型风景区（21~100km²）、大型风景区（101~500km²）、特大型风景区（500km²以上）。风景区规划应分为总体规划、详细规划两个阶段进行。大型而又复杂的风景区，可以增编分区规划和景点规划。一些重点建设地段，也可以增编控制性详细规划或修建性详细规划。

风景名胜区的规划应在多学科综合考察或深入调查研究的基础上，取得完整、正确的现状和历史基础资料，进行现状分析。现状分析结果提出风景区发展的优势与动力、矛盾与制约因素、规划对策与规划重点等三方面内容。

要进行风景资源评价，风景资源评价必须在真实资料的基础上，把现场踏查与资料分析相结合，实事求是地进行；采取定性概括与定量分析相结合的方法，综合评价景源的特征；根据风景资源的类别及其组合特点，应选择适当的评价单元和评价指标，对独特或濒危景源，宜作单独评价。

确定风景区规划范围及其外围保护地带，应依据以下原则：景源特征及其生态环境的完整性；历史文化与社会的连续性；地域单元的相对独立性；保护、利用、管理的必要性与可行性。

要划定风景区范围的界限、风景区的性质，确定风景区的发展目标，进行合理区划，进行综合部署，形成合理、完善而又有自身特点的整体布局，风景区游人容量应随规划期限的不同而有变化。对一定规划范围的游人容量，应综合分析并满足该地区的生态允许标准、游览心理标准、功能技术标准等因素而确定。

《规范》还对风景保护的分类、分级及保护培育规划、风景游赏规划、典型景观规划、植物景观规划、建筑景观规划等做了详细的规定，是风景名胜区规划的依据。

第五节　风景名胜区管理

风景名胜区是一个全新的概念,产生于20世纪80年代。它既是借鉴了世界上国家公园的经验,又具有中国的传统和特色。因此,在管理上也具有鲜明的时代特点。

一、国家对风景名胜区实行统一管理

1981年2月,国家城市建设总局(住房城乡建设部的前身)会同国务院有关部门,向国务院提交了《关于加强风景名胜保护管理工作的报告》,提出建立风景名胜区,加强风景名胜的保护。建立和健全风景名胜区的管理体制和管理机构,实行统一管理。

1982年5月,第五届全国人大常委会第23次会议通过《关于国务院部委机构改革实施方案的决议》,国务院确定全国风景名胜区工作由城乡建设环境保护部(住房城乡建设部前身)市容园林局主管,同时下设风景名胜处,这是国家建设行政主管部门第一次在内设机构中正式设立风景名胜区的专门管理机构。

1985年6月,国务院颁布《风景名胜区暂行条例》从国家法规层面上对中央和地方政府机构管理风景名胜区工作做出明确规定:城乡建设环境保护部主管全国风景名胜区工作。地方各级人民政府城乡建设部门主管本地区的风景名胜区工作。风景名胜区依法设立人民政府,全面负责风景名胜区的保护、利用、规划和建设。风景名胜区没有设立人民政府的,应当设立管理机构,在所属人民政府领导下,主持风景名胜区的管理工作。设在风景名胜区内的所有单位,除各自业务受上级主管部门领导外,都必须服从管理机构对风景名胜区的统一规划和管理。

2006年《风景名胜区条例》更进一步规定:国家对风景名胜区实行科学规划、统一管理、严格保护、永续利用的原则。风景名胜区所在地县级以上地方人民政府设置的风景名胜区管理机构,负责风景名胜区的保护、利用和统一管理工作。国务院建设主管部门负责全国风景名胜区的监督管理工作。

国务院其他有关部门按照国务院规定的职责分工，负责风景名胜区的有关监督管理工作。

省、自治区人民政府建设主管部门和直辖市人民政府风景名胜区主管部门，负责本行政区域内风景名胜区的监督管理工作。省、自治区、直辖市人民政府其他有关部门按照规定的职责分工，负责风景名胜区的有关监督管理工作。

1993年12月，为了强化全国风景名胜区工作的指导和监管，建设部根据国务院批准的"三定"方案，成立了建设部风景名胜区管理办公室，设在建设部城建司，由城建司司长兼任办公室主任，分管副司长兼任副主任。从此，完善了国家对风景名胜区治理的体系。

国家对风景名胜区实行"统一管理"包括两个含义：即国务院主管部门负责监督管理，地方人民政府管理机构负责日常管理。有史以来第一次建立起中央、地方政府主管部门以及风景名胜区的三级管理机构，形成了与世界上国家公园体系相类似的中国风景名胜区管理体制。

二、管理的基本要求

（1）进一步提高政治站位。要牢固树立"四个意识"，深刻学习领会和贯彻习近平总书记生态文明建设重要战略思想，坚决把思想和行动统一到党中央、国务院的决策部署上来，认真汲取祁连山自然保护区生态环境问题的深刻教训，切实引以为鉴、举一反三，扎实做好风景名胜区和世界遗产保护管理工作，共同守护中华民族的宝贵财富。

（2）进一步增强责任感。要充分认识做好风景名胜区和世界遗产保护管理工作的重要意义，努力践行"绿水青山就是金山银山"理念，坚持保护优先、利用服从保护的原则，决不能以牺牲风景名胜和遗产资源为代价换取一时的经济利益。各级风景名胜区和世界遗产管理部门要勇于担当、真抓实干，紧盯工作中的薄弱环节和关键问题，一项一项抓落实、一件一件抓整改，做到守土有责、守土尽责。

（3）积极完善管理机制。要依法强化风景名胜区和世界遗产管理机构的主体责任，严格落实管理职能，切实做到权责对等，保障风景名胜区和世界遗产的统一规划、统一管理。要积极创新管理机制，着力解决风景名胜区和世界遗产保护管理存在的问题和不足，不断提升保护管理能力。

（4）建立健全法规制度。要结合实际，进一步完善《条例》《公约》的配套规章制度，深化细化风景名胜区和世界遗产保护管理的措施和要求，推进风景名胜区和世界遗产保护管理的制度化、规范化。具备条件的，要推动实现"一区一条例"。

（5）全面整治违法违规建设。要全面排查和依法整治《条例》第二十六、二十七条明令禁止的活动和行为，重点查办和公开曝光一批开山、采石、开矿等禁止行为以及违规水电开发等对资源环境破坏较大的典型案件。严肃查处违规建设。各级风景名胜区和世界遗产主管部门要强化执法监督，严肃处理违法违规建设行为，依法追究相关责任单位和责任人的法律责任，敢于公开曝光，提高违法成本。对管理责任不落实、监管不到位、审核不把关等"不作为、慢作为、乱作为"问题，做到敢抓敢管、真抓真管。建立部门合作机制，对构成犯罪的，要及时将相关问题材料移送司法机关，追究其刑事责任。

（6）严格规划管控，服务绿色发展。风景名胜区规划是风景名胜区保护、利用和管理工作的基本依据。各级风景名胜区管理部门要进一步加强规划工作，切实把好规划"编、审、用、管"关。编制风景名胜区规划和世界遗产保护管理规划要主动对接和深入落实党中央、国务院重大决策部署，强化战略引领，推动风景名胜区和世界遗产成为践行生态文明理念的示范引领区。要科学划定范围边界和保护分区，合理布局游览服务设施，使该保护的资源严格保护好，该利用的空间合理利用好，妥善处理保护与利用的关系。

（7）严格规划实施，加强建设管控。风景名胜区和世界遗产内的各项建设活动应当分别符合经国务院批准的风景名胜区总体规划和上报联合国教科文组织的世界遗产保护管理规划。涉及建设活动的区域还应当依据总体规划，事先编制报批详细规划，合理控制建设规模，做到建筑风格与景区环境相协调。不得违反规划开展建设活动、核准重大建设工程项目选址；涉及世界遗产的重大建设工程项目，要严格按照《公约》及其操作指南、《世界自然遗产、自然与文化双遗产申报和保护管理办法（试行）》等要求，在项目批准建设前六个月将项目选址方案、环境影响评价等材料经住房城乡建设部按程序报联合国教科文组织世界遗产中心审查。

（8）推进可持续利用，服务绿色发展。要以习近平总书记强调的"绿水青山就是金山银山"理念为指导，以规划为引领，在严格保护的基础上合理利用风景名胜和世界遗产资源，探索符合风景名胜区和世界遗产功能定位和资源环境承载力的利用方式，推动形成绿色发展方式和生活方式，构建风景名胜和世界遗产保护与地方经济社会发展的良性循环机制。

（9）强化责任落实，加大监管力度。要提升主动监管能力。各省风景名胜区和世界遗产主管部门要逐步建立遥感监测体系，强化对风景名胜区和世界遗产的动态监管，掌握风景名胜区和世界遗产的保护与利用状况，及时发现和制止破坏风景名胜和世界遗产资源的问题和行为。住房城乡建设部将加大对风景名胜区和世界遗产的遥感监测力度，并对发现的问题及时开展专项整改督查。

三、风景名胜区管理职责

风景名胜区管理机构的管理属于微观管理。风景名胜区已经设立，就应当按照《风景名胜区条例》设置管理机构。《条例》第四条规定：风景名胜区所在地县级以上地方人民政府设置的风景名胜区管理机构，负责风景名胜区的保护、利用和统一管理工作。

风景名胜区管理机构的职责是：

（1）负责风景名胜区规划的编制、实施、修订等；

（2）建立健全风景名胜资源保护的各项管理制度；

（3）对风景名胜区内的重要景观进行调查、鉴定，并制定相应的保护措施；

（4）依法禁止有害风景名胜区的活动、设立各类开发区和与风景名胜资源保护无关的其他建筑物；

（5）依法审核设置、张贴商业广告，举办大型游乐等活动；

（6）开展健康有益的游览观光和文化娱乐活动，普及历史文化和科学知识；

（7）设置风景名胜区标志和路标、安全警示等标牌。

（8）执行《风景名胜区条例》及国家有关法律、法规的规定；

（9）建立健全安全保障制度，加强安全管理，保障游览安全；

（10）门票价格依照有关价格的法律、法规的规定执行；

（11）采用招标等公平竞争的方式确定经营者依法收缴风景名胜资源有偿使用费；

（12）不得从事以营利为目的的经营活动，不得将规划、管理和监督等行政管理职能委托给企业或者个人行使。风景名胜区管理机构的工作人员，不得在风景名胜区内的企业兼职；

（13）依法对违反条例的行为实施处罚。

风景名胜区的管理机构代表国家意志行使法律法规赋予的职责，运用法律的、行政的、经济的、科技的、道德的等手段，对风景名胜区实施有效的管理，是风景名胜区事业健康有序、可持续发展的重要保障，是风景名胜区管理机构的神圣使命，也是风景名胜区管理机构不可推卸的责任。

四、风景名胜区的数字化管理

为积极推进风景名胜区信息化建设，稳步开展国家级风景名胜区（以下简称"风景名胜区"）数字化景区建设工作，提高风景名胜区现代化、信息化管理水平，实现风景名胜区事业又好又快发展，2010年住房城乡建设部发布《关于国家级风景名胜区数字化景区建设工作的指导意见》：

（一）指导思想

风景名胜区数字化景区建设是风景名胜区在总结监管信息系统建设经验基础上开展的一项信息化建设工作。建设风景名胜区数字化景区，要综合运用现代信息技术，以信息化基础设施为支撑，以业务应用系统为纽带，以数据中心和指挥调度中心为核心，整合景区管理资源，实现信息共享，推进风景名胜区信息化建设。通过数字化景区建设，提高风景名胜区在资源环境保护、规划建设管理、游览组织管理与公共服务、游客安全保障、防灾减灾、应对突发事件等方面的管理和服务能力，改进管理方法，降低管理成本，提高管理效率。

（二）基本原则

（1）需求主导，突出重点。风景名胜区要结合自身条件和管理需要，按照数字化景区建设的特点和要求，积极组织开展数字化景区建设工作。工作中要量力而行，突出重点，以需求为导向，以管理应用和优化服务为重点，优先建设景区资源保护、规划、利用和管理需求迫切的项目。

（2）因地制宜，分类指导。风景名胜区的类型不同，数字化景区建设的需求和管理模式存在差异。要根据景区的类型和特点，实行分类指导，因地制宜建立符合风景名胜区特点的数字化管理模式。

（3）总体规划，分步实施。风景名胜区要深入研究数字化景区建设的具体需要，统筹兼顾，科学论证，编制数字化景区建设规划，合理确定规划目标、建设内容和实施步骤，分步实施建设规划。

（4）实用节约，安全高效。风景名胜区要在满足数字化景区建设功能要求的前提下，增强成本效益意识，合理控制建设运行成本，优先选择业务流程稳定、管理效益明显、信息密集、实时性强、实用节约的项目，应用技术做到适度先进。要构筑完善的信息化安全防范体系，做到效率与安全并重。

（三）主要任务

（1）编制数字化景区建设规划。数字化景区建设规划是开展信息化建设的基本依据。风景名胜区要按照国家以及住房城乡建设领域信息化建设的有关要求和技术规范，结合自身实际，以实际需求为导向，编制数字化景区建设规划，明确数字化建设的基本思路、总体目标、总体框架、建设内容、重点任务和实施方案等，确定分期建设目标和实施保障措施，经过专家论证通过，有计划有步骤地实施。

（2）建立健全数字化基础设施。基础设施是信息化建设的基础和前提。风景名胜区要按照数字化景区建设要求，逐步配备和完善计算机设备、网络设备、服务器设备、数据存储设备、安全设备、机房及配套等设施，构建结构合理、覆盖面广、容量充足、性能稳定的基础网络体系，为数字化建设提供保障。

（3）建立统一的数据中心。基础数据库和共享机制建设是信息化建设的关键。风景名胜区要以信息资源共享为突破口，提高基础数据的质量，统一数据标准，整合信息资源，建设统一的数据中心，从技术上和管理上建立一套有效的共享机制，为实现地理信息、规划建设、资源环境本底、遥感监测等基础数据与业务数据的互联共享以及不同系统互通互联、数据共享和系统集成奠定基础，实现信息资源集中、高效、便捷的管理和应用。

（4）建设统一高效的综合指挥调度中心。要通过建立风景名胜区综合指挥调度中心，改进传统管理模式，改善管理部门之间信息不畅、调度不良的问题。通过采用功能集成、网络集成、软件界面集成等多种集成技术，实现互通互联和交互操作，充分发挥集成应用的协同效应，实现对各个集成设备和系统的集中高效应用和对相关管理部门的统一协调和组织，构建统一指挥、快速反应的管理体系。

（5）加强应用系统建设。风景名胜区数字化景区建设，除风景名胜区监管信息系统等必备应用系统外，可以根据业务工作信息化管理的需要，全部或者有选择地建设视频监控（含森林防火）、应急救援、车辆运行监控调度、人员巡检监控调度、资源环境监测、规划建设管理、景区门禁票务、电子政务、电子商务、多媒体展示等应用系统，也可以自行开发建设其他应用系统，提高信息化管理水平。

（6）构筑安全防范体系。风景名胜区要按照国家信息安全有关要求，加强信息安全管理，采取技术与管理相结合的综合性保障措施，建立包括物理安全、网络安全、数据安全、系统安全、应用安全等内容的安全保障体系，制定并严格执行安全管理制度，确保设备和系统有效安全运行。

（四）工作要求

（1）加强组织领导。各级风景名胜区管理部门要加强领导，积极稳步推进风景名胜区数字化景区建设。住房城乡建设部负责全国风景名胜区数字化景区建设的总体指导和监督实施，制订有关技术标准规范，并成立专家小组提供技术指导和服务。省级住房城乡建设（或风景名胜区）主管部门负责本辖区风景名胜区数字化景区建设的指导协调和监督实施。风景名胜区管理机构要设立专门工作机构，落实专业技术人员，稳步扎实推进数字化景区建设的各项工作。

（2）规范有序建设。风景名胜区数字化景区建设要遵循国家和住房城乡建设领域信息化建设的有关要求和技术规范，做到标准统一、网络互连、数据共享，推进信息资源共享，提高信息资源效益。要充分利用和整合现有基础设施、应用系统和信息资源，避免自成体系、重复建设等问题，促进景区内部以及景区与外部业务系统的互通互联。

（3）加强制度建设。风景名胜区要建立健全数字化景区建设的规章制度，制定包括规划立项、招标采购、设计施工、调试运行、项目验收、业务操作、日常运行、管理维护、文档管理、安全管理、应急管理、部门协作、绩效评估以及硬件、软件、人员、信息、数据等各方面的程序规范与管理制度，推进风景名胜区数字化建设与管理的规范化、制度化。

（4）搞好人才培养。风景名胜区要加强数字化景区人才队伍建设，在积极引进专业人才和技术支持协作单位的同时，加大对现有干部职工的培训力度，积极开展信息化建设有关政策法规、技术规范、专业知识的培训辅导，努力提高现有管理人员专业技术能力，适应数字化景区建设的需要。

（5）加大资金投入。风景名胜区数字化景区建设需要一定的资金投入和保障。要积极拓宽融资渠道，加大资金支持力度，在充分利用自有资金的同时，积极争取财政资金、科研立项、银行贷款、社会投资等多方面的资金支持，为数字化景区建设提供可靠稳定的资金保障。

住房城乡建设部风景名胜区管理办公室负责风景名胜区数字化景区建设工作。

附录

附录1：本书公园检索表

拼音导引	公园名称	公园建成年代／开放时间	页码
A	阿房宫	公元前212年	2
	安徽黄山（中国国家地质公园）	2002年	98
	奥地利维也纳美皇宫动物园	1752年	322
	澳大利亚墨尔本植物园	1846年	99
B	八达岭—十三陵风景名胜区	1982年	96
	八大处公园	1957年	146
	巴黎公园	不详	183
	白莲庄	824年	3
	北坞公园	2009年	146
	北海公园	1925年	97
	北京奥林匹克森林公园	2008年	141
	北京八达岭野生动物园	1998年	99
	北京大观园	1984年	100
	北京丰台花园	1986年5月	57
	北京国际雕塑公园	2002年9月	57
B	北京海淀区阳光星期八公园	2003年	185
	北京柳荫公园	1992年5月1日	153

拼音导引	公园名称	公园建成年代 / 开放时间	页码
B	北京门头沟东灵山	当代	98
	北京密虹公园	当代	276
	北京世界公园	1993 年	100
	北京野生动物园	2001 年 8 月 8 日	98
	北京植物园	1956 年	318
	北京中华民族园	1994 年 6 月 18 日	100
	布劳林苑（Boin De Boulogne）	18 世纪	29
	波士顿公园	不详	45
C	仓西公园（今龙沙公园）	1907 年	33
	沧浪亭	969 年	9
	菖蒲河公园	2002 年 9 月	56
	朝阳公园	1984 年	57
	成都少成公园（现人民公园）	1911 年	35
	成都市浣花溪公园	2003 年	171
	长春世界雕塑园	2003 年 9 月 5 日	47
	长辛店公园	1987 年 7 月 1 日	325
	畅春园	1684 年	146
D	大和公园	1906 年	33
	大连极地馆	2002 年	100
	大连森林野生动物园	1997 年	99
	德国柏林动物园	1844 年	99
	德国法兰克福动物园	1858 年	98
	地坛公园	1925 年	264
	定陵博物馆	1959 年 9 月 30 日	95
	董事会公园（道里公园，今兆麟公园）	1906 年	35
	独乐园	1071 年	90

拼音导引	公园名称	公园建成年代／开放时间	页码
D	丹青圃公园	不详	146
E	俄国花园	1901 年	33
	峨眉山风景名胜区	1982 年	72
F	法国埃菲尔铁塔	1889 年	100
	法国巴黎动物园	1932 年	99
	法国公园（现上海复兴公园）	1908 年	33
	法国公园（现天津中心公园）	1917 年	33
	凡尔赛宫	1833 年	140
	樊尚林苑（Boin De Vincennes）	19 世纪	29
	芙蓉园	公元 583 年	28
	福建厦门万石植物园	1960 年	99
	福建月光岩	当代	98
G	甘泉园	汉代	2
	甘肃敦煌莫高窟	公元 366 年	97
	高尔基文化休息公园	1929 年	32
	恭王府花园	18 世纪末	44
	故宫博物院	1925 年 10 月 10 日	95
	广州动物园	1958 年	99
	广州香江野生动物园	1997 年	98
	广州中央公园（现人民公园）	1921 年 10 月 12 日	34
	桂林漓江风景名胜区	1982 年	98
	郭庄	1907 年	98
H	哈尔滨太阳岛公园	1964 年	98
	海德公园（Hyde Park）	16 世纪	29
	海淀公园	2003 年	56
	韩国智异山国家公园	1967 年	362
	汉口西园（现中山公园）	1923 年	34

拼音导引	公园名称	公园建成年代／开放时间	页码
	杭州碑林	1131 年	100
	杭州动物园	1958 年	99
	杭州少儿公园	2002 年	98
	杭州太子湾公园	1989 年	98
	杭州西湖风景名胜区	1982 年	49
	杭州章太炎馆	1988 年	100
	杭州植物园	1956 年	99
	何园	1862 年	47
	河北公园	1907 年	35
	红领巾公园	1958 年	81
	虹口公园	1900 年	33
H	湖南黄龙洞	当代	98
	湖南天子山（黄石寨）	当代	98
	虎珀	当代	98
	花港	当代	98
	华林园	三国时期	2
	华清池	583 年	90
	华阳宫（艮岳）	1117 年	90
	环秀山庄	1847 年	47
	皇城根遗址公园	2001 年 9 月 11 日	56
	黄鹤楼公园	1985 年 6 月 11 日	98
	黄花岗公园	1918 年	34
	会城门公园	20 世纪 50 年代	56
	济南趵突泉公园	1956 年	47
	济南动物园	1960 年 5 月 1 日	99
J	济南野生动物园	当代	99
	酒泉公园	1880 年	34

拼音导引	公园名称	公园建成年代／开放时间	页码
J	加拿大蒙特利尔植物园	1931 年	99
	江苏苏州虎丘	16 世纪	97
	江苏周庄	1086 年	97
	金谷园	西晋	2
	京兆公园（现北京地坛公园）	1925 年	30
	景乐寺	北魏	28
	景明寺	北魏	28
	景山公园	1928 年	38
	九成宫	593 年	90
	九溪瀑布	清代	98
K	抗战雕塑公园	2000 年 8 月 16 日	57
	肯辛顿公园（Ken Sington Garden）	1847 年	29
	孔府	1377 年	97
	孔庙（曲阜）	公元前 478 年	97
L	劳动人民文化宫	1924 年 11 月	30
	丽都公园	1993 年 8 月	325
	莲花池公园	1982 年	44
	辽宁鞍山玉佛苑	1996 年 9 月 3 日	100
	辽宁广播电视塔	1989 年 9 月	100
	辽宁千山	1979 年	367
	辽宁省本溪水洞风景名胜区	1994 年	98
	列宁公园	1930 年	34
	玲珑公园	1990 年	57
	留园	1593 年	9
	柳候公园	1909 年	35
	柳浪闻莺	南宋	98
	六和塔	970 年	98

拼音导引	公园名称	公园建成年代／开放时间	页码
L	洛阳洛浦公园	2004 年	146
	龙潭公园	1952 年	57
	龙潭湖公园	1986 年	29
	庐山植物园	1934 年	99
	伦敦动物园	1847 年	98
	伦敦湿地公园	2000 年	182
	绿园（Green Park）	1746 年	29
M	马鞍山公园（今亭林公园）	1906 年	35
	美国迪士尼乐园	1971 年	100
	美国黄石国家公园	1872 年	360
	美国孟菲斯动物园	1906 年 4 月	99
	美国密苏里植物园	1859 年	99
	美国纽约布朗克斯动物园	1899 年 11 月 8 日	99
	美国纽约植物园	1891 年	99
	美国圣地亚哥动物园	1916 年	99
	美国亚特兰大植物园	1973 年	99
	美国长木植物园	1954 年	99
	美国中央公园	1873 年	182
	明城墙遗址公园	1419 年	56
	明斯克航母世界	2000 年 9 月 27 日	100
N	南馆公园	1992 年 10 月 1 日	325
	南京玄武湖公园	1911 年	33
	南京中山陵	1929 年	34
	南京中山植物园	1929 年	318
	南苑公园	1985 年	325
P	帕多互植物园	1545 年	318
	普陀山风景名胜区	1982 年	98

拼音导引	公园名称	公园建成年代／开放时间	页码
Q	齐盛湖公园	不详	178
	青城山—都江堰风景名胜区	1982 年	97
	青年湖公园	1960 年	57
	曲江乐游园	当代	28
R	人定湖公园	1996 年 6 月	57
	日本濑户内海	1934 年	362
	日本日比谷公园	1903 年	256
	日本雾岛屋久	1934 年	362
	日本云以天草	1934 年	362
	日坛公园	1962 年	44
	荣园	1863 年	38
S	三潭印月	南宋	98
	山东蓬莱阁	1061 年	98
	山东青岛崂山风景名胜区	1982 年	98
	山东荣成市桑沟湾国家城市湿地公园	2005 年	332
	山东省淄博市红莲湖公园	当代	178
	山东省淄博市齐盛湖公园	2015 年 7 月 31 日	178
	山东泰山风景名胜区	1982 年	367
	山西大同云冈石窟	公元 460 年	97
	山西恒山悬空寺	北魏后期	97
	山西五台山风景名胜区	1982 年	98
	陕西华山风景名胜区	1982 年	98
	陕西秦始皇兵马俑博物馆	1979 年	97
	上海辰山植物园	2011 年 1 月 23 日	145
	上海东方明珠塔	1995 年	100
	上海动物园	1954 年	99

续表

拼音导引	公园名称	公园建成年代／开放时间	页码
	上海外滩公园	1868 年	33
	上海野生动物园	1995 年 11 月 18 日	98
	上海植物园	1980 年 1 月 1 日	99
	上林苑	公元前 138 年	2
	摄政公园（Regents Park）	1811 年	29
	深圳锦绣中华	1991 年	100
	深圳世界之窗	1994 年 6 月 18 日	100
	深圳市仙湖植物园	1988 年	325
	深圳野生动物园	1993 年 9 月 28 日	98
	什刹海	250 年	44
	沈阳"九一八"历史博物馆	1999 年 9 月 18 日	100
	沈阳北陵公园	1927 年	47
	沈阳东陵公园	1651 年	47
	沈阳故宫	1625 年	97
S	沈阳科学宫	2000 年	100
	沈阳森林野生动物园	2010 年 7 月 15 日	99
	沈阳夏宫	1994 年	100
	沈阳张学良纪念馆	1956 年	100
	沈阳植物园	1959 年 2 月	99
	圣·詹姆斯园（St·James's Park）	17 世纪	29
	狮子林	1342 年	47
	世妇公园	当代	57
	世界花卉大观园	当代	57
	双秀公园	1984 年	95
	顺城公园	当代	56
	四川黄龙寺—九寨沟风景名胜区	1982 年	98
	四川乐山大佛	713 年	97
	宋庆龄故居	1981 年	44

续表

拼音导引	公园名称	公园建成年代／开放时间	页码
	苏州耦园	1876 年	97
	苏州怡园	1685 年	97
	水母宫公园	2015 年	154
T	太湖风景名胜区	1982 年	367
	陶然亭公园	1952 年	44
	天津维多利亚公园（现解放公园）	1887 年	33
T	天津劝业会花园（现中山公园）	1905 年	33
	天津人民公园	1951 年	37
	天坛公园	1420 年	44
	团结湖公园	1958 年	57
	退思园	1885 年	9
	桃林公园	1941 年	34
	万牲园（今北京动物园）	1907 年 6 月	35
	万寿公园	1995 年	57
	网师园	1174 年	9
	辋川别业	729 年	3
	未央宫	公元前 200 年	2
W	无锡城中公园	1906 年	33
	皖江公园	1901 年	35
	武昌首义公园	1916 年	34
	武当山风景名胜区	1982 年	98
	武汉东湖风景名胜区	1982 年	367
	武汉动物园	1975—1984 年	178
	武汉黄鹤楼公园	1985 年	98
	西班牙马德里动物园	18 世纪	99
	西双版纳植物园	1996 年	99
	锡金公花园（城中公园）	1905 年	33
X	夏都公园	1995 年	298
	先农坛公园	1406 年	30
	香山公园	19 世纪	95

拼音导引	公园名称	公园建成年代／开放时间	页码
X	新公园（后称华人公园）	1890 年	35
	新疆天山天池	1979 年	98
	新绛花园	1928 年	3
	星海公园	1909 年	35
	兴庆宫	公元 714 年	90
	宣武艺园	明代	325
	厦门白鹭洲公园	1995 年	82
Y	扬州个园	1818 年	47
	阳泉市烈士纪念公园（阳泉市革命烈士纪念馆）	2005 年 6 月	37
	阳泉市南山公园	1958 年	37
	颐和园	1750 年	36
	艺圃	1541 年	47
	意大利比萨（Pisa）植物园	1544 年	318
	英国皇家植物园	1759 年	337
	英国伦敦动物园	1847 年	98
	英国丘园	1759 年	99
	永宁寺	公元 624 年	28
	玉蜓公园	2002 年 7 月	299
	玉渊潭公园	1960 年	38
	玉东公园		146
	元大都遗址公园	1988 年	56
	圆明园遗址公园	1988 年	56
	月坛公园	1955 年	44
	云松书舍	1994 年	98
	越秀公园	1926 年	34
	箓笪书院	2009 年 7 月	82
Z	章华台	公元前 535 年	13
	兆丰花园（现中山公园）	1914 年	33
	肇庆星湖风景名胜区	1982 年	367

拼音导引	公园名称	公园建成年代 / 开放时间	页码
Z	中国科学院植物研究所北京植物园	1955 年	99
	中国园林博物馆	2013 年 5 月	133
	中华文化园	当代	57
	中科院广州华南植物园	1929 年	99
	中科院昆明植物园	1938 年	99
	中科院庐山植物园	1934 年	99
	中南海公园	1928 年	30
	中央公园（北京中山公园）	1928 年	36
	重庆大足石刻	758 年	97
	周口店猿人遗址	1953 年	55
	拙政园	16 世纪初	97
	紫竹院公园	1953 年	38

附录 2：历代名园表

序号	园名	年代	造园者	位置	现状
1	秦兰池宫	秦代	不详	陕西省咸阳市	今已不存
2	上林苑	秦代~汉代	刘彻	陕西省	今已不存
3	曲江池	秦汉~唐代	不详	陕西省西安市	曲江池遗址公园
4	袁广汉园	汉代	袁广汉	不详	今已不存
5	建章宫	西汉	刘彻	陕西省西安市	今已不存
6	梁冀园	东汉	梁冀	河南省洛阳市	今已不存
7	芳林苑（华林园）	魏国	魏明帝曹睿	河南省洛阳市	今已不存
8	岳阳楼	吴国	不详	湖南省岳阳市	开放
9	华林园	吴国	不详	江苏省南京市	今已不存
10	黄鹤楼	吴国	不详	湖北省武汉市	开放
11	潘岳庄园	晋代	潘岳	河南省洛阳市	今已不存
12	红螺寺	晋代	不详	北京市怀柔区	开放
13	潭柘寺	晋代	不详	北京市门头沟区	开放
14	龙腾苑	晋代	慕容容熙	河北省邯郸市	今已不存
15	华林园（仙都苑）	晋代	石虎	河北省邯郸市	今已不存
16	金谷园	西晋	石崇	河南省洛阳市	今已不存
17	玄武湖	六朝	不详	江苏省南京市	玄武湖园
18	玄圃	南北朝	文惠太子	江苏省南京市	今已不存
19	湘东苑	南北朝	萧绎	湖北省荆州市	今已不存
20	谢灵运山居	南北朝	谢灵运	浙江省绍兴市	今已不存
21	江都宫	隋代	不详	江苏省扬州市	今已不存
22	绛守园居池	隋代	杨坚	山西省运城市	今已不存
23	芙蓉苑	隋代	不详	陕西省西安市	今已不存
24	隋西苑	隋代	杨广	河南省洛阳市	今已不存
25	仙游宫	隋代	杨坚	陕西省西安市	仙游寺
26	九成宫	隋朝~唐代	杨坚、李世民	陕西省宝鸡市	现存遗址
27	戒台寺	唐代	不详	北京市门头沟区	开放
28	翠微宫	唐代	阎立德	陕西省西安市	今已不存
29	浣花溪草堂	唐代	杜甫	四川省成都市	浣花溪公园

序号	园名	年代	造园者	位置	现状
30	嵩山别业	唐代	卢鸿一	河南省登封市	不详
31	杏园	唐代	不详	陕西省西安市	今已不存
32	华清宫	唐代	李世民	陕西省西安市	开放
33	兴庆宫	唐代	唐玄宗	陕西省西安市	兴庆宫公园
34	大明宫	唐代	李世民	陕西省西安市	大明宫国家遗址公园
35	法源寺（悯忠寺）	唐代	李世民	北京市西城区	开放
36	平泉庄	唐代	李德裕	河南省洛阳市	今已不存
37	庐山草堂	唐代	白居易	江西省九江市庐山	今已不存
38	辋川别业	唐代	宋之问、由王维扩建	陕西省	今已不存
39	履道坊宅园	唐代	白居易	河南省洛阳市	今已不存
40	滕王阁	唐代	王勃	江西省南昌市	开放
41	平泉山居	唐代	李德裕	不详	今已不存
42	金明池	后周~北宋	不详	河南省开封市	金明池公园
43	后苑	宋代	赵佶	河南省开封市	今已不存
44	沧浪亭	宋代	苏舜钦	江苏省苏州市	开放
45	延福宫	宋代	蔡京	河南省开封市	今已不存
46	方塔公园	宋代	不详	上海市松江区	开放
47	秋霞圃	宋代	不详	上海市	开放
48	琼林苑	宋代	不详	河南省开封市	今已不存
49	玉津园	宋代	不详	河南省开封市	今已不存
50	宜春苑	宋代	赵廷美	河南省开封市	今已不存
51	芳林园	宋代	赵光义	河南省开封市	今已不存
52	集芳园	宋代	不详	浙江省杭州市	今已不存
53	玉壶园	宋代	不详	浙江省杭州市	今已不存
54	聚景园	宋代	不详	浙江省杭州市	今已不存
55	屏山园	宋代	不详	浙江省杭州市	今已不存
56	延祥园	宋代	不详	浙江省杭州市	今已不存
57	琼华园	宋代	不详	浙江省杭州市	今已不存
58	醉翁亭	北宋	欧阳修	安徽省滁州市	开放
59	独乐园	北宋	司马光	河南省洛阳市	今已不存

序号	园名	年代	造园者	位置	现状
60	苏堤（西湖）	北宋	苏轼	浙江省杭州市	开放
61	沧浪亭	北宋	苏舜钦	江苏省苏州市	开放
62	寿山艮岳	北宋	赵佶	河南省开封市	今已不存
63	俞氏园	南宋	俞子清	不详	今已不存
64	南宋临安宫苑	南宋	赵构	浙江省杭州市	今已不存
65	香山公园	金代	金世宗、金章宗	北京市海淀区	开放
66	玉渊潭公园	金代	不详	北京市海淀区	开放
67	白云观	金代（最早建于唐代后焚毁）	丘处机弟子	北京市西城区	开放
68	景山公园	金代~元代	不详	北京市西城区	开放
69	古莲池原名"雪香园"	金代	张柔	河北省保定市	开放
70	北海公园	金代~元代	不详	北京市西城区	开放
71	万柳堂	元代	廉希宪	北京市丰台区	不详
72	东岳庙	元代	张留孙	北京市朝阳区	北京民俗博物馆
73	白塔寺（妙应寺）	元代	尼泊尔工艺家阿尼哥	北京市西城区	开放
74	狮子林	元代	倪瓒	江苏省苏州市	开放
75	寄畅园	明代	秦金	江苏省无锡市	开放
76	归田园居	明代	王心一	江苏省苏州市	1959年重建并入拙政园
77	寓园	明代	祁彪佳	浙江省绍兴市	不详
78	拙政园	明代	王献臣	江苏省苏州市	开放
79	瞻园	明代	徐达	江苏省南京市	开放
80	豫园	明代	张山人	上海市黄浦区	开放
81	勺园	明代	米万钟	北京市海淀区	开放
82	适景园	明代	朱能	北京市东城区	什锦花园胡同
83	太师圃	明代	不详	北京市西城区	积水潭医院
84	英国公新园	明代	张维贤	北京市西城区	今已不存
85	熙春园	明代	不详	福建省邵武市	开放
86	留园	明代	周秉忠	江苏省苏州市	开放
87	智化寺	明代	王振	北京市东城区	开放

序号	园名	年代	造园者	位置	现状
88	古猗园	明代	朱稚征	上海市	开放
89	影园	明代	计成	江苏省扬州市	今已不存
90	日涉园	明代	顾山师	江苏省泰州市	开放
91	紫竹院公园	明代	万历	北京市海淀区	开放
92	艺圃	明代	袁祖庚	江苏省苏州市	开放
93	天坛公园	明代~清代	永乐	北京市东城区	开放
94	隋园	清代	袁枚	江苏省南京市	今已不存
95	圆明园	清代	雷发达	北京市海淀区	开放
96	大观楼	清代	孙髯翁	云南省昆明市	开放
97	环秀山庄	清代	戈裕良	江苏省苏州市	开放
98	个园	清代	黄应泰	江苏省扬州市	开放
99	怡园	清代	顾文彬	江苏省苏州市	开放
100	何园	清代	何芷舫	江苏省扬州市	开放
101	退思园	清代	任兰生	江苏省苏州市	开放
102	网师园	清代	宋宗元	江苏省苏州市	开放
103	残粒园	清代	不详	江苏省苏州市	开放
104	颐和园	清代	乾隆	北京市海淀区	开放
105	清华园	清代	不详	北京市海淀区	清华大学
106	曲水园	清代	不详	上海市青浦城厢镇公园路	开放
107	自怡园	清代	陈迪耀	山东省潍坊市	开放
108	怡园	清代	顾文彬	江苏省苏州市	开放
109	寄园	清代	钱向杲、钱名山父子	江苏省常州市	恢复
110	郑王府惠园	清代	郑亲王	北京市西城区	中国教育发展基金会
111	淑春园	清代	不详	北京市海淀区	遭破坏
112	鸣鹤园	清代	不详	北京市海淀区	北大校园
113	镜春园	清代	不详	北京市海淀区	北大校园
114	朗润园（原名春和园）	清代	不详	北京市海淀区	北大校园
115	蔚秀园	清代	不详	北京市海淀区	北大校园
116	承泽园	清代	不详	北京市海淀区	北大校园

序号	园名	年代	造园者	位置	现状
117	近春园	清代	不详	北京市海淀区	现属于清华园的一部分
118	绮春园	清代	不详	北京市海淀区	开放
119	半亩园	清代	贾汉复	北京市东城区	今仅存遗迹
120	恭王府	清代	不详	北京市西城区	开放
121	顾维钧宅园	清代	不详	东城张自忠路	单位宿舍
122	志和宅园	清代	不详	东城府学胡同	单位宿舍
123	载搏宅园	清代	不详	东城后圆恩寺胡同	友好宾馆
124	绮园	清代	不详	东城秦老胡同	某单位使用
125	可园	清代	不详	东城帽儿胡同	领导人住所
126	莲园	清代	不详	东城南小街红岩胡同	大杂院
127	明瑞宅园	清代	不详	东城内务部街	单位宿舍
128	李家花园	清代	不详	东城礼士胡同	广电部电影院
129	余园	清代		东城王府大街东厂	考古研究所
130	大钟寺（觉生寺）	清代	雍正	北京市海淀区	古钟博物馆
131	俊启宅园（澹园）	清代	不详	东城东皇城根南街路东	大杂院
132	意园	清代	不详	东城麻线胡同	《人民日报》社
133	醉白池	清代	顾大申在明代旧园遗址上所辟建	上海市	开放
134	吴家花园	清代	不详	北京市海淀区	机关占用
135	醇王府园	清代	不详	西城后海北沿	宋庆龄故居
136	梁园	清代	梁蔼如、梁九章、梁九华、梁九图叔侄四人	广东省佛山市	开放
137	顺德清晖园	清代	龙应时	广东省佛山市	开放
138	礼王园	清代	不详	海淀苏州街	高级餐厅占用
139	余荫山房	清代	邬彬	广东省佛山市	开放
140	爱晚亭	清代	罗典	湖南省长沙市	开放
141	可园	清代	张敬修	广东省东莞市	开放

序号	园名	年代	造园者	位置	现状
142	振贝子花园	清代	不详	西城后海南沿	部队占用
143	鉴园	清代	不详	西城前海小翔凤胡同	部队占用
144	涛贝勒府园	清代	不详	西城柳荫街	北师大化学系
145	耦园	清代	陆锦致	江苏省苏州市	开放
146	环秀山庄	清代	蒋（楫）、毕（沅）、孙（士毅）	江苏省苏州市	开放
147	珍园	清代	李锡珍	江苏省扬州市	珍园饭店
148	明月楼	清代	员姓豪门	江苏省扬州市	开放
149	小盘谷	清代	周馥	江苏省扬州市	开放
150	蔚圃	清末民初	李蔚如	江苏省扬州市	保存完好
151	乐达仁宅园	民国	不详	西城前海西街	郭沫若故居
152	马家花园	民国	不详	东城魏家胡同	部分建筑、花木尚存
153	郝家花园	民国	不详	西城北新华街	化工部宿舍
154	达园	民国	王怀庆	北京市海淀区	达园宾馆
155	鹿岩精舍	民国	不详	海淀寿安山樱桃沟	北京植物园
156	双清别墅	民国	不详	海淀香山东南	革命纪念地开放
157	逸圃	民国	李鹤生	江苏省扬州市	对外营业
158	匏庐	民国	卢殿虎	江苏省扬州市	扬州文物研究室占用
159	中山公园	近现代	朱启钤	北京市东城区	开放
160	梅园	近现代	荣德生	江苏省无锡市	开放

参考文献

［1］韩路.四书五经［M］.沈阳：沈阳出版社 1997.

［2］郭熙.林泉高致［M］.济南：山东画报出版社，2010.

［3］袁裘，袁颐.枫窗小牍［M］.上海：上海古籍出版社，2011.

［4］朱宪一.北京地坛史料［M］.北京：北京燕山出版社 1998.

［5］计成.园冶［M］.北京：中国建筑工业出版社，2018.

［6］汪菊渊.中国古代园林史［M］.北京：中国建筑工业出版社，2006.

［7］朱钧珍.中国近代园林史［M］.北京：中国建筑工业出版社，2012.

［8］檀馨.梦笔生花［M］.北京：中国建筑工业出版社，2014.

［9］彭一刚.中国古典园林分析［M］.北京：中国建筑工业出版社，1986.

［10］刘侗.帝京景物略［M］.上海：上海古籍出版社，2001.

［11］钱泳.履园丛话［M］.北京：中华书局，2012.

［12］［美］阿尔伯特.J.拉特利奇.王求是，高峰，译.大众行为与公园设计［M］.北京：中国建筑工业出版社，1990.

［13］许金生.日本园林与中国文化［M］.上海：上海人民出版社，2007.

［14］［日］白幡洋三郎.李伟，南诚，赵晴，译.近代都市公园史——欧化的源流［M］.北京：新星出版社，2014.

［15］崔文波.城市公园恢复改造实践［M］.北京：中国电力出版社，2008.

［16］刘滨谊.学科质性分析与发展体系建构——学科质性分析与发展体系建构［J］.中国园林，2017，33（1）：7-12.

［17］刘滨谊.新时期风景园林学科建设与教育发展思考——新时期风景园林学科建设与教育发展思考［J］.中国园林，2017，33（1）：7-12.

［18］风景园林学科承担着生态文明的历史使命［J］.中国园林，2017，33（1）：5-6.

［19］杨锐.风景园林学科建设中的9个关键问题［J］.中国园林，2017，33（1）：13-16.

［20］刘俊宜，陈伯礼.关于城市公园可持续发展的法制思考［J］.中国园林，2016，32（12）：107-110.

［21］郎杰.增评补图石头记———一部清初造园图像设计论的文本［J］.中国园林，2016，32（10）：117-123.

［22］胡优华.资讯时代下生态园林行业何去何从［EB/OL］.风景园林网 2017［2017-01-11］.http：//news.yuanlin.com/detail/2017111/249244.htm.

［23］王绍增.《园冶》书名英译之刍议［J］.中国园林，2013（2）：38-39.

［24］［法］米歇尔·柯南，［中］陈望衡.城市与园林———园林对城市生活和文化的贡献［M］.武汉：武汉大学出版社.

［25］舒以.心理学经典［M］.北京：中国人事出版社 1997.

［26］高玉祥.个性心理学［M］.北京：北京师范大学出版社，1989.

［27］彭聃龄.普通心理学［M］.北京：北京师范大学出版，1997.

［28］《社会学概论》编写组.社会学概论［M］.天津：天津人民出版社，1994.

［29］张立文.和合学概论［M］.北京：首都师范大学出版社，1986.

［30］屠如冀.旅游心理学［M］.天津：南开大学出版社，1992.

［31］蒋勋.美的沉思［M］.长沙：湖南美术出版社，2014.

［32］毛泽东.战争与战略问题［M］.北京：毛选人民出版社，1966.

［33］万源城.公园启示录［M］.上海：文汇出版社，2006.

［34］沈复.浮生六记［M］.太原：山西古籍出版社，2008.

［35］刘晓惠.文心画境［M］.北京：中国建筑工业出版社，2002.

［36］刘彦顺.生态美学读本［M］.北京：北京大学出版社，2011.

［37］陈植.造园学概论［M］.北京：中国建筑工业出版社，2009.

［38］陈植.都市与公园论［M］.北京：商务印书馆，1930.

［39］汉宝德.物象与心境［M］.北京：生活·读书·新知　三联书店，2014.

［40］张志全.吴丽雪.南瀛公园志［M］.台南：台南县政府，2010.

［41］张杰.森林公园学［M］.哈尔滨：东北林业大学出版社，2003.

［42］张迺慧.唐宋时期的公园文化［M］.东大图书公司，1997.

［43］［美］Albert J Rutledge.公园的剖析［M］.李丽雪，译.美商麦格罗·希尔国际股份有限公司，1977.

［44］［美］Alexander Garvin.张宗祥，译.公园——宜居社区的关键［M］.北京：电子工业出版社，2012.

［45］北京市园林局.李嘉乐风景园林文集［M］.北京：中国林业出版社，2006.

［46］张薇，杨锐.《园冶》论丛［M］.北京：中国建筑工业出版社，2016.

［47］李如生.美国国家公园管理体制［M］.北京：中国建筑工业出版社，2005.

［48］王维正.国家公园［M］.北京：中国林业出版社，2000.

［49］苏东水.管理心理学［M］.上海：复旦大学出版社，1998.

［50］曹立安，尹志刚.组织管理心理学［M］.北京：中国广播电视出版社，1995.

［51］徐德权.园林管理概论［M］.北京：中国建筑工业出版社，1988.

［52］中华人民共和国住房和城乡建设部.公园设计规范：GB 51192-2016［S］.北京：中国建筑工业出版社，2017.

［53］陈从周.园林随笔［M］.北京：人民文学出版社，2008.

［54］孙筱祥.园林艺术及园林设计［M］.北京：中国建筑工业出版社，2011.

［55］周维权.中国古典园林史［M］.北京：清华大学出版社，2010.

［56］王涛. 城市绿化管理学［M］. 北京：中园林业出版社，2001.

［57］孟兆祯. 园衍［M］. 北京：中国建筑工业出版社，2012.

［58］毛海峰. 企业安全文化理论与体系建设［M］. 北京：首经贸大学出版社，2013.

［59］马云安. 园林绿化管理手册［M］. 北京：中国建筑工业出版社，2009.

［60］张康之. 一般管理学［M］. 北京：中国人民大学出版社，2005.

［61］刘晓晨. 北京地坛史料［M］. 北京：北京燕山出版社，1998.

［62］张家骥. 中国造园论［M］. 太原：山西人民出版社，2012.

［63］张家骥. 中国造园艺术史［M］. 太原：山西人民出版社，2004.

［64］张家骥. 园冶全释［M］. 太原：山西人民出版社，2012.

［65］姜振鹏. 中山公园志［M］. 中国林业出版社，2002.

［66］程绪珂. 生态园林论文集（5）［M］. 北京：园林杂志社，1990年.

［67］程绪珂. 生态园林的理论与实践［M］. 北京：中国林业出版社，2006.

［68］张立文. 和合学概论——21世纪文化战略的构想［M］. 北京：首都师范大学出版社，1996.

［69］张国强. 风景园林文汇［M］. 北京：中国建筑工业出版社，2014.

［70］陆克华. 风景名胜区工作手册［M］. 北京：中国建筑工业出版社，2011.

［71］余树勋. 园林美和园林艺术［M］. 北京：中国建筑工业出版社2004.

［72］罗哲文. 中国古园林［M］. 北京：中国建筑工业出版社，1999.

［73］谢凝高. 名山·风景·遗产谢凝高文集［M］. 北京：中华书局，2011.

［74］朱钧珍．中国近代园林史［M］．北京：中国建筑工业出版社，2012．

［75］李金路．思辨体悟　诗意栖居——风景园林文集［M］．北京：中国建筑工业出版社，2012．

［76］李格非．洛阳名园记［M］．北京：文学古籍出版社，1955．

［77］赵雪倩．中国历代园林图文精选［M］．上海：同济大学出版社，2005．

［78］景长顺．景观天下［M］．北京：中国林业出版社，2015．

［79］景长顺．讲解心理学［M］．北京：中国科学技术出版社，2006．

［80］景长顺．中国公园三字经［M］．北京：团结出版社，2012．

［81］景长顺．古今园林人物［M］．北京：团结出版社，2015．

［82］景长顺．北京公园记忆［M］．北京：五洲传播出版社，2010．

［83］宗白华．美学与意境［M］．南京：江苏文艺出版社，2008．

［84］曹林娣．东方园林审美论［M］．北京：中国建筑工业出版社，2012．

［85］金学智．中国园林美学［M］．北京：中国建筑工业出版社，2011．

［86］高大伟．北京公园分类标准研究［M］．北京：文物出版社，2011．

［87］郑西平．世界城市·公园——世界城市公园考察报告［M］．北京：五洲传播出版社，2011．

［88］威廉·钱伯斯爵士．东方造园论［M］．邱博舜，译．台北：联经出版社，1982．

［89］王涛．城市绿化管理学［M］．北京：中国林业出版社，2001．

［90］朱光潜．无言之美［M］．南京：江苏文艺出版社，2010．

［91］周来祥．东方审美文化研究［M］．桂林：广西师范大学出版社，1996．

［92］郭廉夫．色彩美学［M］．西安：陕西人民美术出版社，1992．

［93］杨辛．美学原理［M］．北京：北京大学出版社，1993．

［94］姚天新. 名园春秋［M］. 北京：中国林业出版社，2015.

［95］崔雅芳. 公园故事［M］. 北京：中国林业出版社，2015.

［96］陶鹰. 大家说园［M］. 北京：中国林业出版社，2015.

［97］刘叔成. 美学基本原理［M］. 上海：上海人民出版社，1997.

［98］朱志荣. 中国艺术哲学［M］. 哈尔滨：东北师范大学出版社，1997.

［99］童寯. 江南园林志［M］. 北京：中国建筑工业出版社，2014.

［100］石宪友. 北京植物园志［M］. 北京：中国林业出版社，2003.

［101］于宝坤，姚安. 天坛公园志［M］. 北京：中国林业出版社，2002.

［102］姜振鹏. 中山公园志［M］. 北京：中国林业出版社，2002.

［103］傅玉华. 北海景山公园志［M］. 北京：中国林业出版社，2000.

［104］王玉波. 紫竹院公园志［M］. 北京：中国林业出版社，2003.

［105］段继山，王践和，康毓倩. 玉渊潭公园志［M］. 北京：学苑出版社出版，2000.

［106］王子，司光中. 陶然亭公园志［M］. 北京：中国林业出版社，1999.

［107］翟小菊. 颐和园志［M］. 北京：北京出版社，2004.

［108］袁长平. 香山公园志［M］. 北京：中国林业出版社，2001.

［109］杨小燕. 北京动物园志［M］. 北京：中国林业出版社，2002.

［110］张勇. 景观杂志［M］. 北京：团结出版社，2015.

［111］中国园林博物馆. 中国园林博物馆学刊［M］. 北京：中国建筑工业出版社，2016.